北京大学"双一流"建设成果
方李邦琴北京大学人文学科文库出版基金资助

北京大学人文学科文库 | 北大中国史研究丛书

现当代中国的城市与乡村
对城乡关系的新探索

Urban vs. Rural Areas:
What Has Happened in Modern China

王元周　等著

图书在版编目(CIP)数据

现当代中国的城市与乡村：对城乡关系的新探索 / 王元周等著. -- 北京：北京大学出版社，2024.10. -- (北京大学人文学科文库). -- ISBN 978-7-301-35693-7

Ⅰ. F299.21

中国国家版本馆 CIP 数据核字第 2024AW3787 号

书　　　名	现当代中国的城市与乡村——对城乡关系的新探索 XIANDANGDAI ZHONGGUO DE CHENGSHI YU XIANGCUN ——DUI CHENGXIANG GUANXI DE XIN TANSUO
著作责任者	王元周　等著
责 任 编 辑	刘书广
标 准 书 号	ISBN 978-7-301-35693-7
出 版 发 行	北京大学出版社
地　　　址	北京市海淀区成府路 205 号　100871
网　　　址	http://www.pup.cn
电 子 邮 箱	编辑部 wsz@pup.cn　总编室 zpup@pup.cn
电　　　话	邮购部 010-62752015　发行部 010-62750672　编辑部 010-62755217
印 刷 者	北京中科印刷有限公司
经 销 者	新华书店
	650 毫米×980 毫米　16 开本　23.25 印张　390 千字 2024 年 10 月第 1 版　2024 年 10 月第 1 次印刷
定　　　价	98.00 元

未经许可，不得以任何方式复制或抄袭本书之部分或全部内容。
版权所有，侵权必究
举报电话：010-62752024　电子邮箱：fd@pup.cn
图书如有印装质量问题，请与出版部联系，电话：010-62756370

总 序

袁行霈

人文学科是北京大学的传统优势学科。早在京师大学堂建立之初，就设立了经学科、文学科，预科学生必须在5种外语中选修一种。京师大学堂于1912年改为现名，1917年，蔡元培先生出任北京大学校长，他"循思想自由原则，取兼容并包主义"，促进了思想解放和学术繁荣。1921年北大成立了四个全校性的研究所，下设自然科学、社会科学、国学和外国文学四门，人文学科仍然居于重要地位，广受社会的关注。这个传统一直沿袭下来，中华人民共和国成立后，1952年北京大学与清华大学、燕京大学三校的文、理科合并为现在的北京大学，大师云集，人文荟萃，成果斐然。改革开放后，北京大学的历史翻开了新的一页。

近十几年来，人文学科在学科建设、人才培养、师资队伍建设、教学科研等各方面改善了条件，取得了显著成绩。北大的人文学科门类齐全，在国内整体上居于优势地位，在世界上也占有引人瞩目的地位，相继出版了《中华文明史》、《世界文明史》、《世界现代化历程》、《中国儒学史》、《中国美学通史》、《欧洲文学史》等高水平的著作，并主持了许多重大的考古项目，这些成果发挥着引领学术前进的作用。目前北大还承担着《儒藏》、《中华文明探源》、《北京大学藏西汉竹书》的整理与研究工作，以及《新编新注十三经》等重要项目。

与此同时，我们也清醒地看到，北大人文学科整体的绝对优势正在减弱，有的学科只具备相对优势了；有的成果规模优势明显，高度优势还有待提升。北大出了许多成果，但还要出思想，要产生影响人类命运和前途的思想理论。我们距离理想的目标还有相当长的距离，需要人文学科的老师和同学们加倍努力。

我曾经说过：与自然科学或社会科学相比，人文学科的成果，难以直接转化为生产力，给社会带来财富，人们或以为无用。其实，人文学科力求揭示人生的意义和价值、塑造理想的人格，指点人生趋向完美的境地。它能丰富人的精神，美化人的心灵，提升人的品德，协调人和自然的关系以及人和人的关系，促使人把自己掌握的知识和技术用到造福于人类的正道上来，这是人文无用之大用！试想，如果我们的心灵中没有诗意，我们的记忆中没有历史，我们的思考中没有哲理，我们的生活将成为什么样子？国家的强盛与否，将来不仅要看经济实力、国防实力，也要看国民的精神世界是否丰富，活得充实不充实，愉快不愉快，自在不自在，美不美。

一个民族，如果从根本上丧失了对人文学科的热情，丧失了对人文精神的追求和坚守，这个民族就丧失了进步的精神源泉。文化是一个民族的标志，是一个民族的根，在经济全球化的大趋势中，拥有几千年文化传统的中华民族，必须自觉维护自己的根，并以开放的态度吸取世界上其他民族的优秀文化，以跟上世界的潮流。站在这样的高度看待人文学科，我们深感责任之重大与紧迫。

北大人文学科的老师们蕴藏着巨大的潜力和创造性。我相信，只要使老师们的潜力充分发挥出来，北大人文学科便能克服种种障碍，在国内外开辟出一片新天地。

人文学科的研究主要是著书立说，以个体撰写著作为一大特点。除了需要协同研究的集体大项目外，我们还希望为教师独立探索，撰写、出版专著搭建平台，形成既具个体思想，又汇聚集体智慧的系列研究成果。为此，北京大学人文学部决定编辑出版"北京大学人文学科文库"，旨在汇集新时代北大人文学科的优秀成果，弘扬北大人文学科的学术传统，展示北大人文学科的整体实力和研究特色，为推动北大世界一流大学建设、促进入文学术发展做出贡献。

我们需要努力营造宽松的学术环境、浓厚的研究气氛。既要提倡教师根据国家的需要选择研究课题，集中人力物力进行研究，也鼓励教师按照自己的兴趣自由地选择课题。鼓励自由选题是"北京大学人文学科文库"的一个特点。

我们不可满足于泛泛的议论，也不可追求热闹，而应沉潜下来，认真钻研，将切实的成果贡献给社会。学术质量是"北京大学人文学科文库"的一大追求。文库的撰稿者会力求通过自己潜心研究、多年积累而成的优秀成果，来展示自己的学术水平。

我们要保持优良的学风，进一步突出北大的个性与特色。北大人要有大志气、大眼光、大手笔、大格局、大气象，做一些符合北大地位的事，做一些开风气之先的事。北大不能随波逐流，不能甘于平庸，不能跟在别人后面小打小闹。北大的学者要有与北大相称的气质、气节、气派、气势、气宇、气度、气韵和气象。北大的学者要致力于弘扬民族精神和时代精神，以提升国民的人文素质为己任。而承担这样的使命，首先要有谦逊的态度，向人民群众学习，向兄弟院校学习。切不可妄自尊大，目空一切。这也是"北京大学人文学科文库"力求展现的北大的人文素质。

这个文库目前有以下17套丛书：
"北大中国文学研究丛书"
"北大中国语言学研究丛书"
"北大比较文学与世界文学研究丛书"
"北大中国史研究丛书"
"北大世界史研究丛书"
"北大考古学研究丛书"
"北大马克思主义哲学研究丛书"
"北大中国哲学研究丛书"
"北大外国哲学研究丛书"
"北大东方文学研究丛书"
"北大欧美文学研究丛书"

"北大外国语言学研究丛书"
"北大艺术学研究丛书"
"北大对外汉语研究丛书"
"北大古典学研究丛书"
"北大古今融通研究丛书"
"北大人文跨学科研究丛书"①

  这17套丛书仅收入学术新作，涵盖了北大人文学科的多个领域，它们的推出有利于读者整体了解当下北大人文学者的科研动态、学术实力和研究特色。这一文库将持续编辑出版，我们相信通过老中青学者的不断努力，其影响会越来越大，并将对北大人文学科的建设和北大创建世界一流大学起到积极作用，进而引起国际学术界的瞩目。

---

① 本文库中获得国家社科基金后期资助或入选国家社科基金成果文库的专著，因出版设计另有要求，因此加星号注标，在文库中存目。

"北大中国史研究丛书"序

近年来,北大的人文研究开始活跃起来。国际汉学家研修基地、人文社会科学研究院、区域与国别研究院纷纷成立,举办各种各样的学术活动,会议、工作坊、讲座纷至沓来。一时间,学术气氛浓郁,不同学科也进一步加强了交流。与此同时,新的人文学部也在沉闷的评审、提职、定级、评奖的会议之外,开始组织讲座、论坛和工作坊,建设跨学科研究平台;构筑"北京大学人文学科文库",希望整体展示人文学科的学术成果。我等受命编辑"文库"中的"北大中国史研究丛书",得到同行的踊跃支持。

北大的中国史研究,可以追溯到1899年京师大学堂初设时的史学堂,作为新式教育的一科,包含中国历史研究。1903年,史学堂改为中国史学门和万国史学门,相当于今天的中国历史和世界历史两个专业。1912年京师大学堂改称国立北京大学,1919年设立史学系。1952年院系调整,新的北大历史系又接纳了清华大学历史系和燕京大学历史系的许多著名学者,使北大历史系成为研究中国历史的重镇。在北大史学系到历史系的发展历程中,中国史学研究的队伍不断壮大,名家辈出,也产生了许多传世名著。

但是,由于在20世纪经历了多次国难、内战、政治运动,特别是"文革"的迫害,在处于政治旋涡中的北大,史学研究者也不免受到冲击甚至没顶之灾。而且,最近几十年来社会观念巨变,大学里政经法等社会科学越来越受到重视，文史哲则日渐萎缩，历史学科的规模更是受到较大的限制。

然而，历史学作为一个综合性大学的基础人文学科，是不可或缺的。而中国历史，更是居于中国大学首位的北京大学所不可或缺的。北大的中国史研究者，也有着比其他人更加厚重的义务，需要更加努力地做好自己的研究。中国近代学术起步要晚于西方和日本，所以在相当长的一段时间里，即便是中国历史研究领域，也有不少优秀的学者是西方或日本培养起来的，陈寅恪先生因而有"群趋东邻受国史，神州士夫羞欲死"的感叹。历次政治运动，也使国人在许多研究领域拉开了与国外优秀学者的距离。但改革开放以来，包括北大学人在内的中国学者奋起直追，在中国史的许多方面，我们已经走在了学科发展前列，产生出一批优秀的学术著作，为东西洋学者同行刮目相看。

过去，北大历史系学人的特点之一，就是单打独斗。一些优秀学者在各个出版社出版的著作，为弘扬北大学术，做出了极大的贡献。但这样的做法，也使得不少学术研究成果，变成各种丛刊的组成部分，显现不出北大的学术积淀。"北京大学人文学科文库"的想法之一，就是把北大学人的成果凝聚在一起，形成一个比较宏大的气势，推进北大的人文研究。这一做法，对于北大中国史研究，无疑有助于提振士气，凝聚力量，可以集中展现北大中国史学科的研究成果。相信北大历史系暨中国古代史研究中心的学者，有义务，有承担，把自己最满意的研究成果，在"北大中国史研究丛书"中陆续推出。

荣新江　张　帆
2018 年北大校庆前两日

前 言

改革开放后,农民大量流入城市务工,于是城乡关系开始受到关注。[①] 其实,近代以来,城乡关系问题已多次成为中国学术界和社会舆论关注的对象,而每次对城乡关系的讨论,都与中国道路和中国前途的选择紧密相关。有鉴于此,北大人文学部为推动人文相关院系科研力量进行跨学科研究,也将"现当代中国的城市与乡村"列入了平台建设项目。

当初构想这样一个集体研究项目,是想从不同学科,并以历史的视角,来探讨现当代中国城乡二元结构形成的背景、原因、过程和演变。本书将问题意识集中在1949年前后城乡关系的演变上,各章也大多围绕这一问题展开论述。为了对一些问题有比较深入的理解,我们没有泛泛而论,而是从经济、制度、社会、文化等方面,就各自关注的问题,进行专题式的研究,因此本书并不追求面面俱到,而是聚焦于"物资与流通""制度与身份""文艺与礼仪"等维度,进行深入挖掘,力求对相关具体问题的研究有所推动。

城乡关系问题,对于现代中国来说,不仅是一个政治、经济和社会问题,也是一个思想认识问题。对现代中国知识分子来说,城乡关系问题具有认识论和方法论上的意义。所以,本书在第一章专门考察了现代中国学

[①] 对相关研究成果的整理,可参见樊翠花:《近三十年来近代中国城乡关系问题研究综述》,《周口师范学院学报》第29卷第1期,2012年1月,第104—110页;程明、张征、吴波:《城乡关系研究:回眸、述评与展望》,《重庆交通大学学报》第21卷第5期,2021年10月,第57—68页。

术界和舆论界对中国城乡关系的认识，从城市与农村、工业与农业、机器与人性三个层面进行了梳理，以便为以后各章的展开提供一个背景和基础，所以第一章也具有导论的性质。

除第一章外，本书其余各章可分为三编。第一编"物资与流通"主要探讨城乡之间的经济关系。对于城乡之间的经济关系，早年王亚南等学者即强调城市对农村的剥削。这一观点为当时和后来的许多中国学者所认同，并为马若孟等西方学者所接受。马若孟认为，近代中国的通商口岸是以牺牲内地农村的利益为代价而发展起来的。① 这种观点是建立在对近现代中国社会性质的分析之上的。而中国革命的胜利改变了中国社会的性质，那么城乡关系是如何被新政权重新塑造的，自然也就需要加以具体考察。

本书第一编即从这一问题意识出发，首先考察中共领导的根据地（解放区）如何适应战时城乡关系的变化而确立经济政策，开展经济战的历史，进而了解中共财经工作经验的积累过程，以及这些经验对中共在接管大中城市后处理城乡关系问题的影响。接着，从成立供销合作社和组织私商下乡两个方面，考察中共接管城市初期，为恢复城乡物资交流所作的努力，以及对后来计划商业体制建立所产生的影响。为了恢复城乡商品交流，同时也为了稳定物价，新政权力求大量掌握粮食、棉花、棉纱、棉布等重要物资。那么，新政权掌控物资的努力对城乡关系有何影响？与计划经济体制的确立关系如何？这也是我们努力去思考的问题。所以在本编的最后，我们以中共接管张家口后，该市粮食业和面粉业的变化为考察对象，分析物资掌控、物价控制和产业调整之间的互动关系，借此展示城乡兼顾和城乡工商业管理的复杂性，进而分析城乡关系与公私关系的交织，以及基层经济管理实践对计划经济体制建立的推动作用。

既有研究成果对于新中国成立初期，第一个五年计划开始推行之前的城乡关系，多倾向于认为是要素自由流动的两个平等、开放、互动的系

---

① 马若孟（Ramon H. Myers）著，史建云译：《中国农民经济：河北和山东的农业发展，1890-1949》，南京：江苏人民出版社，1999年，第25页。

统,并无过多的政策干预①,而我们的研究可以提供一些新的认识和结论。

调整城乡关系是为了促进工农业发展,而工业化更是近代以来无数中国人追求的目标,也是新中国成立后中共的历史使命。工业化推动了中国经济体制变革。本书第二编"制度与身份"即从这一问题意识出发,首先通过华北两个典型村庄——河北省饶阳县五公和遵化县西四十里铺——分析中国革命胜利后,国家代替市场,革命理想如何对农村社会以及城乡关系形态进行形塑,以及这一形塑过程留下了怎样的历史遗产。

新中国成立后对农村社会的形塑离不开城乡互动,同样,在改造城市社会时也要兼顾农村。我们以北京地区工人工资制度改革中如何确定工资标准问题为例,分析了照顾城乡平衡、工农平衡对新政权确定城市工人工资标准,尤其是低技术等级工人工资标准的影响。

工业化和城市化也吸引大量农民进入城市,从而改变了个人的生活环境和身份认同。为了具体分析城乡之间人口流动和身份认同的变化,我们以北京地区建筑工人为对象,考察了建筑工人从手艺人(以及苦力)到大工(以及小工)、技工(以及壮工),再到农民工的演变过程,分析技艺、行业制度、经济体制等对个人身份认同的形塑,以及个人和行业的适应与能动反应。接着,以北京门头沟煤矿工人为例,考察了在1949年后大规模工业化建设过程中,厂矿制度对新进入城市成为工人的农民的身份塑造过程,进而分析个人、村庄、国家之间的互动关系。当然,对于这些问题的研究不能忽视户籍、教育等方面的制度变化对现当代中国人身份塑造的作用,但鉴于学术界对这些问题已有比较多的研究成果,就暂时未纳入本课题的研究范围。

本书第三编"文艺与礼仪"主要关注文化艺术在城乡间,乃至国际间的流动,以及城乡社会变迁与民俗、礼仪变迁的互动关系。很早已有学者注意到城市对农村的文化渗透问题,但也有学者指出了乡村文化的城市化

---

① 程明、张征、吴波:《城乡关系研究:回眸、述评与展望》,《重庆交通大学学报》第21卷第5期,2021年10月,第62页。

趋势。① 乡村文化城市化，不仅包括乡村文化精英向城市单向流动，也包括民间文艺进入城市，发展为舞台艺术、剧场艺术。在这方面，我们首先以豫剧为研究对象，考察了豫剧从跑高台到进入城市戏院的过程，以及樊粹庭改良豫剧的努力与影响。接着，又以中央歌舞团对民族民间歌舞艺术的调查、整理和创作为中心，考察了民族民间舞蹈艺术进入城市剧场乃至国际舞台的过程与曲折。

最后，本书探讨了中国殡葬改革问题，希望在如何安顿人的生死这一核心问题上，也能够从城市与乡村、传统与现代相融合的角度，思考中国殡葬现代化之路。无论是城里人还是乡下人，最后灵魂的归宿或许能够超越城乡之别，但是在殡葬阶段仍要受城市或乡村环境条件的制约，所以讨论殡葬改革也仍需存有城乡融合的视角。

承担这个项目的学者包括北京大学历史学系的刘一皋、王元周、庄宇，中国语言文学系的王娟，哲学系（宗教学系）的吴飞和经济学院的管汉晖等几名教授和长聘副教授，以及多名项目开始时尚在读的硕博士研究生。呈现在读者面前的只是我们这个跨学科、老中青三结合团队的部分研究成果，还有一些研究成果，限于本书体例，未能收入。当然，这些也还只是比较初步的、阶段性的研究成果，希望以后还有机会对现当代中国的城乡关系问题继续进行合作研究和探讨。

王元周

2024 年 7 月

---

① 何一民、庄灵君：《城市化与大众化：近代中国城市大众文化的兴起》，《湘潭大学学报》2008 年第 1 期，第 85—91 页。

目 录

第一章 现代中国人对城乡关系的认识与争论 ·················· 1
 一、城市与乡村 ··· 2
 二、工业与农业 ·· 12
 三、机器与人性 ·· 20

第一编　物资与流通

第二章 城乡分割与城乡融合 ··································· 35
 一、城乡分割与贸易斗争 ···································· 36
 二、独立自主与工业发展 ···································· 43
 三、战后的转变与反复 ······································ 49
 四、城市接管与城乡互助 ···································· 58

第三章 供销合作社与城乡商品流通 ···························· 64
 一、革命经验、形势转移与城乡合作需求 ···················· 65
 二、从"城乡对立"到"城乡兼顾" ·························· 71
 三、关于供销合作社的制度构想 ····························· 78
 四、从分散建社到建立全国供销社体系 ······················ 85

第四章　私营商业与城乡贸易 …… 95
一、土产滞销与私商政策的初调 …… 96
二、"私商下乡"政策的实践与成效 …… 101
三、政策再调与私商地位变化 …… 108

第五章　物资掌控、城乡兼顾与体制变革 …… 118
一、掌握粮食市场 …… 120
二、面粉业的恢复与起伏 …… 130
三、私营粮食业和面粉业的衰落 …… 138

第二编　制度与身份

第六章　革命理想、农村发展与城乡互动 …… 153
一、走上村庄革命之路 …… 157
二、跑步进入社会主义 …… 164
三、作为国家典型的村庄 …… 171
四、村庄权力斗争及社会裂痕 …… 177
五、改革开放后的村庄发展 …… 182

第七章　工资标准与城乡平衡 …… 190
一、社会主义工资制的创生 …… 192
二、工农收入差距对工资增幅的限制 …… 195
三、农产品价格对工人工资购买力的影响 …… 200
四、农村分配制度对工人工资制度的影响 …… 209

第八章　劳动技艺、行业制度与身份转换 …… 215
一、"手艺人"与"工人" …… 216
二、行会、工会与公司 …… 219
三、劳动与工资 …… 226
四、全行业改革与身份的再次转换 …… 234

第九章　工业制度、城乡关系与身份认同 …… 241
一、门头沟煤业的发展 …… 242
二、"家有半碗粥，不去门头沟" …… 245
三、解放后门头沟煤矿的大规模招工 …… 249
四、规章制度与组织纪律 …… 252
五、工资收入和福利待遇 …… 256
六、脱离农村，扎根矿厂 …… 261

第三编　文艺与礼仪

第十章　城乡流动、戏曲改革与戏曲生态 …… 267
一、高台与庙会 …… 268
二、戏班与戏院 …… 273
三、豫声剧院与狮吼剧团 …… 282
四、戏曲改革与制度变迁 …… 296

第十一章　民间艺术、剧场艺术与国际交流 …… 303
一、青年文工团出国演出与《红绸舞》 …… 304
二、文工团整编与中央歌舞团的成立 …… 311
三、成立初期的民族民间舞蹈创作 …… 315
四、《红绸舞》与《飞天》舞的纠葛 …… 320
五、抢救民间舞蹈艺术 …… 326

第十二章　传统礼仪、现代意识与城乡融合 …… 330
一、中国现代化过程中的殡葬问题 …… 332
二、城市殡葬问题 …… 338
三、现代中国人的殡葬理想 …… 346

第一章
现代中国人对城乡关系的认识与争论*

近代以来，城乡关系问题不仅是摆在中国人面前的一个亟待解决的现实政治、经济、社会和文化问题，也是一个认识问题，而且这种认识与意识形态以及认识主体思想深处的精神追求密切相关。正如罗志田所指出的那样，近代以来中国知识分子对乡村的认识充满了想象、借用和构建，具有虚拟的特色，所以五四时期的农村问题不仅是一个社会史的问题，也是一个思想史的问题。① 不仅对乡村的认识是这样，对城市和城乡关系的认识也是如此。但是，这种现象又很难仅用"城市傲态"或"乡土谜化"来解释。城乡关系不仅关系到城市与乡村两方面，也关系到工业与农业，以及机器生产与手工生产之间的关系，本章即从这三个方面来分析近代以来城乡关系的演变及中国知识分子对这一问题的认识过程。

---

* 本章作者：王元周，北京大学历史学系教授。
① 罗志田：《认识被化外的自我：后五四时期对乡村的关注和农村的问题化》，《四川大学学报》2022年第3期，第85—99页。

一、城市与乡村

　　自从城市产生以后，人们自然就有了城居与乡居两种居住和生活形态。到了近代，都市日渐发达，城居者日众，城居还是乡居，也就成为许多人面临的选择。1928年3月，北京《益世报》连载了一篇题为《杯酒论城乡》的文章，说的是一位居住在城市的人设宴款待从乡下返城的客人，结果客人向主人抱怨乡居之无趣，而主人则厌烦城居之喧嚣。主人说春来乡居者可于桃红柳绿中临窗小酌，而乡居者则说村酒微带苦味，常经旬不得食肉，久居甚感口淡。若在城市，随时可以约二三友朋，逍遥入市，名园啜茗，舞榭听歌。或入酒家，豚蹄肥鳜，青荠黄韭，苟有所需，瞬间可办，这是乡居者平生难遇之乐趣。而主人则说城里酒家的鱼没有乡下的新鲜，更没有自钓自食的乐趣。① 而乡居者则说在乡下虽有新鲜活鱼，但是烹调不得其法，有鲜鱼也味同嚼蜡。主人提到的乡居优点，乡居者皆一一指出其不足，而城市皆有更胜者，所以最后主人也不得不承认："噫！吾所乐者，客所言良足以胜之，此城居者之所以众乎？"②

　　本来中国向来以人民集中于农村为承平之象，集中于都市为衰乱之征。③ 顾炎武《日知录》说："人聚于乡而治，聚于城而乱。"然而到了近代，人口日益向都市集中。许多人正像上面提到的这位城居主人一样，不愿居住在城市而又不得不在城市里讨生活，尤其是受了新教育的知识分子，即使来自农村，也很难再回到农村去了。五四时期，有不少人提倡俄国民粹主义和日本新村主义，号召青年知识分子到民间去、到农村去，但是效果甚微。事实上，农村的百姓天天向都市跑，都市的人们谁也不愿意到农村去。随着近代工商业和文化事业的发达，城乡差别越来越大，城乡对立似乎成为中国的一大症结。

---

① 水：《杯酒论城乡（一）》，北京《益世报》，1928年3月1日，第8版。
② 水：《杯酒论城乡（二）》，北京《益世报》，1928年3月2日，第8版。
③ 雪村：《都市集中与农村集中》，《东方杂志》第12卷第9期，1915年9月10日，第6页。

在中国，过去的城市和乡村至少在行政区划上是统一的，即使是都城，其地面也隶属于县，并不存在独立的市。但是，到了近代，租界的产生带来了独立于原有行政体系之外的市区。到清末新政时期，由于推行地方自治，城镇得以成为独立的自治区域，于是城乡区分和权利之争便开始见诸报道。上海谘议局初选开票，得票乡多而城少，城中士绅多有不满，于是以迅雷不及掩耳之法，施之于二选三选，城乡问题因此产生。① 1912年无锡县办理县议员选举时，本来全县17个区各分配有应选议员定额，无锡市的定额为2名，城区士绅觉得太少，结果在选举时于规定的2名之外增加一倍，越日又增加1名。于是其他16个区的当选议员薛光钺等人，8月20日在刘府园中开会，向都督致电，表示各区决不能承认无锡市之选举结果。② 常州地方自治筹办处本来已经划定城乡区域，但在乡士绅对城外坊厢划归城区表示不满，城乡之间遂起区域之争。③ 丹徒北门外大校场地方靠近城郭，被划归城区，而焦东乡以为在该乡范围之内，以致互相争执，控案累累。④ 福建黄岩城内与西乡甚至因争捐款、闸费而互起冲突。西乡人引为大辱，1911年8月4日在乌岩开大会，决定派学界代表黄选升赴京、王佩韦到省控诉，冀获胜利，压倒城区。⑤

这种城乡冲突在此后也依然存在，很多地方都有延续相当久的城绅派与乡绅派的权力和利益争夺。城乡不仅在政治上日益对立，在人们的心理上也日渐疏离。对不少为寻找新生活而投奔到都市的人来说，都市往往是令人苦闷而又可怕的场合，转而怀念山河秀丽的故乡，让人不得不发出这样的感慨："喔，乡村与都市？是从天堂入地狱欤？抑从地狱登天堂欤？！"⑥

但是，到了五四时期，知识分子关注农村问题的动因，除了这种心理因素外，还有新思潮的刺激，以及都市畸形繁荣和农村日益衰败的现实。

---

① 笑:《城乡问题》,《时报》1909年4月9日，第5版。
② 《城乡选举互争》,《新闻报》1912年8月27日，第6版。
③ 《城乡区域之争执未已》,《新闻报》1910年1月12日，第14版。
④ 《镇江通信：城乡区域之争执》,《时报》1915年5月1日，第9版。
⑤ 《城乡冲突之再接再厉》,《新闻报》1911年8月15日，第13版。
⑥ 鼎鼎:《乡村与都市》,《上海周报》第3卷第2期，1933年12月7日，第48页。

1915年雪村就介绍了欧美新出现的"田园都市"之说,希望中国不要厉行都市集中政策,应注意建设各处农村文明事业。① 徐昌第也说中国过去本来是比较重视农村的,现在因为很多社会精英都进入了都市,所以就不再重视乡村,只重视城市,也不再重视农业,只重视工商业了。政府对于别的产业都立法加以奖励,唯独对于农业毫不关心,让他不得不为国家的前途感到担忧。② 大约在1921年,伍庸伯在北京组织的讲会即讨论过农村问题,包括乡村治安问题、乡村教育问题等。③ 伍庸伯回到广东之后,也本着《大学》里修身齐家的理念,致力于家乡事务,创办禺北慕德里司民团养成所,学员修业期满,即派到各乡进行清乡工作,平息械斗,肃清盗匪,然后兴办教育事业。1926年6月底,梁漱溟到广东,应伍庸伯之邀讲演《乡治十讲》。④ 梁漱溟也曾有在广东试行乡治的想法。他宣称,所谓乡治就是替乡村求新生命。构成中国社会的是一些乡村,我们只能从乡村的新生命里来求中国的新生命,所以乡治是我们民族的唯一出路。⑤ 但由于政局变动,梁漱溟在广东的乡治试验不能尽如人意。1929年春初,梁漱溟率领一部分同人离开广东,北上游历考察各地的乡村改进运动。1931年梁漱溟参与创办山东乡村建设研究院,于是"乡村建设"一词开始流行,也出现了影响深远的乡村建设派。

当时热衷于提倡乡村改进运动者,多认为中国之问题,看似在都市,而实在农村。所谓都市问题,主要是农村的劳动力和资金日益集中于都市,而导致都市畸形发展和农村日益凋敝的问题。虽然也有人认识到都市集中为工商业发达以后之自然产物,但是仍认为中国当时的都市集中,不过是一时之病态表现,非遵工商业发达之顺序自然演进的结果。在中国,要改变都市集中问题,就要注意农村生活之改造。⑥ 于是农村复兴之论在中国悄然兴起。然而,世界经济危机也导致中国都市商业凋敝,都

---

① 雪村:《都市集中与农村集中》,《东方杂志》第12卷第9期,1915年9月10日,第7页。
② 徐昌第:《都市与农村的关系》,《安定》第6期,1921年6月1日,第9—10页。
③ 梁漱溟:《伍庸伯先生传略》,《梁漱溟全集》4,济南:山东人民出版社,1997年,第182页。
④ 梁漱溟:《伍庸伯先生传略》,《梁漱溟全集》4,第188页。
⑤ 梁漱溟:《我来接办本校的经过和今后的态度》,《梁漱溟全集》4,第834页。
⑥ 坚瓠:《都市集中与农村改造》,《东方杂志》第18卷第17期,1921年9月10日,第3页。

市商业凋敝又导致国家财政收入锐减，社会秩序呈现不安现象，也同样关系国家的生存，于是都市繁荣计划又被提出。

可是，主张复兴农村的部分知识分子，大多具有反都市化的倾向。他们援引西方学者对大城市存在的卫生问题等的讨论，相信大都市的数目增加无已，为现代文明中最大的问题。① 至于中国的都市，就更加等而下之。在他们看来，中国都市人口中大部分属于非生产的分子，所以这种都市的畸形发展潜伏着莫大的危机，会引起社会的大扰乱。② 许多青年知识分子不满于都市生活，但是乡村也回不去了，他们的肉体虽然不得不寄托于都市，但是他们的灵魂则成为游离于现实的城乡之外、追寻理想空间的游魂。他们不仅要复兴农村，也要改良都市，更留心于城乡之间的经济关系。1932年，劳乃心在《都市与农村之根本关系》一文中，提出了一种都市奢侈率计算方法，并认为都市奢侈率和都市生活费决定了物价。都市生活费提高，推高物价，则危害农村，因为农村之购买力（指农产品之价格）与物价之腾贵全然无关。于是他提出，要救济农村，则必须先限制都市之扩张和奢侈，以防止物价上涨。③

但是，劳乃心也提出，不同类型的都市与农村的关系也是不一样的。劳乃心和蓝梦九都将都市分为单纯都市和复杂都市两类。单纯都市就是商业都市或市场都市，复杂都市则不仅有商业，也有工业生产。蓝梦九将单纯都市称为绝对消耗体，认为当时中国农村破坏，日趋险恶，皆由都市与农村间关系之恶化所致，绝对消耗体是造成此等险恶的社会现象之总因。④ 劳乃心也将商业视为完全消耗行业，只有工业才能算是生产行业。所以单纯都市就是绝对消耗体，要彻底改善城乡关系，就要消弱都市之绝对消耗体的机能，也就是要变消费城市为生产城市。只有工业都市才能与乡村之间自然形成一种合作关系，同时消除乡村隶属于城市之根本原因。

---

① 吴觉农：《都市集中与农村问题》，《新农业季刊》第5期，1925年3月，第31—32页。
② 孟和：《都市与乡村人口的消长》，《现代评论》第7卷第163期，1928年1月21日，第11页。
③ 劳乃心：《都市与农村之根本关系》，《浙江省建设月刊》第6卷第6期，1932年12月，第43—44页。
④ 蓝梦九：《都市与农村的根本关系》，南京《中国经济》第1卷第2期，1933年5月15日，第9页。

如此，乡村之购买力，即农产品价格方可随物价之变动而得以公正地变化，不为都市商人资本所操纵抑压。① 陶希圣也认为，在中国，虽然农村依赖都市之大势已成，但是都市还没有发达到有力量改造农村的程度，其中一个原因就是因为中国多数的都市还是商业的都市，而不是工业的都市。②

陶希圣不同意"以农立国"的主张。在陶希圣看来，中国在历史上并非从来就是"以农立国"的，政府也不是全都重农，而且历史发展的趋势，必定是乡村依赖都市，都市发达了才能有改革乡村的实力，然后才谈得上改革乡村。③ 不过，主张乡村建设者认为，他们的主张与重农主义的精神有所不同，他们并不歧视工商业。但是，在他们看来，即使都市可以成为某一地方之文化、经济、政治重心，而整个中国社会之重心仍要分布在乡村。④ 也就是说，他们要建立一个以乡村为重心，同时也能够容纳都市文明的新社会。所以，他们强调，乡村建设的最终目标并不以复兴乡村为满足，还要创造新文化，即建立超越资本主义，超越都市文明的新社会。⑤ 谢星林更将这一目标推向世界，说乡村建设的最终使命，是要"造成独立的国家，大同的世界"。⑥

尽管乡村建设派声称他们也重视工商业，但是他们创造新社会的根基始终在乡村而不在都市，在近代都市文明和工业文明日渐发达的形势下，这种理想显然不合时宜。1934年10月10日梁漱溟在定县"乡建工作讨论会"上发表演讲，说中国是以乡村为主体、为根据的社会，乡村建设就是要使西洋的都市文明、工业文明，与中国的乡村文明、农业文明，两相接触，改造成一种新的环境，进而在这种新的环境下，开辟世界未开辟

---

① 劳乃心:《都市与农村的根本关系》,《浙江省建设月刊》第6卷第6期,1932年12月,第44页。
② 陶希圣:《都市与农村——那一个是解决中国问题的基点?》,《独立评论》第137期,1935年1月27日,第12页。
③ 陶希圣:《都市与农村——那一个是解决中国问题的基点?》,《独立评论》第137期,1935年1月27日,第11—12页。
④ 《乡建工作讨论会开幕详纪:梁漱溟讲》,天津《大公报》1934年10月13日,第4版。
⑤ 邵鹤亭:《乡建设的目标理想与途径》,《乡村建设季刊》创刊号,四川乡村建设学院研究实验部,1935年7月20日,第1—2页。
⑥ 谢星林:《乡村建设之实验与推行》,《政治评论》第150号,1935年4月18日,第716页。

的文明路线。① 陈序经从《大公报》上看到这篇演讲词后,很不以为然,于是撰文指出,不能以都市和乡村来概括文化,新文化的创造与其说依赖于乡村,不如说依赖于都市,所以我们应该做的,不是把西洋文化调和于中国的乡村,而是要把中国的乡村西化起来,使之能调和于西洋或西化的都市,从而成为一种彻底与全盘西化的文化。②

然而,揆诸中国现实,都市和工业的发展状况也很难给陈序经这种观点提供有力的支撑。事实上,无论是农村复兴运动还是都市繁荣计划,都难以取得显著效果。1933年,傅纲从上海回了一趟汉口,看到的是"人口的激增,银行的发达,工厂的停闭,商业的破产,捐税的骇人,还有的是,所谓'特业'的飞黄腾达"。③ 他因此感慨,中国的乡村是破灭了,都市却也在衰败。

傅纲更看到了中国都市经济发展与国际资本主义的关系。他说,中国的资本主义仍然停滞在前期的阶段,中国都市的一度繁盛是沾了外国资本主义的余荫,中国命脉遂为之操纵。④ 所以中国经济,无论是都市经济还是农村经济,都受着资本主义的经济支配,"农村与都市的对立,都市与国际的对立,都市受帝国主义的支配,农村又受都市的支配",所以国际的经济危机引起中国的都市凋敝和农村经济破产,而农村经济破产又反过来加剧都市商业的停顿,构成经济恐慌的连环性。⑤ 表面上是都市剥削了乡村,实际上是外国的金融资本与产业资本剥削了中国。傅纲没有因此而反对都市,反而强调发展都市的意义,以为中国问题的解决不是如何去抵抗都市,而是要充实都市,以抵抗外人的侵略,所以发展都市的意义也不容忽视。

---

① 《乡建工作讨论会开幕详纪:梁漱溟讲》,天津《大公报》1934年10月13日,第4版。
② 陈序经:《乡村文化与都市文化》,北平《独立评论》第126期,1934年11月11日,第12—17页。
③ 傅纲:《农村的破灭与都市的腐蚀(汉口通讯)》,上海《生活》第8卷第35期,1933年9月2日,第701页。
④ 傅纲:《农村的破灭与都市的腐蚀(汉口通讯)》,上海《生活》第8卷第35期,1933年9月2日,第701页。
⑤ 西元:《对于"农村复兴运动"与"都市繁荣计划"的贡献(续)》,《民声周报》第2卷第1期,1934年5月,第9页。

全面抗战爆发后,先发展都市还是先复兴农村的争论已没有太多意义。由于日本帝国主义的侵略,不仅农村经济没有发展的可能,即一般民族工业也同样地遭遇着没落的命运。① 然而,随着沿海重要港口和许多大城市被日军占领,这些都市对内地农村的剥削也暂告停顿,这正接近过去一部分提倡乡村建设者曾经倡导过的"废弃都市"的效果。于是,朱隐青转而号召人们赶紧来建立内地的农村都市,以谋农村经济的自给自足,以作长期抗战的准备。② 事实上,大量人口和机构内迁,大后方城市容纳不下,只能分散到附近的小市镇,因此战争也造成都市与农村文化的交流和融合。如果沿着这种趋势发展下去,其结果很可能不是市区的扩大,而是农村的都市化,或是都市的农村化。因此廖泰初希望这种局面在战后也能持续下来,他呼吁:"战后的建设将不会是旧事重提,再不会走以前错误的路线。过去的农村政策已是'寿终正寝',过去的都市行政也是'明日黄花',新中国的建设,需要到农村都市的全面建设,我们再不能停留等待,或再作枝叶的局部改造,中国是一个国家,中国只有一种人民。"③

然而,全面抗战八年,不仅未能实现农村都市化,更是耗尽了中国农村的所有资源,农村经济接近崩溃的边缘,因此农村问题又受到重视。如吴绍荃曾于1944年大声疾呼:"根据若干调查,中国农村若不再想办法,不出五年,年青的走光,老弱的力尽,全国必发生粮食的大恐慌。整个社会经济的崩溃更将不可挽救了。"④ 为了挽救农村危机,吴绍荃又号召青年知识分子"到农村去"。

抗战胜利后,中国也没有走上全面建设农村和都市的道路,农村危机反而进一步加深,于是又有很多人开始讨论农村问题,并进而论及城乡对立问题,其中最积极的就是费孝通,所以蔡尚思说"年来喜欢作此问题的

---

① 张腾发:《中国的都市与农村》,《农声》第210·211期,1937年9月1日,第1—3页。
② 朱隐青:《废弃旧时都市建设农村都市》,金华《大风三日刊》第28期,1938年5月19日,第3页。
③ 廖泰初:《战后的都市与农村》,《学思》第3卷第9期,1943年5月15日,第12页。
④ 吴绍荃:《到农村去》,上海:生活书店,1947年,第14—15页。

研究者首推费孝通"。① 费孝通自己也承认,他之所以接连撰写几篇讨论城乡对立问题的文章,就是为了引起各方对这一问题的关注。② 自 1947 年 4 月 27 日费孝通在上海《大公报》发表了《乡村·市镇·都会——相成相尅的两种看法》后,连续发表了多篇讨论城乡对立问题的文章。

当时费孝通的注意力主要集中在乡村上,提出了"乡土复员论"。费孝通说,他有关乡土复员的想法最初是从上海《大公报》专栏里发表的几篇讨论基层行政问题的文章中引申出来的。③ 当时燕鸣轩、黄明正等撰文说明了地方自治机构逐步腐烂的过程,因此费孝通从他们指出的"乡土腐烂"引申出"乡土复兴",因为他相信在腐烂的乡土上什么新鲜时髦的外国好制度都是建立不起来的,必须先进行乡土复员的工作。④ 而在费孝通看来,"乡土腐烂"主要是都市对乡土损蚀冲洗的结果,社会精英和资源不能单向地从乡村流入都市,必须找到一种方法,使人才和资源在都市和乡村之间能来回流通,所以他呼吁"我们必须从速恢复城乡之间的循环关系",即建立城乡之间的有机联系。⑤

因物价飞涨,不但都市经济陷入极度紊乱状态,乡村经济也受到很大冲击,社会秩序无法维持,人们更加感受到了城乡的联动性,以及城乡对立的尖锐性。对于中国的城乡关系,当时一直流传着两种不同的观点。一种观点认为,中国都市对农村的支配关系正是中国业已资本主义化的有力证据,从而把中国在这方面所发生的诸种社会经济问题与先进国家所存在的问题同等看待;另一种观点认为中国的城乡关系与西洋各国有所不同,所以中国都市方面所发生的种种病态,根本不会对广大农村发生任何影响。⑥ 姜庆湘认为这两种观点都是错误的。他指出,中国虽说仍是一个

---

① 蔡尚思:《一年来中国学术思想的论争》,上海《中国建设》第 5 卷第 4 期,1948 年 1 月 1 日,第12 页。
② 费孝通:《关于"乡土工业"和"绅权"》,《观察》第 4 卷第 4 期,1948 年 3 月 20 日,第 13 页。
③ 费孝通:《损蚀冲洗下的乡土》,天津《大公报》1947 年 12 月 7 日,第 2 版。
④ 费孝通:《损蚀冲洗下的乡土》,天津《大公报》1947 年 12 月 7 日,第 2 版。
⑤ 费孝通:《损蚀冲洗下的乡土》,天津《大公报》1947 年 12 月 7 日,第 3 版。
⑥ 姜庆湘:《当前中国都市与农村的对立关系》,上海《中国建设》第 5 卷第 3 期,1947 年 12 月 1 日,第 9 页。

以落后的农业经济为主体的社会,并不表示中国社会的经济结构整个都是农业的,而且近代以来半殖民地性质的都市经济的成长,也已经威胁到农村经济。"一方面,各种外国廉价的工业制品,因为得到买办资本家的协助,透过封建的膜层,得以深入农村,从事吮吸农村的血液;另一方面,我们的农业生产作物,一般的固未完全走上商品化,但若干特产作业范围的日形扩展,却又确已使得我们的农村经济不能不与都市现代经济发生某种程度的密切联系。"因此,中国农村经济不仅受到都市买办工商业的影响,还进而受到国际经济循环的支配。①

费孝通也强调中国的城乡关系本来与西洋有所不同。从理论上说,乡村与都市本是相关的共同体,而近代以来中国都市的发达反而弄得城乡之间反目相剋,所以城乡之间由相成而走向相剋的道路,最后竟至分裂,这是历史的悲剧。② 也就是说,费孝通相信传统中国的城乡关系是相成的,而城乡尖锐对立是近代都市发达的结果。与费孝通不同的是,姜庆湘强调所有的阶级社会,实际上都是城乡对立的社会,中国也不例外。在中国古代,城市也一直对乡村扮演着剥削与支配的角色,而广大农村始终处于一种不幸的被剥削、被奴役的悲惨地位,农民起义正是城乡对立关系激化的结果。所以,中国的传统经济早就潜伏着城乡经济对立的基本根源,近代中国社会的畸形发展只不过使这种对立日趋尖锐激烈而已。③

如果按照姜庆湘的说法,那么只有在消灭了阶级社会之后才能实现城乡互助,而费孝通则不能接受这一前提。按照费孝通的逻辑,既然传统中国的城乡关系是相成的,那么就有可能重建这种关系。为了说明近代以来中国城乡关系的变化,费孝通进而将都市,也就是把人们通常归入"城"一类的社区,分为市镇和都会两种类型,从而分析了乡村、市镇和都会三者之间的关系。费孝通认为,市镇不是一个生产基地,其经济基础主要是乡村提供的地租和利息,所以与乡村的关系是相剋的。都会工商业发

---

① 姜庆湘:《中国经济会崩溃?》,上海《中国建设》第 5 卷第 1 期,1947 年 10 月 1 日,第 5—6 页。
② 费孝通:《乡村·市镇·都会:相成相剋的两种看法》,上海《大公报》1947 年 4 月 27 日,第 2 版。
③ 姜庆湘:《再论"城""乡"对立的经济关系》,《中国建设》第 5 卷第 5 期,1948 年 2 月 1 日,第 35—37 页。

达,确实是一个生产中心,但是它又输入大批洋货,并使用机器制造大量日用工业品,摧毁了乡村的手工业。虽然都会与乡村之间隔着市镇,都会工商业的基础并不直接建筑于乡村生产者的购买力之上,现代货物的主要销售对象也是都市的居民,但是都市居民的购买力很大部分依赖于乡村的供奉,所以都会的工商业与乡村的关系也是相剋的。①

费孝通虽然是从历史角度来分别市镇和都会的,将市镇理解为没有受现代工业影响的"城",而将都会理解为由于现代工业的产生而出现的"城",但是这种理解也类似于一般所称之消费城市和生产城市概念。而且,与当时一般学者和政治家大多主张变消费城市为生产城市一样,费孝通也认为都市必须成为一个生产基地,并首先要把传统的市镇变成一个生产的基地,从而使乡村和都市在同一生产构造中分工合作,都市不必不断地向乡村吸血。② 后来费孝通又觉得这种分类还不够,又将中国城市分为有"衙门围墙式的城"和"贸易里发达出来的市和镇"。城和镇是两种性质不完全相同的社区,它们和乡村的关系也有差别。城是以官僚地主为基础的社区,对于乡村偏重于统治和剥削的关系;镇则是偏重于乡村间的商业中心,在经济上是有助于乡村的。③ 在这里,费孝通似乎又不将市镇理解为一个纯粹的非生产基地。

姜庆湘比费孝通更加激进,甚至认为"我们的大小都市都日益成为消费的买办化了的商业的集中根据地"。中国广大农村之所以对都市政治的经济的隶属性不断强化,不是由于都市民族工业的飞速发展,而是由于外国商品资本侵略的激进,以及那随之而来的买办商业资本的崛起。④ 不过,尽管费孝通承认都会和市镇的生产性,但是也同姜庆湘一样强调以现代工商业为基础的人口密集的都会的殖民地性质,并认为它们都是西洋都

---

① 费孝通:《乡村·市镇·都会:相成相剋的两种看法》,上海《大公报》1947年4月27日,第2版。
② 费孝通:《乡村·市镇·都会:相成相剋的两种看法》,上海《大公报》1947年4月27日,第2版。
③ 费孝通:《论城·市·镇》,上海《中国建设》第6卷第2期,1948年5月1日,第34页。
④ 姜庆湘:《当前中国都市与农村的对立关系》,上海《中国建设》第5卷第3期,1947年12月1日,第10页。

会的附庸。①

这样,都会也就是中国半殖民地社会性质的集中体现,城乡对立也就是中国独立性与殖民地性对立的反映,这也是中共走以农村包围城市的革命道路的依据之一。城市的存在以农村的附属地位为前提,农村不宁,交通寸断,城市与城市之间失去了原有的联系,城市与乡村之间出现了尖锐的对立。经济上,农村封锁城市,孤立城市。城市失去了供养的来源,农村走上了反抗的道路。②姜庆湘就是从这种意义上来解释当时的国共内战的。那么,解决城乡关系问题的希望也只能在于中共革命的胜利。只有中国新民主主义革命取得胜利,才能根本改变这种空前严重的城乡对立局面,实现城乡互助。

二、工业与农业

近代以来,面对西方列强挟坚船利炮对中国大肆侵略,工业化遂成为中国人梦寐以求的目标。但是也有人仍对工业化是否对中国有利心存疑虑,因为中国还是一个农业国,人口的绝大多数是农民。五四时期,随着部分知识分子对社会的重新发现,农村和农民成为许多知识分子关注的对象,他们也开始以此为出发点来思考中国问题。尤其是1920年北方大旱导致城市米价大涨之后,粮食恐慌更使得人们不得不重视农业问题。董时进出生于四川垫江县天生桥一个大地主家庭,本来考入了北洋政府交通部在上海办的工业专门学校,即后来的交通大学中学班,但是他突然对农学产生了兴趣,于是放弃升入专门部学习工业的机会,而到北京投考国立农业专门学校。1920年毕业后回家乡开办农场,因受家庭及社会环境的阻碍而未果。这时正赶上清华学校招考专科留美学生,于是前去应考,被录取

---

① 费孝通:《论城·市·镇》,上海《中国建设》第6卷第2期,1948年5月1日,第34页。
② 姜庆湘:《再论"城""乡"对立的经济关系》,上海《中国建设》第5卷第5期,1948年2月1日,第37页。

后，前往美国康奈尔大学学习农业经济学，获得硕士和博士学位。① 董时进从五四时期起在报刊上发表文章和演说词，提倡发展农业。

第一次世界大战之后，世界舆论对西方工业文明的弊端有所讨论，也影响到中国思想界，于是有人反而强调中国作为一个农业国的优点。章士钊欧游归来，即公开反对以工业立国的制度，主张农村立国主义。② 董时进不仅认为西方工业化已经暴露出其弊端，而且以为不可能将地球上所有国家都工业化，因为还需要有国家提供工业原料，并作为工业产品的销售市场。他还相信世界已经达到了工业化之最大限度，不应再有新的工业国家产生，而且农业也同样能使一个国家富强且文明。因此，董时进希望中国努力于改良农业，俾成为世界上最大的农业国，不宜惊眩工业国家之富强，为东施效颦之举。③ 所以，以工立国还是以农立国之争，也是东西文化之争。

董时进认为地球上工业国已供过于求，而农业国尚求过于供，所以希望中国安心做一个农业国，要成为一个理想的农业国，理想的东亚大农国。④ 当然，董时进虽然认为中国不宜变为工业国，但也并非绝对反对发展工业，只不过他认为在中国提倡工业只应以不必仰给工业产品于外人为目标。除此以外，不能且不宜前进，更不应利用外资来兴办工业，⑤ 担心中国若实行工业化，会导致外人之染指。⑥

董时进此论在当时受到不少人的批评，反对者以为中国必化为工业国然后乃可以自存，因此中国有亟谋工业化之必要。⑦ 然而，在1920年代，主张工业化者亦多不忘农业。唐志才即提出来"农工调和论"，并对主张振兴工业者说，"我国欲振兴工业，毋徒步人之错路，而忘吾固有之

---

① 林鉴:《农民党党魁董时进》,《新政治家》第1卷第9期,1949年2月10日,第11页。
② 《章行严演讲欧游之感想》,《时报》1923年1月23日,第10版。
③ 董时进:《中国立国事业之讨论》,《东方杂志》第20卷第23期,1923年12月10日,第32页。
④ 董时进:《理想的东亚大农国》,《东方杂志》第24卷第11期,1927年6月10日,第1—2页。
⑤ 董时进:《中国立国事业之讨论》,《东方杂志》第20卷第23期,1923年12月10日,第33页;董时进:《论中国不宜以外资开发富源》,《东方杂志》第21卷第10期,1924年5月25日,第135—136页。
⑥ 董时进:《论中国不宜工业化》,《申报》1923年10月25日,第3版。
⑦ 戴英:《中国可以不工业化乎》,《申报》1923年10月30日,第3版;昧庐:《中国不宜工业化耶?》,广州《工学》第1卷第1期,1924年1月,第8页。

农业，以自触于罗网"。① 所以有人批评他名为农工调和，实则仍寓贬工重农之意。② 杨开道虽然相信中国会慢慢地工业化起来，但中国经济发展最大的可能性还是农工并重，因为在他看来中国工业化的程度永远赶不上英国，也赶不上日本，所以将来的中国还是要以农立国，决不会工重于农的。他之所以认为中国工业化前途具有局限性，是因为他觉得中国缺少汽油、橡胶等几样重要的资源，而又拿不出东西去和人家交换。③

与杨开道的解释稍有不同，董时进之所以认为中国工业发展只应以自给自足为限度，是因为他担心工业过度发展会损害农业。在他看来，工业与农业可以互助，也可以交害，所以"工业之来，于吾国为祸为福，当视其及于农业之影响以为定"。④ 面对别人的批评，董时进也强调他并不轻视工业和商业，但他坚持认为中国的贫穷不是中国为农业国本身所导致的，中国不宜自我鄙弃农业国之地位。⑤ 当时许多人主张发展农业，是为了解决粮食问题。但是，董时进虽然认为中国工业发展应以自给自足为目标，而对于中国农业发展的目标，却始终反对以粮食自给自足为目标。⑥ 此论亦为许多人所不能接受。

"九一八"事变后，面对日本的侵略，备战成为中国的首要任务，经济建设也要以国防为中心来展开。而经济封锁是战争的一个重要手段，所以国防经济不能不追求自给自足。中国当时是一个入超的国家，粮食进口为进口货物中之大宗，每年输入米麦最多时各约 2000 万担，所以有人主张发展农业，尤其是粮食种植，以实现粮食自给。而董时进认为这种想法太简单化了。董时进以为中国如果与外国开战，决定战争胜负的不在粮食而在军备，而扩充军备需要金钱，所以中国经济要以赚钱为目标，而不是以自给为目标，农业也是如此，甚至认为中国过去农业不能发展和振兴的

---

① 唐志才：《我之所谓农工调和论》，《中华农学会报》第 44 期，1923 年 9 月，第 7 页。
② 昧庐：《中国不宜工业化耶?》，广州《工学》第 1 卷第 1 期，1924 年 1 月，第 8 页。
③ 杨开道：《中国以何立国?》，《时代精神》第 2 卷第 1 期，1940 年 2 月 20 日，第 57—58 页。
④ 董时进：《工化与农业》，北京《甲寅》第 1 卷第 15 期，1925 年 10 月 24 日，第 13 页。
⑤ 董时进：《释农国》，北京《甲寅》第 1 卷第 14 期，1925 年 10 月 17 日，第 12—14 页。
⑥ 董时进：《国防与农业》，上海：商务印书馆，1947 年，第 24—31 页。

症结，完全是因中国素来采取自给自足的保守政策的缘故。① 农业不以粮食自给自足为目标，那么粮食不足问题必然要依靠进口来解决，所以董时进崇尚国际间的自由贸易和经济合作，认为自由贸易可以导致国际间农业生产的合理分工。但是，战争又是与自由贸易和国际合作相冲突的，董时进不顾这一事实，仍坚持认为各国皆希望粮食自给自足更容易引起战争，如果各国都愿意共守和平，承认各方之权利及交换物产所致之利益，则可以利用国际的分工来阻止战争的爆发。② 这种解释太过理想化，自然难以令人信服。

而且，事实上在一些烟叶和棉花种植区，自给性已经破坏到了相当程度。农业自给性的破坏也导致农业更加依赖于市场，也就更加离不开都市，农村问题也就更不能单从农村着手来加以解决。所以，在"九一八"事变之后，为了挽救中国经济衰落的危机，还是既有人主张复兴农村，也有人主张开发工业，似乎又回到了争论的原点。不过，因为要抵抗日本帝国主义的侵略，经济建设不能不以国防为中心，工业化更是当务之急，所以，不仅吴景超等经济学家极力提倡工业化，一般民众也多倾向于中国要工业化。1934年吴景超在《独立评论》上发表《我们没有歧路》一文，指出中国工业化尚无成绩便有人反对工业化是愚昧的表现，那些所谓农本政治，以农立国，以及"除农民外无所谓民"等主张，皆是"经济上的复古论"。③ 贺岳僧曾将这时期主张复兴农村者称为"向后倒退派"，而将那些提倡发展工业者称为"向前推进派"。他认为前者是改良，后者是改造，中国需要的是改造而不是改良，因为中国经济之所以衰落，不是因为中国人不努力的自然退步，而是产业革命过程中的当然现象，所以中国问题不是通过平民教育或乡村建设运动所能够解决的。④

吴景超强调，无论如何，中国人现在应当积极努力，用机械的生产方

---

① 董时进：《从国防上着想中国应采用何种经济政策》，《经理月刊》第1卷第2期，1935年8月30日，第14页。
② 董时进：《世界和平与农业》，《东方杂志》第19卷第16期，1922年8月25日，第38—39页。
③ 吴景超：《我们没有歧路》，《独立评论》第125期，1934年11月4日，第2页。
④ 贺岳僧：《解决中国经济问题应走的路》，《独立评论》第131期，1934年12月16日，第12—16页。

法,去代替筋肉的生产方法。朝这一条路走下去,自然是工业化,自然是商业发达,自然是农业方面的人口减少,而别种实业方面的人口加增。① 所以,吴景超明确指出,"总之,生存在今日的世界中,我们只有努力走上工业化的路,才可以图存。我们只有一条路是活路,虽然这条活路上的困难是很多的。大家不要再在歧路上徘徊了"。② 在吴景超等几位经济学家的提倡下,全国的言论渐渐由以农立国、复兴农村转移到工业方面上去,论调似乎都集中在中国工业化问题上了。③ 他们强调农村崩溃是由于都市不发达的缘故,发展工业,繁荣都市,即能容纳农村的过剩人口,所以繁荣都市即所以救济农村。

然而,对于繁荣都市即所以救济农村这点,还是有很多人不能相信,主张以农立国的人,在1930年代中期仍大有人在。吴景超将他们分为四派,即夸大派、禁欲派、因噎废食派和畏难退缩派。夸大派强调中国文化的优越性;禁欲派则重视农业生产在节制欲望方面的作用;因噎废食派被欧美各国种种不景气的现象所吓倒,担心中国工业化之后也会出现大规模失业等社会问题;畏难退缩派则对中国工业化的前途缺乏信心,担心工业化的道路走不通。④ 罗曼就属于畏难退缩派,他认为中国企图发展民族工业经济而造成资本主义国家,至少在目前是痴人说梦,因此中国唯有在农业方面可以求得生存与繁荣。⑤ 而且,即使对中国工业化前途有信心,也有不少人对农民离村,都市膨胀深恶痛绝,担心工业化的结果会使资本和劳力进一步集中于都市,使作为工业中心的城市与乡村逐渐分离,从而导致乡村社会组织崩溃。

劳乃心和蓝梦九对单纯都市与复杂都市的划分,大概也是为了打破主张复兴农村者对都市的疑虑。因为在他们看来,都市与农村关系的恶化是单纯都市所导致的,而复杂都市,即工业都市则不仅不会侵蚀农村,反而

---

① 吴景超:《我们没有歧路》,《独立评论》第125期,1934年11月4日,第2页。
② 吴景超:《我们没有歧路》,《独立评论》第125期,1934年11月4日,第7页。
③ 蒋谋剑:《中国工业化的商讨》,《人言周刊》第2卷第25期,1935年8月31日,第484页。
④ 吴景超:《我们没有歧路》,《独立评论》第125期,1934年11月4日,第2—7页。
⑤ 罗曼:《中国农业工业化的可能性和土地耕种合作社的推行》,《浙江合作》第35期,1934年12月1日,第1页。

对农村有利。所以，如果农民涌入的城市为复杂都市，是去做工，尚不是值得痛心疾首的事情。① 但是，方保汉认为这种说法也不可靠。因为农民离村，无论是去单纯都市还是复杂都市，都会导致农村宗法组织崩溃，而新组织一时未建立起来，农村也就难以复兴。②

其实，主张复兴农村者也多不绝对地反对振兴工业，梁漱溟也认为中国能否复兴，关键在于能否实现工业化。③ 只是他们以复兴农村为工业化的前提，要推行工业化，必须先发展农业和与农业有关的轻工业。④ 然后，由农村经济的复兴，过渡而为工商业经济的发展，由自给自足的经济制度，过渡而为国民经济制度。只有如此，才能实现都市与农村互相调剂，而没有一面偏枯一面膨胀的现象。⑤ 但是，农村经济也不可能脱离都市经济而独立存在，也不能为复兴农村而把中国经济转移到自足的、小农的、小商品的，乃至部落经济。⑥

为此，他们提倡农业工业化和农村工业化，以为这是改良中国社会最有效、最易实行的方法。⑦ 全面抗战爆发后，为躲避敌机空袭，也有将工厂分散到农村的需要，所以农村工业化进一步受到提倡，以为将若干工业部门移植分散到农村之中，即可以使农村与都市有紧密而稳定的经济交流，就能缓解都市畸形发展与农村日益破产的尖锐对立。⑧ 朱隐青所提倡的农村都市，即兼有农村与都市的若干重要性质，本质上与农村工业化主张有相似之处。他所设想的农村都市，以农业生产为其基本条件，以工业

---

① 劳乃心：《都市与农村之根本关系》，《浙江省建设月刊》第 6 卷第 6 期，1932 年 12 月，第 44 页；蓝梦九：《都市与农村的根本关系》，南京《中国经济》第 1 卷第 2 期，1933 年 12 月，第 9 页。
② 方保汉：《繁荣都市与复兴农村》，《农村经济》第 2 卷第 1 期，1934 年 11 月 1 日，第 37 页。
③ 梁漱溟：《往都市去还是到乡村来？——中国工业化问题》，《复兴月刊》第 4 卷第 3 期，1935 年 11 月 1 日，第 13 页。
④ 姚溥荪：《不复兴农村中国也可以工业化吗？》，《独立评论》第 137 期，1935 年 1 月 27 日，第 13 页；陈志远：《中国农业工业化问题之商讨》，《经济评论》第 2 卷第 2 期，1935 年 2 月 28 日，第 7 页。
⑤ 董汝舟：《都市与农村》，上海《建国月刊》第 9 卷第 2 期，1933 年 8 月，第 1—2 页。
⑥ 哲荪：《农村与都市的合作问题》，《合作月刊》第 5 卷第 10 期，1933 年 10 月 15 日，第 1 页。
⑦ 李玉藻：《中国农村经济救济的探索及采行农村经济工业化的管见》，《江苏党务周刊》第 19 期，1930 年 5 月 25 日，第 14—22 页；鲍幼申：《中国农业工业化与农业合作化》，成都《社会导报》第 2 卷第 3·4 期，1932 年 4 月 15 日，第 27 页。
⑧ 王印川：《中国农村工业化之必要及其步骤》，《经济建设半月刊》第 6 期，1937 年 1 月 1 日，第 4 页。

生产为其辅成之必要条件，务使农业、工业成为相互联系的发展，以求农村一切消费品和战时军需品之自给自足。而且，朱隐青为促进农业和工业的联系而反对商品经济，认为无论农业生产还是工业生产均须以消费为本位，排除以利润为目的之商品生产，从而使农业经济与都市经济能归于一致，不至于发生农业经济和工业经济的矛盾现象。为此，他提倡合作制度，认为农村、都市的经济组织均须采用合作制度，排除商人从中垄断渔利，而使供求能互相适应。他反对将旧时内地的城市改建为农村都市，因为这些城市只是消费的区域，而非生产的区域。①

但是，也有人指出，如果这样，则小商品生产必然发展为工业生产，而且也必然在农村形成新的都市，农村工业化又蜕变为都市工业化。② 而且，适合在农村发展的只能是手工业和一些小工业，所以赞成农村工业化者也不得不接受这样的现实，那就是除了在农村发展一些轻工业外，还要选择发展一些关系国防、关系工业基础的重工业，如此双管齐下，才能维持国民经济于不坠，那么都市工业化也是必要的。③ 当然，激进的农村工业化提倡者也认为农村不仅要发展生产日常消费品的轻工业，还要发展能够制造工业机器的重工业，农村工业化不是都市工业的疏散，而是都市工业与农村工业的平行发展。④ 如果这样，那就是直接新建一个工业都市，无所谓农村工业化了。不过也有人不在意这点，甚至直接提倡农村都市化。王弼卿认为，"市乡不可分"为都市设计的基本原则，要想都市与农村，工业与农业平衡发展，非促成农业工业化和农村都市化不可。都市设计应以都市与相连农村所形成的整个经济网为对象，以农村建设与农村事业发展为先决条件。⑤ 所以，在西方兴起的田园都市学

---

① 朱隐青：《废弃旧时都市建设农村都市》，金华《大风三日刊》第28期，1938年5月19日，第3页。
② 王亚南：《论中国战后农村工业化——商榷顾翊群先生底中国战后农村工业化问题》，《新工商》第2卷第1期，1944年，第13页。
③ 赵曾珏：《农业化的中国向工业化迈进途径之检讨》，《浙江工业》第5期，1939年4月1日，第2页。
④ 朱剑农：《中国农村工业化问题》，重庆《中国农民》第4卷第1期，1944年6月，第5—6页。
⑤ 王弼卿：《都市与农村》，《工程》中国工程师学会衡阳分会年会特刊，1948年6月6日，第42页。

说不仅受到中国市政学者的重视,也得到中国提倡农村复兴和农村工业化者的青睐,希望借此来调和都市与农村。① 于是,在农村复兴论中,还出现了田园的都市和花园的农村两种主张,"是二者之主旨,在使辐辏于都市之人民,再还村邑,于工业生活中,而加以健全之农业生活,并设共同作业,共同购买,共同娱乐之方法,以图互相亲睦,盖欲采取都市农村之所长,而特造一模范部落也"。②

　　之所以有人热衷于提倡农村工业化,是因为他们一方面认为都市发展工业会导致农村的人口和资金集中于都市,另一方面也认为中国工业产品不可能在海外获得销售市场,必须以中国农村为市场。为了避免工商业发展摧残农村,他们希望探索出一条既不同于西方资本主义国家,也不同于苏俄的中国工业化道路。③ 在这种逻辑下,很多人将合作制度理想化,而全面抗战时期的工合运动,也对这种合作主义工业化理想在中国的流行起了推波助澜的作用。他们认为,不仅农业工业化可以通过组织合作农场来实现,农村工业化也需要推行工业合作。万国鼎甚至设想,可依据中国各地自然地形,取其纵横近于方整,将面积约 4 平方公里者划为一标准板图,每图再分为 10 方,然后据以编里,合里成乡,进而为县和省。一方之内划分为若干标准自耕农场,待普遍建立标准自耕农场之后,再合一里或一乡之标准自耕农场,组成合作社。④ 不过,在万国鼎的行政区划构想中,市镇仍处于省县乡之外。人口在 5 万以下者为镇,5 万以上者为市,市分为甲、乙、丙三种,甲种市隶属于中央,乙种市隶属于省,丙种市和镇隶属于县。⑤ 工业分布于市镇还是省县乡,万国鼎没有明说。王家佐则从工业化的角度,建议设立县辖市,每市包括若干农村,然后结合这

---

① 雪村:《都市集中与农村集中》,《东方杂志》第 12 卷第 9 期,1915 年 9 月,第 6—7 页。
② 《田园的都市与花园的农村》,《河南自治周刊》第 1 卷第 7 期,1922 年 11 月 5 日,第 30 页。
③ 陈志远:《中国农业工业化问题之商讨》,《经济评论》第 2 卷第 2 期,1935 年 2 月 28 日,第 7 页。
④ 万国鼎:《建立开国规模之地籍编制与行政区划刍议》,《人与地》第 1 卷第 4 期,1941 年 2 月 20 日,第 66—68 页;万国鼎:《我对于改革中国农制之意见》,《农场经营指导通讯》第 3 卷第 3·4 期,1945 年 2 月,第 9 页。
⑤ 万国鼎:《建立开国规模之地籍编制与行政区划刍议》,《人与地》第 1 卷第 4 期,1941 年 2 月,第 68 页。

些农村的特点发展工商业,这样每个县都可以形成一个"民族工业都市经济单位",富强康乐的中国,必不难实现。①

然而,在全面抗战爆发前,千家驹就认为中国农村经济的破产是由于外国帝国主义者与本国封建势力经济的与超经济的种种剥削,所以治疗的办法决不是由它自身,即由调剂都市与农村的金融流通,或创办合作社等办法能解决的,必须从根本上寻找办法。② 对于全面抗战时期的工合运动,千家驹也认为工合运动只是全面抗战时期中国的特殊产物,因外来工业品输入困难,所以希望扩大手工业生产,于是出现了工业合作社。但工合运动绝不可能将中国引入工业化的国家,工业合作社也不可能成为私人资本主义生产过渡为社会主义生产的桥梁。③

三、机器与人性

提倡农村工业化者大多强调小商品生产,主张恢复农村手工业和家庭副业,而反对大资本、大机器生产,认为机器生产违背人性。

1945 年 1 月 24 日,重庆《大公报》发表了英国人威洛克(Wilfred Wellock)特意为该报撰写的题为《向中国进一警告》的文章。威洛克在文章中说,现在越来越多的西方人非常崇拜中国和中国文明,他相信"这种膜拜的理由之一,就是他们认识中国在过去四千年中,能够保存一种农业手工业文明的自然真璞;她发展并且保持着一种人文主义,一种物质与精神生活并重的恬然乐趣,她珍视这一种乐趣,胜过西方社会制度下的财富和政治的权力,而后者又恰是日本晚近所仿效的",所以威洛克希望中国永远不要沾染西方带有侵略性的工业化主义。④

---

① 王家佐:《从中国工业化的途径看县辖市的设置》,《市政建设》第 1 卷第 1 期,1948 年 10 月 15 日,第 18 页。
② 千家驹:《救济农村偏枯与都市膨胀问题》,《新中华》第 1 卷第 8 期,1933 年 4 月 25 日,第 19 页。
③ 千家驹:《工合与中国工业化》,桂林《中国工业》第 24 期,1944 年 2 月,第 6—7 页。
④ 威洛克:《向中国进一警告》,重庆《大公报》1945 年 1 月 24 日,第 3 版。

威洛克之所以反对中国走工业化道路，还有一个理由就是大机器生产导致工人不是在家庭或小工场里替他们的近邻做工，而是在大工厂里做工，技术专门化可以达到一种很高的程度，使得工人和他们所管理的机器一样，沦为一种自动的机械，也就是说，"更高度的专门化把劳工变做了'机器人'"。① 所以，威洛克希望工业以工业合作的方式，在村镇里分成小单位来举办，这种生产的目的，重质而不重量，使它对世界能增加最大量的美，对人类生活能增加愉快。②

威洛克对中国提出的警告，很多人难以接受，也有人专门撰文加以反驳。③ 不过，威洛克的警告也引起了不少中国学者的共鸣。1945年冬的一天，费孝通与袁方在昆明青云街的一个小茶馆里闲谈，因袁方要去成都参加一个有关手工业的讨论会，二人就谈了很多关于中国手工业的问题，后来张子毅和张犖群二人也加入进来，最后四人决定把他们讨论的内容写出来，作为四人共同的意见，由袁方带到成都在讨论会上宣读，再后来又以《人性和机器》为题，在《再生》杂志上连载。当时《时代评论》杂志社要编一套小丛书，讨论当时中国所面临的各种基本问题，于是将此文也收入其中，1946年1月在昆明出版了一个小册子《人性和机器——中国手工业的前途》，1946年5月生活书店又印了一次。④

对于现代机器工业相对落后的中国来说，重视手工业的地位和作用也是顺理成章的事情。1941年王宜昌发表《中国手工业的前途》一文，即批评当时提倡发展工业者对工业范畴的理解过于狭窄，将注意力完全放在了现代机器工业上，而忽视了手工业。⑤ 费孝通也认为中国学者对工业范畴的理解太狭隘了，没有将中国农村的家庭手工业和作坊手工业放在工业

---

① 威洛克：《向中国进一警告》，重庆《大公报》1945年1月24日，第3版。
② 威洛克：《中国工业发展的性质》，重庆《大公报》1945年5月30日，第3版。
③ 如崔鹏欧：《我们还要请教：答威洛克先生〈中国工业发展的性质〉一文》，重庆《大公报》1945年6月27日，第3版；邱文清：《中国工业化前途中一个不可忽视的问题——与威洛克先生等讨论"机器人"》，《雍言》第5卷第11期，1945年11月15日，第9—14页；朱文长：《我们不敢苟同——答复威洛克先生的"警告"》，重庆《大公报》1945年2月16日，第3版。
④ 费孝通：《小康经济——敬答吴景超先生对〈人性和机器〉的批评》，《观察》第3卷第11期，1947年11月8日，第8页。
⑤ 王宜昌：《中国手工业的前途》，《附件中心工业》第1卷第2期，1941年6月20日，第43页。

范畴之内。如果将手工业也纳入工业范畴,则即使在传统时代,"中国并不是个没有工业的农业国"。① 所以,费孝通认为,传统中国乡土经济就是一个农工混合体,乡村工业,即家庭手工业和作坊手工业也是农村经济的必要组成部分,因为中国人多地少,单靠农业并不能养活乡村中的人口,所以需要乡村工业来帮助农业维持庞大的乡村人口,使农民生活始终能维持着一种"不饥不寒的小康水准"。② 近代开埠通商之后,外国廉价的机器工业品大量输入中国,而乡土工业不能与之竞争,遂逐渐解体,农民失去了乡土工业这部分收入,小康生活水准也就难以维系,城乡对立也因此日益尖锐起来。

但是,费孝通等人对手工业的认识还不止于此,他们对乡土工业的提倡也具有文明论上的意义。自抗战后期开始,中国学界即热衷于讨论和设计战后中国经济建设方案,有人提倡英美模式,也有人提倡苏联模式。而费孝通认为,中国过去照搬西方政治制度不成功,现在照搬西方经济制度也同样不会成功,因为中国并不是一张白纸,要染什么颜色就是什么颜色。学习外国的长处也要照顾到中国传统,乡土工业与农业的有机配合就是中国经济制度上的一个重要传统。③ 既然中国自古以来就不是一个没有工业的国家,那么所谓中国的工业化,准确地说就是中国乡土工业的现代化,所以第一步是要复兴乡土工业。

不仅如此,费孝通等人也认为机器文明已多少表现出了它的弱点和弊端,在世人心目中的地位已经发生了动摇,不少人觉得两次世界大战和多次世界经济危机都和这种资本主义经济制度有密切关系,所以中国不应再重蹈西方国家的覆辙。他们在《人性和机器》中说:"若是我们现在那种对于机器工业的好感发生在五十年前,问题必然简单得多,原因是在那时西洋还没有人看明白机器文明的流弊,大多数人虽则已受到新工业兴起后生活解体的威胁,可是对于进步两字还没有怀疑。我们若要跟他们跑,若

---

① 费孝通:《中国乡村工业的性质及前途》,《旅行杂志》第17卷第2期,1943年2月,第83页。
② 费孝通:《中国乡村工业的性质及前途》,《旅行杂志》第17卷第2期,1943年2月,第84页;费孝通:《黎民不饥不寒的小康水准——乡土复员论之一》,上海《大公报》1948年1月11日,第2版。
③ 费孝通、张子毅、张犖群、袁方:《人性和机器——中国手工业的前途》,上海·重庆:生活书店,1946年5月,第1页。

要追踪他们,他们也必然觉得很高兴。五十年后的今日,情形却不完全相同了。"①

经济制度与社会制度密切相关,机器生产在不同的国家也有不同的社会制度,然而费孝通等人对西方各国衍生出来的社会制度也均不满意。他们以为,从整体上来说,"西洋虽发明了机器,可是还没有发明利用机器来促进人类幸福的社会机构",所以"我们千万不可在这方面妄自菲薄,觉得世界上只有英美式或苏联式的选择"②,而应创造出一种既能利用西洋所发生的机器生产来增加我们生活中的幸福,又能克服机器文明的弱点和流弊的,比较可以持久的社会体系。对此,费孝通等人提出的解决办法就是恢复和发展手工业,将其纳入中国工业建设方案之中。

他们重视手工业,并非完全因为手工业仍是当时大量中国人所赖以为生的职业,如果工业建设只发展机器工业而不发展手工业,会引起大量人口的失业和贫困,也是因为手工业与机器工业相比更符合人性。在手工业中,"人和物不是对立的,不像现代文明中,人和机器一般的隐藏着恶感;人和物是相成的,人在物里完成他的生活"。③ 所以,费孝通等人坚信"手工业成全人性和社会"。④ 机器大生产不仅导致手工业的崩溃,廉价工业品也导致消费膨胀,使人类经济生活过度发展,从而妨碍了个人人格和社会生活的完整。所以,费孝通等人宣布:"我们主张在旧的传统工业的社会机构中去吸收西洋机器生产,目的就在创造一个非但切实,而且合乎理想的社会方式。"⑤

费孝通等人虽然重视手工业,但也只是将发展手工业作为中国工业化实现之前的过渡性手段。⑥ 所以,他们也主张手工业要尽量使用电力,吸收现代技术,发展为广泛分布于农村的小规模工业,与农业相结合,组成一种混合经济模式。这种理想,与农村工业化论非常相似,与改革开放后

---

① 费孝通、张子毅、张犖群、袁方:《人性和机器》,第3页。
② 费孝通、张子毅、张犖群、袁方:《人性和机器》,第13—14页。
③ 费孝通、张子毅、张犖群、袁方:《人性和机器》,第22页。
④ 费孝通、张子毅、张犖群、袁方:《人性和机器》,第24页。
⑤ 费孝通、张子毅、张犖群、袁方:《人性和机器》,第14页。
⑥ 费孝通、张子毅、张犖群、袁方:《人性和机器》,第13页。

费孝通对乡镇企业的热情支持似乎也是一脉相承的。

然而，还有一个难以论证的问题，那就是手工业，真的像费孝通等人所理解的那样符合人性吗？虽然手工业中工匠十分爱护他的工具，可以通过工具发挥他的手艺，表现他的人格，但是工匠的劳动也是非常辛苦的，生活也是非常贫困的，手工业所成全的人性和社会也许并不像他们这些知识分子所想象的那样美好。所以，汤德明反驳说，费孝通等人太偏重于调整人和机器的关系，而忽略了人与人的关系。在汤德明看来，传统时代所保全的所谓人性只是人民对于地主的人格依附。个人与社会之间的对立，不仅在资本主义社会中存在，在小农经济社会也同样存在，少数地主的个人利益与大多数农民的利益相互冲突，实不下于少数资本家和大多数工人的对立关系。所以，费孝通等人希望维护的中国传统社会制度并不是许多人的理想生活。汤德明就明确指出，半耕半读并不是我们的理想生活，小农经济社会"既无政治自由，也无经济平等，恐怕比目前中国的情形不会更好得多吧！"① 在他看来，费孝通等人所欲建立的理想王国，与傅里叶、欧文等空想社会主义者的理想是共同的。不过傅里叶、欧文等人虽然是空想的，可是还是进步的，而费孝通等人则似乎要开历史倒车。世界上并不存在一个以手工业为经济基础的国家，费孝通等人的理想不仅与当时中国的社会环境不符，也并不见得能保全人性。因此，汤德明一针见血地指出："《人性和机器》这一本小册子，不能不说是小农经济破产下一些逃避现实，留恋过去的知识分子之人道主义的悲鸣！"②

即使我们承认手工业更符合人性，那么在吸收现代技术和机器之后，手工业变为机器工业，又如何能继续保留这种符合人性的优点呢？费孝通等人当然希望手工业即使将来运用机器，工具改变了，也仍能保留其精神于不变，但是如何能做到这点，他们并没有明确说明。汤德明猜想，费孝通等人大概也像西斯蒙蒂一样，认为只要引入机械不要逾越手工

---

① 汤德明：《小商品生产的梦呓：评费孝通等著〈人性和机器〉》，重庆《理论与现实》第3卷第3期，1946年10月10日，第65页。
② 汤德明：《小商品生产的梦呓：评费孝通等著〈人性和机器〉》，重庆《理论与现实》第3卷第3期，1946年10月10日，第65页。

业之利益范围即可,所以他们的理想像是西斯蒙蒂(S. Sismondi)"小农经济"的翻版。① 除了手工业要吸收现代技术外,费孝通等人也主张工业要广泛分散于乡村。小工业和手工业都可以分布在乡村,只有乡村容不下的大工业才在都市中发展。集中于都市的大工业与分散于农村的小工业、手工业相结合,即可在现代工业中恢复人和机器,以及利用机器时人和人的正确关系。这样,费孝通等人似乎也是在提倡乡村工业化。所以,后来吴景超也批评费孝通等人在《人性和机器》中一会儿说"农村工业",一会儿又说"农村手工业",似乎把这两个概念混为一谈。费孝通等人的意思,是愿意保持农村中的手工业呢,还是想把机器工业设立在农村中呢?费孝通等人在这两者之中有点徘徊,不能当机立断。②

与许多提倡乡村工业化者一样,费孝通等人在怀疑机器文明的同时,也批判都市文化,认为机器造成了人的分散与隔膜,而不是集中与联合,所以都市生活是冷漠的,都市里的人成为被机器集合起来的痛痒不相关的个体,"在他们之间只有工作活动上的联系,而没有道义上的关切。现代都市中住着的是一个个生无人疼,死无人哭的孤魂。在形式上尽管热闹,可是在每个人的心头有的是寂寞。他们可以有一个表面上复杂的共同秩序,可是并没有一个内心中契洽的共同目的。机器文明把社区生活的完整性消毁了"。③ 他们还进而由批判机器文明和都市文化,上升到反对资本主义。他们诅咒资本主义,也害怕社会主义,因为在他们看来社会主义只是对资本主义的一种修正,资本主义和社会主义都使用机器生产,而没有照顾到人性,都是西洋的产物,都要不得。④

1947年费孝通到清华大学任教后,一次在整理旧书时,吴景超正好在旁边,看到了《人性和机器》这本书。因为书中提到吴景超认为通过发展工业,吸收农村过剩人口,使农民每户的耕地面积得以扩大,从而可以单

---

① 汤德明:《小商品生产的梦呓:评费孝通等著〈人性和机器〉》,重庆《理论与现实》第3卷第3期,1946年10月10日,第63页。
② 吴景超:《中国手工业的前途》,《经济评论》第1卷第20期,1947年8月16日,第4页。
③ 费孝通、张子毅、张犖群、袁方:《人性和机器》,第19—20页。
④ 汤德明:《小商品生产的梦呓:评费孝通等著"人性和机器"》,重庆《理论与现实》第3卷第3期,1946年10月10日,第63页。

靠农业谋生的观点不可靠,所以费孝通就把书借给了吴景超,不久吴景超在《经济评论》上发表了《中国手工业的前途》一文,与费孝通等人商榷。① 吴景超指出了费孝通等人在《人性和机器》中所提出的观点的自相矛盾性,并指出:"归根到底,手工业在中国是没有前途的,因为他代表着落伍的生产方法,无法与现代化的机械生产方法相竞争。"② 作为中国工业化的热情提倡者,吴景超则强调机器文明的进步性。都市产生了近代机器工业,同时也产生了近代文明,以及这种文明赐给人类的各种享受。所以,在吴景超看来,机器工业并不能使人彻底变成"机器人",都市生活也不是那么冷漠。

吴景超发表《中国手工业的前途》一文时,也曾口头约费孝通撰文答复,但是费孝通一直拖着没有写,最后还是写了一篇题为《小康经济》的文章,回答吴景超的批评。在这篇文章中,费孝通依然强调乡村手工业的重要地位,希望将来"使现在的小村庄都可以转变而为一种工农混合的新社区",并希望在使用机器的同时也能保留传统手工业的"手艺精神"。③ 费孝通等人与吴景超的分歧,不仅在于对机器工业和手工业的认识不同,也在于对整个近代文明的态度不同。吴景超认为近代文明有趣而且让人能享受丰富的生活,都市是自由的园地,然而费孝通认为吴景超所说的只是美国的都市生活,并不是中国的现实。④

即使是像吴景超这样主张中国应工业化的学者,也对中国实现工业化缺乏信心。吴景超认为,在中国工业化的过程中,由于人口的庞大,以及资本的缺乏,即使中国朝野都努力于工业化,在两三代之内,想赶上英美等国家,大约也是不可能的。所以吴景超认为要实现工业化,必须减少中国人口。为了能减少人口,吴景超甚至主张中国政府应以节制生育为其人

---

① 费孝通:《小康经济——敬答吴景超先生对〈人性和机器〉的批评》,《观察》第3卷第11期,1947年11月8日,第8页。
② 吴景超:《中国手工业的前途》,《经济评论》第1卷第20期,1947年8月16日,第5页。
③ 费孝通:《小康经济——敬答吴景超先生对〈人性和机器〉的批评》,《观察》第3卷第11期,1947年11月8日,第8页。
④ 费孝通:《小康经济——敬答吴景超先生对〈人性和机器〉的批评》,《观察》第3卷第11期,1947年11月8日,第8页。

口政策，以设法降低人民的生育率。英国人俾佛利支（William Henry Beveridge）曾在一篇说明其乌托邦构想的文章中说，在他的乌托邦中，人口比现在要稍少一些。他希望英国只有五百万人，中国只有三千万人。于是吴景超在介绍了俾佛利支的假想之后，接着说："假如中国只有三千万人，那是同汉唐时代的人口差不多了，我们的生活，一定比现在要舒服得多，一切的问题，也都容易解决了。"① 可见，提倡工业化者，还没有使工业化增加中国人的享受，却首先要减去大部分中国人口。违反人性的不是机器文明本身，而是追求工业化的急切心理。

不过吴景超也觉得减少中国的人口数量，使其退回到3000万人不容易做到。但是，假如每一对成婚的夫妇，生育子女，不得超过二人，在死亡率不变的情况下，将中国的人口降低为2亿人还是有可能的。② 后来戴世光撰写了《论我国今后的人口政策》一文，吴景超和陈达、赵守愚、吴泽霖、刘大中等人对该文提了一些批评和补充意见，由戴世光一并整理后，连同原文发表在1948年《新路周刊》第1卷第5期上。戴世光也认为中国的人口数量必须减少，仅求人口数量维持不再增长，经济依然是没有前途的，所以解决中国经济问题必须工业化、社会改革和减少人口三管齐下才有可能。那么，应该减少到多少呢？戴世光也认为中国人口数量应减少到2亿，"换言之，以两万万人口为最近将来减少人口的理想目标"。③ 张德粹也认为，"以我国所有的领土和资源而论，最理想的幸福前途，是全国人口约二亿左右，农业人口约七八千万"。④

其实，节制生育主张在1920年代已因桑格夫人（Margaret Sanger）来华掀起很大的热潮，很多人都将中国贫弱的原因归咎于人口过剩。不仅主张工业化者如此，主张农村复兴者也是如此，以为中国农村危机的根源在于人多地少，农业的巨额过剩人口绝不是工商业所能轻易吸收得了的，所以必须节制生育，以逐渐减少农业过剩人口。1926年，董时进在上海慕尔

---

① 吴景超：《工业化过程中的资本与人口》，《观察》第3卷第3期，1947年9月13日，第12页。
② 吴景超：《工业化过程中的资本与人口》，《观察》第3卷第3期，1947年9月13日，第12页。
③ 戴世光：《论我国今后的人口政策》，《新路周刊》第1卷第5期，1948年6月12日，第6页。
④ 张德粹：《改革我国农制的基本认识》，《农场经营指导通讯》第3卷第3·4期，1945年2月，第5页。

堂演讲中国粮食问题,即以节制生育作为解决粮食恐慌的办法之一。① 他预测,百年以后中国人口可达 10 亿,中国领土虽大,亦绝不能供养这 10 亿之众,故人口若不加限制,则粮食问题永远不能解决。② 到 1940 年代,张德粹也说,改进中国农业最基本的方法,不外是增加耕地面积和减少农业人口,但前者比较难,所以最重要的办法还是减少农业人口。为了能解决农业过剩人口问题,他认为除了发展工商业以吸收一部分外,还需要节制生育,以及大量向南洋等地移民。③

无论是发展工业还是复兴农村,本来都是为了增进四五亿中国人民的幸福,但是到头来却都要大量减少中国人口,甚至为此不惜主张采取强制手段。戴世光即提出,国家对节育方案的执行须有相当的强制性,一方面规定凡已经有两个婴儿的父母必须到医院接受永久节育的手术,一方面规定如有第三个婴儿出生,在该婴儿一岁后,即须交与托儿所由国家抚养,使父母失去传统思想下对子女的希望。④ 吴景超不同意将第三个婴儿交给国家抚养,以为这样不仅增加国家的负担,反而助长生育率提高,不如实行强迫教育,使父母不能剥削子女的劳动力,使年青的子女,只是父母的负担,而不能成为父母的财源。⑤ 即使采取强制节育,要像戴世光所设想的那样将中国人口自然增加率从千分之七变为自然减低率千分之五,也是非常可怕的生育数量的限制与下跌。所以,赵守愚以为或许不必援引美苏的经济标准来确定理想的人口数量,可以适当降低标准,将理想人口数量提高一些。⑥

这样可怕的生育数量的限制和下跌,自然也会让很多人觉得很不人道,于国家民族也不利,所以张德粹在提出他的主张后,也"盼国人略加

---

① 《董时进演讲民食问题》,《时报》1926 年 6 月 28 日,第 5 版。
② 董时进:《民食困难之解释与解决》,《东方杂志》第 23 卷第 17 期,1926 年 9 月 10 日,第 6—11 页。
③ 张德粹:《改革我国农制的基本认识》,《农场经营指导通讯》第 3 卷第 3·4 期,1945 年 2 月,第 5 页。
④ 戴世光:《论我国今后的人口政策》,《新路周刊》第 1 卷第 5 期,1948 年 6 月 12 日,第 6 页。
⑤ 戴世光:《论我国今后的人口政策》,《新路周刊》第 1 卷第 5 期,1948 年 6 月 12 日,第 9 页。
⑥ 戴世光:《论我国今后的人口政策》,《新路周刊》第 1 卷第 5 期,1948 年 6 月 12 日,第 7 页。

深思，幸勿盲目的骂我违背民族主义也"。① 李化方还是针对吴景超提出的中国若想工业化非大量减少人口不可的主张，批评说这是马尔萨斯人口论的翻版，不是在为中国工业化指明道路，而是在仇视中国大量的人口。② 胡宣之也认为戴世光等人所谈的人口问题并不是从社会里提出来的，而是从图书馆里翻出来的，从地下挖掘出来的，"他们把马尔萨斯、格鲁布等人的尸体从坟墓里硬拉出来，穿上一件一九四八年缝制的新衣，再来现身说法。揭穿了就是这末一回事！"③

当然，还有人认为强制节育与中国传统观念相冲突，增加人民不少的痛苦，事实上也有许多困难。而且，随着工商业的发达、文化的进步，自然有一种减少生育的趋势，不需要通过节制生育来防止人口的增加。在他们看来，与其节制生育，不如注意人力的经济利用，提高单位劳动力的生产效率，寻求容纳人口的出路，以减少人口过剩的压力，相信地球上会有容纳我们四五亿中国人的空间。④ 还有人根本不同意中国人口大量过剩的说法，认为中国虽然人口众多，但是也并不像马尔萨斯论者所幻想的那么严重，如果分布合理，不见得如何的众多，根本没有节制生育的必要。与其提倡节制生育，倒不如提倡优生。⑤

有的人之所以反对节制生育，也是因为主张节制生育者将中国贫困的根源归结为人口过剩，这样就否定了反帝反封建的必要性。董时进即宣称，"我们必须承认，中国的贫民实在是人口压力下的牺牲者，并不是帝国主义所造成"。⑥ 所以玖子针对这一观点评论说："更是笑话的，人们生活痛苦不是帝国主义者所压迫，而是人口太多，请问这是什样话，我们真

---

① 张德粹：《改革我国农制的基本认识》，《农场经营指导通讯》第3卷第3·4期，1945年2月，第5页。
② 李化方：《评吴景超论〈中国工业化与人口问题〉》，《西北经济》第1卷第3期，1948年5月15日，第27页。
③ 胡宣之：《论中国人口问题——驳戴世光先生等的主张》，《时与文》第3卷第15期，1948年7月30日，第7页。
④ 徐禾夫：《董时进：国防与农业》（书评），《中农月刊》第6卷第5期，1945年5月30日，第77页。
⑤ 柯化民：《董时进：国防与农业》（书评），《国防月刊》第2卷第4期，1947年4月，第93页。
⑥ 董时进：《在中国何以须节制生育》，《东方杂志》第33卷第5号，1936年3月1日，第120页。

不知董先生是从何说起？人民贫苦不是帝国主义者所压迫，而是人口太多！可是节育又一时不能收效，我看还是把现有的人死去一些，像董先生就有'好日子'过了？不然的话'社会永远不安，人民永远贫苦'。"① 胡宣之更指出，"中国人民之所以贫穷到这种程度，完全是受了中国政治经济环境与制度的影响"，不是被那些随便生儿育女的人吃穷了的。说中国贫穷的原因是人口太多，中国人是无论如何也不能相信，倒是帝国主义者该出来大大的嘉奖一番了。② 他相信，解决了社会问题和分配问题，也就解决了吴景超、戴世光等人所担心的资本积累和工业化问题。③

即使强制推行节制生育，要在几十年之内将中国人口减少一半，事实上也难以做到。所以玖子在读到《东方杂志》上董时进的一篇关于节育问题的文章后，反问道："董先生既不欲开发荒地，而又欲种十亩的人种数百亩田地，请问这些土地那儿来呢，除非原来种田的人死去，如果不死去一半人，不是大家要饿死了？"④ 在玖子看来，人口增加不足畏，中国的"大半荒地"正待开垦，尽有地可容，于是进而挖苦道："倒是像董先生这样的人，活着是多余的，既活着怕没地容身，还是死去好的。"⑤

吴景超、戴世光等人在1948年内战方酣、物价飞涨、人民困苦的形势下仍大谈人口问题，以为节制生育为"釜底抽薪"之策，确实不合时宜，也反映出这些大学教授钻进了自己的象牙塔，脱离社会现实已经很远了。要联系中国现实来分析中国经济问题，不仅要考虑到城市和乡村内部的阶级关系，也要考虑到城乡关系问题，因为城乡对立也是中国现实政治经济环境的集中反映，最后又归结到了反帝反封建上。所以，万典武提醒大家，不能就经济而论经济，还应注意到工业化的政治前提，即什么样的政权才能彻底地推行工业化而改造中国经济的问题。⑥

---

① 玖子：《中国必须节育：董时进的妙论》，《世界晨报》1936年3月13日，第2版。
② 胡宣之：《论中国人口问题——驳戴世光先生等的主张》，《时与文》第3卷第15期，1948年7月30日，第8页。
③ 胡宣之：《论中国人口问题——驳戴世光先生等的主张》，《时与文》第3卷第15期，1948年7月30日，第9页。
④ 玖子：《中国必须节育：董时进的妙论》，《世界晨报》1936年3月13日，第2版。
⑤ 玖子：《中国必须节育：董时进的妙论》，《世界晨报》1936年3月13日，第2版。
⑥ 万典武：《土地改革与工业化》，上海《中国建设》第6卷第6期，1948年9月1日，第23页。

当时不少知识分子将中国不能工业化的原因不是归咎于人口过剩，就是归咎于土地制度不合理。万典武指出，一般人讨论工业化的另一缺陷是大家很少说到工业化与农业改革的关系。在他看来，土地改革是中国工业化的一个必备条件。① 吴大琨在《工业化与中国农村经济改革》中也说，中国应当工业化，但是必须从农村做起，必须打破中国目前落后的农村生产关系。改革农村生产关系，首先是解决土地问题，减租减息，实现耕者有其田。否则，只是帝国主义及其买办们对于中国的"工业化"，而不是中国人民自身的"工业化"，"我们中国人民所真正需要的'工业化'，是必须从农村的生产关系而改革做起的"。② 这样，在新中国建设的途径上，农村和城市又通过土地改革连在了一起。所以，达观相信，苏联的成功是社会主义加上电气化，中国的成功将是新民主主义加上工业化。③

虽然城乡分别乃至城乡对立自古已有，然而近代以来中国的政治变革和经济发展在改变城乡形态的同时，也大大改变了城乡关系，于是城乡对立成为中国学术界和舆论界热衷讨论的问题之一。首先，城、镇、乡地方自治区域的划分使城乡各自成为一个独立的政治单位，最终随着市制的成立，城市与乡村不仅在行政区划上被分开，而且开始了城市以郊区、腹地的形式包括乡村，并领导全国乡村的时代。然而，直到新中国成立初期，大家比较关注的还是城乡之间的经济关系，并认为这种关系与工农关系有关。为改变乡村在经济上相对于城市的劣势，在提倡乡村建设的同时，也提倡农业工业化和农村工业化。更有甚者，还有人将城乡对立上升到文明论的高度，希望能借助于改变城乡关系来探索出一条既能超越资本主义，也能超越苏联模式的新道路。所以，他们夸大机器生产带来的社会弊端，甚至因此提倡手工业，希望保留小商品生产，提倡合作主义。即使认为手工业也可以吸收现代技术，逐步发展为机器生产，亦希望能维持其"手艺精神"，从而能保

---

① 万典武：《土地改革与工业化》，上海《中国建设》第6卷第6期，1948年9月1日，第24页。
② 吴大琨：《工业化与中国农村经济改革》，《中国农村半月刊》创刊号，1946年10月1日，第31—32页。
③ 达观：《中国农业工业化问题》，《经济导报》第105期，1949年1月25日，第1页。

留中国传统社会制度的优点。所以,城乡关系问题,不仅仅是城市和乡村二者的利害关系问题,也与对整个中华民族和文明的发展道路探索密切相关。但是,正如当时有人所指出的那样,他们的主张大多来自书斋而非社会。而且,在追求各自目标的过程中,渐渐以目标本身为其价值追求,而忽视了其目标所要服务的对象,甚至将服务对象推到了对立面。

第一编

物资与流通

第二章
城乡分割与城乡融合*

——华北地区城乡经济关系的断裂与复合（1937-1949）

全面抗战爆发后，沿海港口和多数大中城市、重要交通线相继沦陷，形成了敌据城市、我据乡村的局面。正如毛泽东在《论持久战》中所说的那样："总起来看，中国将是大块的乡村变为进步和光明的地区，而小块的敌占区，尤其是大城市，将暂时地变为落后和黑暗的地区。"① 这样，城乡关系格局也发生了根本性变化。敌伪当局对沦陷区进行物资搜刮，对大后方和敌后抗日根据地进行经济封锁，敌我双方展开了尖锐的贸易战和货币战。在这种形势下，敌我双方之间的经济战也具有城乡对立的影子。

中共领导的敌后抗日根据地在开展对敌经济斗争过程中，以自给自足为目标，建立起自己的银行和工商业，形成了相对独立的经济体系。抗战胜利后，随着国共对立的加剧和内战爆发，这种局面仍在继续。在全国很

---

* 本章作者：王元周，北京大学历史学系教授。
① 毛泽东：《论持久战》（1938年5月），《毛泽东军事文集》第2卷，北京：军事科学出版社、中央文献出版社，1993年，第301页。

多地区，都呈现出国民党政府占据城市和交通线，中共控制广大乡村的局面。所以，当时就有人用乡村对城市的反抗来解释国共内战。如姜庆湘说："今天在中国各地迅速蔓延开来的战争，假如我们就它基本的主要造因来说，那未尝不就是现阶段中国农村对都市采取反抗形态的一种表现。"① 万典武也认为是作为"面"的乡村对作为"点线"的城市的背叛。所以，在军事上是"点线"与"面"的对抗，在经济上则可以说是"城""乡"的对立，军事经济相互影响，形成一个恶性循环。只有打破这个恶性循环，城乡才能重归于好。②

随着中共取得胜利，接管了大中城市和主要交通线，城乡之间又由相互封锁转入相互融合。新政权积极恢复城乡物资交流，力图建立城乡互助的关系。那么，在根据地与敌占区、解放区与国统区、乡村与城市之间相互封锁与融合的反复中，中共如何确立经济建设方针，如何处理城乡关系，是一个非常值得探究的问题。中共正是在这一过程中，不仅初步建立了财经管理机构，培养了大批财经干部，也积累了制定综合性财经方针，处理包括城乡关系问题在内的复杂财经问题的经验。本章以晋察冀、晋冀鲁豫根据地与平津等大城市之间的经济关系为中心，考察中共在全面抗战时期和解放战争时期开展经济斗争的经验，以及接管平津等大城市后恢复城乡贸易的努力，分析以平津为中心的华北地区城乡关系的演变，进而理解城乡经济关系变化背后的逻辑及影响。

一、城乡分割与贸易斗争

当八路军深入华北敌后，开辟抗日根据地时，华北地区广大乡村大多仍以自给自足的自然经济为主，不仅缺乏现代机器大工业，手工业和家庭副业也不是很发达。对于华北农村的这种经济状况，当时人们并没有感到

---

① 姜庆湘：《当前中国都市与农村的对立关系》，《中国建设》第5卷第3期，1947年12月1日，第11页。
② 万典武：《"城""乡"对立的经济困局（下）》，北京《益世报》1948年1月26日第4版。

绝望，反而认为是坚持抗战的优越条件，因为除了一部分日用工业必需品之外，根据地完全能够自给自足。①而且，一开始也没有感到工业品缺乏，反而因为有很大一批商品从城市撤退到农村，市面上洋货充斥。

但是，人们很快即发现，城市工业品的无节制、无分别的流入，对根据地有害而无益，因此转而采取保护贸易政策。1938年1月，晋察冀边区军政民代表大会即提出要本着保护贸易，便利战时经济建设之原则，建立边区关税制度。②随后，晋察冀边区就普遍建立了边境临时关卡，以税收来调节货物出入。对于边区必需品的输入和边区土特产的输出一律免税，以资鼓励，而对于必需品的输出和非必需品的输入则课以重税，对奢侈品、娱乐品等则课以最高税率。

在晋冀豫边区的冀南区，冀南行政公署也于1938年9月成立了税务局，在各地设立分局及稽征所，增设税卡，征收外货入境税、棉花运销税和皮毛出境税等。对于边区以外货物的输入，冀南区采取了更严厉的措施，不仅征税，更禁绝了大批敌占区货物的入境，禁止伪钞在冀南区域流通。③不过，冀南区一开始采取这样强硬的立场，尤其是禁止伪钞流通，并非纯粹出于经济利益的考量，相反更重视政治上的尊严，所以拒不承认伪钞外汇。④但是，这时期冀南区的货币斗争并不是很成功，因为当时冀南区对贸易管理不严，敌占区的货物输入较多，敌占区商人也到根据地收购土特产，伪钞自然还会流入根据地。事实证明，货币斗争如果不同贸易斗争相互结合，单纯进行货币斗争是很难取得成功的，比较有效的办法是用贸易手段占领市场，驱逐伪钞。

在这种情况下，晋冀豫边区也开始认识到不能不和敌人进行交易。有

---

① 《争取边区工业品的自给自足》（1941年6月14日），晋察冀边区财政经济史编写组、河北省档案馆、山西省档案馆：《抗日战争时期晋察冀边区财政经济史资料选编（工商合作编）》，南开大学出版社，1984年，第1页。

② 《晋察冀边区军政民代表大会汇刊（摘录）》（1938年1月10~15日），《华北革命根据地工商税收史料选编》第1辑，河北人民出版社，1987年，第61—62页。

③ 《冀南行政主任公署工作报告（摘录）》（1939年8月），《华北革命根据地工商税收史料选编》第1辑，第73页。

④ 晋冀鲁豫区军政联合财经办事处：《晋冀鲁豫区的财政经济工作（摘录）》（1947年），《华北革命根据地工商税收史料选编》第1辑，第230页。

些物资敌方有，我方没有，非买回来不可；有些物资，我方很多，即使非敌方必需，也非卖给敌方不行，否则货物卖不出去，就没有人愿意继续生产了。同样的，敌方也不得不与我方交易，这就创造了根据地能够开展对敌贸易斗争的前提。

但是，在晋冀豫边区开始与敌人进行贸易斗争时，很多人在思想认识上还有顾虑。一方面担心这样做客观上会造成资敌的效果，什么东西也不愿卖给敌人；另一方面又为供给战争需求，对敌方来的东西什么都要。不过，这种状况很快就克服了。因为，当根据地与敌占区的贸易做起来之后，许多人看到经营商业、运销利润大，能发财，对商业也就越来越重视，上级领导也愿意花很大力量去发展商业。在冀南区，公营商店普遍建立起来了。公营商店大部分称为合作社，有专署设立的，也有部队组织的，还有各县摊派股金成立起来的，名目很多①，几乎是"村村组织合作社，人人加入合作社"。②

在晋察冀边区也出现了类似情况。北岳区在1938年春就建立了公营的裕民公司，有些县也建立了贸易局或裕民公司分店。1938年秋反"扫荡"之后，裕民公司结束，公营商店交给各县管理。由于县里照顾不过来，1940年秋北岳区又成立了贸易管理局，统一管理公营商店。1938年底，晋察冀边区的冀中区也设立了冀中贸易总局，1940年反围攻后结束，改建专区贸易局，领导各县贸易局。③ 1941年，冀中区还建立了各级粮食局，对粮食实行统一管理。

到1940年，晋冀豫边区开始用很大力量去搞对敌经济斗争，标志是1940年4月北方局在黎城召开的高级干部会议。邓小平在会上指出，对于敌占区来的货物，要采取逐渐排挤办法，有代用品时可以禁止进口。④ 于

---

① 晋冀鲁豫区军政联合财经办事处：《晋冀鲁豫边区的财政经济工作（摘录）》（1947年），《华北革命根据地工商税收史料选编》第1辑，第228页。
② 戎伍胜：《进一步加强财经建设 开展对敌经济斗争（摘录）》（1943年2月1日），《华北革命根据地工商税收史料选编》第1辑，第159页。
③ 宋劭文：《晋察冀边区行政委员会工作报告（摘录）》（1943年1月16日），《华北革命根据地工商税收史料选编》第1辑，第143—144页。
④ 邓小平：《在北方局黎城高级干部会议上的发言》（1940年4月），《华北革命根据地工商税收史料选编》第1辑，第79页。

是，晋冀豫边区在平原地区开展了一连串的反资敌斗争，在山区则一方面建立对敌经济封锁，另一方面开展反敌人经济封锁的斗争。① 在指导思想上，是想依靠合作社来"实行统购统销"，对敌采取经济绝交，"绝对的统治封锁"。② 在斗争过程中，进一步明确了根据地对外实行贸易统制，对内实行贸易自由的政策，而且确定了对进出口贸易的奖励、限制和禁止三项具体方针，税务局和贸易局也普遍建立了起来。到1941年，华北敌后各根据地均设立了贸易局，制定了贸易税则。

但是，尽管各根据地都设立了许多公营商店，公营商业经营力量依然很小，加上贸易局又把主要精力放在公营商店的业务工作上，对管理贸易、研究市场、团结商人的工作做得很少，所以与大商人缺乏联系，在开展对敌经济斗争过程中陷于孤军作战的境地，结果导致公营商业在调剂根据地经济，开展对敌经济斗争上发挥的力量很小。③ 要扩大公营商店的影响力，只能借助于公权力，所以根据地提出了行政与经营相结合的办法，具体做法就是动用自卫队打击商人和小贩。结果出现自卫队乱"戒严"，假"戒严"之名，留难商人和小贩，税务局也乱征乱扣，以排挤商人和小贩，协助公营商店扩张势力，控制物资和市场的现象。④

这样做，虽然可以扩大公营商店的势力，但是也导致公营商店组织规模过于庞大，还出现了公营商店机关化、军队化的问题。而且，公营商店垄断根据地与敌占区的贸易，排斥小贩，过于集中，也不适合根据地的经济条件与政治环境。在冀中区，1942年反"扫荡"之后，9个公营商店都停止经营。此后，冀中区才更加重视群众的力量，重视群众性的点滴出口，并组织群众性的"走敌人的私"。在晋察冀边区的其他地区，也对合作社进行了整理。之后，根据地内的小贩又活跃起来，脚户也增多了。

---

① 晋冀鲁豫区军政联合财经办事处：《晋冀鲁豫边区的财政经济工作（摘录）》（1947年），《华北革命根据地工商税收史料选编》第1辑，第229页。
② 戎伍胜：《进一步加强财经建设 开展对敌经济斗争（摘录）》（1943年2月1日），《华北革命根据地工商税收史料选编》第1辑，第159页。
③ 《在农林工矿贸易三局第一次会议上的报告》（1942年1月30日），《抗日战争时期晋察冀边区财政经济史资料选编（工商合作编）》，第106页。
④ 宋劭文：《晋察冀边区行政委员会工作报告（摘录）》（1943年1月16日），《华北革命根据地工商税收史料选编》第1辑，第143页。

同时，日伪方面在经历了经济战的失败之后，也转变策略，开始实行更严格的统制和封锁政策。一方面，加强对根据地的"经济封锁线"，企图切断根据地与敌占区的交通往来，并阻断各根据地之间的相互联系。另一方面，敌伪又用高压、威胁、残杀等手段，加强对占领区内工商、农业和商业及交通的管理和统制，并利用毒品贩子、奸商、流氓和一些贪图小利的小商小贩组成别动队，向根据地进行经济渗透。① 对敌经济斗争的形势也变得更加复杂。

当时在经济上也是敌强我弱，所以华北各根据地在对敌贸易上也呈入超状态。这决定了根据地的经济斗争在战略上只能是防御的，只有在战术层面有采取进攻态势的可能。1941年春，晋冀豫边区最大的危险就是入超惊人而输出减少。由于根据地内一部分集市被敌人夺占，使得一部分民众不得不冒险向敌占区购买一些日用必需品，伪钞乘机扩大流通区域，出现了"伪钞上山"，侵入根据地的危险，影响了根据地发行的冀南银行钞票的稳定。② 4月，山货开始下市后，晋冀豫边区就组织输出，以换回根据地必需的工业品等。

而且，商人和小贩在根据地内的经营活动空前活跃起来之后，在从敌占区走私物资进入根据地的同时，也导致根据地内粮食、棉花等物资的出口数量依然较多。1942年晋冀鲁豫边区的太行区开展粮食斗争，在西线取得了很大胜利，但是在东线由于对粮食出口管理不严，虽然倾全力进攻伪钞，在1943年春更提出了打倒伪钞的口号，结果伪钞不但未能被打倒，反而又抬了些头，根据地白白损失了自己的力量。③ 然而，如果过度限制粮食出口，则又会压低根据地内的粮食价格，导致工农产品价格剪刀差额扩大，损害农民的利益，也不利于根据地内农业生产的发展。

河北省是华北地区的主要棉产区，有些地方的农民把80%的耕地都用

---

① 戎伍胜：《加强经济战线开展对敌的经济斗争（摘录）》(1941年4月28日)，《华北革命根据地工商税收史料选编》第1辑，第113页。
② 戎伍胜：《加强经济战线开展对敌的经济斗争（摘录）》(1941年4月28日)，《华北革命根据地工商税收史料选编》第1辑，第114页。
③ 晋冀鲁豫区军政联合财经办事处：《晋冀鲁豫边区的财政经济工作（摘录）》(1947年)，《华北革命根据地工商税收史料选编》第1辑，第231页。

来种棉花，所产棉花过去主要输往上海、天津、石家庄等城市，成为那里纺织厂的原料，而现在这些城市都沦为敌占区，所以河北敌后农民继续种棉花也就是在为敌占区纺织厂提供原料。而且，棉农将大部分土地用来种棉花后，不仅日用工业必需品，粮食也仰给于市场。棉花种植区农村经济商品化程度的提高，也导致这里的农业生产和农民生活与城市的关系日益密切。这在抗战时期，则意味着他们与敌占区大城市在经济上存在着依赖关系。为了削弱棉花种植区与敌占区大城市的经济联系，冀南区曾一度限制农民种植棉花。①

在减少棉花等经济作物种植的同时，各根据地在建立贸易管理制度之后，为了防止粮食和原料资敌，打击敌人"以战养战"的阴谋，也禁止粮食和棉花等重要工业原料出口。1938年晋察冀边区开始严格管理对外贸易后，即禁止粮食、棉花、布匹、耕畜等出口，不过一开始稽查缉私，杜绝粮食出境还未获得有效办法，导致1938年仍有大量粮食出口。到1939年2月，晋察冀边区再次颁发关于禁止粮食出口的命令，1941年又公布了粮食、棉花、油、榨油原料、布匹、皮毛、铁、铁器等8种物资运销紧急处置办法，严禁这些物资出境。②

然而，单纯禁止出口也容易导致走私盛行。1941年，在冀南区，由于棉花、土布、黑白油大量过剩，即出现了大批走私现象。如果加强缉私，又会造成政府与群众之间的对立，结果反而会闹得一无所得，物资外流，税也收不上，群众还反对。所以，戎伍胜在冀太联办财经会议上提出，为扭转严重的入超状态，可以组织起来，输出冀南区过剩的棉花、土布和黑白油。当然，这并不意味着要将这些物资都输出到敌占区。当时冀南区棉花、土布过剩，而太行区和太岳区则缺少棉花和棉布，需要大量输入，所以也可以打通晋冀豫边区内部山地与平原之间的交通运输，沟通冀

---

① 戎伍胜：《进一步加强财经建设 开展对敌经济斗争（摘录）》（1943年2月1日），《华北革命根据地工商税收史料选编》第1辑，第159页。
② 宋劭文：《晋察冀边区行政委员会工作报告（摘录）》（1943年1月16日），《华北革命根据地工商税收史料选编》第1辑，第143页。

南区与太行区的货物交流。①

随着敌我之间的经济斗争日益激烈，为了统一对敌经济斗争力量，各根据地还先后将税务机构和贸易机构统一起来。在晋察冀边区，1941年9月冀中区改组贸易局与税局为冀中区贸易管理局。1942年年初，北岳区也撤销税务局，将其工作并入贸易管理局。晋冀鲁豫边区也将贸易局与税务局合并为工商管理局。到1943年，冀南和冀鲁豫两区还进一步把银行与工商管理局也统一起来，以便货币发行可以与贸易按照季节性需要紧密地结合起来，支持生产，克服灾荒，加强对敌经济斗争。②

到1943年以后，敌我之间的粮食斗争、贸易斗争、货币斗争、掠夺与反掠夺都更加尖锐紧张，且变化多端。1945年4月，冀中区行署决定大力开展对敌经济攻势，各地抽出大批干部指挥作战。虽然这次对敌斗争的主要措施是打击伪钞，也在打击伪钞过程中，管理对外贸易，建立与健全贸易机构，防止物资外流。③

可是，对出口限制过多，会导致外汇缺乏，进口也会相应减少，从而导致根据地内工业品价格上涨。早在1941年春末夏初，晋冀豫边区就曾经出现过短期内物价上涨过快的现象。从3月到4月，物价上涨了三分之一。④而且，在大生产运动发展起来以后，根据地内粮食产量增加，但是工业品仍然十分缺乏，进一步导致粮价低而工业品价高，农民吃亏很大。如1944年秋，晋冀鲁豫边区太行区粮食丰收，粮价猛跌，工农产品剪刀差额很大，农民有吃少穿。⑤晋察冀边区也存在着同样的情况。1945年春，程子华曾在晋察冀边区群英会上指出了这种工农产品剪刀差额扩大现

---

① 戎伍胜：《加强经济战线开展对敌的经济斗争（摘录）》（1941年4月28日），《华北革命根据地工商税收史料选编》第1辑，第120页。
② 晋冀鲁豫区军政联合财经办事处：《晋冀鲁豫边区的财政经济工作（摘录）》（1947年），《华北革命根据地工商税收史料选编》第1辑，第229页。
③ 《晋察冀边区行政委员会关于大力开展对敌经济攻势的指示（摘录）》（1945年4月25日），《华北革命根据地工商税收史料选编》第1辑，第181—183页。
④ 戎伍胜：《加强经济战线开展对敌的经济斗争（摘录）》（1941年4月28日），《华北革命根据地工商税收史料选编》第1辑，第114页。
⑤ 太行实业公司研究室编：《工厂管理参考资料》，群众书店长治分店，1947年，第7—8页。

象的危害性。① 为了控制工农产品剪刀差额,除一方面发展群众性的服务农业的手工业外,另一方面则需要组织剩余农产品输出,换取棉布、食盐等,以解决群众穿衣和吃盐的困难。

二、独立自主与工业发展

根据地内工业生产落后,而大工业集中在敌占区大城市,所以根据地内必需的工业品大多不得不从敌占区输入。

一开始,各根据地对发展日用工业品生产亦未给予高度重视。当时根据地在工业建设上主要发展的是军需工业。如在晋察冀边区,军需工业在1937年冬晋察冀军区成立时已经初具雏形,到1938年春军区和各军分区都相继办起了制造所、被服厂、材料厂等,到1940年各厂的组织和生产已逐渐健全起来。在晋冀豫边区,太行区在1938年3月遭到敌人九路围攻后,根据地内旧有的工厂大部停产,机器除一部分被敌人破坏外,还有一部分被转移到山中,此后太行区即开始注意建设和发展自给的军需工业,如三专署、五专署建立了化学厂、兵工厂、织布厂等,各县也建立了手榴弹厂、修械所等。

1938年晋察冀边区行政委员会成立后,随着社会秩序逐渐安定下来,也号召各地恢复纺织业,不久即行恢复。为了缓解根据地内纸张供应困难,还努力恢复各地纸厂,鼓励商民从事造纸业。② 不过,早期民用工业的发展还是比较缓慢的。

由于民用工业生产发展缓慢,敌占区工业品大量输入根据地。如在晋察冀边区,棉布、食盐、煤油、纸张需求量大,输入数量也就很大。在晋冀豫边区的太行区和太岳区,输入最多的工业品是棉花、布匹、食盐、煤

---

① 《论工业品自给》(1945年4月28日),《抗日战争时期晋察冀边区财政经济史资料选编(工商合作编)》,第12页。
② 宋劭文:《晋察冀边区行政委员会工作报告(摘录)》(1943年1月16日),《华北革命根据地工商税收史料选编》第1辑,第141页。

油、纸张、药品、火柴等。① 敌占区工业品大量输入，也引来了敌对势力对中共领导的敌后抗日根据地的污蔑，称抗日政府操纵投机，敌货官卖，导致"华北各抗日根据地内敌货充斥"。②

各根据地对进出口贸易进行管理之后，很快也认识到抵制外来品的重要性，因为只有抵御外来品，组织对外输出，才能保护市场，扩大市场。而且，由于根据地内工业品供应紧张，导致价格上涨，货币贬值，经营工业具有前所未有的广大市场和可观利润，也为根据地内工业和手工业的发展提供了有利条件。然而，由于敌人的摧残、破坏，人们不愿意投资工业。在抗日民主政府的积极奖励、提倡下，才稍微有所恢复。1939年，晋察冀边区即号召发展手工纺织，以代替洋纱。1940年还曾提倡使用四十四根线的纺纱机，但因缺乏钢铁，木制机器转动不灵，未能推广。③

到1940年，晋察冀边区进一步认识到日用工业品大量输入已成为边区经济上的一大漏卮，开始在经济建设中追求完全独立自主，提出了"争取边区工业品的自给自足"的口号，积极推动边区公私工业经营的发展，以发展乡村来围困城市，达成彻底战胜城市的目标。④ 冀中区于1941年改造旧纺机取得成效，制成脚踏机、畜力机，每架机子每日可出纱2至8斤，到1942年开始部分推广。⑤ 晋察冀边区工矿局还从1941年开始进行毛纺织试验，到1942年开始组织纺毛线、织毛毯、织毛衣，也略有成效。到1943年，行唐有两家毛织厂，灵寿有三家，唐县有四家弹毛工厂，繁峙有两家纺织厂，出品有毛线、毛背心、毛衣、毛毡等。⑥

---

① 戎伍胜：《加强经济战线开展对敌的经济斗争（摘录）》（1941年4月28日），《华北革命根据地工商税收史料选编》第1辑，第120页。

② 郭洪涛：《论敌后抗日根据地的经济建设（摘录）》（1941年1月16日），《华北革命根据地工商税收史料选编》第1辑，第99—100页。

③ 宋劭文：《晋察冀边区行政委员会工作报告（摘录）》（1943年1月16日），《华北革命根据地工商税收史料选编》第1辑，第141页。

④ 《争取边区工业品的自给自足》（1941年6月14日），《抗日战争时期晋察冀边区财政经济史资料选编（工商合作编）》，第1页。

⑤ 宋劭文：《晋察冀边区行政委员会工作报告（摘录）》（1943年1月16日），《华北革命根据地工商税收史料选编》第1辑，第141—142页。

⑥ 宋劭文：《晋察冀边区行政委员会工作报告（摘录）》（1943年1月16日），《华北革命根据地工商税收史料选编》第1辑，第142页。

晋冀豫边区在1940年4月北方局黎城高干会议以后，也在经济上提出了"自力更生，自给自足"的口号。① 为了保证纸张、油墨等几种必需工业品的供给，制定了工业建设方针。但是，在晋冀豫边区，直到1940年仍未形成一套适合本区具体环境的财经建设办法，虽然遵照1939年中共中央北方局的指示，也采取了一些改革，并从其他地区照搬了一些办法，但在执行中因缺乏研究，不是偏之于左，就是失之于右，缺乏正确的组织实施。②

要实现工业必需品自给自足的目标，就要发展工业生产，尤其是可以替代输入工业品的工业生产。但是在发展工业方面，太行区一开始主要依靠公营工业，想"统治一切作坊工厂"。③ 由政府发放贷款，退出各工厂的私人资本，使其变成纯公营性质。而且，在规模上追求建立大型的现代工厂，所建立的皮革厂、化学厂、制药厂、毛织厂、棉织厂、铁厂、纸厂等皆规模庞大，资本50万元。④ 为加强对公营工厂的领导，太行区还成立了太行生产总社，直接领导经营公营工业。⑤ 但是，太行区的公营工厂由于管理制度不健全，工厂管理机关化，制度松懈，生产效率低，产品质量坏，生产成本高，脱离市场需要，甚至机关和部队也认为自己造的东西贵，又不如外来品好，所以产品推销困难。⑥ 事实证明这种工业建设方针不能实现根据地工业品自给的目标。

于是太行区认识到，正确的做法应该是发动群众，发展小型家庭副业及乡村手工业；恢复作坊，保证其生产利润，帮助解决原料供给及成品推销上的具体困难，扶持其发展；创办小型工厂，典型示范，推广技术，生产直接与市场保持密切联系，接受政府统一领导方针，适合农村市场需

---

① 戎伍胜：《进一步加强财经建设开展对敌经济斗争（摘录）》（1943年2月1日），《华北革命根据地工商税收史料选编》第1辑，第161页。
② 戎伍胜：《进一步加强财经建设开展对敌经济斗争（摘录）》（1943年2月1日），《华北革命根据地工商税收史料选编》第1辑，第158—159页。
③ 戎伍胜：《进一步加强财经建设开展对敌经济斗争（摘录）》（1943年2月1日），《华北革命根据地工商税收史料选编》第1辑，第159页。
④ 太行实业公司研究室编：《工厂管理参考资料》，第4—5页。
⑤ 太行实业公司研究室编：《工厂管理参考资料》，第5页。
⑥ 太行实业公司研究室编：《工厂管理参考资料》，第5页。

要，订出明确目标，做到榨油、造纸、纺织、肥皂部分或全部自给，具体解决机关部队日用品供应困难；在机构上生产总社应成为实际指导群众生产的机关，同时整个指导上在生产、运销、消费三方面，必须有通盘计划，克服生产盲目自流现象。①

所以，1941年7月，太行区将生产总社与贸易总局合并，成立生产贸易总局，接着改名为工商管理总局，下设工厂部，负责领导工厂。② 工商管理总局不再亲自管理工厂经营，工厂经营全部划归分局负责，总局只直接领导几种重要中心工厂，一般工厂拨归分局。县局则主要帮助群众组织生产合作社，发展群众性手工业和家庭副业。③ 在实行精兵简政政策后，工商管理总局又取消工厂部，改为工厂科。后来又为管理方便，特在工商管理总局之下改设太行实业社，专门负责领导工厂工作。④

但是，这一时期虽然在工厂管理上克服了工厂机关化，工厂与外工的联系增多，与群众的结合增强，但发动群众普遍发展手工业作坊做得还不够，只在公营工厂上打圈子，不依靠群众，生产货物只是为了出口。因此，直到1942年，太行区发展工业仍以发展公营工厂为主要方针，仍然只是关门建设，缺乏发展广泛的群众性手工业和家庭副业的生产目标。1942年和1943年太行区接连发生灾荒。虽然自1942年起开展了纺织运动，也取得一些成绩，但主要是为了救灾，纺织运动是以"生产自救、纺织救灾"为口号开展起来的，争取工业品自给的观念仍不是很明确。⑤

晋察冀边区在这方面做得稍好一些，晋察冀边区工矿管理局为发现新的工业品代用品，有很多创造发明，如发明植物油灯，以代替煤油灯，希望借此减少晋察冀边区每年2000万元的煤油输入负担。⑥ 冀中区在1941年提出了"纸张自给"的口号，也先后试验用稻草、麦秆、白草造纸获得

---

① 太行实业公司研究室编：《工厂管理参考资料》，第5页。
② 太行实业公司研究室编：《工厂管理参考资料》，第5—6页。
③ 戎伍胜：《加强经济战线开展对敌的经济斗争（摘录）》（1941年4月28），《华北革命根据地工商税收史料选编》第1辑，第119页。
④ 太行实业公司研究室编：《工厂管理参考资料》，第5—6页。
⑤ 太行实业公司研究室编：《工厂管理参考资料》，第6页。
⑥ 《争取边区工业品的自给自足》（1941年6月14日），《抗日战争时期晋察冀边区财政经济史资料选编（工商合作编）》，第2页。

成功，促进了造纸业的发展。群众以合作社形式经营纸厂 29 处，到 1942 年增至 43 处，月出纸张 280 万张，北岳区到 1943 年 1 月也有纸厂 10 处。造纸业的发展，对缓解根据地内纸张供应紧张状况，发挥了不小的作用。冀中区还从 1940 年开始号召熬硝盐，也迅速增加了产量，实现了自给。太平洋战争爆发后，煤油输入进一步减少，根据地内也更加感到煤油缺乏，于是晋察冀边区积极鼓励发展榨油业，榨油业也由此逐渐发展起来。冀中区 1941 年有榨油坊 44 家，北岳区到 1943 年 1 月共有公营榨油坊 12 家，私营榨油坊 183 家。①

到 1942 年，晋察冀边区开始奖励手工业和家庭副业的发展。1942 年 3 月，彭德怀提出，"今后生产以自给自足为原则，集中力量生产必需品"。他也强调发展工业主要是发展手工业、小手工业和家庭副业。晋察冀边区军政民代表大会的决议也提出，要发展农村手工业，促进家庭副业，尤其要提倡较大规模的手工业经营。于是边区行政委员会规定，家庭副业一律免征统一累进税，工业收入税也大大减轻，对手工业和家庭副业的发展起了很大促进作用。游击区也有人将织布机搬到巩固区来织布，晋察冀边区内的各种手工业，如磨坊、纸坊、油坊等作坊逐渐成长起来。编草帽辫在冀西也成为比较普遍的家庭副业。不过直到 1943 年初，晋察冀边区的公营工业，除少数试验厂所外，仍均为由军区经营的军需工业。②

在晋冀鲁豫边区的太行区，由于公营工业在敌人的三次扫荡中受到损失，赔累很大，说明根据地缺乏发展大工业的条件。在这种情况下，太行区不得不调整经济建设方针，开始以开展合作运动发动生产为主要方针，注意适合群众要求，力求结合市场。根据根据地内农村的特点，在工业建设上，以小型工厂、农村副业、手工业作坊为主，所以取得了一些成绩。肥皂、灯油、纸烟大部自给，纺织业也有了些成绩。③ 1943 年 7 月财经扩大会议以后，太行区进一步调整了发展工业的方针，开始以发展手工

---

① 宋劭文:《晋察冀边区行政委员会工作报告（摘录）》（1943 年 1 月 16 日），《华北革命根据地工商税收史料选编》第 1 辑，第 142 页。
② 宋劭文:《晋察冀边区行政委员会工作报告（摘录）》（1943 年 1 月 16 日），《华北革命根据地工商税收史料选编》第 1 辑，第 141—142 页。
③ 太行实业公司研究室编:《工厂管理参考资料》，第 6 页。

业，争取绝大多数自给，争夺棉花，开展纺织，完成军布任务，保证人民穿衣为方针，并把生产目的放在争取二年内做到土布、造纸、棉织品、灯油、肥皂、纸烟等全部自给上。于是限制50余种工业品的输入，努力扩大工业品生产，以满足机关、部队对日用工业品的需求，还发动妇女纺织运动，掀起群众性打毛衣运动，提倡用代用品。这一阶段是太行区工业品自给率最高的时期，机关部队的日用必需品，如肥皂、灯油、毛巾、袜子等大部分能够实现自给，有的还能出口。①

然而，从这时期晋冀鲁豫边区太行区的情况也可以看出，工业生产发展主要针对的是机关部队的日用工业品需求，对民用工业必需品的生产仍然重视不够。民用工业必需品主要由私营工业和手工业来生产。但是，直到1944年，太行区对私营工业和手工业的重视程度依然不够，私营工业和手工业的生产发展仍处于放任自流的状态，生产能力有限，不能满足需要，根据地所需工业品仍多从敌占区输入。1943年到1944年间，是太行区工业品自给率最高的时期，但工业品依然缺乏，导致工农产品剪刀差额扩大，农民有吃少穿。② 在太岳区，日用工业品更是依赖从敌占区输入。在八年抗战期间，太岳区的许多工业品都来自敌占区，连土布也依靠大量从敌占区输入。③ 因此，从1944年开始，太行区又转变工业发展方针。在工业建设上，过去以公营工厂为主，而这时则提出要以公私联营或完全民营为主，进一步强调发展群众性的服务农业的手工业，以减少民众日用必需品对敌占区的依赖，达到自给自足的目的。为了支持私营工厂的发展，1944年10月还将工商总局与冀南银行太行区分行合并，扩大货币发行，以投资生产。1945年春，太行区先后成立了造纸、运输、纺织三大公司，将剩余生产品积极输出，进行有利的交换，以解决群众穿衣和吃盐的困难。④

1944年12月，毛泽东在《一九四五年的任务》中发出"我们解放区

---

① 太行实业公司研究室编：《工厂管理参考资料》，第7页。
② 太行实业公司研究室编：《工厂管理参考资料》，第8页。
③ 任善征：《略谈太岳解放区税务工作》（1946），《华北革命根据地工商税收史料选编》第1辑，第212页。
④ 太行实业公司研究室编：《工厂管理参考资料》，第8页。

的工业品,必须力求自给,必须争取于数年内达到全部或大部自给之目的"①的号召,之后,晋察冀边区也进一步认识到发展自给工业是建设边区的重要任务之一,并在群英会上作了布置。鉴于仍有一些县在工作布置中对工业品自给问题重视不够,只是原则性地或附带地提了一下,晋察冀边区行政委员会又于 1945 年 4 月 28 日发出《关于工业品自给的指示》,加以督促。②

三、战后的转变与反复

随着日军占领各大城市、重要港口和主要铁路,日伪当局依靠沦陷区的大城市,在军事上将其作为进攻中国的堡垒,在经济上将其作为以战养战的中心,在政治上将其作为以华制华的据点,在文化上将其作为奴化沦陷区人民的大本营。原来在城市工作的中共干部和党员大量撤退到乡村,以开展游击战争。中共中央北方局在全面抗战爆发后,也将工作重心和注意力从城市转向农村,将北平、天津等大城市的党员干部、民先队员和青年学生大批撤退到冀南、山西等地开展抗日游击战争。但是这样做也导致中共在敌后大城市力量薄弱,出现了中共与敌后大城市隔离的现象。到 1940 年,中共中央和毛泽东又开始重视敌占区大城市工作,成立了中央敌后工作委员会,并于 9 月 18 日发出通知,提出要消灭共产党与敌后大城市的隔离,特别是与大工业区广大工人群众隔离的现象,各地党组织特别是临近敌后大城市的党组织和军队,应彻底纠正忽视与放弃敌后城市的错误,把开展敌占区城市工作视为自己全部工作中不可分离的重要任务,依靠乡村打入城市,积极地开展城市工作。③晋察冀根据地周边大城

---

① 毛泽东:《一九四五年的任务》(1944 年 12 月 15 日),中共中央文献研究室编:《毛泽东文集》第 3 卷,北京:人民出版社,1996 年,第 240 页。
② 《晋察冀边区行政委员会关于工业品自给的指示》(1945 年 4 月 28 日),《抗日战争时期晋察冀边区财政经济史资料选编(工商合作编)》,第 10 页。
③ 《中央关于开展敌后大城市工作的通知(第一号)》(1940 年 9 月 18 日)北京市委党史研究室编:《中共中央华北局城工部》,北京:中共党史出版社,1995 年,第 124—126 页。

市较多，中共中央晋察冀分局也就成为开展华北敌占区大城市工作的主要领导机关。根据中央通知精神，晋察冀分局在1941年1月召开常委会，决定成立城市工作委员会，会后开始选派党员干部到敌占区大城市开展工作。

虽然这时期城市工作进展缓慢，但是也一直在稳步发展。1942年，毛泽东再次发出指示，要求各地积极开展敌占区大城市和交通要道的工作。到1944年，随着国内和国际形势发生重大变化，中共中央甚至准备以武力夺取敌占区大城市和交通要道，所以要求各中央局、各级党委进一步加强敌占区大城市工作，准备进行武装起义，配合军队与农村占领大城市和交通要道。① 9月，晋察冀分局将城工委扩大改组为城市工作部，此外冀晋、冀察、冀中和冀热辽四个区党委及其所属地委、县委亦皆成立了城工部，各个城工部从四面八方向北平、天津等大城市派遣党员干部。

到1945年4月，抗日战争进入最后阶段，中共中央发出了"削弱敌寇，发展我军，缩小敌占区，扩大解放区"的号召，华北各根据地八路军主动出击，扩大解放区。在这过程中，不仅解放了许多县城，还于1945年8月23日解放了察哈尔省首府张家口，使之成为晋察冀边区首府。10月5日接管了冀南的中心城市邯郸，邯郸也成为晋冀鲁豫解放区的政治、经济、文化和交通中心。虽然接管北平、天津等大城市的计划失败了，也于1946年10月被迫撤出张家口，但华北各根据地规模空前扩大，并拥有了大量中小城市。尽管如此，随着国民党政府接管了华北主要大城市和交通线，又形成了国民党当局占领大城市和交通线，即"点"和"线"，中共占领广大农村，即"面"的局面。

面对这种局面，各根据地在处理内外经济关系政策上，也出现了犹豫不决和政策反复的现象。一开始，面对国共竞争，各根据地仍禁止粮食出境，导致北平、天津等大城市粮食供应紧张，引起国内舆论的批评，所以国共双方签订停战协定后，军调部北平三人小组提出了恢复贸易自由的号召。

---

① 《中央关于城市工作的指示》（1944年6月5日），中共北京市委党史研究室编：《中共中央华北局城工部》，第129—130页。

面对国共停战,政治协商会议胜利召开的国内政治形势,当时华北各根据地也普遍抱有和平幻想。1946年1月底,晋察冀边区财经会议即根据"和平建设第一年"的形势估计,不再强调对敌经济斗争,只强调生产建设、贸易自由。为了在和平实现之前造成既成事实,决定开放贸易,而在开放贸易之前,建立出入口税制度,以增加财政收入。而且,为了收取出入口税,取消了抗战期间管理和组织对敌经济斗争的贸易管理局,而成立了各级税务局。

在业务上,当时考虑最多的是应否允许粮食出境问题。对于晋察冀边区来说,当时粮食过剩,而外汇困难,无法偿付许多进口货的差额。同时,禁止粮食出口,在增加敌人的困难的同时,也会增加自己的困难,权衡轻重,最后还是觉得以解禁为宜。所以晋察冀边区行政委员会在2月14日颁布了解禁令,准许粮食、棉花出口,允许洋烟、洋酒征税入口,除毒品、赌具禁止入口,再无禁入禁出物品。① 对于各种出入口货物,以税收来进行调节,但是也只有几种主要物品有税,其余均无税,如入口物品方面只有洋烟、洋酒等要征入口税。

所以,从晋察冀边区行政委员会的决定来看,几乎是采取了完全的贸易自由政策。不过各地实行情况不一。冀中区在2月下旬由封锁政策转变为税收保护政策,实行"寓禁于征"原则。冀中区的产品几乎全部可以出境,境外货物除了毒品、赌具、淫画外,也均可以征税或免税入境,只是对出口货物中的粮食、棉花、牲畜和入口货物中的烟、酒等采取50%的高税率。② 其他各区在1946年2月至5月间也基本上都贯彻了贸易自由精神,只有冀晋区是个例外,冀晋区对粮食、棉花和牲口始终禁止出口,奢侈品禁限入口。③

解禁之后,解放区与国统区之间一变过去的严格对立状态为"自由往

---

① 南汉宸:《晋察冀边区的财经概况(摘录)》(1947年),《华北革命根据地工商税收史料选编》第1辑,第249页。
② 《冀中区一年来税政的变更》(1946年2月12日),《华北革命根据地工商税收史料选编》第1辑,第222页。
③ 南汉宸:《晋察冀边区的财经概况(摘录)》(1947年),《华北革命根据地工商税收史料选编》第1辑,第249页。

来"状态,解放区内商业空前活跃起来。如冀晋区的浑源,在解禁前有坐商 20 户,摊贩 64 户,解禁后增至坐商 110 户,摊贩 400 户。冀中区的安国是全国闻名的药市,敌占时有坐商 117 户,摊贩 48 户,到 1946 年 1 月份增至坐商 161 户,摊贩 67 户,至 4 月份又增至坐商 309 户,摊贩 95 户。张家口本来就是北平粮食的重要供应地,所以解禁后平绥铁路线上商品运输、旅客往来,异常兴盛,张家口和宣化市面也繁荣起来。①

晋察冀边区实行贸易自由政策,尤其是准许粮食出境以后,虽然可以缓解察北区等地因粮食过剩而出现的"谷贱伤农"现象,然而由于粮食出口缺乏计划和组织,导致粮食出口后,虽然换回一些必需物资,解决了不少工业原料和器材上的困难,但也出现非必需品输入过多的问题。由于洋货倾销,外汇困难,晋察冀边区内原有手工业受到打击,陷于停滞状态。在冀中区,解禁后洋布、洋纱、纸烟、食品、碱面、煤油、汽油及化妆品、奢侈品等城市工业品大量流入。到 1946 年 5 月 13 日,因外来纸烟的进口影响了内地手工卷烟业的发展,不得不宣布禁止纸烟入境。②

所以,从整体上看,1946 年 2 月后的贸易自由政策使根据地在经济上吃了亏,受到不少损失。晋察冀边区群众及干部也有很多反映,有的说边区政府做了"两件傻事",其中的一件"傻事"指的就是粮食解禁,"拿粮食给敌人吃饱了打我们"。甚至有人说实行贸易自由政策就是"经济汉奸""运粮资敌",认为"现在的政策不如贸易管理局关门主义好"。③ 各地纷纷要求晋察冀边区行政委员会放弃贸易自由政策,转向保护和管理贸易政策。

一方面有来自下级干部和群众的要求,另一方面,1946 年 3 月国民党六届二中全会以后,国民党当局单方面撕毁政协决议,内战逼近。在这种形势下,对城市实行经济封锁也不再有政治负担,所以晋察冀边区行政委

---

① 《晋察冀边区税务总局半年来工作初步总结(摘录)》(1946 年 12 月 30 日),《华北革命根据地工商税收史料选编》第 1 辑,第 517—518 页。
② 《冀中区一年来税政的变更》(1946 年 2 月 12 日),《华北革命根据地工商税收史料选编》第 1 辑,第 222 页。
③ 《晋察冀边区税务总局半年来工作初步总结(摘录)》(1946 年 12 月 30 日),《华北革命根据地工商税收史料选编》第 1 辑,第 515—516 页。

员会开始转变政策，首先电令各地禁止粮食出口。4月28日，冀中区即奉上级指示，禁止粮食出口。5月7日，晋察冀边区行政委员会正式下令，禁止粮食出境。5月中旬，为制止粮食走私，税务总局还指示各地建立缉私队。6月，晋察冀边区各地根据抗战时期的经验，开展了紧张的护麦斗争。为严禁粮食走私，冀中区行署于6月24日公布了《保护粮食严防走私紧急处理办法》，要求各地认真彻底执行，并提出对于走私严重的国民党军据点，可以爆炸、包围。① 此外，6月10日，冀中区还宣布禁止火硝出境，7月30日又宣布禁止牲口出境。②

总之，从1946年5月到7月，晋察冀边区的进出口贸易政策逐渐收紧。5月下旬，为抵制洋货倾销，晋察冀边区曾在张家口和察哈尔省其他一些地方采取紧急措施，规定除军用器材、通讯器材、医药器材和模造纸四种必需品外，一律禁止输入。而这四种必需品又是国民党当局禁止输入根据地的，实际上只能秘密交易，税务局免税放入。③ 所以，根据地与国统区的经济联系急剧减少。

在禁止粮食出口之后，由于根据地内其他可供输出的物资较少，也导致根据地入超严重，甚至导致边币比值急剧下落。如在冀中区，1946年7月1日，边币与法币比值由5月间的1:2.5，降到1:1.5，有的地方甚至落到1:1.4或1:1.3。④ 在这种情况下，一方面不得不有条件地放开粮食出境，规定粮食在有利的情况下也可以实行统销，油料因供晋察冀边区内油坊榨油外尚有剩余，也可以征税输出。⑤ 另一方面，逐渐对境外货物输入增加限制，或提高税率，或彻底禁止入境。洋纱"物美价廉"，又本为高阳土布生产所必需，因为织土布时往往土洋结合，即用经洋纬柴的办

---

① 《冀中区党委关于目前经济斗争的紧急措施（摘录）》（1946年7月1日），《华北革命根据地工商税收史料选编》第1辑，第191页。

② 《冀中区一年来税政的变更》（1946年2月12日），《华北革命根据地工商税收史料选编》第1辑，第222—223页。

③ 南汉宸：《晋察冀边区的财经概况（摘录）》（1947），《华北革命根据地工商税收史料选编》第1辑，第250页。

④ 《冀中区党委关于目前经济斗争的紧急措施（摘录）》（1946年7月1日），《华北革命根据地工商税收史料选编》第1辑，第190页。

⑤ 《晋察冀边区税务总局第一届局长联席会议几个主要问题的讨论意见（摘要）》（1946年9月23日），《华北革命根据地工商税收史料选编》第一辑，第340页。

法，所以一开始为了照顾高阳土布之发展，免税输入，但因洋纱大量输入，冲击了土纱的市场，所以到6月24日开始对洋纱征税，只是这时税率还比较低，为5%。① 食盐，晋察冀边区过去主要食用长芦盐，但这时国民党当局为了以盐换粮，禁止长芦盐输入解放区，所以晋察冀边区大部分地方为鼓励长芦盐输入，实行免税，只有冀中区为了鼓励打通友区渤海盐输入，发展冀中小盐，6月24日开始对敌区长芦盐征收进口税，每斤征税4元。6月30日，为平衡外汇，冀中区又下决心禁止各种洋布、丝、棉、麻、毛织品、奢侈品、迷信品和酒入境。② 冀晋区在这时期也将入口禁止货物增加到10种。③ 煤油也是解放区需要输入的大宗商品，虽然"物美价廉"，但毕竟是外来货，大量输入会对晋察冀边区内的榨油业造成冲击，所以6月10日将煤油进口税率由5%提高到40%。④

这时期晋察冀边区虽然转变了贸易政策，不过因为政策转变是自下而上提出来的，边区政府比较被动，只是逐步调整税目税率，增加禁出禁入物品种类，所以根据地仍然吃了一些亏。到1946年7月1日，鉴于洋布、呢绒、面粉等美货大批来华，势将充斥市场，某些货物的价格在都市已开始下降，冀中区党委也迅速做出反应，通知各县采取措施，开展经济斗争。⑤ 7月12日，冀中区再次提高了洋纱的税率，由5%提高到20%。⑥

此后，晋察冀边区加强出入口管理和开展对敌经济斗争的思想也比前一阶段更加明确了，提出了"自力更生"和"管理出口"的口号。1946年7月25日，晋察冀边区税务总局颁布了贸易和外汇管理办法，要求各

---

① 《冀中区一年来税政的变更》(1946年2月12日)，《华北革命根据地工商税收史料选编》第1辑，第222页。
② 《冀中区一年来税政的变更》(1946年2月12日)，《华北革命根据地工商税收史料选编》第1辑，第222页。
③ 南汉宸：《晋察冀边区的财经概况(摘录)》(1947)，《华北革命根据地工商税收史料选编》第1辑，第250页。
④ 《冀中区一年来税政的变更》(1946年2月12日)，《华北革命根据地工商税收史料选编》第1辑，第222页。
⑤ 《冀中区党委关于目前经济斗争的经济措施(摘录)》(1946年7月1日)，《华北革命根据地工商税收史料选编》第1辑，第190—191页。
⑥ 《冀中区一年来税政的变更》(1946年2月12日)，《华北革命根据地工商税收史料选编》第1辑，第223页。

地修改出入境税则,在坚持严禁粮食走私政策下,限制输入,奖励输出,以争取进出口贸易平衡。此后,晋察冀边区进入贸易封锁、管理阶段。7月30日,冀中区为抵制美货倾销,再次修正税目税率,提高糖、火柴、食盐的税率,同时禁止洋纱、煤油、燃料(青蓝色除外)入境。硫酸性肥田粉也曾一度禁入,后规定军用特许入口。为防止国统区向晋察冀边区倾销棉花(美棉),晋察冀边区还宣布,除察哈尔省暂准征税10%输入外,其他区一律禁止棉花(美棉)及鞋入境,必要时特许输入。① 8月15日,冀中区开始禁止美棉及鞋入境。另一方面,8月29日冀中区又禁止棉花和牛皮出境。② 后来为了照顾高阳土布发展,规定可以在不妨碍土纱,并使洋纱为土纱服务,带动土纱发展的原则下,允许洋纱"特许输入",实行洋纱专卖制度,税率30%。③

虽然晋察冀边区不断提高进口货物税率,增加禁入货物种类,并适当降低出口货物税率,奖励出口,但是进出口贸易依然难以平衡,入超严重的现象难以改观。入超扩大则导致边区货币贬值,进而影响边区内工业、手工业的发展。冀中区为制止边币与法币的比值下跌,挽救手工业停滞的经济危机,进行了"八月攻势"。1946年8月29日,冀中区又以发展内地工业,争取进出口贸易平衡为宗旨,调整了税目税率,禁止包括香皂、洗衣皂、丝、麻、棉、估衣、各种纸张(白报纸、大板纸、模造纸、盘纸除外)、草帽、伞、扇子、竹帘子、凉席、洋蜡、酱油、化学梳子、化学卡子、玩具、胭脂、牙膏、头油在内的大部分日用工业品输入根据地。④

1946年9月23日,晋察冀边区税务总局召开第一届局长联席会议,明确提出了对敌经济斗争的三大任务:(1)加强对外贸易管理,大力开展对敌经济斗争。调剂必需品入口,争取贸易出超或出入口平衡,严格

---

① 《晋察冀边区税务总局第一届局长联席会议几个主要问题的讨论意见(摘要)》(1946年9月23日),《华北革命根据地工商税收史料选编》第1辑,第340页。
② 《冀中区一年来税政的变更》(1946年2月12日),《华北革命根据地工商税收史料选编》第1辑,第223页。
③ 《晋察冀边区税务总局第一届局长联席会议几个主要问题的讨论意见(摘要)》(1946年9月23日),《华北革命根据地工商税收史料选编》第1辑,第340页。
④ 《冀中区一年来税政的变更》(1946年2月12日),《华北革命根据地工商税收史料选编》第1辑,第223页。

管理与掌握出入口贸易。(2)保护与发展根据地工商业,坚持自力更生的方针,以与"独立自主,自足自给"的经济方针相适应。(3)增加财政收入,支持自卫战争。①

晋察冀边区 90% 以上的地区是乡村,所以贸易政策要将乡村需要与否作为禁出禁入的主要考虑因素。各地根据此方针,进行了税则的修改,扩大禁入范围,洋纱、煤油也决定禁止输入,相对统一各省区的税率。1946 年 10 月 10 日,冀中区为了进一步明确奖出限入的精神,又对税目税率作了全面修正,除了纳税的 22 个税目及免税货物外,一律禁止入口;除了纳税的 24 个税目及禁止出口货物外,一律免税出口。10 月 26 日又对税目稍作补充。12 月 1 日,冀中区为了抵制美货,还开展了提倡土货爱国运动,所以又变更税目税率,提高白报纸、糖、燃料、碱、食盐(长芦盐)等的税率,对牛乳、代乳粉、人造血、鱼肝油、好麻也开始征入口税。因 11 月下旬泊市永华火柴公司已恢复营业,河间中兴火柴公司也已有出品,为保护解放区工业的发展,自 12 月 1 日起又禁止国统区和美货火柴入口。②

高阳土布本来是冀中区的大宗出口物资,1946 年 6 月 10 日冀中区规定土布征税 10% 出口。③ 后来晋察冀边区政府又规定土布一律禁止出口。但是,冀中区土布有经过北平输入张家口的传统,为照顾冀中土布运输困难及商人经营传统,9 月晋察冀边区税务总局第一届局长联席会议认为,可以允许商人继续通过北平集散,或通过税收鼓励商人直接运往张家口,即由冀中区征收出口税 20%,而察哈尔省征收进口税 10%;或使用证照管理,冀中不征出口税,察哈尔不征入口税。④ 不久,晋察冀边区政府退出张家口,此议作罢。

1946 年 12 月底,晋察冀边区财经会议检讨了一年来对敌经济斗争上

---

① 南汉宸:《晋察冀边区的财经概况(摘录)》(1947),《华北革命根据地工商税收史料选编》第 1 辑,第 250 页。

② 《冀中区一年来税政的变更》(1946 年 2 月 12 日),《华北革命根据地工商税收史料选编》第 1 辑,第 223—224 页。

③ 《冀中区一年来税政的变更》(1946 年 2 月 12 日),《华北革命根据地工商税收史料选编》第 1 辑,第 222 页。

④ 《晋察冀边区税务总局第一届局长联席会议几个主要问题的讨论意见(摘要)》(1946 年 9 月 23 日),《华北革命根据地工商税收史料选编》第 1 辑,第 340 页。

的和平思想，确定了在一元化领导下加强对敌经济斗争的方针。然而，1947年初召开的晋察冀中央局财经会议，由于讨论的主要内容是与财政有关的问题，对经济建设有关问题讨论较少，反而强调分散，改变在1946年内逐渐走向统一的方针，由集中走向分散。此后，为贯彻"统一领导，分散经营"的原则，取消了晋察冀边区税务总局，将贸易、金融、税收的业务领导、资金调度均划归各战略区，边区只负责政策上的领导。在晋察冀中央局、区党委两级分别成立财经委员会和财经办事处，实行统一领导，发展机关部队生产，以农业、工业、手工业为主，商业为辅，开展节约的群众运动，提倡土货，不用外货，反对美帝国主义的经济侵略，使晋察冀边区的经济逐渐走上自给自足。后来，各地为了加强对敌经济斗争，又先后由工商部门、地方税收以及贸易公司重新合并成立工商管理局或贸易管理局。①

在解放区对国统区加强经济封锁的同时，国民党当局也对解放区进行经济封锁。如国民党天津市政府即从1946年秋开始进行物资管控。到1947年，国共双方的经济封锁更加严格。6月21日，北平行辕公布了管制主要物资暂行办法，不仅禁止与军需有关的物资流入解放区，连与军需无关的物资也限制出境。北平、天津希望从解放区输入粮食、棉花，向解放区输出火柴、纸烟等工业品，而解放区则禁止粮食、棉花出境，禁止火柴、纸烟入境，双方形成针锋相对的局面。双方的封锁与反封锁交相叠加，几乎导致解放区与国统区的经济联系被完全切断。1948年7月29日，天津市在宣布管制物资细目时，念了一个半小时才念完，大小物品，无一遗漏。②

但是，解放区毕竟还必须从国统区，尤其是大城市输入部分所需物资。为了从国统区获得解放区所需物资，冀中区于1946年10月成立了统一采购商店——永茂商店。1947年，为调整华北各解放区之间的财经关系，新制定的《华北各解放区目前财经关系调整办法》提出，可由晋冀鲁

---

① 南汉宸：《晋察冀边区的财经概况（摘录）》(1947)，《华北革命根据地工商税收史料选编》第1辑，第248—256页。
② 陈林：《关于城乡物资交流》，《中建》北平版第1卷第3期，1948年8月20日，第20页。

豫、晋绥、渤海、晋察冀各解放区各派全权代表一人或二人,在冀中区成立一个对天津出入口管理委员会,并由各解放区共同出干部和资本,组织出入口公司,或以冀中永茂商店为基础组织商店,在各口境或主要市场设立分店,办理出入口业务。①

四、城市接管与城乡互助

1947年11月中共接管了石家庄,使晋察冀和晋冀鲁豫两大解放区连成了一片,于是在1948年9月1日将两区合并,成立了华北人民政府。1949年1月天津、北平相继解放,2月冀东区也划归华北人民政府领导。这样,在华北地区,农村包围城市的时期也就结束了。1949年3月,中共七届二中全会也宣布用乡村包围城市这种工作方式的时期现在已经完结,从现在起,开始了由城市到乡村并由城市领导乡村的时期,所以党的工作重心也必须由乡村转移到城市。②

中共以乡村包围城市的时期结束,也意味着城乡对立的经济结构要发生转变,重新结成城乡统一的区域乃至全国市场。1949年出版的芦荻所著《论城乡合作》也指出,中共将城市从反动派的统治下解放出来,也就意味着"城市与乡村的敌对和分割,第一次从根本上被打破了"。③ 但是,如何从敌对和分割的状态转为合作和互助的状态,仍是一个需要探索和解决的问题。

从城乡关系的角度来说,随着大城市陆续被解放和接管,以及城市工业的恢复和发展,对抗战以来老解放区形成的自给自足的经济形态构成冲击,所以不仅需要重新确立城市与乡村的经济关系,也需要尽快转变乡村内部的经济形态,这也是新政权所面临的难以解决的问题之一。因为在城

---

① 《华北各解放区目前财经关系调整办法(摘录)》(1947),《华北革命根据地工商税收史料选编》第1辑,第240—241页。
② 《在中国共产党第七届中央委员会第二次全体会议上的报告》(1949年3月5日),《毛泽东选集》第4卷,北京:人民出版社,1991年,第1426—1427页。
③ 芦荻:《论城乡合作》,北平:生活·读书·新知三联书店,1949年,扉页。

市工业逐渐恢复以后，老解放区以自给自足为目标而发展起来的小型工厂、手工业和家庭副业立即感受到了来自城市机器生产的威胁。就拿卷烟业来说，天津的英商颐中烟草公司有卷烟机器100台，职工1800人，每月最高产量在1万大箱以上，而老解放区的纸烟生产却十分落后，如太行区约有手工卷烟1000户，每月产量仅333万包，合1332大箱。北岳区和太岳区手工卷烟户不多，产量更少。① 随着天津纸烟的输入，老解放区手工卷烟户的生产难以维持。

在全面抗战时期，老解放区为解决穿衣问题，提倡手工纺织业，所以手工纺织业在华北各地乡村普遍发展起来。但是，当城市机器纺织业恢复生产后，也需要销售市场，所以不可能再像过去那样禁止洋纱、洋布输入乡村，可是开禁之后，老解放区好不容易发展起来的手工纺织的土纱、土布很快就失去了销路，价格大幅降低。如1949年在无极县，土布卖出去的钱刚好能抵得上棉絮的成本。给推进社纺纱，一斤纱也只能得到半两棉絮的报酬。在内邱县（内丘县），布价和纱价等值，土布业也有一落千丈之势。② 而且，太行区、冀南区的手工纺织业还是为度荒而发展起来的，手工纺织业衰落，更加重了灾区民众的经济困难。为了保护本地区的手工纺织业，冀南区规定26尺土布才能换16尺洋布，结果老乡就不穿洋布了，从天津运到冀南的洋布就推销不出去了。③ 其他老解放区也纷纷阻止洋纱、洋布在本区销售，结果导致1949年3月6日至9日，天津的布价比唐山、张家口、石家庄、锦州等地的布价还高，商人从天津贩运布匹到外地销售，不但不能盈利，反而要赔钱，这也是城乡交流受阻的原因之一。4月10日，天津方面不得不降低布价，以便商人销售到各地都有利可图，促进城乡交换。④ 这种情况，对刚刚将工作重心转移到城市的中共新

---

① 华北税务总局：《华北各地征税中的不统一情形与存在的问题》（1949年5月），《华北革命根据地工商税收史料选编》第1辑，第308—309页。
② 吴因、丁国材、刘鸣玉、郭玉芬、刘根茂：《目前农村中急待解决的三个问题》，北平《人民日报》，1949年5月10日，第2版。
③ 《天津市军事管制委员会接管部贸易接管处关于天津市对内对外贸易工作的报告》（1949年4月），天津市档案馆编：《天津解放》，北京：中国文史出版社，2017年，第432—433页。
④ 《天津市军事管制委员会接管部贸易接管处关于天津市对内对外贸易工作的报告》（1949年4月），《天津解放》，第430页。

政权来说，也是不愿意看到的。所以，当时《人民日报》编辑部也承认，"有了城市，对于我们来说是个新的问题"。①

而且，老解放区经过长期的政治宣传，不仅反帝情绪高涨，对城市商人亦无好感。1949年4月24日刘少奇在天津市干部会上的讲话提到一个例子。他听说有的乡间贸易公司，看见去了城市商人，便将他们当成敌人，想方设法把他们挤走。天津有一个外国人经营的打蛋厂停产了，外事处的干部和他们商量，要他们开工，外商就要求政府提供150万个鸡蛋。可是贸易公司无法供给，外事处让外商自己下乡去收购。但是他们一到乡下，就有人说："帝国主义分子来了，赶走他。"结果打蛋厂买不到鸡蛋，开不了工，工人被遣散。② 其实，这种情况不限于外商，私商也会遇到。公营贸易公司统制原料和市场，排挤私商。李烛尘提到，他去山东销盐，临清贸易公司就降低盐价来排挤他。③ 天津料器业在山东掖县购妥一批英石，但是掖县县政府不准货物出境；纸烟业在山东购妥烟草200万斤，也因当地政府不准货物出境而失败；染料业先后两次去山东采购硫磺，也因当地不许购买而空手返回；造纸业在察哈尔省收购胡麻秸，也因当地合作社未很好协助而没有完成任务。④

发展城市经济需要农村提供原料，天津、石家庄等华北城市最重要的现代工业就是纺织业，新政权为稳定物价，也需要掌握大量棉纱、棉布，这就需要尽快恢复城市各纺织厂的生产，为他们提供充足的原料。过去限制冀中、冀南农民种植棉花，而现在又要动员农民多种棉花。然而，经过多年的经济斗争之后，农民对种植经济作物已经失去了兴趣。而且，在土改以后，每家分配到的土地不多，一般首先考虑种植粮食，以保证一家人的口粮。当时华北农民平均每人大约分到3.5亩，假如一家以4口人计算，共有14亩地。如果按照农民自己的生产意愿，则以种植粮食作物为主，然后会种

---

① 吴因、丁国材、刘鸣玉、郭玉芬、刘根茂：《目前农村中急待解决的三个问题》，北平《人民日报》，1949年5月10日，第2版。
② 《在天津市干部会上的讲话》(1949年4月24日)，中共天津市委党史资料征集委员会编：《刘少奇在天津》，天津人民出版社，1993年，第20页。
③ 《在天津市工商业家座谈会上的讲话》(1949年5月2日)，《刘少奇在天津》，第52页。
④ 《天津市工商局关于一九四九年工商工作的总结》(1950年1月)，《天津解放》，第405页。

一点蔬菜供自己食用，也会种一亩或半亩地的棉花，但也主要是为了自织自穿。再有多余的土地，才会种少量可供出售的经济作物。①

由于农民缺乏植棉积极性，所以 1949 年政府在华北区推广植棉时，计划种植棉花 1300 万亩，费了很大劲，也才完成 1200 万亩。② 有的地方迁就农民的"自给自足"倾向，而有的地方走向另一个极端，强迫派种棉花。如威县桑庄村本来是产棉区，抗战前每年有 80% 的土地用来种植棉花，土改后每人平均分到 7 亩左右的土地，农民多种植粮食，棉花种植面积大为减少。1947 年桑庄村棉花种植面积只占耕地总面积的 24.3%，大大低于战前的水平。1949 年区里布置给桑庄村的任务是棉花种植面积要达到耕地总面积的 55%。尽管仍低于战前的水平，然而该村已有 32% 的耕地种了小麦，再加上小菜，所余白茬地只有 65%，群众不同意再拿出 55% 的耕地来种植棉花，区里不得不改变计划，降为 45%，而最后实际只完成了 38.5%。③

农民的生产意愿与政府保证城市工业原料供给的目标之间相距甚远。对于农民不愿意将自己的生产计划服务于城市工业发展需求的原因，《人民日报》编辑部认为是由于"我们还没有让农民充分的了解，有了城市以后的新民主主义国家政权对待农民的态度与政策，这种态度与政策与以往国民党统治时代有什么不同"的缘故。④ 那么，新政权对待农民的态度和政策，与国民党统治时代到底有何不同呢? 1949 年 4 月 24 日，刘少奇在天津市干部会上发表讲话，强调："公私关系、劳资关系、城乡关系、内外关系，是毛主席要我们在城市工作中照顾的四面八方的关系，这四面八方都照顾好了，关系正确地建立了，改善了，城市工作就做好了。"⑤ 不过，刘少奇这时期所强调的城乡关系主要指的是城乡物资交流，强调要将

---

① 芦荻:《论城乡合作》，第 48 页。
② 芦荻:《论城乡合作》，第 47 页。
③ 吴因、丁国材、刘鸣玉、郭玉芬、刘根茂:《目前农村中急待解决的三个问题》，北平《人民日报》，1949 年 5 月 10 日，第 2 版。
④ 吴因、丁国材、刘鸣玉、郭玉芬、刘根茂:《目前农村中急待解决的三个问题》，北平《人民日报》，1949 年 5 月 10 日，第 2 版。
⑤ 《在天津市干部会上的讲话》(1949 年 4 月 24 日)，《刘少奇在天津》，第 18 页。

过去中断了的城乡经济关系重新建立起来,并使之畅通,从而使城市工业品与乡村农业品相互交换的关系发达起来,灵活起来。① 在他看来,搞好城乡货物交流,对城市、乡村都有利,也就算实现了城乡互助。

到新中国成立时,《中国人民政治协商会议共同纲领》确定新中国经济建设的目标是要将中国由一个农业国变为工业国,也就明确了城市领导乡村,工业领导农业的方针,此后的城乡关系也只能在这一框架下展开。尽管如此,如何正确处理城乡关系,仍是新政权所面临的挑战之一。1949年12月,周恩来在对参加农业会议、钢铁会议、航务会议的人员发表讲话时,即强调城乡关系在中国是一种非常重要的关系,它与内外关系、工商关系、公私关系、劳资关系、上下关系是当时迫切需要妥善处理的六种主要经济关系。②

1937年全面抗战爆发以后,随着日伪控制了华北地区主要大中城市和重要交通线,而八路军深入敌后乡村开辟抗日根据地,形成了敌人占领点线,中共控制面的二元对立结构。所以这种敌我对抗态势也有城乡对立、近代城市机器工业与乡村手工业和家庭副业对立的意味。

战争需要大量工业品的供给,但是城市工业品无节制、无分别的大量输入,又会对根据地内手工业和家庭副业构成冲击,所以华北各根据地很快即开始实行贸易保护政策,建立关税制度,制定税则,通过税收和禁出禁入措施来调节根据地与敌占区间的商业往来,敌我双方的经济斗争由此展开。最初,根据地为了抵制伪钞,甚至希望切断与敌占区的经济联系,但是也很快就认识到不得不和敌人做交易。但是,当与敌人在经济上开始接触后,合作社等公营商店又为经济利益所驱使,垄断贸易,希望由公营商店来实行统购统销。此后才认识到发挥群众力量的重要性,使根据地内商人和小贩又活跃起来。

在开展对敌经济斗争过程中,为打击敌人"以战养战"的阴谋,防止物

---

① 《在天津市干部会上的讲话》(1949年4月24日),《刘少奇在天津》,第20页。
② 中共中央文献研究室编:《周恩来年谱(1949—1976)》上卷,北京:中央文献出版社,1997年,第19页。

资资敌，禁止粮食和棉花等重要物资出境，甚至限制农民种植棉花。但是，如果绝对禁止出境，根据地内粮食过剩，又会扩大工农产品剪刀差额，出现"谷贱伤农"现象。而且，严格禁止，也会出现走私现象，而打击走私又会造成政府与群众之间的对立，所以对于禁止粮食输出等问题，也需要灵活应对。另一方面，为防止出现"谷贱伤农"现象，既需要输入敌占区的工业品，也需要发展根据地内工业，尽可能地替代必须从敌占区输入的工业品，在保障根据地内工业品供给的同时，降低工业品价格。

在发展根据地内工业的过程中，一开始主要发展军需工业，后来才为抵制外来日用工业必需品，重视民用工业品的生产。在发展工业的方针上，最初在晋冀鲁豫边区的太行区等地，追求发展大规模的公营工厂。但是，根据地的条件并不适合发展大型工业。在遭受损失后，才注意推动私营工业，尤其是手工业和家庭副业的发展，以便根据地可以达到工业品自给的目标。

抗战胜利后，随着国民党当局接管了华北地区各大城市和交通线，中共积极扩大解放区，又出现了类似于全面抗战时期敌我双方的点线和面的对立构造。国共停战协定签订，政治协商会议胜利闭幕后，根据地转变政策，实行自由贸易政策。但是城市工业品，尤其是美货的倾销对根据地经济又带来很大冲击。随着内战临近，根据地又开始强调对敌经济斗争，禁止粮食、棉花等重要物资出口，并越来越多地禁止国统区日用工业品和美货的输入。但是，到中共接管平津等华北大城市，城市工业逐渐恢复和发展起来以后，这种政策又不能再持续下去了，急需沟通城乡之间的物资交流，因此老解放区经济又不得不做出调整，重新建立新的城乡经济关系。

总之，自全面抗战爆发以来，华北各根据地在开展对敌经济斗争的过程中，建立了贸易局、税务局、工商管理局等财经组织，培养了大批财经干部，以及管理财经的方针政策和经验。这些均在一定程度上为华北人民政府和新中国所继承，成为新中国处理财经问题，尤其是城乡经济关系问题的重要历史资源。

第三章
供销合作社与城乡商品流通*

——制度构想与设计(1948-1952)

供销合作社作为商业流通领域的一种合作组织,曾被作为城乡之间的桥梁与纽带,以期达到工农产品的有序流通、公私之间的有序交换。既有研究多从制度结构的层面来探讨供销合作社自上而下、自下而上的制度建立史与发展史,[①] 或从国家与市场的角度来探讨供销合作社所发挥的作用。[②] 但对供销合作社制度的研究,首先需要厘清中国共产党为何需要建立供销合作社这种制度。从城乡关系的角度来审视供销合作社,可以将供销合作社置于整体城乡经济、社会、政治脉络中,来进行动态的、综合性

---

* 本章作者:李玉蓉,北京大学历史学系博士研究生毕业,现为清华大学马克思主义学院助理教授。

① 如迟孝先:《中国供销合作社史》,中国商业出版社,1988年;杨德寿:《中国供销合作社发展史》,中国财政经济出版社,1998年;王刚:《新中国成立初期河北省供销合作社研究(1949—1957)》,南开大学博士学位论文,2017年5月;李建中:《南阳县供销合作社研究(1949—2010)》,南京大学博士学位论文,2010年11月。

② 如王开帅:《社会主义改造运动中的供销社与小商贩——以上海县为例》,华东师范大学硕士学位论文,2011年5月;马永辉:《1949—1966年苏北农村集市贸易变迁》,中共中央党校博士学位论文,2005年6月;张殿华:《供销合作社变迁对湖北农村市场的影响研究(1949—1965)》,武汉大学硕士学位论文,2017年4月。

的考察，进而通过供销合作社来理解1949年前后中共主导下的中国城乡关系的走向及其逻辑。这里，我们试图从城乡关系的视角，从最基本的问题，即中共或新政权为何需要建立供销合作社制度出发，从思想、现实需求与制度实践诸层面来梳理供销合作社制度构想、设计与初步调试的过程。一方面考察城乡关系作为一种影响因子对于供销合作社制度的影响，另一方面考察供销合作社制度的初步建立对解决城乡关系问题所起的作用。

由城乡关系的视角来理解供销合作社，可以从近代以来城乡关系的变迁过程中把握中共解决城乡关系问题的历史使命，弄清中共从马列主义、苏联经验以及自身革命经验中汲取的思想资源。但现实永远比历史趋势更具体，也比经验更加丰富，城乡经济形势瞬息万变，中共在进城前后面临着诸多城市、乡村、城乡关系的困境与现实需求。中共在构思新政权的经济方针的过程中，供销合作社的大致轮廓及其功能亦逐渐被描绘出来。虽然供销合作在经济、阶级、政治层面都具有重要的作用，但从实践的层面来看，供销合作社初步建立的过程实际上经历了两个步骤：第一步是零星、分散建立，各自为政，"没有走上正轨"；第二步是在调整公私关系的过程中，随着1950年第一次全国合作社工作者代表会的召开与《合作社法》草案的制定，开始建立全国性的供销合作组织网络。供销合作社既成为城乡之间主要的物资流通渠道，也进一步形塑了城乡关系的模式。

一、革命经验、形势转移与城乡合作需求

从广义上看，城乡关系是介于城市与乡村之间反映政治、经济、阶级等诸多因素的相互关系。对于中国传统城乡关系的理解，多是以"市镇"与乡村之间的贸易关系为主线，也有人强调城居地主、官僚与农民之间的政治文化联系及其潜在矛盾。近代中国在历次外敌入侵、内部混战、天灾人祸之后，城乡关系发生了深刻的变化。至20世纪三四十年代，费孝通从乡村立场出发，提出了城乡关系"相成相克"的概念，一方面强调城乡

之间通过贸易交换能够保持城乡结构交易平衡与有机调整，是为"相成"；另一方面强调城镇对乡村资源的索取、城市工业对乡村手工业的替代、城市社会对乡村精英的吸引等，使得城市越来越呈现出与乡村"相克"乃至"分裂"的一面，城乡关系逐渐呈现"瘫痪"状态。① 面对正在变化乃至瓦解的传统城乡关系，费孝通主张在城乡之间建立农民组织的合作社来抵御这种分裂与瘫痪。

聚焦于贸易与市场，施坚雅对中国农村与市镇面临的外部条件与环境做了限定与假设，在中国传统社会晚期和"过渡期"的农业中国市场中提炼出了一种新的城乡关系，即以市场交换为核心，形成以农村基层市场、中间市场与中心市场为主体的三级、六边形市场结构。随着近代铁路、公路、轮船等交通运输工具的发展，新的交通方式进一步促进了农村市场结构的发展与变革，传统农村市场中心逐渐向现代贸易中心过渡，进而呈现出不同的山区模型、平原模型等。② 与费孝通所描述的"相成相克"不同，施坚雅在其抽象模型中，排除了20世纪前半期中国很多区域所面临的战争、政治等历史因素对市场贸易的影响，在城乡之间构建起一种几乎完全由市场中的个体与私商主导的市场结构与市场秩序。

回归历史语境，至20世纪40年代后半期时，随着中国共产党在国共战争中逐渐取得决定性的胜利，城市与乡村之间的关系产生了新的变化，既非费孝通所描述的传统城乡社会关系，也非施坚雅所构建的纯经济性的市场关系，而是受到政党竞争、政治运动、战争环境等多重复杂因素的深刻影响。其中，中共如何认识城市、乡村以及城乡关系，如何按照新政权的意图来重组城乡之间的资源、建立城乡之间的联系，影响着新政权对一系列城乡之间政治经济制度的构想与设计，供销合作社正是在这种大背景之下成立起来的。

中共在城乡关系上的思想取径，除了受到传统与市场的影响，还有两

---

① 李金铮：《相成相克：二十世纪三四十年代费孝通的城乡关系论》，《中国社会科学》2020年第2期。
② 施坚雅（G. William Skinner）著，史建云等译：《中国农村的市场和社会结构》，北京：中国社会科学出版社，1998年。

种不同的思想和经验来源。一种是马列主义对"城乡对立"的阐释和苏联消除城乡对立的努力；另一种则是中国共产党在农村革命运动中依赖农村、发掘农村资源潜力的实践经验。这两种思想实际上在某些层面存在理论上的抵牾，所以，首先理解这两种思想脉络的来源，以及中共在此过程中如何衡量城乡重心转移中的利弊，有助于理解 1948 年中共提出"城乡兼顾"而非"城乡对立"，进而提出建立供销合作社的思想基础。

中共在思想上和理论上认同马克思主义对城乡关系的判定，即认为分工引起商业劳动和农业劳动的分离，从而也引起了城乡的分离和城乡利益的对立，"一切发达的、以商品交换为媒介的分工基础，都是城乡的分离。可以说，社会的全部经济史，都概括为这种对立运动"。①苏联将克服城市和乡村之间的对立作为建设共产主义社会的一个基本任务，但如何来消除这种城乡对立？苏联在历史上存在两种思路的斗争，这突出地体现在列宁新经济政策与斯大林计划经济模式如何对待市场、如何对待城乡交换方式的不同态度。

在新经济政策时期，列宁强调在国家统一控制之下，引入市场机制与商品关系，利用市场交换关系、商品货币关系，优先发展流通领域的合作，使消费合作社成为国家经济运行链上的基本环节，既联结私人利益与国家利益，也沟通城市与农村。②列宁所看重的是在流通领域组织合作社，因其既有利于加强对市场和物资的短期控制，还有将广大而分散的城乡市场、农业生产、小生产者均纳入国家计划轨道之上的长期功能与远景作用，使其逐渐向生产合作化、集体化过渡。③

沈志华认为，新经济政策揭示出布尔什维克在夺取政权之初缺乏经营商业、掌握市场、管理整个国家市场的经验，也缺乏通过生产计划直接掌握和调控分散的个体生产者与消费者的经济基础，从城乡交换与商品流通的方面来改善苏维埃政权的经济困难，在某种程度上也是解决短期困难的

---

① 马克思：《资本论》第 1 卷，北京：人民出版社，2004 年，第 408 页。
② 列宁：《论合作社》（1923 年 1 月 4 日和 6 日），《列宁选集》第 4 卷，北京：人民出版社，2012 年，第 768 页。
③ 沈志华：《新经济政策与苏联农业社会化道路》，北京：中国社会科学出版社，1994 年，第 137 页。

一种无奈选择。① 但这也表明在经历"十月革命""战时共产主义政策"之后，列宁等人转向注重苏联城乡关系的实际状况，不再将城乡关系看作是不可调和的对立关系，而是试图通过控制商品流通渠道来间接控制市场，从而缓慢地、自然地增进城乡之间的融合。

列宁的新经济政策思想和合作社思想受到苏共党内的高度重视，各类合作社也迅速建立起来。但是到了20世纪20年代中期，苏联内外经济环境发生了很大变化，新经济政策与强调城乡商品交换关系的消费合作社，也越来越难以满足苏联经济快速发展的需求。从1928年开始，苏联开始执行第一个五年计划，进入高度集中的计划经济建设时期，城市工业化建设对农村粮食与农产品的需求加大，然而在1927年底至1928年春，苏联发生了严重的粮食收购危机。对此，斯大林决定采取"非常措施"，即征集农村粮食，取缔城乡自由市场。斯大林认为，集体农庄才是最合适的生产合作社形式。② 也就是说，为了能够更快、更多控制农村的粮食与资金，斯大林开始强调国家力量直接对农村的管理。农业生产合作社被提高到"计划"经营的层面，通过计划生产来组织农业生产与农产品收集，作为"社会主义原始积累"投向工业领域。③

这也正体现了斯大林对于城乡关系的认知与态度，斯大林将城乡关系对立以及消除城乡对立，作为其推行工业化和农业集体化的一种理论支撑。斯大林主要是从农村与农业着手，"把小规模的零碎经营的农业，在共同的合作的生产方式的基础上加以改造，使农业在最新型的机械化的基础上彻底的改装，把农业劳动转变为工业劳动的'变种'"④，使农业在生产方式上与城市工业挂钩，消除农业在技术、生产方式上的差距，从而消除城乡之间的对立。这也就为其强制性推行农业集体化政策提供了合理

---

① 沈志华：《新经济政策与苏联农业社会化道路》，第101页。
② 斯大林：《在粮食战线上》(1928年5月28日)，《斯大林选集》下册，北京：人民出版社，1979年，第48页。
③ 苏经：《苏联合作社发展的几个阶段》，《人民日报》1950年7月24日，第5版。
④ 柯锡列夫著，潘会昭译：《苏联城乡关系》(第3版)，北京：中外出版社，1950年，第1页。

性解释。①

到了斯大林时代，流通领域的消费合作社的实际作用，亦与列宁优先发展消费合作社时的预期大相径庭。注重商品流通的消费合作社实质上变成一种执行国家商业计划任务的机关。② 高度集中化与计划化的消费合作社，一方面收购农产品，组织由乡村到城市的产品运动；另一方面销售工业品，组织由城市到乡村的产品运动，配合工业生产与农业生产，成为按计划组织工业品、农产品在城乡之间传导和运动的主要渠道与环节之一。③ 消费合作社成为苏联城乡之间的一种官方物资流通渠道，而不是如列宁所设想的将小生产者组织起来并向集体化过渡。

苏联党内关于城乡关系、经济发展道路经历了从列宁到斯大林的巨大转向，为了服从于苏联整体计划经济与工业化建设的需要，苏联以城市为核心，并试图将农村的生产方式也改造成为工业生产的"变种"，从而克服城市与乡村之间的对立。苏联合作社也从注重城乡之间的商品交换转向注重工农业生产，注重城乡之间的物资调拨，一方面组织集体农庄，另一方面进一步将消费合作社作为一种农村物资汲取与流通的计划手段，通过消费合作社进一步发展由国家政权主导的物资传递机构和流通装置，并且使其服务于社会主义计划工业和农业集体化的发展。

然而，中共在具体的革命实践中，却呈现出与苏联经验不一样的理路。第一，中共在革命初期并没有真正掌握大城市，反而是在农村之中找到了一条新的革命道路，通过走"农村包围城市"道路而站稳了脚跟，以最大限度挖掘农村的经济资源，包括但不限于农村的经济资源、人力资源、阶级资源、组织资源等，来服务于战争与革命。在很长时间内，中共的工作重心都在农村。中共依赖农村并取得农村革命道路的胜利，农村对于中共而言具有决定性的作用，即使在革命胜利之后，中共依然无法忽略

---

① 刘旺旺、俞良早：《斯大林与布哈林在社会主义建设问题上的分歧与争论》，《辽宁大学学报》2018年第1期。
② 基斯坦诺夫撰，中国人民大学合作社理论与历史教研室译：《苏联消费合作社》，上海：时代出版社，1953年，第267页。
③ 基斯坦诺夫著：《苏联消费合作社》，第242、250页。

农村的重要性。不过，城市有大工业机器、有丰富的经济资源，有深厚的政治文化资源，中共虽然身处农村，眼光却始终没有离开城市，也没有停止对城乡关系的思考与改造，所以夺取城市、建设城市，既是共产主义革命的目标，亦是中共农村革命的目标。

第二，在革命根据地，城乡关系是一种受到政党势力支配的商品交换关系。在根据地内部，中共首先需要的是在城乡之间达成工农产品交换的平衡，解决供求矛盾与工农产品价格剪刀差，通过建立各类合作社，在党政组织的直接或者间接领导下，通过"做生意"的方式，在根据地内保证内部的商业交换与市场自由；在根据地与国统区、沦陷区之间，中共也组织各类"大公"商业与"小公"商业，根据军事斗争需要和机关单位经济需要，组织平粜粮食、供给日用品、推销农产品等，一方面将根据地内的土特产和特殊物资运往敌占区销售，再换回根据地军民所需要的生产生活必需品；另一方面公办合作社在敌占区亦开办商行、货栈，筹集钱粮、枪支子弹、药品及通讯器材，秘密运进根据地。① 其中，合作社商业成为抗日根据地的主要商业形式之一，"每年从敌占区运来的必需品，向敌占区输出的土货土产品，有一半是合作社经营的"②。从经济的角度来看，根据地的合作社不仅起到了供应物资、支援供给、改善生活、促进生产的作用，③ 也对打破军事、政治封锁之下的城乡界限与促进城乡交换起到了积极的作用。

第三，城乡关系是一种被政党势力瓦解与重构的政治社会关系。在传统中国，城居地主与在地农民通过土地建立了一种相对稳固的契约关系，并通过土地来维系着地主阶级与农民阶级之间的社会关系。而中共农村革命的一大特色则在于，通过"打土豪、分田地"等一系列土地革命，打破了城乡经济与社会关系之间的核心联结要素——土地，使农民不再与城居地主发生经济上的联系。首先在经济上与城居地主割裂，进而在阶级革命话语的动员之下，使农民产生对地主阶级的普遍的革命斗争意

---

① 殷杰：《天道酬勤——八路军的后勤供给工作（上）》，《军事文摘》2015年第21期。
② 魏宏运：《晋察冀抗日根据地财政经济史稿》，北京：档案出版社，1992年，第252页。
③ 张永刚、张丽：《抗战时期晋察冀边区的合作社商业》，《河北大学学报》2007年第6期。

识,进一步使农村阶级形成对城市、对城市资产阶级的排斥甚至仇恨,介于城乡之间的小商人或者商人地主也成为阶级斗争的对象,由商人主导的城乡之间的传统商业市场网络也遭受到政治意义上的破坏。打倒地主、翻身闹革命,经济意义上的传统城乡关系瓦解,继而城乡之间的阶级关系、社会关系、政治关系等也有待于重新构建。

中共在革命战争时期,即深受马克思主义关于"城乡对立"思想的深刻影响,采用了"城市愈发展,城乡关系愈对立"的说法。① 在农村土改过程中,甚至强化了城乡之间的阶级仇恨,也在某种程度上割裂了城乡之间有序的经济往来、商品交换市场与社会文化交流渠道。在实际的革命过程中,中共总体而言更加注重农村经济、农村阶级的组织。但问题在于,农村地主与商贩在土改之中被打击,私商退去,他们原先经营的农村市场与城乡交换亦被打击。当时中共领导的国营商业还十分薄弱,农村市场实际上呈现出一种"真空"状态,中共在进城之前即已经开始面临城乡之间物资交换断绝的压力与困境,合作商业在城乡之间的重要性逐渐凸显出来。

二、从"城乡对立"到"城乡兼顾"

至 1948 年,中国共产党工作重心要从农村转移到城市,原来以农村为主的经验不仅不再适合城市工作,还对建设城市产生了一定的阻碍作用;如果按照苏联经验强调城乡对立的思想,虽然有利于继续推动农村土改运动,却在某种程度上不利于从农村进入城市的中共真正在城市稳固政权。所以,如何在马克思主义理论、苏联经验与中共所处的具体历史与现实环境之间,恰当地处理好城乡关系,影响了中共进行城乡工作重心的转移,亦决定着供销合作社的走向。

中共长期居于农村,城市工作相对薄弱,城市工作主要侧重于对工人

---

① 李泉:《中外城乡关系问题研究综述》,《甘肃社会科学》2005 年第 4 期。

群众的政治动员，在经济政策上曾实行"搬运"政策，将占领城市的物资进行转移而非就地建设，也尚未顾及城市的工业生产、商业贸易、社会服务、社会秩序等切实发展问题。① 1945年中国共产党开始准备向城市大规模转移，在1945年4月中国共产党第七次全国代表大会上，面对向城市转移的战略任务，负责财经工作的陈云提出了一个现实性的问题："我们快由乡村转到城市，快要离开农村，这个问题有无准备？""我们假如占领一个省，或者是拿到全国政权，跟我要钱怎么办？到哪里去搞钱呢？"② 钱粮物资供应问题，是转向城市和夺取全国政权的紧要问题。

伴随着军事行动，城市供应与管理成为解放战争时期最为重要的任务之一。从接管张家口，到接管东北、华北，再到和平解放北平，中共对城市工作、城乡交流、城乡商业的认识与实践等发生了一系列的变化。中共逐渐意识到城市工作与农村工作的区别，以及经济建设问题的重要性。但1948年前在实际工作中，中央及各解放区仍然强调农村的重要性。例如，在东北，由于受到国际因素与自身实力的影响，中共中央高层一方面为了配合苏联在国际上的斗争，一方面为了进一步壮大和巩固自身革命力量，再三提醒东北局将乡村及中小城市工作放在首位，不要把眼光集中于大城市。③ 在中共的认知中，"农村人口不仅占大多数，而且兵源粮源亦是依靠农村"，加之中共在东北"毫无基础"，为了壮大力量和建立根据地，选择将大部分干部派去农村做土改工作。④ 从中可以看到，农村始终是中共革命物资给养与组织力量的后备来源。

所以，中共在占领哈尔滨市后相当长的时间里，城市工作并没有上升为整体工作中的一项重要内容，很多入城干部很快再次被派到农村进行土

---

① 李国芳：《初进大城市——中共在石家庄建政与管理的尝试（1947—1949）》，北京：社会科学文献出版社，2008年，第39页。
② 陈云：《保存农村家务，保存城市机器》（1945年5月9日），《陈云文集》第1卷，北京：中央文献出版社，2005年，第438页。
③ 《毛泽东致彭真并告林彪电》（1946年4月23日），中共中央文献研究室编：《毛泽东年谱（1893—1949）》下卷，北京：中央文献出版社，2013年，第73页；《东北目前仍应将乡村及中小城市工作放在首位》（1946年5月19日），中共中央文献研究室编：《毛泽东文集》第4卷，北京：人民出版社，1996年，第119页。
④ 王稼祥：《城市工作大纲》（1948年6月），《王稼祥选集》，北京：人民出版社，1989年，第367页。

改工作。① 而在城市工作中，干部也深受"城乡对立"思想的影响，采用农村土改与阶级斗争的方式来展开工作，首先发动反奸清算、分红、增资、分房、诉苦等运动，注重动员群众对敌伪残余、封建恶霸以及城市资产阶级进行斗争。在此过程中，城市资产阶级很快被清算，但同时也产生了负面影响，如私营工商业受到打击，城市经济秩序不稳定等。② 华北地区的井陉、阳泉等部分城市被解放后，由于进城部队仍担心这些城市再次被国民党夺去，因而采取了"搬运政策"。"搬运政策"虽然给进城部队提供了直接的物资支援，但也对这些城市的工商业和后续发展造成了负面影响。

在接管石家庄的过程中，接管干部主要来自农村，入城之后在工作方法上仍然以他们擅长的农村阶级斗争、清算等群众运动为主，也存在"搞枪、抢东西、抓人等不纯的目的"③，于是出现干部带头抢东西、乱斗乱捕乱没收东西的不良现象。结果很快就遇到了物资供应紧张问题。而由于交通断绝和私营商业被斗争，城市所需物资无法及时运入。中央工委曾严厉批评石家庄部分进城干部的抢抓行为，认为"完全不能倚靠他们来管理城市，相反，必须严格审查他们，加以清洗甚至解散"。④ 可见，农村工作方法在城市工作中具有很大的惯性，农村革命思维对城乡关系仍然影响至深。

无论在东北还是华北，也都有领导人开始注意到城市工作与农村工作的不同，如张闻天认为在城市发动群众与组织清算之后，应该"把注意力转移到繁荣工商业方面去"⑤，强调各地方党组织应注重发展工商业，帮助

---

① 李国芳：《初进大城市——中共在石家庄建政与管理的尝试(1947—1949)》，第40页。
② 《关于哈市的工作方针》(1946年7月12日)，中共哈尔滨市委党史研究室编：《城市的接管与社会改造：哈尔滨卷》，哈尔滨：黑龙江人民出版社，1999年，第426页；李国芳：《初进大城市——中共在石家庄建政与管理的尝试(1947—1949)》，第41页。
③ 《两个月来的工作情况》，石家庄市档案馆，1-1-14。
④ 《中央工委关于收复石家庄的城市工作经验》(1948年2月19日)，中央档案馆编：《中共中央文件选集》第17册，中共中央党校出版社，1992年，第56页。
⑤ 张闻天：《发展工商业的若干政策问题》(1946年11月7日)，《张闻天文集》第3卷，北京：中共党史出版社，1994年，第328页。

建立以个体经济为基础的民办合作社,从一区一乡逐渐发展壮大。① 1947年11月解放石家庄后,刘少奇的判断是石家庄不会再被国民党夺走,因此主张抛弃原来的"搬运政策",而代之以"长期建设方针"。② 于是石家庄市委开始调整工商业政策,一方面继续强调对资本家的斗争、教育与团结,防止其走上资本主义道路;另一方面加强公营经济在市场上的力量,并且把行政力量与经济力量统一起来,在反对私商投机倒把的同时,大力扶助公营经济,大力扶助合作社,使公营经济成为商品交换与分配的主要渠道。石家庄市政府根据农村合作社的经验,派驻工作组,组织小商贩联合会和市民,建立合作社与合作小组,到城外采购蔬菜、肉食等运入市内,解决了石家庄市内物资供应紧张的问题,同时又进一步打击了私商私贩,市内各街区合作社取代原有的私营商店,垄断部分物品的购销,获利颇丰。③

当东北对城市大资产阶级等的清算与斗争基本告一段落,获得了较为完整的工业生产机器与物资后,东北局面临的问题是,如何将经济工作重心转向城市建设,巩固解放区的政权力量与经济力量,进一步在城市站稳脚跟并大力发展工业生产。1948年初,中共中央指示各中央分局研究和总结城市工作经验,进一步将注意力从农村转移到城市中,做好城市解放和接管工作。④ 如何加强城市工作? 1948年7月17日,东北行政委员会成立财政经济委员会,强调要加强经济的"总司令"与计划,即强调政府的经济领导权、计划机构的设立与经济计划的制定,其中"最重要的是把公营工业搞好",在政府与计划的领导下优先发展工业。⑤ 在经济层面,东北具有良好的工业基础,东北地区相比于内地受到苏联经济影响的力度也更大,因此东北基本上确定了发展城市工业生产与实行计划经济的方针,作为加强城市工作的基本内容。

---

① 张闻天:《发展工商业的若干政策问题》(1946年11月7日),《张闻天文集》第3卷,第333页。
② 《物资管理委员会对黄敬同志传达少奇同志指示的讨论》,河北省石家庄档案馆,1-1-5。
③ 李国芳:《初进大城市——中共在石家庄建政与管理的尝试(1947—1949)》,第216—223页。
④ 《中央关于注意总结城市工作经验的指示》(1948年2月25日),中央档案馆编:《中共中央文件选集(1948)》第17册,北京:中共中央党校出版社,1992年,第69—70页。
⑤ 中共中央文献研究室编:《陈云年谱》上,北京:中央文献出版社,2015年,第653页。

城市工作与公营工业计划经济固然重要,但城市要恢复和发展生产首先面临的问题是来自农村的粮食和原料供给不足的问题。陈云当时即苦于东北对于粮食等重要资源掌握的不足。① 1948年8月31日,第一次东北城市工作会议在东北召开,会议指出在大兵团反攻阶段,仅靠乡村的小生产和"打到哪里就吃到哪里"的供给方式已经无法满足前线大量军火、被服等物资需求。② 做好城市工作实则离不开农村工作,主要体现在城市对于农村粮食、物资的依赖,但农村工作与城市工作又相差甚巨,东北局领导人开始意识到新形势下调整好城乡关系的重要性。

由此可以看出,城市解放之后,接管与解放过程中城市的现实物资需求,城乡之间有效的物资流通与物资交换,是保持城市物价与社会稳定的重要因素;而城市接管之后的城市建设与工业发展,更是需要从农村中汲取足够的资源。城市,加速推动着中共对于城乡关系的重新思考。而农村形势的发展与变化,也推动着中共重新构思城乡关系的走向。

在东北和华北地区土改完成较早的地方,农村经济关系发生剧变,一些农民呈现出富农化的倾向;另一方面,在党政机关、贸易部门、区村农会和土改工作队号召下,群众利用原来农村地主、商贩、富户等经营的副业和商业遗留的资源,零散地建立起消费合作社性质的组织,来代替原来地主富农经营乡镇的副业与商业。这些合作社多以村为单位,规模不大,分散经营,以经营商业和办理供销为主,如开商店、办运输、开油坊。③ 但当时各地土改进程不一,合作社亦处于分散状态,没有建立地区统一的体系,缺乏统一领导和明确方针,部分合作社存在严重的营利观点,甚至投机倒把,任意压价抬价;有的则实质上是机关商店的化形,区村干部利用合作社进行投机倒把和贪污盗窃。④

在1948年,已解放的部分东北与华北地区,在城市接管与土改完成

---

① 中共中央文献研究室编:《陈云年谱》上,第654页。
② 张闻天:《城市的地位和城市工作中的阶级路线》(1948年8月31日),张闻天文集编辑组编:《张闻天文集》第4卷,中共党史出版社,1995年,第10—11页。
③ 戴茂林:《中共中央东北局(1945—1954)》,沈阳:辽宁人民出版社,2017年,第364页。
④ 《松江省合作社工作总结》(1949年),朱建华主编:《东北解放区财政经济史稿(1945.8—1949.9)》,哈尔滨:黑龙江人民出版社,1987年,第375页。

之后，都面临着农村向何处去、城乡经济下一步如何发展的问题，而此前中共将主要力量都集中于军事战争方面，尚未形成明确的方针。1948年下半年军事形势发生了大的变化，推动着中共内部对于国家建政与经济建设进行思考。城乡关系去往何处？城市的拉力与农村的推力，对中共整体思考城乡关系、尤其是城乡贸易关系，起到了重要作用。

固然，在新的形势下，城市成为城乡关系天平中更重的一方。在经济建设方针上，中共确定以发展城市大工业、推动工业化为基本经济发展方向，重点建设城市、建设工业，城市成为新时期经济工作的中心。在生产上，强调工业生产，将扩大城市生产能力作为生产战线上的核心任务。在物资与资源供给方面，强调农村对城市生活物资、生产资源的支援。在政治上，强调工人阶级是领导阶级。对于城市工业、工人阶级的重视，却并不意味着忽视农村经济、农民阶级的重要性，恰恰相反，农村对于城市的建设与发展有着极为重要的作用。

首先，在城乡关系的诸维度之中，最基础也最核心的是城乡之间的商品交换与物资流通关系。工作重心转向城市，城市需要从农村汲取物资，把农产品贩运到城市中去，一方面解决城市工业原料供给问题，一方面解决城市居民食用日用等需要，这就意味着城乡关系最主要、最迫切的关系是物资交换与商品流通关系。

其次，农村生产力在长期战争中遭到破坏，农业生产尚未全部恢复，农民购买力薄弱，商业市场与商业交换的基础不足，加之农村市场与城乡商业渠道被破坏，传统基层市场中心——集镇——受到阻隔，传统农村市场经营主体，如资本家、小商小贩、农民等不断减退，同时由于中国共产党曾在农村根据地实行证照证帖制度、禁买禁卖、限制贸易政策，① 使得农村市场的"割断"与"衰弱"状态趋于严峻。② 而国营贸易机关尚未壮大，私商又处于被排挤和被斗争的状态，新的商业力量还没有

---

① 姚依林：《发展华北工业与沟通城乡关系需要解决的问题》，《人民日报》1949年6月28日，第1版。

② 狄超白：《论城乡交换》(1949年8月28日)，《1949—1952中华人民共和国经济档案资料选编·综合卷》，北京：中国城市出版社，1990年，第98页。

成长起来,城乡之间需要建立新的商业贸易形式来促进物资交流与交换。

此外,要使农村向城市提供更多的粮食与农产品,就需要使分散的农村小生产者在思想上和行动上愿意将农产品输送到城市,但对于绝大多数农民而言,他们最基本的逻辑是进行商品交换并获得生产生活资料。彭真认为"只往城里送粮食,农民不拥护,但若把城里的工业品送到乡下,农民就高兴了"①。一方面城市工业品尚不够丰富、不能充分满足农民需求,另一方面问题还在于,"城里工业品如何收集起来送给农民?王麻子刀剪铺的剪子怎样才可以运往冀鲁豫梁山泊的李逵手中?"②

王稼祥等人在1948年6月制定东北《城市工作大纲》时,总结了此前东北城市工作的特点及存在的问题,提出要"加强城市工作",③ 但他也认为,"全党必须有城乡的统一的整体的观念",既要区分城市工作与农村工作的不同,又要加强城乡合作互助,兼顾城乡,采用不同的组织方式和工作方法。④

至1949年初,毛泽东明确主张:"城乡必须兼顾,必须使城市工作和乡村工作,使工人和农民,使工业和农业紧密联系起来,绝不可以丢掉乡村仅顾城市。如果这样的话,那是完全错误的。"⑤ 刘少奇亦强调要有"城乡一体的观点",虽然以城市工作为中心来领导全党工作,但必须考虑到城乡关系问题,防止只注重城市而忽略乡村的"'单打一'的做法"。⑥ 周恩来将城市与乡村、工业与农业看作辩证的两方面,"一方面,中国革命要由工人阶级领导;另一方面,要使革命取得胜利,又必须依靠农民阶级和广大乡村"。他强调城市领导乡村、工业领导农业,绝不

---

① 彭真:《掌握党的基本政策,做好入城后的工作》(1949年1月6日),《北京市重要文献选编(1948.12—1949)》,北京:中国档案出版社,2001年,第71页。
② 彭真:《掌握党的基本政策,做好入城后的工作》(1949年1月6日),《北京市重要文献选编(1948.12—1949)》,第71页。
③ 王稼祥:《城市工作大纲》(1948年6月),《王稼祥选集》,北京:人民出版社,1989年,第367—368页。
④ 王稼祥:《城市工作大纲》(1948年6月),《王稼祥选集》,第368页。
⑤ 毛泽东:《在中国共产党第七届中央委员会第二次全体会议上的报告》(1949年3月5日),《毛泽东选集》第4卷,北京:人民出版社,1991年,第1427页。
⑥ 刘少奇:《关于城市工作的几个问题》(1949年3月12日),《刘少奇选集》上卷,北京:人民出版社,1981年,第419页。

第三章 供销合作社与城乡商品流通

可忽略乡村与农业的作用，并进一步将城乡关系的辩证处理总结为毛泽东等中共领导人"运用马克思列宁主义解决我国革命问题的一个最成功的范例"。①

城市工业发展的物资需求与城乡商品交换需求，促使中共在工作重心转向城市的同时，亦强调农村的重要性，强调通过商品流通渠道来恢复城乡经济之间的经济联系。此外，从政治的角度上说，中共长期依赖农村，与农民关系甚密，进入城市之后将工作重心转向城市，在政治上也需要照顾到农村与农民。所以，不同于苏联在斯大林时代所强化的城乡对立观点，中共提出的是城乡兼顾、城乡互助，兼顾乡村的经济与社会发展。从注重农村土改，到加强城市工作，再到强调城乡互助合作，中共在解放和接管城市的过程中，形成其关于城乡关系认识的特殊演进逻辑。至于如何兼顾城乡，如何使城乡之间建立良好的互助关系，供销合作社制度的构思与设计，正是中共城乡兼顾思想的具体体现。

三、关于供销合作社的制度构想

在进入大城市之前，革命根据地已经建立起粮食合作社、消费合作社、信用合作社、运输合作社等，服务于党政军机关的公营合作社商业机构成为根据地的主要商业形式之一。毛泽东在陕甘宁地区也提倡通过合作社进行大生产，进而形成变革生产方式的"革命"。② 不过在革命战争时期，中共主导各类合作社尚未形成统一的名称与统一的体系。随着革命形势与合作社自身的发展，农业生产合作社与供销（消费）合作社成为最为主流的两种类型。供销合作社在革命战争时期多以"小公"商业的面貌呈现，是各单位解决供给处于半中断状态所带来的困难的重要方法，是各机

---

① 周恩来：《当前财经形势和新中国经济的几种关系》(1949 年 12 月 22 日、23 日)，《周恩来选集》下卷，北京：人民出版社，1984 年，第 8 页。
② 毛泽东：《组织起来》(1943 年 11 月)，《毛泽东选集》第 3 卷，北京：人民出版社，1991 年，第 931 页。

关单位力争达到经费自给和财政独立的主要手段。① 同时，在战争环境之下，通过党的领导和经营，通过公营商店或合作社来沟通根据地内外的物资，达到调剂有无、平抑物价、打击伪钞、巩固边币、保障军需用品等目标。②

抗战时期，毛泽东首次提出合作社的"供销"概念。他认为，合作社一方面要向农民供应生活资料和生产资料，是为"供"；另一方面为农民推销农产品和副业产品，是为"销"。③ 合作社的供销特性在根据地得到充分发挥，由于合作社将业务扩充到供销、运输、生产、接待等各方面，合作社在商业领域即具备了更多的优势。强调合作社的供销性质，实际上也蕴含了毛泽东对于城乡之间物资供销交换的初步思考与构想。

革命根据地时期合作社的发展是多维度的，往往集生产、消费、信用等为一体。而专门的"供销合作社"的建立和发展思路是在中共城市接管过程中逐渐形成的。"供销合作社"的概念和名称也逐渐从笼统的"合作社""消费合作社""合作社商业""合作社事业"中分离出来。1948年8月11日，薄一波在华北临时人民代表大会报告中，首次提出"供销合作社"的名称。④ 在这一时期，中国共产党发展合作商业既受到以往革命经验的影响，也受到苏联合作社理论与经验的影响，但更重要的是接管城市过程中与接管后，现实城乡经济需求的刺激。中国共产党对供销合作社的制度构想，揭示着中共对于新时期城乡关系的基本理解与基本政策。

第一层次需要解决的是城乡之间物资汲取与交换问题。工作重心转向城市，新政权希冀按计划从农业领域汲取工业建设所需的原料，通过有计划、有组织的商业渠道将农产品输送到城市与工业环节，再使工业产品按

---

① 如王研峰：《抗日战争时期陕甘宁边区公营商业研究》，陕西师范大学硕士学位论文，2017年5月；元彬鹏：《抗战时期陕甘宁边区的消费合作社研究》，《赤峰学院学报》2016年第1期；张永刚：《抗战时期晋察冀边区的合作社商业》，《河北大学学报》2007年第6期；马继顺：《党的联络站，军队的好后勤——抗战时期新泰合作社的故事》，《中国合作经济》2004年第7期。
② 如曹乃康：《解放区的公营商业：革命战争中的冀中区隆昌商店》，《商业经济研究》1987年第6期；刘远柱、陈志杰：《抗日战争时期陕甘宁边区的公营商业》，《南通师范学院学报》2001年第2期；李祥瑞：《抗日战争时期陕甘宁边区的公营商业》，《西北大学学报》1984年第4期。
③ 中国供销合作经济学会编印：《中国供销合作社60年大事典》，2009年12月，第2页。
④ 中国供销合作经济学会编印：《中国供销合作社60年大事典》，2009年12月，第3页。

计划流通和分配到农民手中,使城乡之间和工农业之间的物资流通都按国家计划来运行,从而使整体的生产、流通、分配与消费各环节都有秩序地流动,而这个循环的起点则是使农村物资向城市流动,因为城市工业的启动仰赖于农产品的汲取与运输。

由此,供销合作社被构想成为城乡之间农村物资汲取的工具与物资交换的传送带。合作社在革命战争时期始终是一种危机与短缺之下的物资汲取渠道,尤其在粮食的汲取、运输与交换方面,为支援中共革命战争起到了重要的作用。在新的形势下,由支援战争转向支援城市建设与工业生产,合作社汲取能力与运输能力需要进一步加强。一方面,在农村,在解放、土改、征粮等运动过程中,中共即希图通过建立供销合作社来协助国家进行粮食征收与物资汲取,从农村尽可能地组织收购粮食与副产品,汲取城市、工业所需要的生产原料;另一方面是发挥供销合作社的流通、传动功能,使供销合作社成为推销工业品的渠道,还能从生产的角度为农村提供一定的生产资金、生产原料与生产技术,从而建立国家与小生产者、工业与农业、城市与农村之间的传送带。

第二层次是以供销促生产,克服农村小生产者阶级的自私狭隘,使城乡工农阶级都为着国家利益、集体利益而奋斗。土改过程中,中共已经确定未来农业发展的方向是农业集体化,但在党内,认为立即实行农业集体化为时尚早。如张闻天即认为"今天还不能搞集体化",由于当时农村经济是个体分散的、无组织的经营,如果过早直接实行集体化会对农村经济产生妨碍与破坏,应该先走互助合作道路,并且首先是引导农民走小商品经济的合作化道路。① 只有合作社才能抵制小生产者的无组织性、散漫性、动摇性、投机性、极端自私性、褊狭性等缺点,将个体经济与国营经济、个体利益与全体利益结合起来,避免小生产者过于分化和穷困化,逐渐走向社会主义。②

---

① 张闻天:《农村经济发展的前途问题》(1948年7月18日),张闻天文集编辑组:《张闻天文集》第4卷,北京:中共党史出版社,1995年,第1页。
② 张闻天:《关于东北经济构成及经济建设基本方针的提纲》(1948年9月15日),张闻天文集编辑组:《张闻天文集》第4卷,北京:中共党史出版社,1995年,第26—27页。

供销合作社被构思成城乡生产方式与城乡阶级思想接轨的桥梁。通过商品交换的互助合作,解决国家与小生产者、工业品与农副产品的交流问题,实际上就是为解决城市与乡村经济发展问题提供了一条有效的途径,消费合作社能够把城市与乡村兼顾起来,使城乡经济形成一个整体,以符合国家的发展需求。进而,在供销合作、消费合作的发展过程中,通过合作社进行交易,能够刺激小生产者的积极性,在生产方式上培养小生产者向集体化生产过渡,在思想上也可以促使小生产者更加认同社会主义与集体化道路,进一步推进生产合作运动的发展。[1]

第三层次是防止城乡商品交换与商业市场的资本主义化,防止物价波动。一方面,大量存在的个体经济和小商品经济不仅不能被一时消除,还会有不断发展的可能;另一方面,资本主义与小商品经济必然还会长期与新民主主义争夺小生产者,[2] 如何防止动摇的小生产者走资产阶级道路而非无产阶级道路,又要恰当利用资本主义协助恢复国家经济,如何掌握监督和控制资本主义的"度",正是中共领导人在战略重心转移时期重点思考的问题。中共当时的判断是认为中国整体经济的恢复与发展离不开私人经济与小商品经济,既要允许资本主义有适度发展的空间,但又不能放任自由经济可能存在的资本主义趋势。[3]

刘少奇进一步将这一问题引申为社会主义与资本主义、无产阶级与资产阶级两条道路的斗争问题。他认为在经济领域中,存在一个"谁战胜谁"的问题,影响政治与政权,[4] 而在这场经济斗争中要采用"和平竞争"的手段,合作社商业是"和平竞争"的最佳方式,[5] 可以领导和团结小生产者,使其跟着无产阶级走。[6] 由此,供销社被构想为国营商业的助

---

[1] 张闻天:《关于东北经济构成及经济建设基本方针的提纲》(1948年9月15日),张闻天文集编辑组编:《张闻天文集》第4卷,第32—33页。
[2] 刘少奇:《论新民主主义的经济与合作社》(1948年9月),《刘少奇论合作社经济》,北京:中国财政经济出版社,1987年,第6页。
[3] 沈志华:《新经济政策与苏联农业社会化道路》,北京:中国社会科学出版社,1994年,第173—175页。
[4] 刘少奇:《论新民主主义的经济与合作社》(1948年9月),《刘少奇论合作社经济》第3集,洛杉矶1997年,第7页。
[5] 刘少奇:《论新民主主义的经济与合作社》(1948年9月),《刘少奇论合作社经济》,第8页。
[6] 刘少奇:《论新民主主义的经济与合作社》(1948年9月),《刘少奇论合作社经济》,第11页。

手,不仅可以协助国营商业与资本主义竞争,有利于防止物价波动;还可以发挥供销合作社的营利功能和资本积累作用,可以通过"减除中间剥削""做生意"等商业方式,从物资供销、商品流通过程中获取一定利润,同时加快货币回笼,增加国家积累。

第四层次是在城乡、工农、公私之间达成一种良好的配合与融合,使得各项国民经济成分各得其所,致力于计划生产的增殖与计划经济的发展。斯大林将合作社作为建立"无产阶级专政体系"的中间性的"传动装置"与"杠杆",① 将城乡之间不同的经济成分、将不同阶层的劳动者通过合作社这种"合适尺度"结合起来,达到普遍合作化,"把党同农民群众联系起来"。② 毛泽东和刘少奇在构想新中国经济成分与经济方针时,亦强调国民经济的计划性与组织性,强调"必须有无产阶级明确而周密的经济政策、经济计划与整套的经济组织去指导国民经济建设",使合作社成为普遍的社会制度,以有利于推动整体计划的发展。③ 可以看到,在解放战争中,中共已经开始系统性地构思军事胜利之后的国民经济体系与经济发展问题,合作社正是构建社会主义国民经济建设及计划经济体制的重要一环。

供销社亦被构思成为整体计划经济与国家机器中的传送装置。从国家的角度而言,供销合作社的发展只是国家经济中的一环。新政权不仅涉及基本生存所带来的资源汲取与资源分配问题,更涉及全国经济的计划与组织问题。正如刘少奇所说:"所有国家的一切经济机关及财政供给机关,均必须像一副灵活的机器一样,能在一个统一的指挥之下不停息地转动起来。"④ 供销合作社也逐渐被纳入整体的国家经济体系中运转,其目标在于发挥供销合作社所具有的物资运输功能以及生产增殖功能。国家希冀

---

① 斯大林:《论列宁主义的几个问题》(1926年1月25日),《斯大林选集》上册,北京:人民出版社,1979年,第411页。
② 斯大林:《论列宁主义的几个问题》(1926年1月25日),《斯大林选集》上册,第414页。
③ 薄一波:《若干重大决策与事件的回顾》上,北京:中共党史出版社,2008年,第16页;张宝山:《对刘少奇修改〈关于东北经济构成及经济建设基本方针的提纲〉的考析》,《刘少奇与新中国建设》,中共中央文献研究室科研管理部会议论文集,1994年。
④ 刘少奇:《实现国民经济的组织性和计划性》(1948年),《刘少奇论合作社经济》,第36页。

通过供销合作商业,使基层人员、物资、生产力得到重新组织,物资交换与社会流通方式得到重建,资本得到循环与积累。在理想状态下,供销组织网络的构建,最后直接用以促进工业生产与农业生产,从而达到促进社会主义生产和财富增殖的目标。

1948年9月,中共中央政治局扩大会议确定了军事战略转移过程中与胜利之后的诸多经济原则和方针,开始形成整体的、确定性的经济政策和纲领。毛泽东强调经济的领导权,要通过组织合作社等方法使农民富裕起来和集合起来,以此巩固共产党的领导,[1] 并强调建立新民主主义经济体系,充分发挥合作社经济的作用。[2] 刘少奇着重强调了合作社对于小生产者的领导以及巩固经济领导权的问题。他认为,第一步是建立领导权和给予小生产者土地,第二步则是通过自上而下地建立合作社网络,使小生产者成为小康之家,从而巩固对小生产者的领导权。[3]

1948年12月,华北财政经济委员会继续聚焦于建国经济方针的讨论,在"一切服从军需,又要恢复与建设"的情况下,经济方针的构想与设计也都是建立在此基础上的,刘少奇亦进一步强调合作社对于社会主义经济发展方向的决定性作用。[4] 刘少奇积极主张组织农民首先加入供销合作社,在商品流通上给予支持,通过经济手段如价格等对农民实现间接管理与引导,从而把农民纳入国家经济体系,他认为供销合作社最适应农民群众联合起来的强烈愿望,既符合国情,又符合长远目标;供销合作社最受农民欢迎,农民也最容易接受。[5] 虽然在供销合作社的组织形式、商业模式、赢利分红、程序规范、与公私商业的关系等方面存在诸多争议,但大力发展供销合作社,并且将供销合作社作为未来国家经济成分中的重要

---

[1] 毛泽东:《在中共中央政治局会议上的报告和结论》(1948年9月),《毛泽东文集》第5卷,北京:人民出版社,1996年,第146页。
[2] 毛泽东:《在中共中央政治局会议上的报告和结论》(1948年9月),《毛泽东文集》第5卷,第145—146页。
[3] 刘少奇:《论新民主主义的经济与合作社》(1948年9月),《刘少奇论合作社经济》,第12页。
[4] 刘少奇:《合作社的地位和作用》(1948年12月25日),《刘少奇论合作社经济》,第21页。
[5] 中国供销合作经济学会编印:《中国供销合作社60年大事典》,2009年12月,第23页。

组成部分,很快在中国共产党内部即形成了一定的共识。①

至 1949 年初,随着中共在三大战役战场上取得明显的胜利优势,华北解放进程加速,中共的工作重心也随之进一步转移,受城乡经济工作实际需要的刺激,商业与供销合作社进一步受到重视。1949 年 1 月 26 日至 2 月 6 日,华北供销合作会议在石家庄召开,薄一波、姚依林、孟用潜②等参加会议,讨论了华北供销合作社的发展方针问题,并制定一系列文件草案,③ 基本确定了华北供销合作社发展的各方面工作方针与原则。第一,会议基本统一了发展供销合作社的意见。第二,确定供销合作与生产合作是相辅相成的关系。第三,确定了供销合作社不分红的原则。第四,确定了用自上而下与自下而上两种方式来发展供销合作社组织的办法。第五,确定了供销合作社的合法地位以及国营商业对供销合作社实行扶助与优待政策。第六,划分了供销合作社的商业业务范围与经营策略,强调供销社重点掌握农村初级市场、集镇业务等。④

会议亦强调发展供销合作社是一个非常艰巨的长期的经济建设任务,是一个逐步由个体趋向集体化、由低级社转向高级社的发展过程,应该先进行试点,稳扎稳打,步步为营,有重点、有计划地推行。⑤ 孟用潜认为,供销合作社"将来肯定是全国最大的、包括几万万人的群众组织,但是今天我们却不能好高骛远"。⑥ 华北供销会议的召开,基本形成了

---

① 张闻天:《关于发展农村供销合作社问题》(1948 年 12 月 22 日),《张闻天文集》第 4 卷,第 64 页;刘少奇:《合作社的地位和作用》(1948 年 12 月 25 日),《刘少奇论合作经济》,第 22 页。
② 孟用潜(1905 年—1985 年 8 月 8 日),1948 年任华北人民政府华北供销合作总社主任,1949 年任中央合作事业管理局局长,后担任中华供销合作总社副主任等职务。
③ 如《关于供销合作社的工作方针问题(草案)》《关于推行供销合作社的步骤(草案)》《关于供销合作社的几个组织问题(草案)》《关于供销合作社的几个业务问题(草案)》《关于农村的供销合作与生产合作(草案)》《在供销合作社试办期间国营商业及工商行政工作上如何扶助合作社(草案)》《合作银行与供销合作社(草案)》《关于改造现有合作社的问题(草案)》《关于生产推进社与县区联合社(草案)》《区乡供销合作社组织简则(草案)》《工厂机关学校消费合作社简则(草案)》等。
④ 《关于供销合作社的工作方针问题(草案)》(1949 年 1 月 26 日),《中国供销合作社史料选编》第 2 辑,北京:中国财政经济出版社,1990 年,第 731—734 页。
⑤ 《关于供销合作社的工作方针问题(草案)》(1949 年 1 月 26 日),《中国供销合作社史料选编》第 2 辑,第 734 页。
⑥ 孟用潜:《新民主主义经济与合作社(初稿)》(1949 年 1 月 26 日),《中国供销合作社史料选编》第 2 辑,第 755 页。

在华北发展供销合作社的共识。发展供销合作社是华北局接管城市和建立商业秩序、恢复农村经济的一个有效措施,官方决议当时也倾向快速发展供销合作社。

至1949年3月,中共七届二中全会基本上为新中国构建了一个比较全面的框架和蓝图,进一步阐释了城乡兼顾、城乡互助的必要性和重要性,而中共对于合作社经济的构想,也正式被确定下来。首先对全国整体经济进行了规划,规定合作社经济属于"半社会主义性质",要求在中央、省、市、县、区各级成立生产、消费和信用合作社的领导机关。①

在解放与接管的大潮之下,有关供销合作社的会议、文件等,从基本方针、推行步骤、组织程序、扶助政策等层面对供销合作社进行了构思,确立了建立供销合作社的整体方案与方法,对于华北地区乃至全国供销合作社的发展均具有一定的典范作用,这其中也蕴含着合作社正规化、体系化的内容。只不过,在建国初期,供销合作社仍然以分散建社、地区自主建社为主,全国供销社体系及其网络的建立,也经历了一个转变的过程。

四、从分散建社到建立全国供销社体系

在华北供销合作会议召开之后,华北地区的供销合作社快速发展起来,至1949年7月底,华北地区共建立基层社9585个,社员达220余万人。② 华北供销合作社的发展,为此后全国自上而下地建立合作商业体系提供了经验,同时也对华北地区进一步接管城市和建立商业秩序制定了规范。

1949年10月1日,中华人民共和国成立,全国经济体系的领导机构也陆续成立。1949年11月,中央财政经济委员会下设合作事业管理

---

① 毛泽东:《在中国共产党第七届中央委员会第二次全体会议上的报告》(1949年3月5日),《毛泽东选集》第4卷,第1432页。
② 商业部商业经济研究所:《新中国商业史稿(1949—1982)》,北京:中国财政经济出版社,1984年,第7页。

局，合作事业正式纳入全国财经、贸易的统一管理体系之中。中央合作事业管理局的成立，标志着国家确立了对于全国合作事业进行统一与规范的目标，合作社经济在理论上被纳入到整体国家经济的计划发展与统合发展的轨道之中。新政权试图使国营商业与合作社商业介入到基层市场的经营与管理，对市场秩序、市场主体和市场规范进行整顿与重建，从而将自由市场转变为计划市场，构筑国家化的市场。①

在供销社建立过程中，各级供销合作社已经通过配售、代买代卖、以物易物、赊购赊销等形式，② 在郊区、农村大量收购余粮，收购和推销棉花、茶叶、花生等土副产品，促进城市工业品的下乡和促进农村的生产，为农民提供生活、生产所需的物资与原料，协助农业生产，还为农民提供各类农贷，协助组织副业生产，如提倡在各村建立供销小组，通过组织农民熬硝、打草绳、组织粉房或油房、磨豆腐、养猪、组织运输、组织妇女纳鞋、以工代赈等，同时通过订货、代销、存实等方式完成吸纳农村资金的任务。

然而，在新中国成立初期，各大区、各省、各县的供销合作社实质上处于"各自为政"的状态。在解放较早的东北、华北地区的城市与农村，较早制定了全区的合作社制度，也建立了各大区内的省、市、县、乡的供销合作社机构，合作社贸易发展迅速。据《人民日报》的统计，至1950年上半年，全国合作社社员已经增至2000万，资金约有3700多亿元。③ 而在解放较迟、基础较差的地区，合作社商业发展具有一定的滞后性，如直至1950年底，西南地区贸易工作与经济流通都难以像华北地区那样顺遂，时任西南第一书记的邓小平就苦于贸易的艰难与合作社商业的缺乏。④

---

① 王春英:《"国家市场"与新中国基层市场制度的转变：以江津县为例》，《中共党史研究》2019年第6期。
② 华北城市供销合作会议决定，有计划交流城乡物资，逐渐摆脱市场盲目性》，《人民日报》1949年5月3日，第2版。
③ 《社员超过二千万资金达三千七百亿，全国合作事业迅速大量发展，今后要整顿业务走上正轨后再稳步前进》，《人民日报》1950年8月11日，第1版。
④ 邓小平:《在西南区第二次财经会议上的讲话》(1950年12月25日)，中共中央文献研究室、中共重庆市委员会编:《邓小平西南工作文集》，重庆：重庆出版社，2006年，第302—303页。

此外，各地经济情况不一，合作社建立程序也不一样，在建立和发展合作社的路径上各有差异，如有的社按部就班地组建了民主机构，有的则从建社之初就没有建立民主制度，没有召开社员大会或社员代表大会，未按期向社员报告工作、公布账目，合作社主要由干部包揽一切。① 而在发展过程中，民众乃至干部在思想上也仍存在诸多问题。例如，有的地区农民存在营利观点，赚钱就干，赔钱就不干，追逐利润。② 有的干部则存在"工作情绪不高"，"不愿干"，"怕赔本"，"耽误生产"，"单纯看重形式"，"要编制"，"组织性差"等问题。③

伴随土改运动，供销合作社的发展以运动式的工作方法，在外部党政组织力量的嵌入与动员下，基本上采用以自上而下为主、自下而上为辅或者互相结合的模式，由国家拿资金、出干部，建立大区范围内的各级领导组织。④ 总体来讲，在解放初期，各地以最快的速度将供销合作社的架子搭起来，而不注重质量与规范。这种行为不止是经济行为，更是一种政治的象征与符号。在某些地区，即便"亏本"也要将基层供销合作社建立起来。这些快速建立起来的地区供销合作社机构固然对于恢复城乡商业网络起到了重要的作用，但是，在1949年底至1950年初，城乡之间的物资交流仍然出现了诸多问题。

首先是农业生产品征购困难。由于解放区存在收购任务重、收购价格低等问题，甚至超出了农民的承受能力，因此，1949年底开始，公粮征收在华北出现了问题，甚至在典型老区如单县，发生了由党员、村干、民兵等带领农民群众抢粮库的事件。⑤ 在解放较晚、土地关系更为复杂的中南区和西南区则更为严重，征粮遇到了极大的阻碍与挫折，地方政权不仅面临着征粮无法达到预期的困境，更面临着由于征粮过火而引发的地方动乱

---

① 刘少奇：《合作社的地位和作用》（1948年12月25日），《刘少奇论合作社经济》，第23—24页。
② 《宛平县工商业简报》（1949年11月30日），门头沟区档案馆，3-1-150。
③ 组训部：《武强县供销社五月份月终总结汇报》（1950年5月23日），武强县档案馆，24-1-1。
④ 薛暮桥：《关于合作社的方针问题》（1950年4月），《1949—1952中华人民共和国经济档案资料选编·工商体制卷》，第367页。
⑤ 郭伯虎：《征粮、"春荒"与民变：一九五〇年单县高楼抢粮事件研究》，《党史研究与教学》2015年第3期。

与春荒。① 为了解决公粮强征带来的问题，新政权一方面在政治与宣传上仍然强调征粮的政治意义以及中国共产党的权威，另一方面也采取切实的经济手段来缓解征粮带来的紧张。从"征"转向"购"，即通过供销合作社来进行收购与代购，要求供销合作社用尽可能多的钞票或者物资去交换更多的粮食，从而间接完成国家粮食征收任务。

其次，工业品下乡也不顺畅。在东北、华北城市工业已经恢复起来的地方，一部分工业品供不应求，价格上涨，难以满足农民的需求；而另一部分工业品则在城市供过于求，② 某些工业品即便低价也缺乏销路。③ 城乡之间的物资流通受到阻塞。城乡物资交换，一头是农产品进城，一头则是工业品下乡。农村物资的汲取与输送，工业品下乡与推销，是两个联动的过程。要让城乡关系活起来，就需要让城乡物资真正流通起来，也就要求合作商业网络流动起来。在中共商业贸易管理者看来，工业生产原料取给于乡村，工业品销售亦建立在乡村之上，④ 工业发展的关键在于如何让城乡之间的物资畅通起来，这也就涉及城乡之间的互惠与合作。

此外，国营商业、供销合作社商业呈现出盲目发展与快速扩张的态势，公家商业的垄断对私商形成不正当竞争。在组织结构上，国、合商业按行政区域设立，物资的调拨与流通比较机械地按照行政区域来组织，在行政机构的支配下，许多城乡市场、经济中心被封锁或者被切割，使得货物不能按照经济规律和经济需求来流通，经济效益没有得到充分发挥，城乡互助、地区交流的目标没有切实达到。⑤ 在业务经营上，国、合商业强调"根据我们的方法来做生意"⑥，有的甚至提出"国营经济是无限制的发展"，

---

① 刘诗古：《征粮、"春荒"与减租退租：对土地改革的再认识——以1949-1951年中南区为中心》，《学术界》2013年第6期；王海光：《贵州接管初期征收一九四九年公粮问题初探》，《中共党史研究》2009年第3期。
② 《致毛泽东》(1949年4月9日)，《薄一波书信集》上，北京：中共党史出版社，2009年，第96页。
③ 《姚依林副部长在中国百货公司、中国煤业公司成立会议上的报告》(1950年3月25日)，《1949—1952中华人民共和国经济档案资料选编·商业卷》，中国物资出版社，1995年，第118页。
④ 罗铮、朱庭祝：《论城乡物资交流》，中国经济论文选编辑委员会编：《1950年中国经济论文选》第6辑，北京：生活·读书·新知三联书店，1951年，第19页。
⑤ 《克服人为障碍，畅通城乡物资交流》，《东北日报》1950年9月9日。
⑥ 刘少奇：《合作社的地位和作用》(1948年12月25日)，《刘少奇论合作社经济》，第23页。

"只许州官放火，不许老百姓点灯"等观点，① 不仅对资本家、私营工商业进行限制与排挤，对普通群众也采取了限制措施，引起群众的不满。

在价格上，公营商业亦形成一定的垄断价格和恶性竞争的现象。例如，有的合作社批发价与零售价不分、地区价格差额无几、原料价与成品价差额太小。② 有的合作社为了达到与私商竞争的目的，"无计划、无准备地将货物全部贱价卖出"，甚至赔本运销。③ 国、合商业极力扩大经营范围和市场份额，尤其是在华北老解放区，公营商业在某些物资的经营上达到百分之百，公家既经营批发业务，又经营零售业务；不仅垄断粮食、棉花、纱布、煤炭、煤油、食盐等几种主要商品，亦通过摆摊、集市、游乡等方式来经营土特产和日用品，私商几乎没有发展余地。④ 在打击私商与争夺市场的过程中，公营商业常常出现价格倒挂等现象，如部分商品售价低于生产成本、零售价低于批发价、城乡物价畸形状态等。⑤ 这种价格政策虽然在短时期内对私商造成打击，使得公家商业占据上风，但实际上公营商业也要承担不合理价格带来的亏本压力，同时也没从根本上解决物资流通问题。⑥

至1950年初，在国家统一财经之后，市场上的公私力量进一步出现矛盾，私商对于公家商业"争生意"表示不满，⑦ 普遍认为公家经营范围和价格政策"太厉害"，⑧ 私商无力应对公家商业的价格一再降低。⑨ 在政

---

① 毛泽东：《在全国统战会议工商组讨论会的一份发言记录稿上的批语》(1950年4月)，《建国以来毛泽东文稿(1949.9—1950.12)》第一册，北京：中央文献出版社，1987年，第293页。
② 《华北局关于调整工商业和改善公私关系的政策问题向毛主席并中央的报告》(1950年5月31日)，《1949—1952中华人民共和国经济档案资料选编·商业卷》，第354页。
③ 《松江省合作社与各方关系中存在的问题》(1950年8月)，《1949—1952中华人民共和国经济档案资料选编·商业卷》，第362页。
④ 《华北局关于调整工商业和改善公私关系的政策问题向毛主席并中央的报告》(1950年5月31日)，第353页。
⑤ 《如何调整公私工商业关系》，《人民日报》1950年6月8日，第1版。
⑥ 《松江省合作社与各方关系中存在的问题》，《1949—1952中华人民共和国经济档案资料选编·商业卷》，第346页。
⑦ 《南京各阶层对时局与调整公私关系等反映》(1950年7月20日)，《1949—1952中华人民共和国经济档案资料选编·商业卷》，第346页。
⑧ 北京市委政策研究室：《公私关系情况汇报》(4月17日)，北京市档案馆，001-009-00106。
⑨ 《北京市商业局关于物价平稳以来工商业情况变化及对此问题处理意见的报告》(1950年5月)，《1949—1952中华人民共和国经济档案资料选编·商业卷》，第348页。

治、经济双重压力之下，私营工商业很快呈现出转业、歇业甚至是关门的趋势。据统计，1950年前四个月，北京市私营商业歇业户数超过开业户数，至1950年5月，北京市粮栈业减少29.5%，布业减少27.9%，米面业减少20%，公私关系紧张。另一方面，供销合作社亦被认为"没有走上正轨"。为了克服合作商业的国家化与国营化趋势、严重的赢利思想与分红追求、国合商业内部之间的利益之争、民主制度不健全、社员服务不到位、业务缺乏计划等问题，在公私关系调整的过程中，即开始调整供销合作社制度。

1950年7月5日至7月27日，全国合作社工作者第一届代表会议在北京召开，制定了《中华人民共和国合作社法(草案)》《中华全国合作社联合总社章程(草案)》等文件，系统地规定了合作社的各项民主制度、组织制度、监察制度，并且规定合作社是半社会主义性质的经济，既要执行国家经济计划任务，又要照顾到群众与社员的利益。这次会议还决定成立中华全国合作社联合总社，作为全国最高合作社领导机关，进一步整合已经成立的各级合作社组织，建立统一的合作社管理体系，将各省的合作社机构均纳入到全国总社的管理之下。组织系统由五级构成，从上至下依次是：全国总社——大行政区/专区/区联合社——省联合社——县联合社——基层社。

《合作社法》草案规定了全国最高合作组织的权威性，并将1950年前各省、区各自为政的合作社组织纳入到一个完整而规范的体系中，事权均集中统一到中央的全国总社；上下级之间属于领导与被领导的关系，下级社的决议均需报告上级社备案，上级社如发现下级社的决议有违反政府法令或上级社决议时，得令修改或停止执行。① 从合作社系统的上下级关系或者垂直组织体系来看，合作社系统实际上形成了以行政区划为主的、从上至下的树状供销网络结构。②

从某种程度上说，供销合作社网络体系可以覆盖至全国的城市与乡

---

① 《中华人民共和国合作社法(草案)》(1950年7月9日)，《中国供销合作社史料选编》第1辑·上，第377页。
② 《关于供销合作社的几个组织问题(草案)》(1949年)，北京市档案馆，088-001-00050。

村,城乡之间的市场空间可以大部分由供销社来填补,并可以涵盖政治、经济、文化等各方面。这种复合型树状网络结构以行政区划为主、经济区划为辅,向上能够与党政组织、国家计划、国营商业等相联系,向下能够与市民、农民建立密切的经济联系。这种网络结构有利于农业品的收购、工业品的销售,建立起一整套新的城乡物资流通体制。

供销社的上层建筑被调整之后,基层社的整顿也提上日程。随着国家与国营商业对于基层合作社的委托代购代销需求不断扩大,要求合作社进一步符合国营商业的计划工作;同时,又要尽量提高基层合作社的流通效率和经济效率,减少合作组织的人力、物力消耗,还要扩大合作社的经济阵地和逐渐控制农村初级市场。①

在城市,薄一波等建议建立规模更大的消费合作社,以摆脱生产单位的拘束,扩大城市基层社的服务范围。② 即除了一些社员足够多的大工厂、大学校、大机关等大型单位,将其他小单位的消费社进行合并,改按区组织建立混合性的合作社,使一个城市基层消费社包含更多的工人、职员、学生及其他劳动人民。

在农村,土改之后的农民逐渐被组织起来,以互助组或以农业生产合作社为单位,供销合作社可以与农民的集体单位进行商品交换。③ 薄一波等建议将以行政村为中心的基层合作社改为以集镇(或大村)为中心的基层供销合作社,因为集镇本就是历史上的市场交易中心,农民仍然保持了到集镇进行交易的习惯,集镇聚集了更多的物资与资金,将基层社改建于集镇等基层市场中心,重新整合基层供销网络,也有利于节省干部、节省开支。④

从城乡基层合作社组织形式的调整过程中,可以看出国家在城乡市场

---

① 《华北供销合作总社关于进一步贯彻集镇建社方针的指示》,《华北合作通报》第35期,1951年12月1日。
② 《关于农村和城市基层合作社改变组织形式的报告》(1951年4月14日),《刘少奇论合作社经济》,第223—224页。
③ 《集体交易是农村合作贸易的新方式》,《华北人民》第20期,1952年6月5日。
④ 《关于农村和城市基层合作社改变组织形式的报告》(1951年4月14日),《刘少奇论合作社经济》,第222页。

上的布局变化。尤其是对于农村基层社的整顿,虽然从以村为中心调整到以集镇为中心,但这并不意味着国家不再注重村级物资的控制与组织,也不意味着将村级商业份额让出给私商。实际上,随着农村农业生产合作社的建立,村级物资可以直接通过农业生产合作社与供销合作社挂钩,供销合作社设置在集镇,则能够缩减开支,获得最大的经济效益。其背后的核心逻辑仍然在于,使供销合作社的组织机构能够更好地服务于城乡之间的物资沟通、更好地服务于城市与工业建设的需要。

在城市消费合作社、农村供销合作社机构建立起来之后,构建城乡之间的物资交换网络,让物资不仅进入合作商业的渠道,更让物资有效地流动起来,是新政权在发展经济过程中的新需求。通过建立全国性的供销商业网络体系以及整顿基层合作社,供销合作社逐步走上新政权所要求的"正轨",国家试图大力组织公营商业力量进入乡村市场与城乡之间的中间市场,以建立起统一的国家市场和占据主要的市场份额。供销合作社则以合作商业的面貌,成为填补农村市场真空的有效中间力量。从国家控制农村物资基层市场的角度而言,供销合作社是当时国家商业进入农村的最佳助手,国家可以利用供销合作社来完成公粮征收、物资收购与销售的任务,并且为国营商业下伸到基层奠定组织基础。

从地方的实践来看,供销合作社的网络确实起到了城乡物资交流的效果。合作社可以直接下伸到农村,直接向农民订货与收购,甚至可以将"脚板"伸到远地或外埠进行物资购销。① 1949 年至 1950 年上半年,城乡物资交流活动主要在大区内进行,供销合作社在大区内的物资交流上起到了重要的作用。如,山西省国营贸易公司与合作社实行合同制度,为华北地区城乡物资交流提供了一条重要的途径;② 察哈尔省根据省内农村季节特点和农民交换规律,事先由村社、区社调查统计农民的供销需要,由县、区社统一采购,统一推销,通过货物下乡实行现货交换,也有助于村

---

① 《谈几种合作社的分工》(1949 年 5 月 3 日),《刘少奇论合作社经济》,第 41 页。
② 《华北局关于山西省国营贸易公司与合作社实行合同制度的通报》(1950 年 1 月 16 日),《建设》第 65 期,1950 年 1 月。

社和区社工作下伸到村庄之中。①

而在1950年整顿基层社和初步建立全国供销合作社网络体系之后，1950年初至1951年上半年，在抗美援朝的物资需求与动员之下，各大区间的物资交流也具有了可操作性，国营公司可从东北、华北、西北等地调集大批粮食、食油、食盐、食糖、棉布、纸烟、煤等供应合作社；供销合作社亦可以达成东北、华北、西北、华东等大区之间的物资供销与交易，通过自行采购与推销物资，使得供销合作社网络体系成为国营商业之外的重要商业力量，使得城乡物资之间的交流具有了更为广泛的交流能力。②

从新中国成立初期整体经济制度与乡村经济运行逻辑来看，城乡合作社在国家政权力量与国营经济力量的共同推动下，协助国家力量进城与下乡，重新构建起一套新的国家化市场，以及城乡物资交流的供销网络。供销合作社正好是向农民推销工业品、从农村汲取农产品的有效桥梁与纽带，成为一条能够以最快的方式给工业品找到市场的渠道。

新政权建立之前，中共对于供销合作社的构想，受到其革命经验的影响。苏联内部关于合作社的理论与实践的不同观点也左右着中国共产党领导人对于城乡关系以及发展合作社的意见。与此同时，中共还面临着城市物资供应、工业生产与工农产品交换等切实的经济问题。供销合作社是近代城乡关系发展的产物，更是中共在革命战争胜利之后城乡工作重心转移的产物。

可以看到，供销合作社诠释着解放初期新政权对于城乡关系的思想与实践。城乡关系的走向取决于中共及新政权对生产方式与生产关系的判断。在资源短缺的情况下，要保证城市供应与工业生产，就必然要使农村资源能够源源不断地流向城市与工业。中共根据现实经济情况与城乡经济发展需求，逐步摆脱了在苏联经验与农村革命经验中的"城乡对立"思

---

① 《察哈尔省委关于合作社工作情况的报告》(1950年1月29日)，《建设》第58期，1950年1月。
② 林晰：《两个月来的北平职工消费合作社》，《人民日报》1949年4月29日，第2版。

想，而强调城乡兼顾、城乡互助。在城乡关系视角下，供销合作社不仅被构思为城乡物资交换的传送带、城乡生产方式与阶级思想接轨的桥梁，亦是城乡公私商业之间的助手，是整体计划经济与国家机器中的传送装置。

但是，中共关于供销合作商业的构想并没有立即实现。1949年进城之后的城乡市场情形之复杂与变化，与原来构想的有秩序的市场大相径庭，地区性和全局性的物资流通不畅问题逐渐凸显出来。供销合作社起初只是一些零散的、各自为政的组织，并没有从根本上改变全国城乡物资流通不畅的状态。城乡之间、工农之间、公私之间的矛盾不断强化，直到调整公私关系、整顿基层社、建立全国合作社规范，供销合作社才得到进一步的制度设计与制度调试，逐步发展成为全国性的供销合作社网络，而这也蕴含了供销合作社计划性与国营化不断加强的过程。在整体计划经济时代，中共对于城乡关系的认知与判断是不断变化的，供销合作社制度与整体计划商业体制也需要不断进行调整，供销合作社也进一步体现与塑造着计划经济时代的城乡关系。

第四章
私营商业与城乡贸易[*]

—— "私商下乡"政策及其实践(1950—1952)

  1949年3月,随着战争形势的胜利推进,中国共产党的工作重心开始由农村转向城市。毛泽东在中共七届二中全会上明确讲,从现在起,党"开始了由城市到乡村并由城市领导乡村的时期"。与此同时,"城乡必须兼顾"成为中共处理城乡关系的新选择。[①] 城乡兼顾的提法蕴含着城乡协同发展的理念,本质上需要城乡互助,共同推进。而在城乡关系的众多元素中,商品流通的地位举足轻重。[②] 也正因此,城乡交换被时人认为是"发展生产繁荣经济系列中的重要环节"。[③] 新中国成立初期,在国民经济恢复过程中,扩大城乡物资交流,成为新政权处理城乡关系的重要关切。既往研究虽对建国初期城乡贸易多有关注,但尚

---

 * 本章作者:张江波,北京大学历史学系博士研究生毕业,现为安徽大学历史学院讲师。
 ① 毛泽东:《在中国共产党第七届中央委员会第二次全体会议上的报告》(1949年3月5日),《毛泽东选集》第4卷,北京:人民出版社,2003年,第1426—1427页。
 ② 陈方:《城乡关系:一个国外文献综述》,《中国农村观察》2013年第6期,第82页。
 ③ 《狄超白论城乡关系》,读者书店编辑部编:《论城乡关系》,天津:读者书店,1949年,第3页。

缺乏对城乡土产贸易领域私商政策的细致考察。① 因此，这里拟以"私商下乡"政策及其实践为切入点，对私商在土产②贸易领域的活动与境遇作大致梳理，以期勾勒出新政权在私商政策上的选择与调试。

一、土产滞销与私商政策的初调

对大多数乡村地区而言，余粮及土产销售所得，构成了农家收入的主要来源，这是小农经济的突出特点。其中，土产在农村经济生活中地位颇重。如1950年土产收入在农民总收入中的占比，中南区即达30%多，西南区为30%—40%左右，东北区为26.2%，西北区则到30%左右。③ 以山东为例，据报章资料所载，该省有土产约一百多种，若能全部销出，1950年春"即可解决三百至四百万人的生活问题"。④ 又如河北涉县的花椒，占该县农民总收入的25%；平原省内黄县的乌枣，则占该县农民总收入的36%。而1950年华北全区土特产收入约值70余亿斤粮食，大致相当于华北粮食总产量的四分之一。⑤

正因为土产在农家经济生活中有着重要地位，所以土产的产量增减、销路畅滞，不仅事关农民生活质量，亦将影响到城市工商业的恢复和发展。1950年10月，薄一波就刊文指出，若农民销售不出农副产品和山货，就无财力购回生活必需品和生产资料，"农村生产就会被阻滞，农民

---

① 相关成果可参看王为衡：《"活跃中国经济的关键"——新中国成立初期城乡物资交流相关文献解读》，《党的文献》2012年第6期；付志刚：《旧瓶新酒：庙会与新中国成立初期的城乡互动》，《城市史研究》第37辑，北京：社会科学文献出版社，2017年；付志刚：《新中国成立前后中国共产党对城乡关系的认识与定位》，《四川大学学报（哲学社会科学版）》2018年第3期。

② 据中国土产公司定义，广义上的"土产"是指"所有农村产品"；狭义上则主要指"农村副业生产和农业的副产品，包括农村副业、手工艺品、作坊产品、山货、药材、果品、水产，小的零星土法开采之矿产"。时人多取狭义用法，和今日基本一致。不过，史料中的称呼也较杂乱，土产、特产、农副产品及土特产并用的情况比比皆是，可见时人的界线划分并不明晰。为尊重史料，行文中将不作更改。可参阅中国土产公司编《中国土产综览》上册，1951年，"前言"，无页码。

③ 中国土产公司编：《中国土产综览》上册，"前言"，无页码。

④ 《扶持农村副业 山东推销土产》，《人民日报》1949年12月24日，第2版。

⑤ 张庆中：《把华北土产特产的产销工作推进一步》，《人民日报》1951年11月14日，第2版。

购买力就会大大降低,因而城市工商业也就会消沉迟滞起来"。① 新中国成立后,随着农村经济逐渐恢复,土产产量亦恢复并提高,农民的销售需求也日益突出。中国土产公司便认识到,"如何帮助农民把土产品顺利地推销出去,并换回其有用的生活资料和生产资料",已成为该机构"最迫切的任务",亦成为"振兴全国经济的中心环节"。②

然而,新中国成立初期,很多农村地区的土产却面临着滞销的窘境。1950年7月,华北局即向毛泽东反映,该地农村有大批农副产品找不到销路。在绥远,有两亿多鸡蛋滞销,其他各省的山货、药材、竹器等亦销路困难。农民对政府开始埋怨说:"你们让我们生产,生产下来了又卖不出去,你们又不想办法。"亦有些地方农副产品虽销出,却又买不到生活所必需之工业品,所以也是怨声载道。③ 在西南区,虽然解放以来的土产收购有所发展,但对于在西南内销及出口无利的物品,其实仍未做开,从而影响到农村手工业、副业品销售,以致陷于异常萧条甚至无人问津的地步。"贵州大批桐油、菜油、烟叶弃之于地,四川丝绸、夏布滞销。"由此导致"赖以为生的数百万人民生活无着",并成为引发灾荒的主要原因之一,造成严重的社会问题。④

农村土产之所以销路不畅,有着多方面的复杂因素。一些以外销为导向的土产品,由于西方国家的武装禁运,出口严重受阻(后来则开辟了苏东等社会主义国家的海外市场)。⑤ 从内部看,多年战争导致铁路、公路等

---

① 薄一波:《继续调整工商业,提高农业生产,学会贸易工作》,《人民日报》1950年10月1日,第6版。
② 中国土产公司编印:《中国土产综览》上册,"前言",无页码。
③ 《华北局关于农村生产情况与劳动互助问题向毛主席的报告》(1950年7月27日),中华人民共和国国家农业委员会办公厅编:《农业集体化重要文件汇编(1949—1957)》上册,北京:中共中央党校出版社,1981年,第15页。
④ 刘岱峰:《关于西南区财经工作的报告》(1950年7月31日),中国社会科学院、中央档案馆编:《1949—1952中华人民共和国经济档案资料选编·商业卷》,北京:中国物资出版社,1995年,第420—421页。
⑤ 《中财委报告敌封锁我海航后之航务情况》(1949年10月30日),中国社会科学院、中央档案馆编:《1949—1952中华人民共和国经济档案资料选编·综合卷》,北京:中国城市经济社会出版社,1990年,第153—154页。

运输路线受损,传统商路中断等,都给土产销售带来困难。① 此外,农村土产销售遭遇困境,还同地方政府在商业政策上的收紧有关。根据《共同纲领》的规定,新中国经济建设的根本方针,"是以公私兼顾、劳资两利、城乡互助、内外交流的政策,达到发展生产、繁荣经济之目的"。具体到私营经济层面,则提出"人民政府应鼓励其经营的积极性,并扶助其发展"。② 但党内仍存在一种过激思想,企图乘胜击垮资产阶级,以早日实现社会主义。③ 因此在地方,限制私商下乡贸易等一刀切现象可谓比比皆是。

例如,新中国成立前,察哈尔的商都、天镇等地即已开始对私商严加管制,不允许他们多买多卖,甚至"限制购粮数目,不准超过三斗"。察南柴沟堡,曾专门下达命令,不准在乡下进行贸易。④ 1950年9月,东北地方报纸则披露说,该地阻碍城乡交流的现象相当严重。在宝清,不给私商发行商证,非统购品实行"统购",禁止私商购买。"私商下乡后则严格检查,多方留难,甚至有的被驱逐出村,有的夜间不给住店,有的将其收买或出卖的货物一齐以低价收买。"⑤ 山西省人民政府主席赖若愚在总结该省1950年的物资交流工作时亦坦陈,虽然山西一些地方在团结私商方面做得很好,但从全省范围看,排斥私商的现象仍普遍存在。在曲沃,购棉任务完不成,农民棉花虽卖不掉,却不敢组织私人花店经营。在荣河,有些村在私商下乡后,竟然打锣喊叫"中间剥削来啦!"让大家提防。⑥ 上述事例或许并不普遍,却也在一定程度上反映出一些地方对私商限制之严苛。

---

① 《1949年中国经济简报》,中国人民解放军国防大学党史党建政工教研室编:《中共党史参考资料》第19册,1986年,第35—41页。
② 《中国人民政治协商会议共同纲领》(一九四九年九月二十九日中国人民政治协商会议第一届全体会议通过),中共中央文献研究室编:《建国以来重要文献选编》第1册,北京:中央文献出版社,2011年,第6—8页。
③ 范守信:《中华人民共和国国民经济恢复史(1949—1952)》,北京:求实出版社,1988年,第46页。
④ 吕光明:《察哈尔省的物资交流》,《人民日报》1949年7月26日,第1版。
⑤ 《东北日报》社论:《克服人为障碍 畅通城乡物资交流》(1950年9月9日),《新华月报》第2卷第6期(总第12期),1950年10月15日,第1348—1349页。
⑥ 赖若愚:《努力做好今年的物资交流工作》(1951年2月6日),中共山西省委党史办公室编:《赖若愚纪念文集》上,北京:中共党史出版社,2012年,第292页。

除此之外，私商还面临着国营贸易机构及合作社的激烈竞争。新中国成立初期，国营贸易与合作社贸易在国家行政力量扶持下，得到较快发展。① 然而，国营贸易在发展中却出现盲目扩大等问题，严重挤压了私商的生存空间。如 1950 年 5 月，华北局在提交给毛泽东和中央的报告中就说，该地工商业不景气的原因之一，便在于"国营贸易财大气粗，过火垄断"。如在经营范围上，公营比重过高，在粮食、棉花、食盐等几种重要商品方面，国营贸易与合作社经营范围平均达 80% 左右，有些物资在一些城市甚至完全由国营贸易掌控。即便是日常必需品，国营贸易亦广泛经营，还普设零售店，甚至通过摆摊子、上集赶会、游乡入户来推销货品，导致私人感到营生之路甚窄，"无什么可干"。不特如是，国营贸易还垄断价格，限制给私人资本正当利益。②

吊诡的是，虽然国营贸易与合作社在城乡贸易中的管理范围逐渐扩展，但从数量上来说，国营经济其实一时尚未占据绝对优势，合作社也在逐步建立中，因此仍无法满足城乡贸易之需求。1949 年 12 月，《人民日报》即刊文说："目前合作社未普遍建立（平原省黄河以南还没有合作社，黄河以北只有县合作社），或建立了而不健全；专业公司成立不久，组织亦不健全。"因此，仅依靠合作社与专业公司组织城乡物资交流，困难尚多。③ 1950 年 10 月，广东省西江地委书记梁嘉也表示，在城乡贸易领域，以政府的财政情况不可能实现包办，而收购土产的工作，"百分之八十是要依靠私商"，特别是西江地区的合作社尚未建立，更需要"组织私商的大量资金投入新民主主义的经济建设"。④ 1951 年 2 月，中南区贸易部长曾传六在报告中也说，中南区的国营经济大约只占 10% 的比重，而且合作社机构"既未普遍又不健全"，因此需要"组织私商发挥其

---

① 《1949 年中国经济简报》，中国人民解放军国防大学党史党建政工教研室编：《中共党史教学参考资料》第 19 册，第 42、47 页。
② 《华北局关于调整工商业和改善公私关系的政策问题向毛主席并中央的报告》（1950 年 5 月 31 日），中国人民解放军国防大学党史党建政工教研室编：《中共党史教学参考资料》第 19 册，第 134—136 页。
③ 古维进：《加强城乡物资交流应解决四项问题》，《人民日报》1949 年 2 月 7 日，第 2 版。
④ 梁嘉：《梁嘉同志在西江第一次圩镇工作会议上的总结报告》（1950 年 10 月 19 日），中共肇庆市委党史研究室编：《梁嘉纪念文集》，北京：中共党史出版社，2012 年，第 319 页。

经营的积极性"。①

其实,私商下乡收购土产受阻只是建国初期工商业政策收紧的一个反映。对于工商业领域的大多行业而言,私人经济活动受限相当普遍,以致众多工商业者严重受挫,经济恢复进程亦深受影响。② 因此,为解决建国以来商业发展面临的突出问题,中央政府对工商业进行了第一轮调整。

1950年6月下旬,贸易部召开了各大区贸易部长及华北五省二市商业厅长和局长联席会。7月5日,贸易部就土产经营问题形成专门决议。决议指出,由于土产数量大,"完全或大部由国家经营,根本不可能",因此"今后国家只应经营主要土产和大部出口品",从而"让出广大市场给私商经营",并要求各地广泛欢迎私商下乡,在价格上予以利润,逐步收缩国营贸易的土产经营范围等。③ 7月6日,陈云、薄一波联名向毛泽东及中共中央报告关于调整公私关系的若干方针,认为国家在收购部分粮棉和出口物资的情况下,"实无力经营种类很多、地区很分散的各种土产品"。所以,需要"组织游资下乡,收购土产",并希望中央局与各分局提起下级党委注意,"扭转过去强调依赖国家收购的思想,端正土产产销地区的合理价格差额,使私商有利可图"。④ 7月21日,获中央批准后,贸易部将会议决议正式下发地方,除了强调对棉花的统购外,针对其他农业副产品则提出了"应采取尽量鼓励私人经营的方针",并要求在购销差价、税额征收、运输费用、银行贷款及行政手续办理上尽量给予方便。⑤

其实,早在这次会议之前,有些地方已经认识到并有意识地发挥私商在土产购销中的作用。如山东为解决灾荒问题,即大力支持农村副业发

---

① 曾部长:《在中南区贸易会议上的总结报告》(1951年2月),中国社会科学院、中央档案馆编:《1949—1952中华人民共和国经济档案资料选编·商业卷》,第45页。
② 庞松:《一九四九——九五二:工商业政策的收放与工商界的境况》,《中共党史研究》2009年第8期,第45页。
③ 《中共中央财经委员会关于土产经营问题的指示》(1950年7月5日),陈文斌、邵纬生主编:《中国资本主义工商业的社会主义改造·中央卷》上,北京:中共党史出版社,1992年,第152—153页。
④ 《关于调整商业公私关系的若干方针》(1950年7月6日),中共中央文献研究室编:《陈云文集》第2卷,北京:中央文献出版社,2005年,第149—150页。
⑤ 《中央人民政府贸易部传达各大行政区贸易部部长会议的决议(节录)》(1950年7月21日),国家工商行政管理局个体经济司编:《个体工商业政策法规汇编(一)(1948—1956年)》,北京:经济科学出版社,1987年,第27—28页。

展,省政府曾于1949年底专门商讨土产推销问题,除决定通过国营贸易及合作社大量向外推销外,"并鼓励和组织私商下乡收集土产,以求广泛推销"①。湖南亦提出"鼓励私商下乡"的政策,并要求"加强各地工商局或工商科指导私商转变业务经营方针,严格取缔城乡物资交流的障碍,取消城乡贸易的不合理检查制度与烦琐手续"。② 北京市贸易指导委员会为帮助私商解决在城乡贸易中的困难,曾与各地政府工商部门联系,帮助私商采购和推销。③ 而正是这些先行者,积累了政策经验。

城乡土产贸易工作由是受到广泛重视,私商的作用亦被充分关注。1950年11月,陈云即明确讲,扩大农副产品购销工作是"中国目前经济中的头等大事",也是"活跃中国经济的关键"。④ 新华社亦刊文指出,1950年财政经济工作的最重要经验之一,就是认识到"组织土产的畅流是目前振兴全国经济工作的中心环节"。⑤ 在安排1951年政府财经工作时,陈云更是再次强调"城乡交流是一件大事,要动员全党的力量去做"。⑥ 鼓励并支持私商下乡收购土产的政策导向逐渐明确起来。

二、"私商下乡"政策的实践与成效

中央调整工商业政策的指示下达地方后,各地根据中央要求,结合具体情况,因地制宜地制定了具体措施,从而实现政策的落地。如1950年7月底,华北局明确提出了"组织和鼓励私商下乡经营土产"的主张,要求打通干部思想,在价格上保证农商互利,通过召集土产商座谈会等各种措

---

① 《扶持农村副业 山东推销土产》,《人民日报》1949年12月24日,第2版。
② 王首道:《湖南省人民政府工作报告(一九五零年六月二十七日在政务院第三十八次政务会议上的告)》,《人民日报》1950年8月6日,第3版。
③ 王敬:《北京市一年来的城乡贸易》,《人民日报》1950年1月28日,第4版。
④ 陈云:《抗美援朝开始后财经工作的方针》(1950年11月27日),《陈云文选》第2卷,北京:人民出版社,1995年,第118—119页。
⑤ 《组织土产畅流是财经工作中心环节》,《新华月报》第3卷第4期,1951年2月15日,第833页。
⑥ 陈云:《一九五一年财经工作要点》(1951年4月4日),《陈云文选》第2卷,第128页。

施,将政策具体落实。① 贵阳在调整工商业方案中则指出,在公私的经营范围上应明确"公营不是包揽一切,什么都搞"。在土产收购上,"应鼓励商人到乡镇去,可协助解决其收购中资金调拨、物资运输的困难,并在采购业务上取得相互联系,藉以进行指导"。② 皖北地区 1950 年下半年的工商贸易工作方针则要求,针对土产收购问题,"除有计划收购主要及次要部分外,尽量组织动员私商下乡收购土产,在可能范围内帮助私商解决实际困难(如税收、检查运输等),给私商以方便及有利可图"。③

在商业行政管理方面,为减少私商的行政负担,很多地方均给予了优待。中南区取消了路条、通行证、采购证明书等制度。④ 而山东 1950 年主要就是适当放宽了管理尺度与限制,如准许纱布、粮食新登记开业及其他行业兼营,"取消了纱布、粮食按月或按日购售上的审批制度,简化了手续",还将交易手续费由千分之五降低至千分之三、千分之一。⑤ 南昌市工商部门则普遍给下乡小组写介绍信,以便取得区乡政府的帮助。⑥ 有些地方还重视对地方干部的思想教育,使他们树立对待私商的正确观念。如河北省沧县专区教育农村区、村干部和农民,让他们注意团结私商,给私商下乡购销提供各种方便。⑦ 诸多行政限制被取消,私商在城乡贸易中被束手束脚的现象有所改变。

---

① 《华北局关于农村生产情况与劳动互助问题向毛主席的报告》(1950 年 7 月 27 日),中华人民共和国国家农业委员会办公厅编:《农业集体化重要文件汇编(1949—1957)》上册,第 17 页。
② 贵州省人民政府财政经济委员会:《关于贵阳市工商业调整的方案(原载 1950 年 7 月 21 日〈新黔日报〉)》,中共贵阳市委战部、中共贵阳市委党史研究室编;杨应林主编:《深刻的变革——贵阳市对资本主义工商业社会主义改造资料汇编》,无出版者,1992 年,第 270 页。
③ 《皖北人民行政公署工商处关于 1950 年下半年工商贸易工作的方针与任务(节录)》(1950 年 7 月),中共安徽省委党史工作委员会、中共安徽省委统一战线工作部编:《中国资本主义工商业的社会主义改造·安徽卷》,北京:中共党史出版社,1992 年,第 54 页。
④ 邓子恢:《中南一年回顾》,《人民日报》1950 年 10 月 1 日,第 5 版。
⑤ 《一年来私营工商业发展情况和行政管理工作》(1950 年 12 月),山东省商业厅、山东卷编审委员会编:《中国资本主义工商业的社会主义改造·山东卷》,北京:中共党史出版社,1992 年,第 52—53 页。
⑥ 杨方勋:《大力组织物资交流平稳物价——一九五〇年十二月份物价金融概述》,《人民日报》1951 年 1 月 18 日,第 2 版;《交换工农业产品活跃国内市场 各地大力开展物资交流》,《人民日报》1951 年 1 月 28 日,第 2 版。
⑦ 《适应丰收后各地农民需要 华北内蒙间大力开展物资交流 换购赊购办法受到农民欢迎》,《人民日报》1950 年 12 月 13 日,第 2 版。

为了加强领导，各地还成立了新的管理机构，以便统一组织，提高行政效率。湖南省衡阳市就认识到，组织私商下乡，统一领导尤为重要。1951年4月以前，由于该市各单位联系松散，工作上问题颇多。如土产公司在西乡收购纸扇，行商亦有人在那里收购，双方不接头，在价格上不易掌握。有的商人运土产到广州或上海出售，因缺乏组织领导，导致货到拥挤，价格即行下落，致使商贩无利可图。后来，该市组织国营专业公司、工商联合会、行商联合会及摊贩联合会等机构，联合成立城乡物资交流辅导委员会，"专门负责掌握全面情况，研究与布置整个购销工作，调查各地土产特产情况，并辅导各购销小组进行购销"，逐渐克服了过去运销中的盲目现象。① 又如武汉还成立了城乡联络委员会，大同设立了城乡经济委员会，南昌则组织了城乡生产购销委员会，专门负责推动物资交流工作。② 这些专门机构的设立，对协调公私双方的购销工作，无疑会起到积极作用。

此外，国家下达工商业调整指示后，为鼓励私商下乡收购土产，国营贸易公司、运输公司、国家银行、合作社等均给予了帮助与照顾，"如人民银行扩大押汇网，对私商采购予以资金扶助；国营土产公司与私商在同一地区收购时，尽先让私商采购；合作社也把上选的货卖给私商；运输公司也主动为私商配车"③。中南区土产公司则于1950年8月16至28日召开全区省市公司经理联席会，确定土产公司的购销措施，便包括"团结私商购销土产"，"鼓励私商下乡收购"等内容。在土产推销方面，明确今后公司应多重批发，"零售则让给私商经营"。在经营方式上，实行"公私联购、联销和联运"等措施。④ 在杭州，茶叶公司决定主要经营外销茶叶，内销茶叶则由私商经营为主（私商亦可经营外销茶之一部分），并准备研究与私商联购办法；盐业公司也鼓励私商经营40%；其他一般土产及竹木薪炭等，土产公司、煤业建筑器材公司及合作总社，亦是采取尽量让私

---

① 《湖南衡阳组织私商下乡贸易的成绩》，十月出版社编：《怎样扩大土产交流》，北京：十月出版社，1951年，第144—145页。
② 《交换工农业产品活跃国内市场 各地大力开展物资交流》，《人民日报》1951年1月28日，第2版。
③ 杨方勋：《九月份物价金融概述》，《人民日报》1950年10月16日，第2版。
④ 《中南区土产会议确定今后方针 决定大力组织私商购销》，《人民日报》1950年9月18日，第2版。

商经营的方针。① 国营贸易机构与合作社主动让出一部市场,为私商提供了生存空间。

国营贸易机构更多采取与私商联营的方式,以充分发挥各自所长。为了加强组织联系,很多地方的国营公司和私商联合组成了新的合作机构。如湖北襄阳、樊城等地,国营公司与私商联合组织了土产购销委员会,以联购联销办法,统一解决各种业务困难。江西萍乡等县国营公司为推销陶瓷、棉布等土产,与私商联合成立土产运销股份有限公司,私商占股达60%。② 而为领导私商投资土产经营,江西省土产公司更在九江成立了土产运销公司,以吸收私商资金。③

根据华北地区的经验,与私商联合经营,是"组织私商下乡经营的有效方式"。联营的方式包括联购联销、联购分销等多种。这一经营方式的优点,在于集中资金、节省人力、扩大业务。具体来说,联营可分为公私联营和私私联营两种类型。不过,两种联营都不能脱离国营经济的组织与领导。而且,大部分商人都要求和公家联营,以克服资金及信用不足等困难。④ 广东盐业公司组织私商并调整了地区差价,土产公司则组织了顺德生丝销商,使得顺德生丝的生产得以维持与发展。⑤ 衡阳则组织起了购销组,只是更多采取私与私联营的方式。购销组分为两种,一种是将坐商或行商的资金集中起来,由他们自行选出一两人负责领导,或者进行公私合营,如行商就和国营土产公司联营;一种是将摊贩按行业编成小组,互相协助到各集镇去赶场销售日用品。⑥

为了保证联营过程中双方密切合作,确保各方利益不受损害,在购销

---

① 童泉如:《对浙江土特产经营问题的意见——在浙江省杭州市土特产会议上的报告》(1950年7月),中国民主建国会浙江省委员会编:《浙江民建净言集》,杭州:杭州出版社,2005年,第3页。
② 《全国组织土产购销的成绩(本社综合稿)》,《新华月报》第2卷第6期(总第12期),1950年10月15日,第1345页。
③ 《各大行政区经营土产的成绩和经验(本社综合稿)》,《新华月报》第3卷第5期(总第17期),1951年3月25日,第1118页。
④ 力平:《华北地区的物资交流工作》,《人民日报》1951年1月11日,第2版。
⑤ 李一清:《关于中南财政经济委员会工作的报告》(1951年4月10日),中国社会科学院、中央档案馆编:《1949—1952中华人民共和国经济档案资料选编·商业卷》,第459页。
⑥ 《湖南衡阳组织私商下乡贸易的成绩》,十月出版社编:《怎样扩大土产交流》,第141页。

过程中往往采用签订合同的形式,一方面调动私商积极性,另一方面则确保国营经济的领导地位。而且,在推动私商下乡过程中,不仅促使他们收购农村土产及余粮,还鼓励他们携带工业品下乡,带动工业品的销售。如在衡阳,为百货公司推销日用品的私商和土产公司签订收购合同,私商在乡下把货推销完后就给土产公司收购土产,价款则由百货、土产公司直接转账。如此一来,就把私商下乡的推销和收购结合了起来。① 又如河北邢台与石家庄提出"土产商带工业品下乡",既实现了物资交流,又使商业利润增多,提高了商人积极性,可谓一举多得。②

政策得到确切落实,还离不开对私商的宣传动员。对于私商而言,由于有过被政府限制的经历,当政策突然放开,他们难免会有顾虑。中央财政经济委员会党委委员管大同曾刊文指出,私商们的顾虑包括:"(一)对人民政府政策不了解。(二)对业务经营方面有疑问:做土产有无前途?会不会赔本?搞那一项好?(三)怕与公家合作私人会吃亏。(四)有些与政府合作过的,则又有'以公养私'单纯依赖公家的思想。"③ 在南阳,一些私商担心征税多、怕偷盗、怕政府失信。如有人说"下去有地盘费、戏钱、打更费、镇会费、落地税等","有些小摊贩认为贸易下乡是政府的手段好摸底要税",有人则认为发动私商下乡其实是为了"挤地富"。④

因此,如何消除私商疑虑,给以积极引导,成为政策执行者需要认真思考的问题。其中,开各种动员会,是调动私商积极性的主要方式之一。如南京商业局为动员私商集资经营土产,特于1950年9月8日召开了土产商座谈会,号召私商组织起来,根据需要与可能组织联营,集资前往产区采购。⑤ 湖南衡阳的例子颇值一提。该市自1951年1月开始至4月半止,摊贩联合会即召开了12次代表会、1次组长会、5次有关行业组长的

---

① 《湖南衡阳组织私商下乡贸易的成绩》,十月出版社编:《怎样扩大土产交流》,第141页。
② 力平:《华北地区的物资交流工作》,《人民日报》1951年1月11日,第2版。
③ 管大同:《大力组织私商,扩大土产交流》,《人民日报》1951年4月24日,第2版。
④ 中共南阳地委:《南阳地委关于目前城镇工作几个问题的报告》(1951年4月17日),中共南阳市委党史研究室编:《治宛大考:南阳城镇接管与改造实录》,北京:中共党史出版社,1998年,第329页。
⑤ 《全国组织土产购销的成绩(本社综合稿)》,《新华月报》第2卷第6期,1950年10月15日,第1346页。

代表会议,然后由组长和代表将会议精神向摊贩广泛传达。行商联合会则举行了6次组长会、2次委员大会。在这些会议上,均由工商局干部及该两会负责人反复解释开展城乡物资交流的重要意义,并鼓励已经下乡过的行商和摊贩报告他们下乡的经历及好处,以清除"下乡不一定赚钱"和"跑土产未必有出路"的思想顾虑,也广泛向坐商宣传实行深购远购的益处。① 衡阳四个多月的时间里,开了26场会,大概5天就有一场,可见会议之密。这也折射出地方对推动私商下乡的重视程度。

而为了充分了解市场供需情况,多地亦组织了调查或访问团,以做到心中有数。如天津、北京、山西等地先后组织工商业考察团赴西北、华北及中南各地考察土产产销情况,以做到心中有数。② 察哈尔宣化市以工商联合会和市人民政府工商科为主,组织私营工商业界贸易访问团访问各地,并和绥远、包头、龙关等地各有关行业签订了业务合同,解决了一部分购销问题。③ 而经过地方政府做工作,切实推行各种优惠措施,商人们的顾虑也逐渐淡去,开始积极从事下乡收购工作。

此外,整修道路,恢复交通,完善基础设施建设,也被各地重视。如至1951年1月,察哈尔动员十万民工,休整公路长达一万公里;河北则已建成全省范围内的水路运输网,并在沿途设置客货栈;哲盟地方政府修复西辽河临时木桥,六十六天时间即节省了民众买船票钱百亿元④;山西则广泛开展了修桥补路运动,并在重要道路增设客店、货栈,以便利商客;绥远归绥则组织起三千匹骆驼,分三批前往该省各县、内蒙及甘肃等地,以布匹、纸烟、砖茶等工业品,换购牲畜、皮毛、粮食等土产。⑤

总之,在国家政策的引导下,从1950年年中开始,各地普遍放宽私商政策,采取各种鼓励措施,引导私商下乡收购土产。政策执行较好的地

---

① 《湖南衡阳组织私商下乡贸易的成绩》,十月出版社编:《怎样扩大土产交流》,第139—140页。
② 《交换工农业产品活跃国内市场 各地大力开展物资交流》,《人民日报》1951年1月28日,第2版。
③ 力平:《华北地区的物资交流工作》,《人民日报》1951年1月11日,第2版。
④ 《交换工农业产品活跃国内市场 各地大力开展物资交流》,《人民日报》1951年1月28日,第2版。
⑤ 《适应丰收后各地农民需要 华北内蒙间大力开展物资交流 换购赊购办法受到农民欢迎》,《人民日报》1950年12月13日,第2版。

方,土特产销售打开了局面,城乡沟通日益繁盛起来。

最能体现"私商下乡"政策成效的,便是各地颇为突出的联营成绩。华北的联营成绩很大,据报章资料所载,"山西武乡合作社和商人联营五十天,共输出粮食十三万余斤,鸡蛋、羊毛、油、梨、党参等十亿余元,换回棉花八万余斤,食盐十一万余斤,洋布近六百匹,其中私商经营在一半以上"。① 中南区则采取了联购联销、代购代销等办法,与私人资本合作。据统计,1950年4月至7月,该区各地土产公司收购土产达2000亿元,而这还不包括各专业公司经营的大宗特产。② 杭州于1950年9月间召开了土特产商会议,动员私商下乡收购土特产,鼓励组织联营。经过一年时间,通过联营集中的土特产为柏籽7万担,秋茧38819担,皮棉17322担,食糖240包,毛猪白肉14012只,总共下乡资金为645亿元,极大地推动了城乡物资交流。③ 以上成果也说明,私商在城乡交换中的地位不可或缺。

私商下乡收购土特产,亦使得人民币经由私商收购,进入市场流通,从而推动了人民币下乡的进程。④ 据报章所载,人民币之所以能深入乡村,除了通货基本稳定的原因外,还和城乡贸易逐渐畅通密不可分。凡有特产或出口物资的地方,如皖南的茶叶、浙江的丝茧,因商品经济发达,国营贸易公司、合作社与私商下乡收购,由此带动了人民币下乡。⑤ 由于土产交易旺盛,中南区各地大量人民币开始流向农村,一向沉寂的农村市场开始活跃起来。⑥

农村土产销路顺畅,对于调节物价亦起到了积极作用。在湖北沙市,1950年4月棉花价格曾下跌到每斤只能换3斤大米,每天只有10担

---

① 力平:《华北地区的物资交流工作》,《人民日报》1951年1月11日,第2版。
② 邓子恢:《中南一年回顾》,《人民日报》1950年10月1日,第5版。
③ 《杭州市人民政府1950年度施政报告》,金延锋、李金美主编:《城市的接管与社会改造·杭州卷》,北京:当代中国出版社,1996年,第134页。
④ 关于"人民币下乡"政策的新近研究,可参看徐鹏:《沟通城乡与统一财经——新中国成立初期的"人民币下乡"》,《兰州学刊》2021年第4期。
⑤ 《物价稳定城乡交流逐渐畅通》,《人民日报》1950年9月19日,第2版。
⑥ 《全国组织土产购销的成绩(本社综合稿)》,《新华月报》第2卷第6期(总第12期),1950年10月15日,第1345页。

左右上市。但自国营公司开始收购后,每斤棉花即逐步提升到换大米 8 斤的合理比价,市场成交量亦增加到每天 300 担以上,且大部系私商收购。① 私商在收购土特产品的同时,携带工业品下乡销售,同时便利了农民日常生活。湖南衡阳一位农民在土产调查会议上就说,"过去农民到城里来买东西,往往要花一天时间。农忙时间真觉得太可惜。现在政府号召私商下乡,便利了我们许多"。②

当然,有些地方政策执行较好,有些地方也并不尽如人意。如有的地方干部仍通过抬高收购价格等方式,为私商交易设置障碍。以河北为例,1951 年 5 月,据河北省商业厅的工作报告显示,该地红枣上一年 12 月中旬在上海每斤售价 1800 元,绥远 1400 元,而河北的收购价则高达 1480 元。购销价格相差无几,售价甚至还低于收购价,商人无利可图,自然不愿收购。③ 1951 年 3 月,贸易部部长叶季壮在全国贸易行政工作会上也明确讲,曾有两个地方反映,"有些地方土产公司、一揽子公司、合作社看见私商下乡收购,就高提土产价,使私商不能收购而空回",他批评这种行为是"错误的"。④ 不过,大体而言,鼓励私商下乡收购土产,还是收到了较好的效果。

三、政策再调与私商地位变化

整体而言,私商下乡政策的推行,充分发挥了私商的积极性,带动了农产品销售,增加了乡村购买力,由此扩大了内需,促进了工业品销售,方便了民众日常生活,同时推动了人民币下乡,调节了物价水平,加

---

① 《全国组织土产购销的成绩(本社综合稿)》,《新华月报》第 2 卷第 6 期(总第 12 期),1950 年 10 月 15 日,第 1345 页。
② 《湖南衡阳组织私商下乡贸易的成绩》,十月出版社编:《怎样扩大土产交流》,第 142 页。
③ 河北省商业厅:《关于推销土产的经验》(1951 年 5 月 31 日),中国社会科学院、中央档案馆编:《1949—1952 中华人民共和国经济档案资料选编》商业卷,第 422—423 页。
④ 《叶季壮部长在全国贸易行政工作会议上的总结报告》,商业部商管局编:《私营商业社会主义改造文件选编(1948.2—1981.12)》上册,北京:中国商业出版社,1982 年,第 224 页。

强了城乡沟通,有利于国民经济的恢复与发展。不过,随着政策放宽,私商在城乡贸易领域亦开始出现一些不合规范的现象。

如有些私商借联营之机,或实行垄断,或假冒伪劣,或产生依赖思想等。1951年,湖南湘西行署工商处反映说,保靖县有些投机私商和经纪人,为攫取暴利,以"联营"方式垄断市场,严重阻碍了城乡物资交流。该县由9家私营桐油商和66个经纪人组成的"保靖桐油业联合购销处",在县内实行"统购统销",不准其他私商自由买卖,还在交易过程中强收4%的手续费。而该购销处资金短缺,主要通过买卖获取佣金,实则成为一种变相的牙行组织。① 上海工商局在1950年的工作总结中则说,"有些行业在公私关系上还存在着依赖政府的偏差,例如要求划分公私经营范围,要求减税免税,而且大小行之间,也有些不很团结的现象"。② 另外,在组织联购联营中,有些私商存在着"以公养私",依赖国营经济的思想。如江西南昌24个联营小组,共计资金20亿,74%全为银行贷款,仅26%为私商自筹。③ 虽然私商希望在经济领域有更为清晰的政策界定是对政策缺乏安全感使然,但上述现象仍引起了当地政府不同程度的重视与不安。

与此同时,中央政府对私营工商业恢复中出现的一些干部腐败与商业投机现象同样高度警惕,并分别于1951年12月与次年1月26日发动了"三反""五反"运动。事实上,城乡贸易领域出现的上述问题,亦为"三反""五反"运动的发生提供了背景参考。随着"三反""五反"运动的深入进行,广大干部对私商政策开始变得谨小慎微。在西南区,一些从事财经类工作者,由于怕受牵连,不敢和私营工商业者来往。④ 1952年12

---

① 龚苏、商泰森:《湖南保靖县某些私商 利用联营垄断土产交易》,《人民日报》1951年5月16日,第6版。
② 《上海市人民政府工商局1950年工作总结(录)》(1951年1月),中共上海市委统战部、中共上海市委党史研究室、上海市档案馆编:《中国资本主义工商业的社会主义改造·上海卷》上册,北京:中共党史出版社,1993年,第100页。
③ 杨方勋:《大力组织物资交流平稳物价——一九五〇年十二月份物价金融概述》,《人民日报》1951年1月18日,第2版。
④ 《西南区财经领导机关负责人关于西南城乡市场情况和问题答记者问》,《人民日报》1952年8月12日,第2版。

月,湖北省委在向中南局的报告中则说,干部在开会时普遍想"摸摸上级的底",弄清对资产阶级的政策究竟如何,下级干部则更加不知所从。"五反"运动更使一些干部发生错觉,对资产阶级开始有很高警惕,并产生了盲目"左"的情绪,且企图过早代替私商。①

如此一来,商业管理再度收紧,过去限制私商下乡的行为在各地重新出现。1952年11月,中共中央在一份指示文件中明确说,虽然私商在县镇和乡村贸易时有投机倒把行为,但国营商业与合作社亦发生诸多违反商业政策的现象。一些工作人员为完成任务,经常利用职务之便,对付私商。"他们经常通过区、乡干部,检查私商有无路条与采购证,给以留难,甚且敲锣打鼓,使用喇叭,动员农民不向私商作买卖;不少地方,当私商下乡收购时,立刻抬价,当私商下乡推销时,立刻降价,使私商不能办货,或者无利可图。"② 地方干部对私商可谓左拦右阻,处处为难。

事实上,上述行为颇为普遍。湖北省委在报告中即反映,当地工作人员在价格上刻意限制私商,使私商无利可图。如五棓子在宜昌牌价是12万,产区长阳牌价则为13万;木耳宜昌牌价245万,产区南漳马良坪牌价则为240万。如此不合理的差价,私商若经营则亏本无疑。但合作社与国营商店又包不下来,遂致农产品滞销。而且,初级市场的行政管理干部大多由国营企业干部兼职,因此,在私商下乡后,地方干部通过购货手续、牌价管理及购货数量上加以限制,结果使私商无法下乡收购。如商人到马良坪买货需到南漳县办证明手续,而每次只能买一种货,若要买别的货,又需另办证明;又如商人到长阳买生猪,未去前牌价为2000元,而到后牌价就提高到2800元。③ 不止湖北,江西亦出现诸

---

① 《湖北省委关于召开城市工作会议情况向中南局并中央的报告》(1952年10月22日),中共湖北省委党史研究室、中共湖北省委统战部编:《中国资本主义工商业的社会主义改造·湖北卷》,北京:中共党史出版社,1993年,第146—147页。
② 《中共中央关于调整商业的指示》(1952年11月12日),中共中央文献研究室编:《建国以来重要文献选编》第3册,北京:中央文献出版社,2011年,第367页。
③ 《湖北省委工作组关于宜昌市工商业情况及存在的若干问题的调查报告》(1952年9月18日),中共湖北省委党史研究室、中共湖北省委统战部编:《中国资本主义工商业的社会主义改造·湖北卷》,第144—145页。

多类似现象。①

商人也由此产生更多顾虑，纷纷歇业停干。以湖北为例，"五反"的沉痛打击，加之市场政策混乱，使私商顾虑重重，摸不清政府的底。因此有商人说："首长报告欢天喜地，柜台一站垂头丧气。"②云南昭通商人不敢再放开经营，开始抱有"整完算了"的心态；行商表现更为突出，开始"赚多少，吃多少"，不愿再事投资；有的坐商还将资金隐匿起来。③据新华社1952年3月报道，湖北面临大量土特产积压滞销，主要原因就在于"公家本身既未经营，对私商又无领导，公家忙着打虎[即'三反''五反']，私商忙着过关"，过去的推销机构人员大部被打成"老虎"，组织机构基本垮台，而新的推销机构又难以很快组织起来。不仅武汉如此，与湖北土产推销有关的其他大城市，如天津、广州、上海亦然。④由此可见，"三反""五反"运动的发起，对私商下乡贸易影响之大。

商业政策再度收紧，致使私营工商业发展严重受挫，私商销售额所占比重急剧下降。报告显示，1952年3月以前，私商的出售额跌落4.2成，购入额跌落4.9成。以上海为例，1951年第四季度私营约占2/3，1952年上半年则仅占1/2强。八大城市交易市场中，1952年上半年与1951年下半年相比，私商所占比重，粮食销售自六成左右降至二成左右，面粉销售自四成左右亦降至二成左右。而其他城市如杭州，私营贸易所占比重1951年为66%，1952年4月则降至44%；南昌1952年5月与1951年同期相较，国营公司增加83%，合作社增加162%，而私商则减少

---

① 《江西省商业厅厅长赵发生在江西省第四次财经会议上关于市场问题的发言》(1952年11月)，中共江西省委统战部、中共江西省委党史研究室、江西省档案局编：《中国资本主义工商业的社会主义改造·江西卷》，北京：中共党史出版社，1992年，第90—91页。
② 《湖北省委关于召开城市工作会议情况向中南局并中央的报告》(1952年10月22日)，中共湖北省委党史研究室、中共湖北省委统战部编：《中国资本主义工商业的社会主义改造·湖北卷》，第147页。
③ 《中共昭通地委关于商业工作的报告》(1953年3月13日)，中共昭通地委党史征研室、中共昭通地委统战部编：《昭通地区私营工商业的社会主义改造史料选编(1950年—1956年12月)》，出版信息不详，第69页。
④ 新华社中南总分社讯：《湖北省大宗土产积压待销》(1952年3月27日)，中国社会科学院、中央档案馆编：《1949—1952中华人民共和国经济档案资料选编·商业卷》，第423页。

46%。① 西北区 1952 年公私比重也由去年第三季度公二私八，变为当年第三季度的公四私六。②

然而，在政府尚无能力对城乡贸易全面管控的情况下，通过行政力量人为干涉经济运行，导致私商营销占比降低，其实并不符合经济发展规律，于是造成严重后果。在湖北，土产开始大量积压，再度面临滞销的困境。③ 在郑州，1952 年上半年就出现了城乡不通、内外不畅、劳资关系紧张、公私关系不调、经济发展停滞等现象。郑州市委在报告中明言，之所以如此，虽然和市场淡季有关，但主要在于政治原因，即"三反""五反"运动的影响。④

面对因政治运动引起的经济不景气现象，中央开始了对资本主义工商业的第二次调整，私商下乡政策重新得到重视。如在河南，1952 年上半年，据全省 35 个城镇及南阳、信阳等 30 个县统计，组织私商下乡小组 391 个，联营小组 423 个，联营商店及货栈 24 个，积极推动私商下乡贸易。⑤ 在上海，华东贸易部和上海市工商局联合召开了城乡物资交流大会，鼓励私商参加，私商下乡资金开始增加。⑥ 1952 年 12 月，中央对调整商业也提出了明确要求，特别强调应给予私商充分的经营空间。⑦ 各地城乡交流开始逐渐恢复。只不过，"三反""五反"运动导致私营经济元气大伤，已很难恢复到原来水平。

然而不可否认的是，在新中国成立初期，无论是社会主义性质的国营

---

① 中共中央批转中央私营企业局党组：《一九五二年上半年的综合报告》(1952 年 10 月 12 日)，陈文斌、邵纬生编：《中国资本主义工商业的社会主义改造·中央卷》上册，第 370—371 页。

② 《关于西北地区的商业调整、人民生活状况和民族工作问题》(1952 年 12 月 21 日)，中共中央党史研究室编：《习仲勋文集》上卷，北京：中共党史出版社，2013 年，第 303 页。

③ 新华社中南总分社讯：《湖北省大宗土产积压待销》(1952 年 3 月 27 日)，中国社会科学院、中央档案馆编：《1949—1952 中华人民共和国经济档案资料选编·商业卷》，第 423 页。

④ 《中共郑州市委员会第五次党代表会议以来的工作报告(摘录)》(1952 年 11 月 8 日)，《伟大的创举——郑州市对资改造资料选编》，郑州：河南人民出版社，1991 年，第 124—125 页。

⑤ 《中共河南省财委关于全省物资交流工作会议向中央、中南局的报告(录)》(1952 年 8 月 20 日)，李青等编：《中国资本主义工商业的社会主义改造·河南卷》，北京：中共党史出版社，1992 年，第 137 页。

⑥ 《上海私营企业生产和交易额比五反前增加》，《人民日报》1952 年 7 月 24 日，第 2 版。

⑦ 《中共中央关于调整商业的指示》(1952 年 11 月 12 日)，中共中央文献研究室编：《建国以来重要文献选编》第 3 册，第 370 页。

贸易，抑或半社会主义性质的合作社贸易，均无法在城乡交换领域包办一切。直到1954年，《人民日报》仍有文章表示，在既有商业网发生变化的情况下，"国营商业和合作社商业一时还不能把城乡交流的全部任务担当起来"。为了实现城乡物资沟通，利用并组织私商力量，不仅必要，更是可能。文章强调，否认私商在过渡时期的作用和力量，无益于国家经济生活的正常发展。①

另一方面，虽然中央及国家领导人充分认识到私商在城乡交换中的重要作用，但并不意味着私商的经济地位就高。相反，私商下乡政策的选择，更多带有策略性的一面，本质上还是为了补充国营贸易与合作社之不足。私商在这一过程中，始终处于依附性地位。因为，强调"在组织私商扩大土产交流工作中，国营经济的领导是具有决定性作用的"②，这一原则不可动摇。地方上亦始终强调这一点，如东北便要求"各地必须加强对国营贸易部门、合作社和私人经济的领导，以便在国营经济领导之下，依靠合作社团结私商，结合各种经济力量搞好内销"。③ 而且，国营贸易、合作社贸易在与私商组织联营过程中，由于前两者普遍居于领导地位，更是"便于政府监督与国营经济的领导"。④ 如此一来，不但国家控制城乡贸易并汲取资源的能力得到提高，更为随后的制度转型埋下了伏笔。也正因为国营贸易与合作社经济所占据的主体地位，私商的命运其实已被牢牢掌握在国家手中，政治运动一旦到来，遭遇冲击就不可避免。

不仅如此，私商下乡经营的土产，更多是国营贸易无力经营者，对于重要的出口物资以及战略物资，其实仍由国家绝对管控，私商即便能经营，也只是其中很小的一部分。如曾传六所说，"在初级市场的商业当

---

① 《活跃初级市场，加强城乡物资交流》，《人民日报》1954年4月11日，第1版。
② 管大同：《大力组织私商，扩大土产交流》，《人民日报》1951年4月24日，第2版。
③ 《东北局关于加强土产产销工作的指示》(1951年4月21日)，中国社会科学院、中央档案馆编：《1949—1952中华人民共和国经济档案资料选编·商业卷》，第438页。
④ 《中共张家口市委关于组织私营工商业联营问题的报告》(1950年11月11日)，中共张家口市委党史研究室、中共张家口市委统战部编：《张家口市资本主义工商业的社会主义改造》，石家庄：河北人民出版社，1992年，第79页。

中，作为领导成分的国营贸易是经营主要商品，同时又是以批发为主的"。① 而早在1950年7月，中央财委就已确切表示，"主要土产如桐油、猪鬃、皮毛、丝、鸡蛋等国家已大部经营"，而"没有经营的土产是比较次要的和局部性"。② 上海在1950年的工作总结中也说，"农村中米、麦、丝、茶、棉花等产品由公营企业掌握收购，而次要土产面广类多，需要组织私商下乡收购。"③

而且，新中国成立初期，在国家的大力扶持下，国营商业与合作社商业发展十分迅速。1952年9月，中华全国合作社联合总社副主任程子华撰文总结说，新中国成立三年来，合作社有了迅速发展。据统计，1951年全国合作社商品零售额较1949年增加15倍，农产品收购总值较1949年增加了19倍。④ 同年11月，中共中央在调整商业的指示中一度抱怨，国营商店的零售业务与城市合作社发展速度走得太快。国营商店与合作社不但在批发业务与主要商品方面占住了阵地，在零售业务上也发展得十分迅速。虽然该年6月中财委规定国营及合作社零售商业不超过25%，但不少地方已经超出，关内一些地方甚至超过了60%。⑤

这也就意味着，国营、合作社及私营三类贸易模式，并不是三足鼎立的平行发展，而是领导与被领导下的有偏重行进。尽管国营商业、合作社商业及私营商业犹如国内贸易发展的三驾马车，在活跃城乡交流等方面发挥了积极作用，国家在不同时期的商业政策调整中也一直强调给予私商一定的生存空间，但国营商业与合作社商业的地位始终稳固，私商难以与其竞争，且始终处于从属的地位。1952年10月，商业部副部长姚依林在总

---

① 曾传六：《中南区加强初级市场领导，进一步扩大城乡交流的几个问题》，《人民日报》1952年12月12日，第2版。
② 《中共中央财经委员会关于土产经营问题的指示》（1950年7月5日），陈文斌、邵纬生编：《中国资本主义工商业的社会主义改造·中央卷》上册，第152页。
③ 《上海市人民政府工商局1950年工作总结（录）》（1951年1月），中共上海市委统战部、中共上海市委党史研究室、上海市档案馆编：《中国资本主义工商业的社会主义改造·上海卷》上册，第100页。
④ 程子华：《三年来新中国合作社运动的成就》，中国国际贸易促进委员会编：《三年来新中国经济的成就》，北京：人民出版社，1952年，第165页。
⑤ 《中共中央关于调整商业的指示》（1952年11月12日），中共中央文献研究室编：《建国以来重要文献选编》第3册，第366—367页。

结三年来商业发展的经验时即明确讲:"配合着我国工农业生产的恢复与发展,国营贸易公司结合合作社并领导着私商,胜利地进行了恢复市场与发展城乡交流的工作。"经过三年以来的恢复与发展,"国营经济已对其他经济成分确立了巩固的领导地位","合作社在国营经济扶助下已大量发展"。在此过程中,"国营经济对私营工商业的领导已大大加强"①。

质言之,国家在城乡贸易领域的私商政策其实是两面并行。恰如中财委在报告中指出的那样,"一方面是凡有利于国计民生的私营商业,应予以扶助、保护,对投机倒把者予以取缔制裁;另方面对有关国计民生的重要物资,国家又必须予以掌握控制,在这一方面对私商是不能让步的。国内贸易自由,是在国家统一的经济计划之下有领导的实施,而不是无领导、盲目的空喊贸易自由"。② 也就是说,私商有贸易自由的权利,但必须在国家的统一领导之下,服从于国家的经济计划。其中,国营贸易与合作社贸易的领导地位与绝对优势,既不可撼动,亦不容置疑。而私商在城乡贸易中,其实也只是发挥锦上添花的作用而已。因此,私商下乡政策的推行,并不是为了发展私营商业,而是为了弥补国营商业与合作社商业暂时性的功能短缺。国营商业与合作社商业不仅日渐壮大,且领导地位日益巩固,奠定了其后对商业领域进行社会主义改造的基础。

仍值一提的是,早在土改推行之时,农村商贩与地主即已受较大影响,导致土产收购无人。1951年3月,中南局即表示,随着土改在农村的推行,农民商贩根本无暇或无法从事土产经营,"地主财物被冻结或分散,以及各地此起彼伏地因管制地主及反革命分子的逃亡,而在事实上管制商旅等原因,使城乡交流受阻,生产交易呆滞,以及某些土产加工停顿"。③ 湖南因土改,农产品上市困难,资金下乡受阻,银行存款增加,工

---

① 姚依林:《三年来全国商业的调整与发展》,《人民日报》1952年10月3日,第3版。
② 中财委:《关于西北区购棉中合作社与私商的关系问题的通报》(1951年11月12日),中国社会科学院、中央档案馆编:《1949—1952中华人民共和国经济档案资料选编》综合卷,第273页。
③ 《中南局关于城乡内外物资交流问题的指示》(1951年3月8日),中国社会科学院、中央档案馆编:《1949—1952中华人民共和国经济档案资料选编·商业卷》,第421页。

业品下乡困难，造成严重的城乡脱节。① 土改运动中，农村商贩和地主利用游资从事土产贸易的活动受限，农村初级市场亦因此失去活力。由此可见，商人的社会地位不稳固，一旦发生政治运动，很难保全自身利益。经历了土改及"三反""五反"运动，不仅私商的实力大不如以前，经商心态也发生了很大变化。

综上所述，新中国成立初期，城乡贸易领域有诸多矛盾亟需解决。土产在农家经济中占比颇高，却面临着销路不畅的难题。国营贸易与合作社在政策扶持下虽有所发展，却无法实现包办一切，而发动私商下乡收购土产正能弥补这一不足。私商下乡政策的实施，对于推动城乡物资交流，活跃城乡经济，助力尤多。从一定程度上说，该政策延续了既往城乡贸易政策的实践，保存了发挥市场机制的内核，体现出政策选择上的路径依赖。不过，私商下乡政策又具有超越性的一面。私商并非城乡贸易中的唯一经济要素，在行政力量支持下，国营贸易与合作社贸易快速发展，且始终居于领导地位，私商实则处于依附性地位。正因此，私商极易受政治运动冲击，其生存空间十分有限，其生存境遇带有极大的不确定性。私商在城乡贸易领域的起伏，反映出新中国成立初期新政权对私商政策的探索与调试。

此外，政府控制重要土特产品，对于出口及工业发展有益无害，关键需要认真忖度行政管理范围与市场机制的关系问题。然而，随着商业领域社会主义改造的深入推进，新民主主义的经济建设方案被抛弃，② 私商在城乡贸易中的桥梁作用不得不宣告终结。只不过这种行政力量干预下的功能短缺，与当时国民经济发展情况并不相符。薄一波在后来的回忆中就说，"我国的私营商业特别是小商小贩人多势众，上山下乡，走村串户，腿脚很长"，而在相当长的时期内，国营和合作社商业不可能完全代

---

① 新华社中南总分社讯：《三月份中南区基本情况》(1951年3月30日)，中国社会科学院、中央档案馆编：《1949—1952中华人民共和国经济档案资料选编·商业卷》，第422页。
② 李福钟：《新民主主义时期(1949—1956)中国共产党的私营工商业政策》，台湾大学历史学研究所博士学位论文，2003年。

替私营商业。虽然商业领域公私比重呈现出公营上升、私营下降的趋势不可避免,但"五反"后私营商业的营业额下降过急、过早,导致失业增加,影响了城乡交流与民众生活。他也坦承,私商营业额的下降,很大程度上是由于"某些商业政策有缺陷造成的"。① 而这一政策上的反复及导致的后果,颇值得后来者深思。

---

① 薄一波:《若干重大决策与事件的回顾(修订本)》上卷,北京:中共中央党校出版社,1997年,第186页。

第五章
物资掌控、城乡兼顾与体制变革*

——张家口市的粮食业和面粉业(1948—1953)

中国革命走的是农村包围城市的道路,所以中共的胜利也意味着工作重心由乡村到城市的转变。如何管好城市,是中共走向全面胜利过程中所面临的重要挑战。毛泽东也说过"我们的胜利越大,包袱也越大,届时很可能觉得打仗还比较容易些"① 的话,所以抱着一种赶考的心理进城。接管大中城市,不仅意味着要管理城市社会,也意味着要管理城市工商业,并城乡兼顾,建立全国性的经济管理体系。城市经济成分复杂,国营经济、合作经济、私人资本主义经济、个体经济和国家资本主义经济等多种经济成分共同构成新民主主义经济。毛泽东在中共七届二中全会上强调,"在革命胜利以后一个相当长的时期内,还需要尽可能地利用城乡私人资本主义的积极性,以利于国民经济的向前发展",同时"对于私人资本主义采取恰如其分的有伸缩性的限制政策"。② 事实证明,在具体执行过

---

* 本章作者:王筱影,北京大学经济学院硕士;王元周,北京大学历史学系教授。
① 薄一波:《若干重大决策与事件的回顾》上,北京:中共中央党校出版社,1997年,第17页。
② 毛泽东:《在中国共产党第七届中央委员会第二次全体会议上的报告》(1949年3月5日),《毛泽东选集》第4卷,北京:人民出版社,1991年,第1431页。

程中很难掌握好这个分寸。虽然中共曾先后两次调整公私关系，国营经济与私人资本主义经济的矛盾还是越来越突出。私人工商业营业困难，基层经济发展和工商业管理的现实，也是推动社会主义改造早日实施的重要因素。

学术界对新民主主义社会为何会提前结束的分析，多以新民主主义理论自身的缺陷和不足为出发点。① 在此基础上，进一步认为新民主主义社会形态具有常态性和过渡性的二元性质，注定了其提前结束的历史命运。② 也有学者从新民主主义理论和社会形态之外来寻找原因，其中历史学者强调苏联经验和苏联模式的影响③，经济学者则多看重工业化战略的推动作用。④ 如林毅夫即强调这是这选择优先发展重工业的经济战略所决定的。因为当时中国的经济状况满足不了资本密集型重工业的基本需求，所以必须做出相应的制度调整，实行工商业的国有化就是这种制度安排中的一环。⑤ 这些分析多是就整个新民主主义阶段而论的，如果从城市接管之初来寻找其根源，也许会得出新的认识。事实上，也早有学者注意到国营经济的发展和加工订货引起的私营工商业性质的变化⑥，但实证性的研究仍比较缺乏。有鉴于此，本章选取接管后张家口的粮食业和面粉业为考察对象，分析新中国成立初期基层物资掌控和经济发展过程中，城乡关系、公私关系的互动关系，从基层经济运作的逻辑来理解社会主义改造的现实推动因素。

张家口是中共比较早就接管的大中城市之一。在1945年8月抗战胜

---

① 如石仲泉曾将新民主主义理论的缺陷和不足总结为四点：(1)两个革命阶段转变时间点的模糊性；(2)主要矛盾和中心任务的二元论；(3)新民主主义社会性质认识的不确定性；(4)新民主主义社会形态的短暂性。参见石仲泉：《毛泽东的艰辛开拓》（新增订本），北京：中共党史出版社，1996年，第165—167页。
② 闫茂旭：《新民主主义社会论二元性分析》，《延安大学学报》第31卷第5期，2009年，第42—45、91页。
③ 杨奎松：《建国前后中国共产党对资产阶级政策的演变》，《近代史研究》2006年第2期，第1—25、158页。
④ 赵士刚：《新民主主义向社会主义提前过渡原因研究述评》，《中共党史资料》2007年第4期，第175—189页。
⑤ 林毅夫、蔡昉、李周：《中国的奇迹：发展战略与经济改革（增订本）》，上海：格致出版社、上海人民出版社，2016年。
⑥ 董宝训：《和平赎买与民族资产阶级的社会心态》，《文史哲》2004年第4期，第61—67页。

利后即接管过张家口,并将其作为晋察冀边区的首府,1946年10月被迫撤出。到1948年11月,中共第二次接管张家口。张家口是重要的粮食集散地,粮食业和面粉业在张家口私营工商业中占据重要地位。中共在第二次接管张家口之后,组织了公营裕民粮食公司和公营面粉厂,并控制粮食市场,使粮食业和面粉业中的公私关系很快就显露出来。因为张家口是第二次接管,吸收了第一次接管的经验教训,也学习了其他城市接管的经验,所以张家口市政府在执行政策上比较稳妥,因此对张家口的研究也更具典型意义。

一、掌握粮食市场

1948年11月24日,张家口第二次解放。当时百业萧条,中共在接管后,积极扶植工商业恢复营业,同时公营贸易公司和工厂也迅速建立起来。就公营贸易单位来说,到1950年3月已经发展到25家,除粮食公司外,还有百货公司、油脂公司、煤铁公司、皮毛公司、烟叶公司、蛋品公司等。粮食公司是经营粮食购销的专业公司,但是也经营其他业务,与其他国营贸易公司也有合作。粮食公司收购粮食有自己的质量标准,不合规格则不要,或者压低价格。如察北粮食多砂土,裕民粮食公司嫌其不纯,不合规格,采购员就在市场上向老乡进行宣传解释,要求老乡在家里加工好,并采取按质作价办法,从价格上刺激好粮上市。[①]

除了粮食公司外,供销合作社也经营粮食业务,主要是为粮食公司代购粮食,销售面粉等成品。张家口市供销合作总社成立于1948年12月1日,当时有干部44人,其中14人是来自粮食部的干部,市总社资金未固定。随后在各区设区合作社。第一、二、三、四区社均成立于1949年3月,资金一部分来自总社投资,一部分来自社员股金。在区社之下,于各街道和各主要工厂设分社,分社资金全部来自总社投资,同时还设立了农

---

① 《1950年察北专署工商科全年工作总结》,河北省张家口市档案馆,3-1-45。

民招待栈，也全部由总社投资。总共 17 个分社，有干部 213 人，社员 29573 人，总社投资 701818 斤小米，收取股金 147865 斤小米，资本合计 849683 斤小米。① 到 1950 年 3 月，农民招待栈增加到两个，农民招待栈也收购粮食。一栈在 3 月份做到了收购全部住栈农民的粮食，3 个月里共收购农民粮食 4451 石，莜面 18558 斤。② 张家口市周围察北专区各县也设立了国营商店和县商店，以及合作社。1951 年度察北专区公私商业合计销售商品 5997034 元，其中国营 1521690 元，约占 25%，县商店 112745 元，约占 2%，合作社 1252406 元，约占 21%，私营 3110193 元，约占 52%。③ 可见国营公司、县商店和合作社的销售额已差不多占了半壁江山。

合作社之所以发展迅速，是因为它与粮食公司及其他国营商业公司有着密切的合作关系。在粮食购销业务中，粮食公司与合作社也有合作关系，而且各地政府对双方合作的成绩也很在意，积极予以协助。

张家口是重要的粮食集散地，坝上宝昌、化德、商都、多伦、沽源、康保、尚义、张北等地的粮食集中在这里交易，所以粮食买卖在张家口商业中占重要地位。1948 年粮食成交量为 372622 石。④ 解放后粮食入城更多，1949 年 1 月 15 日这一天，上市粮食即超过了 1000 石。⑤ 1949 年 1—10 月玉米、高粱、小米等粗杂粮上市总量 1.225 亿斤，成交总量 1.1037 亿斤，较上年增多 174%；⑥ 1949 年 1—11 月粮食成交量已达 883800 石。⑦ 过去在张家口，粮食交易要经过牙行，即斗局，也称斗牙行子。斗局有 20 多户，有独资的，也有搭伙设立的。开设斗局须事先从官府申领

---

① 《张家口市供销合作总社目前组织机构与工作范围》，《合作简讯》第 1 期，张家口市供销合作总社，1949 年 8 月 1 日。
② 《市供销合作社三个月综合报告摘要·农民招待栈近况》，《参考材料》第二期，1950 年 4 月 24 日，张家口市委政策研究室编印，河北省张家口市档案馆 19-7-24。
③ 《1951 年度察北专区国营、县商店、合作社、私营主要商品销售统计》，河北省张家口市档案馆，3-1-45。
④ 《张家口市工商业一年来的变迁》，河北省张家口市档案馆，19-13-8。
⑤ 张玉芳、田双举：《张家口市资本主义工商业社会主义改造综述》，中共张家口市委党史研究室、中共张家口市委统战部编：《张家口市资本主义工商业的社会主义改造》，石家庄：河北人民出版社，1992 年，第 3 页。
⑥ 张玉芳、田双举：《张家口市资本主义工商业社会主义改造综述》，《张家口市资本主义工商业的社会主义改造》，第 5 页。
⑦ 《张家口市工商业一年来的变迁》，河北省张家口市档案馆，19-13-8。

执照，购买标准斗，然后方可开业。在张家口经营斗局者大多是万全人。①

农户或粮贩子将粮食拉到张家口后，首先有斗局派专人在坝岗上去"抱牛头"，接粮车招揽卖主，并在粮口袋上号上斗局的字号，引车住店。粮不卸车，只探取样品，用布巾按户分品种放好，然后将上下两边折回从头卷成包，任买主随来随拿上粮台看取样品。斗局有一条行规，字号不准改，如果谁不愿干了，可以转让字号。各字号服务的对象也相对固定，分为北路、口里路和中路三个"路分"。北路的春盛公、长盛公、得义公等主要做农民买卖，春盛公经理裴雨发、长盛公经理武承斋、得义公经理李旺都是行业中的著名人物。口里路做怀安、宣化、涿鹿等县买卖，实力雄厚的有合义公、同义公、双义公等，合称"六大公"，一般户还有昌盛美、德润公、复兴公、三合义、大德明、玉合公、和义公、双盛公、四合义、三盛公、双顺美、双顺公、玉成公、全盛公等14户。全义公、四义公和刘牙行开业较长，刘牙行和全义公经理二和子也是行业中的翘楚，刘牙行营业地点在桥西南关道。中路的三合公、合和公、永和公、永福公等做粮食大批成交，三合公经理二喜子、合和公经理二根子等也是有名人物。有的大斗局自己也经营面粉业，如得义公开设有德明旺面铺，长盛公设有长盛永面铺，而春盛公也附设碾磨，兼营面铺。②

专门经营粮食贩卖和代客买卖粮食的是粮栈，有德茂诚、义荣达、聚丰、刀和义、复生德、恩德钰、同聚、福利永、福利恒、安盛常、庆兴德、双呈祥、祥记、义德长、义和源等30多户。③ 在张家口经营粮食业者中，德茂诚经理张子玉、义荣达经理姚选、聚丰经理王阶平、刀和义经理李美、复生德经理陈福来、恩德钰经理赵恩、同聚经理孙治安、福利永经理冀耀庭、福利恒经理安如山、安盛常经理王恒、庆兴德经理孙德修也都是行业中翘楚。这些粮栈资金雄厚，仓房多，住室宽敞。同聚粮栈设于

---

① 贾少卿：《张家口市面粉行业的历史演变》，《张家口文史资料》第6辑，中国人民政治协商会议河北省张家口市委员会文史资料研究委员会，1985年3月，第102页。
② 贾少卿：《张家口市面粉行业的历史演变》，《张家口文史资料》第6辑，1985年3月，第101—102页。
③ 贾少卿：《张家口市面粉行业的历史演变》，《张家口文史资料》第6辑，1985年3月，第102页。

1946年，当时孙治安、李欣、王恩举三人租用草厂巷居民的3间房屋，合资兴办了这个粮栈。到1947年初又和李成铭、许生一合作，增加投资，扩大经营。到1947年下半年，同聚粮栈有主要股东5人，总资金折小米70万斤。①

粮栈的主要业务是自己倒贩粮食，当地收购，哪里行情好就运往哪里。也经营代客买粮和卖粮，负责上市代买、代存，客人食住收膳费，凑够吨位或包数发往各地，收取二分至三分佣金。各粮栈有专人负责上市买粮，到各斗局指样搞价，以行话明说，或袖筒暗示。成交后有"倒口袋"的苦力领车送到粮栈，斗局负责过斗唱数，倒口袋的只管往簸箩里放的斗里倒。过斗人手指夹一根木棍，称为镋子，沿着斗边缘刮平。最后簸箩底下不够一斗的粮食归倒口袋的苦力所有。斗局则向卖主和买主双方收取佣金作为自己的利润。一般向卖主收取三分，向买主收取二分佣金。斗局一般是当年分红伙计顶生意。一般年约分得4元左右。②

不仅张家口市内有粮栈和斗局，周围各县也设有粮栈和斗局，甚至有的村都设有斗局。位于万全县孔家庄的元顺成粮栈也在张家口和宣化设摊。元顺成粮栈开办于1911年，那时铁路刚通车不久，北京元顺成粮栈总管邱配庭即在东家的授意下，用高价从铁路有关部门买下铁路北面约二亩的土地，建立围墙，挂起了"孔家庄元顺成粮栈"的牌子，并由北京派人经营，成了北京元顺成粮栈的一个分号。全面抗战爆发前，孔家庄元顺成粮栈的年纯利润可达14.4万块（现洋），成为名驰京绥一带的重要商号之一。③

张家口的工业也以面粉业为最重要。粮食业与面粉业关系密切，经济上有联系，业务上多往来。腿长的粮食如胡麻、菜籽、蚕豆、芸豆、豌豆等经天津的洋行可以出口国外，而腿短的小麦、莜麦、荞麦等被称为磨眼

---

① 岑建忠、杨涧岭、马聘儒：《党指引永丰面粉厂走上光明大道》，《张家口市资本主义工商业的社会主义改造》，第256页。

② 贾少卿：《张家口市面粉行业的历史演变》，《张家口文史资料》第6辑，1985年3月，第101—102页。

③ 倪昌有：《孔家庄元顺成粮栈史略》，《张家口文史资料》第13辑（工商史专辑），中国人民政治协商会议河北省张家口市委员会文史资料研究委员会，1988年4月，第222、229页。

粮，所产面粉一部分就近售给市内和察南各县的面铺，一部分销往北京（北平）等地。①

当时粮食价格很不稳定，有句俗话说："货分三等价，早晚价不同。"② 所以各粮栈都特别注意市场行情的变化，各地有往来的同行互相传递行情。张家口各户粮栈都有石印的行情单，上方刻印"陆陈时价"四字。"陆陈"即六谷，行情单会列出各种粮食每一等级的价格，供对方拢算，同时靠书来信往托买托卖，并且把书信抄录留底，保存几年。也有打电话讲买讲卖的，只要一言为定，不论赔赚，说了就算。互相守信，以创门市。为了随时掌握成交价格，粮栈掌柜的每天让上市人背出当天牙行成交的粮食种类、买主和卖主以及价码和数量等信息，上市伙计都愁过这一关。③

粮栈也有转入面粉业的，如福利永和福利恒即转行开设了福恒涌面粉厂。面粉业中的大户也会兼营粮食贩卖。如位于桥东保全街的恒泰兴创办于1919年，最初营业以大车运输为主，1932年以后转而重点经营面粉厂，经过1940年和1942年两次改组，添设电力石磨，成为张家口面粉业中的翘楚。而在国民党占领张家口后，又转而做起了粮食生意，"倒火车"，代客买卖，向附近农村买青苗，然后东销北平，或西销北收，获利更多。④

由此可见，过去张家口市经营粮食业的斗局和粮栈经过长时期的经验积累，都十分专业，也十分稳定。现在粮食公司和合作社也插手粮食业，要与斗局和粮栈竞争，只能凭借政治优势。

1948年12月，张家口市政府即派粮食管理所接管了粮食市场，由粮食公司公布粮食牌价，买卖双方须在牌价指导下协商确定市价。⑤ 1949年

---

① 当时也将粮食业称为粮秣业，因为张家口市粮食业经营范围不仅包括各种谷物，也包括油料和豆类，这里为了方便，统称为粮食和粮食业。
② 倪昌有：《孔家庄元顺成粮栈史略》，《张家口文史资料》第13辑（工商史专辑），1988年4月，第228页。
③ 贾少卿：《张家口市面粉行业的历史演变》，《张家口文史资料》第6辑，1985年，第102—103页。
④ 《粉业恒泰兴典型调查材料（草稿）》（1949年4月12日），河北省张家口市档案馆，19-13-7。
⑤ 《张市面粉业的一般情况》，河北省张家口市档案馆，19-13-8。

8月,市政府召开工商业者与察南、察北各县的供销社主任会议,座谈讨论合理掌握产销地区之间和工农产品之间的差价问题。会上还决定对城乡各地的斗局及牙纪加以登记审查,调整不合理的佣金,对"拉黑牛""剥牛头""大斗小秤"等行为严加取缔。① 11月15日,市政府发布了《张家口市粮食管理办法》,规定西沙河、花园街为指定粮食交易市场,所有交易都要经过政府审查批准的成交员(牙纪)进行合理成交,取缔黑市活动;所有粮食加工业,只准采购加工所需原料,推销成品,不得兼营粮食贩卖业务;经营粮食业者,不得兼营他业,其他行业亦不得兼营粮食业;在规定范围内,得自由成交,但在政府认为有必要时,得临时规定必要措施,以调整市场供求,稳定粮价;各行业厂商,每日买卖成交数量及价格,须逐日据实报告市场管理所。对违反上述规定,以及无税贩运、买空卖空、哄抬物价者,根据情节轻重,分别予以批评、警告、罚金、勒令停业直至法办等处罚。②

其中,影响巨大的一个重要措施就是禁止面粉业兼营粮食业。面粉业在当时仍愿意兼营粮食贩运,因为运粮食和面粉到北平,粮食比面粉更好销,获利也更大。如以1949年5月7日的情况来计算,张家口小麦每斤成本29.66元(牙佣在内),加过斗、运费1.5元,在北平售粮花费2.65元,合计33.81元,而当日北平口麦售价为每斤42元,净赚8.19元。张家口小麦每石4004元(牙佣在内),加磨工370元,每石出面100斤,每斤售价43.74元,加上去北平的运费1.3元,再加上在北平售面的花费3.78元,共合48.82元,而当日北平同等质量白面售价为每斤56元,净赚7.18元。③ 但是,新政权于1949年2月公布了新规定,禁止面粉业兼营粮食贩卖。虽然在规定公布之初,一些面粉业私商仍偷偷贩运粮食,但还是很快按规定退出了粮食业。

在禁止面粉业兼营粮食业后,粮食业主要由国营粮食公司和私营粮栈

---

① 田双举:《张家口市资本主义工商业社会主义改造大事记》,《张家口市资本主义工商业的社会主义改造》,第23—24页。
② 《张家口市粮食管理办法》(1949年11月19日),《张家口市资本主义工商业的社会主义改造》,第51—52页。
③ 《张市面粉业的一般情况》,河北省张家口市档案馆,19-13-8。

专业经营,而粮食公司占据主导地位,私营粮栈在 1949 年争相为粮食公司代购或代销粮食。粮食公司设置了 18 户代购店和 91 户代销店,手续费约为 1.5%。① 一开始私营粮栈对为粮食公司代购代销还是比较热情的。如同聚粮栈由于场院、人员、规模、条件具备,加之代购认真,手续清楚,以致成为粮食公司的代购大户,为此不断受到粮食公司的表扬和鼓励。② 1949 年粮食公司通过私营粮栈代购粮食的成绩比较可观,总数达到 5200 余万斤,为此支付手续费 81 万斤。粮食公司通过代购店收购的粮食几乎占到总收购量的一半。但是,到了 1950 年,私营粮栈对为粮食公司代购粮食则兴趣不大。不过,1950 年 1—3 月,粮食公司还是通过代购店收购粮食 960 余万斤,支付手续费 13 万斤。③

私营粮栈之所以不愿再为粮食公司代购粮食,是由于粮食公司给的手续费太低,私营粮栈难以长期靠代购手续费来维持营业。同时,即使不为粮食公司代购粮食,私营粮栈也不愿多收购粮食来自己贩卖,主要原因是政府制定的张家口市场粮食牌价偏低。因为张家口的粮食价格主要是以北京市场粮价为标准扣除运费来制定的,没有给私商留出合理的利润空间,而北京过去又是张家口粮食的主要销售市场,导致私营粮栈经营粮食贩运的意愿下降。私营粮栈不愿多收购粮食,导致粮食收购的任务主要落在了粮食公司和合作社身上,粮食公司收购量占全市粮食成交量的比例大幅提高。以 1950 年 3 月的统计为例,粮食公司与合作社两家收购粮食的数量,占全市粮食成交量的 61.5%。此外,外埠粮商占 10.47%,本市加工业占 19.1%,本市私营粮栈只占 2.1%。④

不仅张家口市场如此,察哈尔省各县的粮食也主要由粮食公司来收购。因为北京市场粮价被控制在较低水平,导致张家口的粮价也低于周围其他地区。察哈尔省各县的粮价又是以张家口市场粮价为标准,扣除运费计算出来的,地区差额定得过小,也未给私商留出合理的利润空间,所以

---

① 《关于公私关系情况的研究》(1950 年 4 月 28 日),河北省张家口市档案馆,19-7-24。
② 王恩举、李欣:《回忆永丰面粉厂的创建和发展》,《张家口市资本主义工商业的社会主义改造》,第 299 页。
③ 《关于公私关系情况的研究》(1950 年 4 月 28 日),河北省张家口市档案馆,19-7-24。
④ 《关于公私关系情况的研究》(1950 年 4 月 28 日),河北省张家口市档案馆,19-7-24。

私商也不愿从察哈尔各县向张家口贩运粮食，只能由粮食公司出面收购。1950年1—3月，粮食公司即在察哈尔省各地大量收购粮食。

既然粮食收购任务主要落在粮食公司身上，那么调节粮食市场供给和价格稳定的责任自然也要由粮食公司来承担。粮食公司在粮食市场上要起领导作用，当供过于求时，适当收购，以带动私商收购；供少求多，价格上涨时，则停止收购，以保持粮食价格的稳定。但是，粮食公司如果对各地粮食生产和销售情况不了解，没有在不同季节准备适当的贸易粮，当粮价波动时则没有足够的实力来予以调节，所以粮食价格的意外波动还会发生。

1949年张北县粮食歉收，而粮食公司对此估计不足，1950年春仍在张北大量收购粮食，调往张家口，进一步加剧了张北缺粮程度。到五、六月间，张北就开始闹粮荒。从5月中旬开始，张北莜麦价格逐日上涨，甚至超过了张家口。如5月28日，张家口市场莜麦价格为每斤500元，而张北为615元。到了6月，情况继续发展，莜麦价格甚至超过了小麦。民众缺粮，不惜出卖大小牲畜、借高利贷来购买粮食。而私商预计莜面要涨到每斤1500元，所以不仅囤积不卖，甚至冒充老乡参与挤购。在这种情况下，各种商品与莜麦换算均呈不合理状态，老乡卖牲畜买莜麦，吃亏很大。①

对此，粮食公司一开始未加重视，直到情况严重了，又感到手足无措。虽在市场销售上执行先吃户后加工户的办法，但于事无补。合作社力量有限，也不能发挥作用。民众要求粮食公司供给粮食，但粮食公司收购的粮食已调往张家口，无粮供给。粮食公司向上级要求由张家口往回调莜麦，再由合作社低价出售，但上级对调粮不积极。虽从商都县调来一部分，但数量很少，不能解决问题。好不容易从张家口调回一批莜麦，交给合作社低价出售，但是合作社为了多赚取利润，也不愿以低价大量销售，仍不能扭转局势。到7月上旬，情况已经非常严重了，于是察北专署于7月9日召开临时经济会议，决定由粮食公司和合作社将现存莜麦尽量

---

① 《1950年察北专署工商科全年工作总结》，河北省张家口市档案馆，3-1-45。

推销，支持市场，并立即向上级反映，由省粮食公司调剂莜面 5 万斤，同时说服私商也出售存粮。后经省粮食公司大批运来莜面，私商也将存面推售，才基本解决了缺粮问题。①

另一方面，粮食公司和合作社也追求营利，当新粮上市，粮价下跌时，粮食公司和合作社往往也不愿收购粮食，导致农民利益受损。同样在张北地区，当 1950 年 8 月中旬以后新粮上市日渐增多，粮价开始下跌时，粮食公司则以新粮水分大、不易保存为由，不愿收购，导致粮价下降过多，工农产品剪刀差额扩大，农民损失很大。

表1　张北市场工农品交换比较表

交换品			被交换品				
品名	单位	数量	品名	单位	八月初数量	九月末数量	农产品九月末不等值交换降低%
二厂红五福	匹	1	莜麦	斤	355.3	656	84.63
二厂红五福	匹	1	小麦	斤	388.8	471	21.14
三环土布	匹	1	莜麦	斤	38.7	80.7	108.52
三环土布	匹	1	小麦	斤	42.4	58	36.79

资料来源：《1950 年察北专署工商科全年工作总结》，河北省张家口市档案馆，3-1-45。

察北专署鼓励与组织私商收购，但因粮食公司不收购，私商收购价格仍很不合理。察北专署向上级反映，要求粮食公司少量收购粮食，以带动私商收购。②可见，如果没有察北专署的干预，单纯依靠国营粮食公司和合作社，并不能实现粮食市场的供求平衡，更不能保障农民的利益。所以，私商的参与仍是必要的。

1950 年 10 月朝鲜战争爆发后，商人投机加剧，布价上涨，带动其他商品价格一同上涨。到 11 月 5 日中央宣布冻结资金，对纱布采取管理措施后，棉花、纱布和粮食价格涨风顿降，渐趋正常。而这时察北地区新粮

---

① 《1950 年察北专署工商科全年工作总结》，河北省张家口市档案馆，3-1-45。
② 同上。

逐渐上市，由于粮价低，工农产品剪刀差额大，农民吃亏很大。而且，粮食公司因受资金冻结的影响，停止收购，导致粮价进一步下跌。为减少农民的损失，察北专署又与粮食公司研究，并同时向上级反映，经上级批准，让粮食公司继续收购，使粮价保持稳定，避免了农民受更大的损失。[①] 由此可见，地方政府越来越主动地依靠与粮食公司的经营活动相结合来稳定本地粮食市场价格，以维护本地农民的利益。

当时只有商都县的情况比较特殊，反而出现了私商与粮食公司争购粮食的局面。主要原因是在制定商都的粮食牌价时，运费是按照从商都直接运到张家口的花费计算的，而实际上如果从商都先运到集宁，再从集宁用火车运到张家口，每斤可节省运费40元。这样，从商都经集宁贩运粮食到张家口，就可以获得比较高的利润。1950年12月察哈尔省粮食公司商都县支公司接到新的收购任务后，为了能够及时完成收购任务，即在市场大量收购粮食。到1950年12月18日，小麦上市1800石，商都支公司收购了其中的500石。商都支公司大量收购，带动私商也争相收购，一度发生争购现象，使市场一时呈现混乱局面。商都市场粮价也因此大幅上涨，小麦牌价为每斤635元，而市价上涨到每斤714元，市价超出牌价12.44%。莜麦牌价每斤312元，市价每斤385元，市价超过牌价23.40%。察北专署又认为在产、运、销三者利益上，参与运、销的私商获利太多，而生产粮食的农民吃了亏，所以向上级反映，调整了商都的粮食牌价。[②]

从地方政府的立场来讲，既需要维护粮食公司的地位和利益，又需要维持粮食价格和供需的稳定，还需要照顾当地农民的利益，所以愿意承认私商的调节作用，不希望私商退出粮食市场。但是，他们更偏向维护农民的利益，不愿意让私商赚取太多的利润，这大概也符合毛泽东在中共七届二中全会上所说的"对于私人资本主义采取恰如其分的有伸缩性的限制政策"。然而，由于各地情况复杂，在具体政策掌握上，仍存在诸多困难，主要表现在对私商限制过多过严。就张家口私营粮食业来说，主要表

---

① 《1950年察北专署工商科全年工作总结》，河北省张家口市档案馆，3-1-45。
② 《1950年察北专署工商科全年工作总结》，河北省张家口市档案馆，3-1-45。

现在制定粮食牌价时没有给私商留出足够的利润空间，导致私商无法正常营业。

二、面粉业的恢复与起伏

张家口的面粉业起源于清末宣统年间，如世兴魁就创办于此时。进入民国以后不断发展扩大。历史较悠久的欣生面粉厂始于1933年。欣生面粉厂总经理李少芳系天津人，早年毕业于武昌方言大学，精通英语，毕业后到英国人开办的焦作煤矿当职员。1920年代末从焦作来到张家口，在东安大街开办钰生煤油杂货庄，经销英国亚细亚公司的"壳牌"煤油、蜡烛、肥皂等商品。1933年，李少芳又购置磨粉机等设备，在钰生煤油杂货庄院内开设了钰生制粉部，开始兼营面粉加工业务。① 到1937年全面抗战爆发前，张家口面粉业共有90余户，其中使用电力者5户，其余均为马拉磨。② 1940年日伪在下花园建了发电厂，大量向张家口输电，因此有70余户改用电力石磨，恒泰兴就是在这时期发展起来的。还有人引入新式磨粉机，最初是中岛式，后来中岛式被淘汰。钰生最先采用更先进的钢辊磨粉机，成为张家口投资最多、产量最大的一家私营面粉厂，定名为钰生机器制粉厂，所产"海马"牌面粉在张家口一带有较高的声誉。③

抗战胜利后，中共第一次接管张家口，面粉业继续发展，又增加了11户。钰生面粉厂被人民政府接收，没收了厂内的敌伪物资，此后钰生面粉厂主要为公营裕民粮食公司加工面粉，少部分自产自销。在1946年10月国民党军队占领张家口后，钰生面粉厂总经理李少芳以通共通敌罪被捕入狱，被判处无期徒刑，财产也被没收，钰生面粉厂被国民党当局派人接

---

① 岑建忠、杨涧岭、马聘儒：《李少芳的新生与"欣生"面粉厂》，《张家口市资本主义工商业的社会主义改造》，第261页。
② 《关于面粉业发展情况及今后意见》，河北省张家口市档案馆，19-7-24。
③ 岑建忠、杨涧岭、马聘儒：《李少芳的新生与"欣生"面粉厂》，《张家口市资本主义工商业的社会主义改造》，第261页。

管，更名为国民政府第十二战区临时机粉厂。① 这时期，因电力不足，原料缺乏，大部分面粉加工厂被迫停工。到1948年12月中共第二次接管张家口时，尚有使用电力制粉者66户，使用畜力磨者57户，但是使用电力者中有40户没有接电。②

张家口第二次解放前夕，李少芳从监狱逃了出来，表示要把面粉厂献给中共经营。中共第二次接管张家口后，市军管会宣布接管原"华北剿总"所属张垣面粉厂和第十二战区临时机粉厂，以及察哈尔省企业公司所属第五面粉厂和第九面粉厂，但都处于停业或半停业状态。复工后，也因其性质一时尚未确定，影响了经营的主动性、计划性。③ 第十二战区临时机粉厂这时改名为张垣临时机粉厂。后经过与李少芳协商，以敌伪遗留的粮食、包装器材作为国家投资，厂房设备为李少芳私股，于1949年6月1日正式改组为公私合营欣生机制粉厂，隶属于察哈尔省工业厅，是当时张家口市规模最大，设备最先进的粮食加工厂。④

虽然张家口市在第二次接管后迅速建立了几家公营面粉厂和公私合营面粉厂，但是在公营面粉厂中，有几家属于机关生产性质，生产能力有限，其余的产量也不高。1950年2月，三区委在学习"二七"社论中，即发现省营二面粉厂在领导上存在不少问题，致使该厂生产遭到不应有的损失，生产率不高，每台磨日产量只有800市斤，而私营面粉厂每台磨能产1050斤。工人生产情绪不高，机器坏了不去修理，互相推诿，工长不能很好地领导生产。生产中浪费很大，增加了成本，如1950年2月份即浪费335000元，合小米400余斤。⑤ 所以，在整个面粉业中，国公营面粉厂的生产能力远低于私营面粉厂。

当时张家口的私营面粉厂也很快得到恢复和发展。在下花园发电厂恢

---

① 岑建忠、杨涧岭、马聘儒：《李少芳的新生与"欣生"面粉厂》，《张家口市资本主义工商业的社会主义改造》，第262页。
② 《关于面粉业发展情况及今后意见》，河北省张家口市档案馆19-7-24。
③ 李海清：《察哈尔纪事》，《张家口文史资料》第23辑，1993年，第306—307页。
④ 岑建忠、杨涧岭、马聘儒：《李少芳的新生与"欣生"面粉厂》，《张家口市资本主义工商业的社会主义改造》，第262—263页。
⑤ 《三区委对省营二面粉厂领导上所存问题解决经过的报告》，《参考材料》第二期，1950年4月24日，张家口市委政策研究室编印，河北省张家口市档案馆，19-7-24。

复发电后,整个张家口的电力制粉业都很快复工生产。而且由于城乡物资交流畅通,进城粮食增加,加以平津宣告解放,工业生产尚未恢复,需要供给大量粮食,面粉业进入快速发展阶段。到 1949 年 3 月,私营电力磨增至 98 户,从业人员 916 人,资金达 19425000 元,以后仍逐月均有增加。①

市政府也积极鼓励私商开设面粉厂,不仅动员大的粮栈开设面粉厂,还鼓励面粉厂向机械化生产方向发展。1949 年 5 月 22 日,张家口市政府邀请全市 47 个行业 500 余名工人、店员、资本家、经理等代表举行座谈会,察哈尔省主席张苏在会上强调指出,革命的目的就是发展经济,改善人民生活,变消费城市为生产城市,现时张家口市的工业还很少,只有工业发展起来了,才能真正变成繁荣的城市。② 6 月,市委做出《关于目前恢复与发展工业生产的初步决定》,提出把张家口、宣化两市的工业生产提高一步,是两市党组织唯一的中心任务,市委成立经济委员会,加强对私营企业、手工业及合作社的领导,并成立产业党委会,协同产业工会,保证与督促各工厂生产计划的完成,要有针对性地引导一些企业扩大资本,改善技术装备,提高质量。③ 为扶植私营工商业发展,政府还拨出贷款,组织工商业者到北平、天津、大连等地参观学习。参观回来之后,部分工商业者即着手装设机器,改良设备,进一步扩大经营和生产。④

在面粉业中,福利永和福恒涌即在政府的动员下,购置了钢辊磨。同聚经理孙治安、副经理李成名等五人本来就怀有实业救国的理想,很想办一家工业企业,而当时新政权也宣传粮栈业为投机性商业,办工厂才是有利于国计民生的事业,于是就想转业开办面粉厂,经召开董事会取得一致

---

① 《关于面粉业发展情况及今后意见》,河北省张家口市档案馆,19-7-24。
② 田双举:《张家口市资本主义工商业社会主义改造大事记》,《张家口市资本主义工商业的社会主义改造》,第 22 页。
③ 《中共张家口市委关于目前恢复与发展工业生产的初步决定(节选)》(1949 年 6 月 14 日),《张家口市资本主义工商业的社会主义改造》,第 40—43 页。
④ 张玉芳、田双举:《张家口市资本主义工商业社会主义改造综述》,《张家口市资本主义工商业的社会主义改造》,第 4 页。

同意后，便成立了永丰面粉厂。孙治安亲自到天津，向天陆机器厂订购德式面粉机3部，以及全套附属机器，并从市场购买了两台共70马力电动机。在新设备到来之前，永丰面粉厂便利用原有停置的3盘电力石磨和碾米机、高粱米机，于1950年5月开工生产，代裕民粮食公司加工粮食。同时在永丰街15号院开工，改造旧平房，建筑新车间，形成边营业边建厂的格局。① 在党和政府鼓励兴办实业的号召下，不仅像同聚这样的粮栈转业经营面粉厂，甚至过去与粮食业和面粉业无关的福荣铁工厂也集股开设面粉厂，还购置了比电力石磨更先进的钢板磨。②

除设立新厂外，已有的面粉厂也纷纷变畜力为电力，又变电力磨为钢辊磨。如瑞丰、元隆、恒丰都加装了机器。私营瑞丰面粉厂经过改组后，于1949年7月重新开业，出品"丰年"牌袋装面粉。庆兴长在解放前只有石磨3台，这时又加装了钢辊磨，生产"长城"牌袋装面粉，运销京津等大城市。③ 到1949年10月底，张家口市面粉业已增至213户。新增畜力磨户和电力石磨户比较多。从1949年3月到年底，新开业畜力磨56户，电力石磨43户，歇业电力石磨3户，畜力磨1户。到1949年底，全市公私营面粉业共有228户，从业者1828人，资金262955000元，其中公营（包括机关生产）只有13户，职工361人，资金18255000元。④

由于国公营面粉厂生产能力有限，粮食公司和合作社收购的粮食，主要委托给私营面粉厂进行加工。张家口面粉业本来就有来料加工的传统，称为"磨手工"。日伪统治时期就开始为日伪磨军粮，这时也真心希望通过为粮食公司加工面粉来维持生产。因为这样可以不管供销，光磨手工，每百斤麦子净赚12到14斤面粉，比自己买粮磨面更有把握赚钱，还可以腾出自己的资金从事商业，并可借此与公家拉些关系，作为政治上的

---

① 王恩举、李欣：《回忆永丰面粉厂的创建和发展》，《张家口市资本主义工商业的社会主义改造》，第299—300页。
② 《张家口市私营工厂目前生产情况及厂房意见的材料》（1949年5月16日），河北省张家口市档案馆，19-13-8。
③ 《张家口市工商业一年来的变迁》，河北省张家口市档案馆，19-13-8。
④ 《关于面粉业发展情况及今后意见》，河北省张家口市档案馆，19-7-24。

依靠。①

而且,为粮食公司进行来料加工,可以省去收购原料的资金,不需要很多资金即可开设面粉厂,这也是新的面粉厂纷纷出现的原因之一。但是,即使像永丰的孙治安等人那样,过去也同粮食打交道,但是粮食业与面粉业有商、工之分,恍如隔山,原来的经营经验不一定适用,更不懂面粉生产技术。在定购设备时,居然没有同天津天陆机器厂签订书面合同,结果天陆违约,设备迟迟不到,质量也没有保证。天陆派来安装设备的技师以及自聘的帮工师傅也技术水平不足,造成窝工、返工,损失严重。虽然拖到1951年初新设备终于投产了,但是产量只有原计划最低班产200袋的一半左右,原计划出粉率要达到75%,结果也只能达到50%。麸皮含粉多,次面也多,机器设备还常发生故障,导致生产成本居高不下。② 资本较雄厚的永丰尚且如此,其他新设的面粉厂更是大多规模很小,经营分散,资金薄弱,技术落后,适于莜麦及杂粮的加工,只能生产少量小麦面粉,运往京津等地出售。③ 由于大多数私营面粉厂具有这些特点,导致他们很难适应原料供给和面粉销售市场的变化。

其实,到1949年3月,张家口面粉业的生产能力已呈过剩状态。当时使用电力石磨的98户私营面粉厂的生产能力,最高可达每月700万斤,而实际产量仅为298.8万斤;公营面粉厂的实际产量为159.9万斤,公私营合计458.7万斤,只占公私营面粉厂最高生产能力的65.5%。④

虽然张家口市面粉生产能力已超出本市需要,但一开始对扩大外地销路仍抱有很大希望,以为天津、北平相继解放,而当地工业生产一时尚未恢复,需要从张家口大量输入粮食,但实际上外地销路并没有像想象的那样通畅和持久。到1949年下半年,华北地区各大城市的工业生产皆相继恢复,而张家口生产的面粉有的质量低劣,在京津失去了市场,只有一部

---

① 《张市面粉业的一般情况》,河北省张家口市档案馆,19-13-8。
② 王恩举、李欣:《回忆永丰面粉厂的创建和发展》,《张家口市资本主义工商业的社会主义改造》,第300页。
③ 《关于面粉业发展情况及今后意见》,河北省张家口市档案馆,19-7-24。
④ 《张市面粉业的一般情况》,河北省张家口市档案馆,19-13-8。

分机制面粉和莜面尚有销路。而张家口本市当时只有14.5万人,每月最多只需面粉300万斤。面粉生产能力过剩,外销困难。所以,进入1950年后,面粉业发展进入停滞期。从1950年1月到5月,除个别私营电力磨户与公营机关生产单位改装机器外,其他无多大变动。根据1950年5月份的统计,全市共有机磨5户,机器15部,电磨126户,石磨220台,畜力磨79户,石磨94台。① 在这种情况下,不仅各面粉厂之间的竞争日趋激烈,合作社与私营面粉厂之间的竞争关系也日渐明朗和尖锐起来。

合作社是由总社、区社和分社组成的一个庞大的商业系统。每个分社都有上千名社员,形成一定业务区域。如第一区东安街分社,到1950年10月有社员1917名,社股1917股,股金米9575万,社员平均入股,股金与总社资金混在一起,不向社员分红。业务区域有铁路斜街、土尔沟前后街、太平街、黑石坝、马路街等七个地区,共有人口13549人,其中工人占23%,市民57%,小商7%,其余为农民、无职贫民,社员占全区(业务区)人口的14%。该分社有干部7名,业务上主要经营粮食、煤炭和百货,其中社员业务占50%。② 这个分社社员多而且分布集中,工作也做得比较好,是一个业务开展较好的典型社。但是,经过数次变化之后,基层合作社的形态已不复存在,因为不分红,社员与基层合作社的关系亦不密切。这样,合作社的销售对象与私营面粉厂的销售对象就没有多少差别了。

在本市面粉厂生产的面粉已经超过本市消费量,外销又很困难的情况下,国营粮食公司仍从外地调来面粉,通过合作社低价销售。如1949年3月,国营粮食公司从察北输入面粉和莜面1735365斤到张家口,每斤面约比本市面粉便宜1.5到2元,由合作社低价配售,工人喜欢购买,对张家口市石磨面销路带来很大冲击。③ 如3月底合作社的面卖24.5元一斤,私营恒泰兴的面虽然质量较好,但要卖26元一斤,销量多少受到一些影响。

---

① 《关于面粉业发展情况及今后意见》,河北省张家口市档案馆,19-7-24。
② 《张家口市委关于整顿基层合作社的典型报告》,1950年12月4日,河北省张家口市档案馆,19-7-24。
③ 《张市面粉业的一般情况》,河北省张家口市档案馆,19-13-8。

私商认为国营粮食公司和合作社这是低价倾销，希望政府出面加以阻止。

但是，合作社并没有能够一举击败私营面粉厂商。由于缺乏经营经验，加上种种制度规定限制，虽然有国营粮食公司的支持，在与私商的竞争中也并非始终能占据优势，尤其是在与桥东经营方式比较灵活的私营厂商的竞争中，更难掌握主动权。

张家口的私营面粉厂商，桥西的和桥东的有很大不同。桥西区离乡村较远，在此经营面粉业者多系怀安、蔚县人，胆子小，作风古老，多为院内货，没有零销门面，受合作社的冲击较大。而桥东区附近乡村多，住在这里的关南人多，工人和穷人多，多日吃日购。在这里经营面粉业的多系怀来、关南人，胆子大，易抱团，经营方式灵活，多设有零销门面，厂柜合院，竞争能力较强。如桥东保全街合作社距离恒泰兴面粉厂很近，双方都以广大穷苦市民为销售对象，所以竞争关系十分明显，但是保全街合作社的业务远逊于恒泰兴。桥东工人喜欢吃保安大米，关南人主要吃杂合面，恒泰兴的出品成色好，分量足，适合广大群众的口味，而且经营手段灵活，曾在与桥东另外三大面粉厂商万盛隆、德合瑞和三聚成的竞争中取胜，迫使万盛隆歇业，德合瑞转业经营杂货，三聚成只能在怡安街卖些白面、大米，勉强维持局面。① 在与合作社的竞争中，恒泰兴也毫不示弱。

合作社总社一开始没有自己的面粉厂，只能委托私商加工，出产时好时坏，质量很难保证。有时质量很差，而工人喜欢吃好面，面不好就要退货，影响很大。在面粉滞销时，恒泰兴的面粉滞销，合作社的面粉也同样卖不动。而在销售旺盛，大家都想甩货时，合作社的销量又受总社配给数量的限制，心有余而力不足。而且，私商给的分量足，每次都多给一些，而合作社有死规定，亏秤不能超过2%。客人的袋子破了，私商可以给缝补，而合作社没有这个耐心。所以，合作社在吸引顾客上往往也远不及私商。

合作社销货在社员与群众之间价格有差额，如果卖给社员为23.5元一斤，卖给一般群众则要24元一斤。虽然对社员有优惠，但是买货有数量限制，所以许多社员还是愿意去私营厂商那里买。如恒泰兴的老主顾为

---

① 《粉业恒泰兴典型调查材料（草稿）》（1949年4月12日），河北省张家口市档案馆，19-13-7。

照顾其买卖,仍去恒泰兴买面粉。而且,私营面粉厂商还利用这点,重点吸引普通群众。如米面行复兴栈的对面就是区合作社,双方都以销售白面、小米为主,于是形成打擂台,你低价卖给社员,我专拉群众,你辞客我接你辞的买卖。尤其是从1949年4月1日起合作社不再做非社员的买卖后,销货就更少了,私商在竞争上有了有利条件,令合作社也感到苦闷。①

当然,也有私营面粉厂商愿意与合作社合作,如长盛公让合作社帮其代销产品。有的面粉厂想将产品推销到蔚县等外地去,也希望合作社帮助介绍关系,由当地农村合作社代售。②

对私营面粉业来说,打击较大的还是粮食公司和合作社的低价倾销。1949年冬季,又有大量察北面粉输入张家口,更导致张家口面粉业普遍感到销路困难。1950年1—3月份,张家口全市面粉生产量为1846万斤,实销仅1000万斤。③ 1950年9月市政府财经委员会经过调查后,认为机器面粉厂已感过剩,应停止发展。根据当时市场情况及今后可能好转条件,察哈尔全省每月最高可销售面粉约5万袋,全年约60万袋左右,估计可输出省外20余万袋,总计最多不超过80万袋,如此亦仅达全部机器面粉厂生产能力的49.18%。④

其实,对于合作社,尤其是基层社,上级也认为其尚未走上正轨。1950年10月,张家口市委根据《合作社法(草案)》,以及察哈尔省合作会议关于"整顿基层社走上正轨"的决议,开始整顿基层合作社。首先以第一区东安街分社为典型,进行整顿。在整顿过程中,通过分编社员小组,选举小组长,然后划分选区,选举社员代表,召开社员代表大会,选举理监事,密切该社与社员的关系,使社员有所增多。东安街分社被移交给新选举的理监事经营,新的主任、副主任也从理监事中选举产生。整顿

---

① 《粉业恒泰兴典型调查材料(草稿)》(1949年4月12日),河北省张家口市档案馆,19-13-7。
② 《张市面粉业的一般情况》,河北省张家口市档案馆,19-13-8。
③ 《关于面粉业发展情况及今后意见》,河北省张家口市档案馆,19-7-24。
④ 《张家口市人民政府财经委员会关于张市工业生产过剩、饱和或不足的情况调查初步意见》,1950年9月30日,河北省张家口市档案馆,19-13-22。

之后,东安街分社完全停止了非社员业务。①

三、私营粮食业和面粉业的衰落

到 1950 年 3 月,中央财政状况有所好转,认为争取物价平稳的条件已大体具备。② 于是,中央采取一连串财经措施,以制止通货膨胀,稳定物价。一方面实行统一财经,将分散在各企业机关、部队、合作社的现金,由国家银行统一管理,集中调度,协助财政和贸易公司周转,壮大国营经济的力量。国营贸易公司和合作社大量出售货物,回笼货币,从而拉低物价。另一方面实行现金管理,大量吸收存款,催收公债,减少现金支付,导致市场上银根紧缩,私营工商业资金周转困难。③ 这一连串的财经措施,虽然降低了物价,也导致货物滞销,市场萧条。

在张家口,1950 年春无论国公营还是私营,各家营业情况均愈趋下落,私商歇业较多。从 5 月开始,出现私营工商业户大批歇业现象,于是市政府又采取措施,调整公私关系,以帮助私营工商业渡过难关。粮食公司在价格掌握上适当调整了地区差价,并在市场供少求多时则先让私人收购,还鼓励私营粮栈组织联购。为了解决私营面粉厂原料供应上的困难,认为可以组织私人集合一定资本,与公营的采购单位结合,成为有组织的公私联合采购,这样既不影响价格稳定,又可发挥私商的采购作用,还能增加一定的原料,有利于维持加工生产。④ 张家口市面粉业因此

---

① 《张家口市委关于整顿基层合作社的典型报告》,1950 年 12 月 4 日,河北省张家口市档案馆,19-7-24。
② 中共中央文献研究室编:《毛泽东年谱(1949—1976)》第 1 卷,北京:中央文献出版社,2013 年,第 107 页。
③ 中国人民银行总行:《1950 年金融工作简结》(1951 年 3 月 26 日),中国社会科学院、中央档案馆编:《1949—1952 中华人民共和国经济档案资料选编·金融卷》,北京:中国物资出版社,1996 年,第 233 页。
④ 《张家口市委关于瑞丰面粉厂亏累问题的报告》(1950 年 12 月 11 日),河北省张家口市档案馆,19-7-24。

得以从绥远购回粮食100吨。①

由于采取多种措施鼓励私商收购粮食,从1950年全年的情况来看,粮食公司的收购量占张家口全市粮食成交量的比例有所下降。1950年张家口市粮食成交量为107895104斤,其中粮食公司收购量占29.06%,合作社收购量占6.42%,私商(包括外埠粮商)和本市面粉加工业占64.52%,私商和本市面粉加工业的收购量大大超过了粮食公司和合作社的收购量。②

但是,这种情况到1951年下半年又开始发生根本性转变。由于1951年夏天坝上遭遇卡脖旱,粮食减产,导致粮食上市量减少。1951年9月份张家口市粮食上市量只相当于1950年同期的39.63%,10月份的粮食上市量则只有1950年同期的26.76%。③ 到1952年春,张家口市粮食上市量继续大幅减少。1951年12月份粮食上市量为737万斤。如以此为基数,1952年1月份减少了32%,2月份减少了70%,3月份上半月减少了71%。1952年1—2月与1951年同期相比,则减少了71%。1951年3月每天上市3000石,而1952年3月每天仅400石,相差7倍以上。④

粮食上市量大幅减少,粮食业首当其冲,粮栈业、斗局业,连同车马店业和面食业均陷入困境。1951年10月份粮食业的营业额较9月份减少了54.5%,较1950年同期减少了62.9%。⑤ 到1952年3月21日,粮栈业14户中,只有资金大、腿长的4户尚能勉强维持,其余10户实际已歇业。斗局业28户,全部无营业。不仅如此,也波及与粮食业有关的车马店、旅栈等行业。车马店101户,也有半数没有生意。一部分斗局及车马店工人,因无生意,依靠公家救济吃饭。面食业51户,已有30户歇业或半歇

---

① 张玉芳、田双举:《张家口市资本主义工商业社会主义改造综述》,《张家口市资本主义工商业的社会主义改造》,第6页。
② 《张家口市人民政府一九五〇年工商工作总结》,河北省张家口市档案馆,19-13-22。
③ 《中共张家口市委九、十月份综合报告(节选)》(1951年11月15日),《张家口市资本主义工商业的社会主义改造》,第93页。
④ 《张家口市人民政府关于目前私营工商业情况的报告》(1952年3月21日),河北省张家口市档案馆,19-13-38。
⑤ 《中共张家口市委九、十月份综合报告(节选)》(1951年11月15日),《张家口市资本主义工商业的社会主义改造》,第93页。

业。在当时全市137户停业者和183户半停业者中，与粮食有关的商户占大多数。①

在这种情况下，政府希望进一步控制粮食市场，张家口市工商局于1952年内发布了《张家口市粮食交易所办事细则》和《张家口市粮食交易所管理办法》，准备把粮食市场改组为粮食交易所，但因中央决定实行粮食统购统销政策而停办。到1953年10月实行粮食统购统销后，粮栈、斗局等行业都失去了存在的意义，其从业人员，或被动员转业，或回乡生产。1954年6月，张家口市委、市政府指导国营张家口麦片厂和7户粮栈、3户粗皮坊、1户皮毛店联合建立了公私合营张家口市麦片厂。企业资金共计10亿元，其中公股3.21亿元，占资金总额的32.1%，私股6.79亿元，占资金总额的67.9%。② 粮食上市量减少，不仅导致私营粮食业衰落，也导致私营面粉业原料供应不足。由于政府禁止面粉业兼营粮食业，而私营粮食业急剧衰落，面粉业主要依靠粮食公司提供原料。尤其是那些新设的面粉厂，大多资金较少，在购置设备之后往往就没有了流动资金，更依赖给粮食公司磨手工来维持营业。如私营瑞丰面粉厂开业时，申报资金为洋布300匹，实际上只出了94匹，除赔偿损失43匹外，实际投入的只有49匹，装置好机器后就无资金可用了，完全靠借贷来维持。③

永丰面粉厂原定投资4800袋面粉，除去偿还同聚粮栈的800袋，只剩下4000袋。④ 从天津购买的设备，作价2000袋面粉，从市场购买的电动机，作价70匹白布。新设备安装好，正式投产后，所生产的"耕牛牌"面粉质量差，出粉率也低，要继续生产就需要购置新的机器。但是，企业自有资金不足，所以就从国营粮食公司借1000袋面粉作为贷款，同时又自筹了一部分，于1950年上半年添置了麸皮机、圆罗，以及清理设

---

① 《张家口市人民政府关于目前私营工商业情况的报告》，1952年3月21日，河北省张家口市档案馆，19-13-38。

② 张玉芳、田双举：《张家口市资本主义工商业社会主义改造综述》，《张家口市资本主义工商业的社会主义改造》，第12页。

③ 《张家口委关于瑞丰面粉厂亏累问题的报告》（1950年12月11日），河北省张家口市档案馆，19-7-24。

④ 《张家口市人民政府财经委员会关于私营永丰面粉厂经营问题的报告》（1950年11月20日），河北省张家口市档案馆，19-13-22。

备,前后进行了两次大的改装,才基本上实现了正常生产。①但是这也导致永丰面粉厂的固定资产投资过高,达8268袋面粉,除粮食公司无息借给面粉1000袋外,自筹部分也来自借贷,剩下的流动资金自然也就很少了。② 在此期间,永丰的两名股东张秉武和赵春麟所持股份又被定性为官僚资本,交通银行持法院判决书到厂,要将这两人的股金没收归公。通过清点资产,核准数额,银行准备抽取现金。后为了维持生产,经多次协商,银行允分期交付。③ 尽管如此,此事对永丰面粉厂的发展也有一定影响。

为了支持永丰面粉厂的生产,改造完成后粮食公司即拨给小麦300万斤,委托永丰代为加工。合同规定,每百斤小麦交付60斤面粉,多余部分以及黑面、麸皮等副产品作为加工费用,归永丰面粉厂所有。④ 不仅永丰以来料加工为主要业务,其他与永丰规模差不多的面粉厂,如瑞丰、元隆、庆兴长、建设,以及规模更大的老厂欣生等,也都是在做给粮食公司加工面粉的业务。1950年2月,粮食公司共拨出小麦162903935斤,莜麦24579323斤,委托5家机制面粉厂和110家电力石磨面粉厂加工,占面粉业户数的85%,占各该面粉厂加工能力的50%到80%;合作社及财政粮加工量,也达到小麦10479524斤,莜麦147647025斤。⑤ 4月1日至5月10日,市粮食公司又拨出小麦663.8万斤、莜麦230.4万斤,委托私营面粉厂进行加工。⑥

虽然私营面粉厂为粮食公司加工面粉也能获得一些利润,但是所得为

---

① 王恩举、李欣:《回忆永丰面粉厂的创建和发展》,《张家口市资本主义工商业的社会主义改造》,第299—300页。
② 《张家口市人民政府财经委员会关于私营永丰面粉厂经营问题的报告》(1950年11月20日),河北省张家口市档案馆,19-13-22。
③ 王恩举、李欣:《回忆永丰面粉厂的创建和发展》,《张家口市资本主义工商业的社会主义改造》,第301页。
④ 王恩举、李欣:《回忆永丰面粉厂的创建和发展》,《张家口市资本主义工商业的社会主义改造》,第300—301页。
⑤ 《张家口市人民政府1950年工商工作总结(节选)》(1950年12月),《张家口市资本主义工商业的社会主义改造》,第82页。
⑥ 田双举:《张家口市资本主义工商业社会主义改造大事记》,《张家口市资本主义工商业的社会主义改造》,第26页。

实物而非现金，要将这些面粉、黑面和麸皮销售出去才行。由于销售困难，同行竞争激烈。而且，由于急于求售，多门委托代销，上当受骗的情况也常发生，永丰就曾遭遇过数起面、钱全部被骗走的情况。①所以，仅仅靠来料加工，私营面粉厂不易获得发展的机会。而且，这种靠来料加工维持营业的局面也很难长期持续下去，因为粮食公司能够提供的粮食也比较有限，导致面粉业普遍感到原料缺乏。根据1950年5月的统计，粮食公司所存小麦大约只够5户机制面粉厂8个月之用，虽然这些厂家所产面粉可以销往京津，供销亦均无大的问题。②可是到1950年9月，机制面粉厂增至12家，其中公营6家，私营4家，公私合营1家，合作社营1家，共设置规格不同的钢辊机38.5部（欣生增设部分未计在内）。这12家面粉厂的生产能力，以每日生产24小时，每月生产22天计，每月可生产面粉105986袋，全年可生产面粉1271840袋。生产一袋面粉需小麦66斤，计一年需要小麦8394万多斤。而察哈尔全省年产小麦只有约7466万斤，除缴纳公粮及农民留用少许合计约3495万斤外，剩余约3971万斤可作商品粮上市。即使全部作为加工原料，仍差4423万多斤。如果仅依华北五省二市加工会议所分配给察哈尔省的产销面粉70万袋计划计算，亦需原料4620万斤，原料缺额仍达649万斤，需由他地采购调剂，始能维持。如果电力石磨也生产小麦面粉，则小麦原料缺额更大。③

由于原料供应不足，粮食公司只能将小麦拨给规模较大的面粉厂负责加工，所以126户使用电力石磨的厂商立即陷入困境，只能去加工莜面。但是莜麦原料供应也不足。按每日两班，每月生产25天计算，每月共需原料1100万斤，即使减至每日一班，每月也需要550万斤，而粮食公司和合作社所存莜麦，加上可能采购调拨者，每月最多只能保证260万斤，所以电力石磨户原料严重缺乏，到1950年5月底已有14户申请歇业。只有79户使用畜力磨的私营面粉厂所受影响较小，因为它们本来就以磨莜面为

---

① 王恩举、李欣：《回忆永丰面粉厂的创建和发展》，《张家口市资本主义工商业的社会主义改造》，第301页。
② 《关于面粉业发展情况及今后意见》，河北省张家口市档案馆，19-7-24。
③ 《张家口市人民政府财经委员会关于张市工业生产过剩、饱和或不足的情况调查初步意见》(1950年9月30日)，河北省张家口市档案馆，19-13-22。

主，由于成本低，产量小，在本市有一定的顾客，大多尚可勉强维持，只有 2 户申请歇业。①

由于私营面粉业主要由粮食公司提供原料或为粮食公司进行来料加工，一旦歇业倒闭，往往不仅拖欠工人工资，还拖欠粮食公司加工面。如德瑞祥号欠粮食公司莜面 5 万余斤，新生面粉厂欠 2 万斤，其他有类似情况的还有一二十家。② 即使拍卖其资产，所得往往尚不足抵付拖欠工人的工资，拖欠粮食公司的加工面则无法偿还。所以，一旦有私营面粉厂歇业倒闭，不仅会造成工人失业，需要政府设法救济，也会直接给公家带来经济损失。而且，由于所有私营面粉厂都依靠粮食公司提供原料，所以私营面粉业对粮食公司的依附关系进一步增强，粮食公司加工组长的权力扩大，可以操纵私营面粉厂的营业，乘机从中营私舞弊。

在这种情况下，私营面粉业一致要求公家稳定地供给原料，以维持生产，等待状况好转。1950 年 5 月张家口市政府开始调整工商业中的公私关系后，即采取措施帮助私营面粉业渡过难关。8 月，由政府出面组织了一个粮食加工指导委员会，私营面粉业在该委员会指导下，统一承揽来料加工，协商分配原料，统一成本计算，订立合同，并建立联保制度，保证产品质量。该委员会对加工户加以整理，为加工户评定分数（成数），按分数多少分配加工原料。1950 年全年，粮食公司共发出小麦 16290393.5 斤，莜麦 24579323 斤，委托机制面粉厂 5 家、电力石磨面粉厂 110 家负责加工，占面粉业总户数的 85%，占各该加工厂生产能力的 50% 到 80%。此外，还有合作社及财政粮小麦 10479524.5 斤、莜麦 14764702.5 斤交给公私营面粉厂加工，勉强维持私营面粉业的生产。③

在建立联保制度的同时，市政府还在面粉、建筑、铁工制造等行业组织联营，并为此制定了联营公约及具体执行办法。但是在面粉业似乎成效不彰。到 1950 年 11 月在建筑业、肥皂业、铁工制造业、百货业、杂货业、铁货业、五金业、南市场摊商和人民市场布商中已共有 89 户实现了联

---

① 《关于面粉业发展情况及今后意见》，河北省张家口市档案馆，19-7-24。
② 《关于面粉业发展情况及今后意见》，河北省张家口市档案馆，19-7-24。
③ 《张家口市人民政府一九五〇年工商工作总结》，河北省张家口市档案馆，19-13-22。

营,而面粉业尚无厂商组织联营。①

但是,对于私营面粉业提出的调整加工成本或工缴率的要求,市政府则未予满足,私营面粉业依然利润微薄,难以维持。而且,由于面粉加工户相互之间订立了联保关系,一旦有私营面粉厂倒闭,资不抵债,也会牵连别的厂商。如复圣涌面铺在加工当中,粮面全亏,产不抵债,经理和会计潜逃,最后要由担任面粉加工户分片组长的永丰面粉厂负责赔偿。这时,永丰面粉厂自身的业务经营也遇到困难。粮食公司原拨交委托加工的300万斤小麦,按合同规定每百斤小麦交面粉60斤,但在合同完成100万斤后,粮食公司又将交面率提高到每百斤小麦交面62斤,此事也给永丰面粉厂带来较大损失。②

正在这时,1950年9月瑞丰面粉厂又陷入困境。10月7日,瑞丰面粉厂向政府申请进行破产清理。当时该厂欠债折合面粉达5800余袋,其中有私人债务,也有挪用察哈尔省政府区粮库的加工存粮、粮食公司的加工面粉,还有在永丰、元隆两家私营面粉厂担保下,向银行贷的3000万元。市工商局接到该厂的破产申请后,认为该厂涉嫌故意设局搞"破产还债",坑骗公家,所以决定优先保障公家的利益。次日,市工商局即召集区粮库、银行、粮食公司等公营债权人开会,议定处理办法,为了稳定工人情绪,不耽误生产,决定将该厂财产折价4500袋面粉,归区粮库管理,用来赔偿公营单位之债务,其余折合399匹布之私人债务,由股东负责偿还。如股东实在无力偿还,再由公家与私人债权人共同承担损失。公营债权人随即与瑞丰面粉厂订立了合同,10月10日区粮库就派人进厂指导该厂开工生产。但是私人债权人因未能参加10月8日市工商局召集的协商会议,对这种处理办法非常不满,同时市政府领导也觉得这样做于法不合,乃让公营债权人向法院提出诉讼,由法院审理后确定处理办法。③

---

① 《中共张家口市委关于组织私营工商业联营问题的报告》(1950年11月11日),《张家口市资本主义工商业的社会主义改造》,第78页。

② 王恩举、李欣:《回忆永丰面粉厂的创建和发展》,《张家口市资本主义工商业的社会主义改造》,第301页。

③ 《张家口市委关于瑞丰面粉厂亏累问题的报告》(1950年12月11日),河北省张家口市档案馆,19-7-24。

永丰和元隆本来与瑞丰有互通财政、互持股份、互相担保借贷等关系。瑞丰申请倒闭后，永丰和元隆也感到不安，元隆首先向政府、银行、粮食公司告急，声明债务，永丰也强调经营困难，要求公家格外扶植，否则也要申请倒闭。永丰面粉厂当时是张家口市最大的私营面粉企业，营业也主要靠为粮食公司加工面粉，如果倒闭，影响巨大。1950年11月，粮食公司到永丰面粉厂清查仓库。清查结果，1950年1—9月共生产小麦面粉40234袋，莜面557889斤，其中自营只占10.2%，加工占89.8%，累计亏损106363982元，折合面粉1492袋。①

为了改善营业状况，永丰要求提高加工费。而市财经委员会认为，永丰经营困难的主要原因在于自己经营不善，开支浪费大。依据该厂账面计算，平均出粉率为小麦63.92%，莜麦80.97%，而小麦加工的交粉率为63%，所以利润微薄，不敷开支。但是市财经委认为，从生产情况较正常的1950年8月份的情况来看，共计生产面粉357984斤，耗费原料540000斤，出粉率为66.29%，扣除应交粉340200斤，余粉17784斤，加上副产品，共得毛利折合面粉18123斤，合洋10562.5元。而当时永丰面粉厂加工每百斤小麦的成本为16302元，市财委认为如果该厂能够将加工成本降低到每百斤小麦7430.19元（折合面粉5.75斤）的水平，则可获纯利42.156%。② 由于张家口市政府有关部门有如此认识，所以在本市报端以"机构臃肿，经营不善"为题，对永丰面粉厂进行了批评报道。③

如果永丰面粉厂将生产成本降到市财经委认为可能的水平，则可以获得比行业平均水平更高的利润。1949年张家口制粉业的毛利率一般为30%到35%，电力石磨更多一些，也只有35%到40%。④ 但是，大幅降低成本对永丰来说是一个难以完成的目标。首先，该厂债务负担大。1950年

---

① 《张家口市人民政府财经委员会关于私营永丰面粉厂经营问题的报告》（1950年11月20日），河北省张家口市档案馆，19-13-22。
② 《张家口市人民政府财经委员会关于私营永丰面粉厂经营问题的报告》（1950年11月20日），河北省张家口市档案馆，19-13-22。
③ 王恩举、李欣：《回忆永丰面粉厂的创建和发展》，《张家口市资本主义工商业的社会主义改造》，第301页。
④ 《张市面粉业的一般情况》，河北省张家口市档案馆，19-13-8。

1—9月份共向银行借贷7次，总额113814668元，又从粮食公司无息借入1000袋面粉，此外还向私人借贷，利息支付占1—9月份开支总额的4.44%。最高时，包括银行贷款利息在内，达7.9%。开工后又正值物价稳定，货物滞销，无论加工还是自营都无厚利可图，偿还利息形成沉重负担。而且，该厂职工多系原同聚粮栈的店员和学徒，不懂技术，生产效率不高。还有，因资金少，设备不全，机器质量低劣，故障不断发生，修理费支出也偏高。① 这些问题都是永丰自己一时难以解决的，其他厂商也有类似的问题，只是程度不同而已。

在这种情况下，私营面粉厂自然难以长期维持生产。但是市政府有关部门坚持不承认加工费过低，将责任都推到企业自身经营不善上。当时市劳资关系指导委员会派工作组到面粉、铸造等6个行业中指导劳资协商，于是察哈尔省劳动局尹忠局长带领工作组到了永丰面粉厂。针对永丰的实际情况，工作组帮助改善经营管理。在厂内建立了党支部、团支部和工会组织；健全劳资协商会议，通过劳资协商制定生产计划；推举技师荣卓然为厂长，改进生产技术，并开展爱国主义劳动竞赛。经过努力，确实提高了劳动生产率，将每天300袋面粉的生产能力一下提高到400多袋，一个月可多磨12万斤小麦。② 还对过去直接出售的麸皮进行深加工，这样一天能出黑面360斤，除去开支，净赚6.954万元（旧币）。对有沙粮食再次过筛，每天能从沙粮里筛簸出90斤次小麦，可磨黑面36斤，还能磨10来斤机粉，这样一天就能增加4万元（旧币）的收入。安装一部碾米机，每天能碾高粱米4000斤，除去开支，也能净赚20万元。生产用的麻袋破了，过去雇人缝补，这时改为工人自己缝补。甚至还为了节省开支，减少每月喝茶用的茶叶，点火用的火柴数量。③ 经过这样的努力，在不到一年的时间里，永丰面粉厂基本还清了亏空粮食公司的粮食。

---

① 《张家口市人民政府财经委员会关于私营永丰面粉厂经营问题的报告》（1950年11月20日），河北省张家口市档案馆，19-13-22。
② 王恩举、李欣：《回忆永丰面粉厂的创建和发展》，《张家口市资本主义工商业的社会主义改造》，第302页。
③ 岑建忠、杨涧岭、马聘儒：《党指引永丰面粉厂走上光明大道》，《张家口市资本主义工商业的社会主义改造》，第257—258页。

到 1950 年 11 月，市粮食公司已经拨出小麦、莜麦 5430 余万斤由面粉业负责加工。可是，私营面粉厂原料缺乏问题并没有得到解决。张家口莜麦上市量仍不能满足电力石磨户的需要，而且销路依然不振，生产能力仍严重过剩。当时察哈尔省每月莜面销售量约为 5 万袋，全年 60 万袋，加上输出约 20 万袋，最多也不超过 80 万袋，仅及全部生产能力的 47.18%。① 面对这种状况，张家口市劳资关系指导委员会认为不应再允许开设新的面粉厂，但是又不能不为社会游资寻找出路，因此建议学习天津公营企业招收私股，给私股分红的做法，多组织公私合营的工厂，如允许欣生面粉厂招收私股。② 但是面粉业，尤其是电力石磨业的生产能力过剩问题仍不能解决。电力石磨户在 1950 年大量歇业，1951 年又有 30 多户歇业，只剩下 49 户，其中有 22 户完全或部分依靠给粮食公司加工面粉来勉强维持生产。③

到 1952 年，由于张家口市场粮食上市量大幅减少，粮食公司不能供给原料，剩下的 22 户电力石磨面粉厂中又有 17 户在 1952 年 3 月被迫停业，其余 5 户勉强维持，营业额也大为减少。如茂记面粉厂，1952 年 1 月份的营业额为 4627 万元。以此为基数，2 月份减少了 84%，3 月上半月减少了 88%，与 1951 年同期相比，减少了 73%。自营的 27 户电力石磨制粉厂也因原料缺乏，生产量呈下降趋势，如长胜涌面粉厂，1951 年 12 月份生产量为 64445 斤。以此为基数，1952 年 1 月份减少了 54%，2 月份减少了 54%，3 月上半月又减少了 80%。1952 年 1—3 月份比 1951 年同期减少 60%。此外，当时还有钢板磨 24 户，马拉磨 43 户，本来产量小，大部分可以通过磨杂合面维持下去，其中也有 16 户过去靠磨面粉供给面食业，这时也因原料缺乏，陷入半停工状态。

由于私营面粉厂商在之前已经垮了一些，所以在"五反"运动中没有将私营面粉业列为重点整顿行业。只有集盛隆面粉厂情况特殊，因有人揭

---

① 《张家口市人民政府财经委员会关于张市工业生产过剩、饱和或不足的情况调查初步意见》(1950 年 9 月 30 日)，河北省张家口市档案馆，19-13-22。
② 《张市劳资关系指导委员会关于目前私营工商业情况及工作意见的报告》，河北省张家口市档案馆，19-7-24。
③ 《张家口市人民政府关于目前私营工商业情况的报告》(1952 年 3 月 21 日)，河北省张家口市档案馆，19-13-38。

发其买卖黄金，隐匿敌伪物资，被列为重点打击对象。1952年2月4日工作组到集盛隆检查时，经理胡向春因惊吓过度而精神失常，晚上有人叫门，以为是来逮捕他的，跑到厨房取了菜刀，自杀而死。① 最后，集盛隆的财产被全部没收，而面粉业其他厂商受到的冲击不大，退款不多。永丰面粉厂也被查出有不法行为，后经核实赃款为2万元，定为严重违法户，孙治安受到打击，主动要求将永丰面粉厂交给国家经营，最后得到宽大处理。② 此外，面粉业还有14家也被查出有各种问题，16家共计偷漏税4638万元，盗窃和偷工折款16040.04万元，隐匿物资折款10314万元，合计30992.04万元。③

"五反"运动结束后，张家口市限制电力石磨户的发展，组织畜力石磨户，而扶植瑞丰、永丰、庆兴长和恒丰等较大规模的机制面粉厂。为支持私营面粉厂恢复发展生产，市粮食公司又与私营面粉厂签订了加工订货合同。但根据面粉业的典型调查，自营户利润较高，加工户利润较低，加工户中多数稍有盈余，部分户仅能维持开支，少数户出现亏损。如自营户裕丰厚有石磨2台，从业13人，1953年第一季度每月平均月产面粉4150斤，盈利1661万元，纯利率为8.47%。比裕丰厚规模更小的永泰兴，纯利率也有7.83%。而加工户，每人每月平均加工莜麦在9000斤以上者方能维持开支，并有盈余，纯利率最高者为7.93%，最低者为2.11%。如果生产量小，人多，开支大，就要亏钱。1953年1—4月，32户加工户约有15户赚钱，5户勉强维持开支，12户赔钱。④ 到1953年10月实行粮食统购统销政策之前，张家口市的面粉加工厂已经缩减为57户。粮食统购统销政策实行后，桥东和桥西的私营面粉业又陷入困境。1954年初，张家口市委、市政府再次对面粉业进行调整，除保留37户完全为粮食公司加工面粉外，其余生产技术比

---

① 《中共张家口市委关于工商界五反运动第二阶段情况的报告》，河北省张家口市档案馆，19-7-60。
② 王恩举、李欣：《回忆永丰面粉厂的创建和发展》，《张家口市资本主义工商业的社会主义改造》，第302页。
③ 岑建忠、杨润岭、马聘儒：《张家口市私营面粉业从委托加工到公私合营》，《张家口市资本主义工商业的社会主义改造》，第224页。
④ 《中共张家口市委统战部关于加工订货情况的报》（1953年11月28日），《张家口市资本主义工商业的社会主义改造》，第116页。

较落后的 20 户均被动员转业。① 所以，1954 年 1 月 16 日《张宣日报》即报道，张家口市面粉业已有 63 个面粉厂先后走上了国家资本主义的道路。②

到 1954 年，由于粮食公司库存小麦有限，很难满足现有厂家的需要，而且缺口很大，就前景来看也不乐观，而另一方面粮食公司还有大量库存莜麦急待加工，所以要求一些面粉厂由加工小麦转为加工莜麦，永丰面粉厂也在这时转了产。转产需要改建厂房和添置设备，因而需要增加上万元投资，而永丰面粉厂本身无力承担，于是从人民银行贷款 9000 元，订购了 10 口圆炒锅和动力、传动等设备，又将 8 间粮仓改建为 30 米长、6 米宽的一排炒麦车间。③ 改造完成后，永丰面粉厂即以替粮食公司加工莜面为业务。1954 年 1—9 月，永丰面粉厂完成加工任务的 101.25%，降低成本 4875 万元（旧币），节约开支 1148 万元（旧币），营业稳定下来。④ 到 1955 年底，永丰面粉厂已经发展成为拥有 50 多名职工和日产莜面 2000 多袋，核定资产 10 万余元的规模较大的粮食加工企业。⑤

到 1956 年 1 月，张家口市面粉业实行全行业公私合营，37 家私营面粉厂合组为张家口市公私合营粮食加工厂。1960 年 10 月，该厂与国营张垣面粉厂合并为张家口面粉厂，彻底转为国营。⑥

中共在接管大中城市、建立全国政权的过程中，主要通过控制粮食、棉纱、棉布等重要物资来保障供给，稳定市场，这是导致中共在七届二中全会上所构想的五种经济成分并存的新民主主义经济难以稳定持续的重要原因。从 1948 年 12 月中共第二次接管张家口市后，国营粮食公司与私营

---

① 岑建忠、杨涧岭、马聘儒：《张家口市私营面粉业从委托加工到公私合营》，《张家口市资本主义工商业的社会主义改造》，第 225 页。
② 田双举：《张家口市资本主义工商业社会主义改造大事记》，《张家口市资本主义工商业的社会主义改造》，第 33 页。
③ 王恩举、李欣：《回忆永丰面粉厂的创建和发展》，《张家口市资本主义工商业的社会主义改造》，第 302 页。
④ 岑建忠、杨涧岭、马聘儒：《党指引永丰面粉厂走上光明大道》，《张家口市资本主义工商业的社会主义改造》，第 259—260 页。
⑤ 王恩举、李欣：《回忆永丰面粉厂的创建和发展》，《张家口市资本主义工商业的社会主义改造》，第 303 页。
⑥ 贾少卿：《张家口市面粉行业的历史演变》，《张家口文史资料》第 6 辑，1985 年，第 105 页。

粮食业、面粉业的关系，即可得到明确的证明。中共第二次接管张家口后，新政权积极扶植私营粮食业和面粉业恢复营业，粮食公司和合作社也很快建立起来，并通过制定张家口及周围各县粮食牌价控制了粮食价格。由于在制定粮食价格时未给私营粮商留出合理的利润空间，导致私营粮食业衰落，粮食收购和调剂以及面粉业的原料供应等任务主要落在了粮食公司身上。虽然在1950年5月以后调整公私关系，鼓励私商参与粮食收购，但是由于粮食上市量减少，私营粮食业、斗局业陷入困境。到1953年实行粮食统购统销政策后，私营粮食业和斗局业彻底退出粮食市场。

相对于私营商业，新政权更重视私营工业，所以鼓励私营粮栈转行开设面粉厂，并鼓励私营面粉厂加装新式磨粉机，导致张家口私营面粉厂在接管初期快速增多，很快生产能力即呈过剩状态。由于资金少，销路困难，多数面粉厂依靠为粮食公司加工面粉来维持营业。一旦粮食公司不能大量供应原料，私营面粉厂只能大量歇业倒闭。虽然1950年5月以后政府曾采取措施帮助私营面粉厂渡过难关，但是效果并不明显，加上灾荒导致粮食上市量减少，私营面粉业继续下滑。到实行粮食统购统销政策后，除粮食公司的加工户外，其余均被动员转业，而到进行资本主义工商业的社会主义改造时，改造的对象只有这些加工户而已。陈云对于加工订货这种形式，说"这是逐步消灭无政府状态的手段。通过这种办法，把他们夹到社会主义"。① 从张家口市的情况可以看出，重要的不是加工订货，而是国营经济控制了市场和物资，迫使私营工业不得不接受加工订货，并失去了确定加工订货手续费的谈判权，从而导致它们在进行社会主义改造前已经大面积倒闭。

事实证明，新民主主义经济提前结束，主要原因不是石仲泉等人所说的理论缺陷和不足，也不是林毅夫等人所说的发展重工业战略的需要，而是接管大中城市的方式所导致的工商业中的公私关系无法调适的结果。所以，提前对私营工商业进行社会主义改造，主要是经济管理层面的现实需要推动的。

---

① 陈云：《陈云文选（一九四九——九五六）》，北京：人民出版社，1984年，第93页。

第二编

制度与身份

第六章
革命理想、农村发展与城乡互动*

——两个华北典型村庄故事中的社会变动

革命留给中国社会发展极为深刻的影响,曾被作为推动历史前进的火车头,或将20世纪称为革命的世纪。然而,从俄国十月革命到中国革命,革命均是在少数甚至一国内首先获得胜利,且无不是在薄弱环节中爆发,与马克思、恩格斯所预言的革命是生产力高度发展致生产关系的矛盾不可调和的必然产物,存在较大距离。

列宁对此的经典表述为:"经济和政治发展的不平衡是资本主义的绝对规律。由此就应得出结论:社会主义可能首先在少数甚至在单独一个资本主义国家内获得胜利。这个国家的获得胜利的无产阶级既然剥夺了资本家并在本国组织了社会主义生产,就会奋起同其余的资本主义世界抗衡,把其他国家的被压迫阶级吸引到自己方面来,在这些国家中发动反对资本家的起义,必要时甚至用武力去反对各剥削阶级及其国家。"① 此种认识,可谓是列宁《帝国主义是资本主义的最高阶段(通俗的论述)》和

---

* 本章作者:刘一皋,北京大学历史学系教授。
① 《论欧洲联邦口号》(1915年8月10日【23日】),《列宁全集》第26卷,北京:人民出版社,1988年,第367页。

《民族和殖民地问题提纲》中相关内容的先导,即是中国革命理论的基础。中国革命的农村包围城市道路,尤其是"工农武装割据"必定能够成为星火燎原之势,也基本上使用了列宁的论证方式。毛泽东认为,中国红色政权能够存在的首要条件就是发展的不平衡性,即革命发生在"帝国主义间接统治的经济落后的半殖民地的中国",主要表现在"地方的农业经济(不是统一的资本主义经济)和帝国主义划分势力范围的分裂剥削政策"。①

既然革命是在薄弱环节爆发,尤其是中国革命是在经济落后的农村地区展开,势必影响革命过程中之经济政策,以及革命后社会经济发展的途径,或者说需要针对农村地区的经济发展进行某种程度的补课。可是,列宁又展示了农民在民主革命及小农经济发展中的矛盾性:"在世界上无一例外的所有国家,包括俄国在内,农民在资产阶级民主改造时期都是动摇于资产阶级和无产阶级之间的。这种动摇是不可避免的,因为农民既是地主和农奴制的敌人,同时自己又是小业主即小资产者。"② 所以,在革命后需要对农民迅速加以改造,以保证革命的社会主义方向。

另一方面,在落后国家或地区,城乡之间、工业与农业之间也呈现巨大的发展不平衡现象,甚至出现对立鸿沟。在一般政治经济学概念中,市场发挥着沟通城乡及工农业生产的作用,然而,为避免革命后社会经济发展的资本主义倾向,列宁对商业资本的认识较为消极,强调国家必须经商,尤其强调使用国家政权的多种经济手段战胜私人资本家。③ 于是,国家替代了市场,成为城乡及工农业之间的联系桥梁。

为了彻底战胜资本主义,并适应城市工业的需要和接受城市无产阶级的领导,列宁提出,首先需要实现由个体小农经济到共耕制的过渡,"采取一系列渐进的过渡办法,不断激发劳动农民的觉悟,而且完全根据他们

---

① 《中国的红色政权为什么能够存在?》(1928年10月5日),《毛泽东选集》第1卷,北京:人民出版社,1991年第2版,第49页。
② 《论两条道路》(1914年5月24日【6月6日】),《列宁全集》第25卷,第170页。
③ 《俄共(布)中央委员会政治报告》(1922年3月27日),《列宁全集》第43卷,北京:人民出版社,1987年,第91页。

的觉悟程度、根据农民单独组织起来的程度一步步前进"。① 进而又提出了组织社会主义大农业的办法:"最重要的办法是建立国营农场(即社会主义大农场),鼓励农业公社(即农民经营公共大经济的自愿联合)以及共耕社和协作社;无论谁的土地,凡未播种的,一律由国家组织播种;由国家动员一切农艺人才来大力提高农业经营水平等等。"② 还应该看到,由国家主导的将个体小农组织成大农业的农村发展途径,在列宁那里,只是在小农生产者占人口大多数的国家里,实行社会主义革命必须通过的特殊的过渡办法,"只有有了物质基础,只有有了技术,只有在农业中大规模地使用拖拉机和机器,只有大规模电气化","才能根本地和非常迅速地改造小农"③,需要花几代人的时间才能办到。也就是说,城乡之间与工农业之间的协调发展,也由此才能够实现。

  之所以对列宁的相关经典论述进行较为详细的梳理,目的在于加深对于中国革命及革命后的农村发展问题的认识。十分明显,国家的引导及扶持和走农业集体化道路,中国共产党的理论认识主要来自列宁,至于合作化与机械化孰先孰后的争论,中国的合作化运动,也同样带有苏俄的应付危机需要的色彩。所不同的是,中国的工农业生产水平,较之俄国更加落后,革命战争时期面临的各种危机却更加持久和严重,战时经验的惯性影响也就更加深远。又由于城市工业的落后,革命后的经济发展首先集中于国家工业化建设,国家对于农村及农业的投入极为有限,工业向农业提供先进技术装备的能力就更弱,反过来城市需要从农村中汲取大量的人力、财力和原材料,从而构成了中国特有的农村发展问题。

  自中国改革开放以来,特别是苏联解体之后,人们对于革命理想及其实践产生的后果,提出了许多质疑的观点,也在一定程度上影响到中国国内。革命战争时期便已产生,且具有长期影响作用的国家干预和农业集体化问题逐渐淡化,继起的是农村发展的现代化道路的讨论,其中又以对城

---

  ① 《在全俄土地局、贫苦农民委员会和公社第一次代表大会上的讲话》(1918年12月11日),《列宁全集》第35卷,第353页。
  ② 《俄共(布)纲领草案》(1919年2月),《列宁全集》第36卷,第113页。
  ③ 《俄共(布)第十次代表大会文献》(1921年3月),《列宁全集》第41卷,第53页。

第六章 革命理想、农村发展与城乡互动 | 155

市化与市场作用的讨论最为突出。于是，乡村工副业、城乡商品流通、农村剩余劳动力转移，以及小农经济形态的实质等问题，由较长时期被忽略或曲解，甚至被认为有资本主义倾向之嫌，再次被重视起来，转而成为追求城乡及工农业均衡发展，并藉以回答种种现实发展问题及其趋向的重要课题。

因此，革命后的中国农村发展，似乎被分割成前后差异较大的两个时期。如果视改革开放后的农村发展渐次走上了正轨，那么，革命时期的理论解释与实践，就可能存在一定的问题，仅仅使用客观环境的局限性加以解释，并不能充分说明不平衡发展的复杂现象，需要对整个革命过程进行更为细致、准确的研究。

由于中国革命主要是在相对落后的农村地区进行，革命经典理论及政策、策略解释与不平衡的、分散的村庄、社区实际发展之间存在着何种距离，革命在不同村庄是如何发生、进行的，革命在改造村庄社会的同时又留下了何种遗产，这些都需要实证的个案研究加以说明。此类研究的一个有利条件是，在革命实践过程中，尤其是在革命后农村发展理论构想影响下的历史写作，产生了大量的村庄革命故事及相关研究，构成了革命叙事的重要内容。本章拟选取两个华北典型村庄故事，说明革命理想在中国农村的实践过程。所谓"典型"，特指村庄故事与国家革命历史叙事具有高度同构性，村庄成为国家整体历史解释的一个缩影。另一方面，村庄通常被视为传统社会"共同体"的基本单位，革命对于社会结构造成了何种影响？村庄社会关系及其与外部的联系发生了何种变化？村庄史研究也有重要意义。

两个华北典型村庄为河北省遵化县西四十里铺村（简称西铺村）和饶阳县五公村。前者位于冀东山区边缘，紧邻通往东北的官道，因 1955 年毛泽东编辑《中国农村的社会主义高潮》赞誉其为"我们整个国家的形象"而闻名；后者位于冀中平原腹地，京九铁路穿村而过，因抗战时期就开始互助合作而被誉为"社会主义之花"。两个村庄出了两位全国著名的农村代表人物——王国藩与耿长锁，在几十年的政治生涯中，两人获得了大量荣誉并伴随着权力扩张。因此，在革命及革命后的国家历史发展中，围绕两个村庄，产生了众多的、不同类型的叙事文本，诸如官方档案、报刊报道、历史记述、访问、回忆及文学作品等，所讲述的村庄故事，基本能够构成一条解释国家历史的较为完整的资料链，并得到不同历史时期不同研究者的不断补充与修正，适用于回答革命时期形成的中国农村发展构想，在具体实践过程中所产生的种种复杂问题。

一、走上村庄革命之路

一般而言，村庄故事多侧重村庄内部关系之变动，又集中于土地问题。事实上，自近代以来，村庄与外部的关系越来越紧密，而且愈加超出了传统农业的辐射范围。处在官道边的西铺村，"据考明代始建时为驿铺，后来迁徙或逃荒之民沿驿道陆续定居，日久成村"。[①] 村中有大车店、豆腐房数间，为村民日常聚会及交换信息之中心。近代以后，前往迁西矿山打工及出关谋生者日众，成为缓解村内土地压力且谋求改善生活条件的重要形式。五公村同样处于传统道路网络中的有利位置，早在唐代就已成村，距离集市不远，除农耕外，亦有搓绳、制蜡、贩卖蔬菜和加工豆腐等副业，近代后又增加了纺织业，同时大批人口前往周边城镇与闯关东谋生，北上天津、北京，南下上海、福州，成为越来越重要的谋生道路。[②] 可以想见，近代以后的农村社会发展，工副业和人口流动已是不可或缺因素，周边城镇的拉动作用，尤其是大城市的吸引力，也已经显现出来。

然而，一个村庄如何走上革命之路？依据革命史的讲述，近代以来帝国主义侵略和封建主义剥削不断深化导致的社会危机加重，必然产生农民的反抗，这是革命爆发的最直接的因素。义和团运动则被视作华北农民大

[①] 李康：《西村十五年：从革命走向革命——1938-1952 冀东村庄基层组织机制变迁》，北京大学博士论文，1999 年，第 5 页。

[②] Edward Friedman, Paul G. Pickowicz and Mark Selden, *Chinese Village*, Socialist State, New Haven & London: Yale University Press, 1991, pp. 16-20. 因社会科学文献出版社 2002 年出版的陶鹤山译中文版翻译错误较多，本章尽量采用英文原版。

规模反抗的标志。义和团运动时期,在西铺村和五公村,都曾出现"设坛练拳"活动①,出生于1900年的耿长锁,更是被直接赋予了与生俱来的反抗精神。② 由此,阶级压迫激起反抗的描述贯穿村庄历史始终。1932年秋前的水灾和1933年的春旱,令西铺村贫苦农民遭受沉重打击,"地主奸商却趁这机会勾结起来,一面放高利贷,一面勒住农民的脖子压价买地,谋算穷人仅有的家产"。农民只能铤而走险,遂爆发了"吃大户"事件。③ 1935年秋,因地主破坏青苗会,诬陷贫农徐敦偷割青苗致其入狱,五公村贫苦农民自发组织联盟会,发誓联合起来"与财主作斗争"④。

农民的自发反抗,只是革命得以爆发的因素之一,要想进一步深入发展,则需要外部的组织和动员。1933年11月,共产党员高村来到西铺村,"发展张林洪等四人建立了党的小组","自此以后,这里的人民在中国共产党的领导之下,才找到了一条铲除剥削和压迫的彻底的摆脱贫困、落后的面貌,大家都走向共同富裕的唯一正确的道路"。⑤ 此时,中共组织尚未进入五公村,但是,传记中记载,耿长锁在外曾见过共产党组织的"飞行集会",由此知道反封建等斗争口号。⑥ 华北农村日常生活被真正纳入中国革命的轨道,是在全面抗战爆发以后。1938年,八路军挺进冀东、冀中地区,开辟敌后抗日根据地,并陆续建立起各级党组织,积极开展各项抗日工作。

战时环境直接影响到农村社会的改造。在长期的战乱之中,为获取并控制农村地区的人力、物力资源,各种政治力量纷纷向乡村渗透,乡村对外支应事务大量增加,并令旧乡绅视"公职"为畏途,出面支应者逐渐向

---

① 编写组:《"穷棒子"精神放光芒:西铺大队的经济发展》,北京:人民出版社,1975年,第19页;南开大学历史系五公大队村史编写组编:《五公人民的战斗历程》,北京:中华书局,1978年,第11页。
② 肖献法、杨殿通、张绍良:《耿长锁传》,石家庄:河北人民出版社,2005年,第2页。
③ 北京师范学院中文系编写组:《"穷棒子"之乡斗争史》,北京:农业出版社,1975年,第13页。
④ 《五公人民的战斗历程》,第13页。在弗里曼等人的著作中,此事记载为1936年,并强调此事发生的村庄宗族和文化背景,淡化了阶级性。*Chinese Village, Socialist State*, p. 25-26.
⑤ 中国人民大学马列主义基础系三年十班:《建明人民公社发展史(初稿)》(1958年12月18日),手刻油印本,河北省遵化市档案馆,118-01-0022。
⑥ 《耿长锁传》,第26页。

农村社会中的中下层转移。① 抗战期间，华北敌后长期处于拉锯争夺之中，往往需要承担两面，甚至三面负担，于是，村庄权力加速转向一些财产不多、胆大、能干、人缘好的人手中；② 同时，村庄自卫也使得一大批拿起枪杆子的青年进入权力中心。长于对外支应者和村自卫武装的领导人成为村庄权力的新精英，较之旧有的内生精英，新精英与外部组织、事务的联系强于村庄自身，并带有鲜明的军事化色彩。就是在此种情况之下，王国藩、杜奎等人登上了西铺村的权力舞台，他们做的第一件事就是联络八路军便衣队起出了地主"贼六子"暗藏的枪支。缴枪行动意味着村庄权力的正式交接，"时势变了，穷苦农民要起来了，抗日的烽火将会越烧越旺，老黄历已经瞧不得了"。③ 1938年春，中共饶阳县四小区区委书记靳清廉来到五公村，帮助建立了抗日自卫组织，随后，7月5日，"徐义洲等三人在火红的党旗面前庄严宣誓，参加了中国共产党，同时建立了五公村党支部"。④

值得注意的是，抵抗外来侵略，只是激发农民参加革命的原因之一，甚至可以说，农民的民族主义并不是革命史叙事的主流。革命要在农村地区扎下根去，革命形势能够取得持续发展，还取决于战时农村社会改革的开展情况。在华北敌后农村根据地，社会改革内容多强调合理负担和减租减息，合理负担以税制改革为核心，"带给华北农村根据地一场静悄悄的、自由的、平等的革命"；⑤ 减租减息则带有更为鲜明的阶级性，在革命史中更为重要，是贫苦农民积极参加抗战和农村基层政权改造的主要条件。可是，令人费解的是，有关合理负担和减租减息的叙事在两个村庄故事中都极为简略，缺乏具体内容。

---

① 杜赞奇利用满铁调查材料，说明了20世纪二三十年代华北农村精英变化的情况。《文化、权力与国家——1900-1942年的华北农村》，王福明译，南京：江苏人民出版社，1994年，第150—167页。
② 北京大学社会生活口述资料研究中心收集的口述材料，反映了西铺村一带的情况。《西村十五年》，第30、33—34页。
③ 丁羽：《两个战友》，编写小组：《穷棒子社的故事——河北遵化建明公社纪事》上，北京：人民文学出版社，1966年，第16页。由于杜奎负责村武装工作，起枪的故事多强调其作用。"文革"时期故事改写为王国藩一人的功绩。《"穷棒子"之乡斗争史》，第17页。
④ 《五公人民的战斗历程》，第17页。
⑤ *Chinese Village*, *Socialist State*, Introduction, p. xxii.

在西铺村的各种故事文本中,负担问题被描写成:虽然极端困难,群众仍踊跃支前,为抗日战争交公粮、做军鞋、抬担架。至于负担数额、如何摊派、是否合理,以及合理负担对于村庄社会结构的影响,统统都被略去。最详细的减租减息叙述也只是说:"农民向地主、富农租种的土地,实行二五减租,一律按租额的75%交租;并保障佃权,只许佃户退佃不种,不准地主夺佃转租。农民向地主、富农所借的高利贷,已交利息超过原本一倍的停息还本,所交利息超过原本二倍的本息停付,并禁止出借高利贷。"① 其实,抗战后期西铺村地主早已躲进遵化城,"甚至不敢派人下乡催租讨债",那么,1944年减租减息运动的主要目标是什么呢?合理负担迫使五公村富裕阶层部分放弃土地,贫苦农民相应获得了部分土地,在弗里曼等人的著作中得到较为细致地描述。② 比较而言,减租减息的记载很少,仅说1941年和1944年在上级指示和工作组的领导下,进行了减租减息、增资保佃运动和查减斗争,均取得了"胜利"③。

合理负担主要涉及国家与村庄、农民之间和干部与群众之间的复杂权力、利益关系,并非革命史叙事的逻辑,给予某种隐去似在情理之中。可是,减租减息主要涉及阶级关系,本应成为革命史叙事的主线,为什么也要省略或简化?或许华北农村租佃关系并非十分尖锐,尤其是抗战后期土地占有已经发生了较大改变;或许故事讲述者依据传统革命史解释,将减租减息视为一种温和的、妥协的土地政策,只能"限制"不能"消灭"封建土地制度,为突出革命的彻底性、连续性故而淡化。因此,两个村庄故事均侧重描述阶级异己分子混入农会或工会,企图阻挠减租减息政策的落实,当纯洁组织后运动便逐步展开,努力使村庄斗争与高层决策④保持

---

① 《"穷棒子"精神放光芒》,第22—23页。
② Chinese Village, Socialist State, pp. 41-43.
③ 《五公人民的战斗历程》,第18页。
④ 刘少奇强调群众运动"应把农会放在第一位",同时注意发现、教育和训练积极分子。《关于减租减息的群众运动》(1942年12月9日),《刘少奇选集》上卷,北京:人民出版社,1981年,第235页。中共冀热边特委认为减租最主要的是发动群众,发动中注意培养与组织积极分子。《中共冀热边特委关于进行减租运动决定》(1944年9月1日),晋察冀边区财政经济史编写组、河北省档案馆、山西省档案馆:《抗日战争时期晋察冀边区财政经济史资料选编》(农业编),天津:南开大学出版社,1984年,第127页。

一致，自然突显了村庄组织内部权力斗争的色彩。至于减租减息运动前村庄的租佃和借贷关系，以及运动对于土地占有关系和农村借贷的影响等重要问题，未给予充分的正面回答，更未能涉及土地外的农民经济形态及农村社会发展诸问题。

抗战胜利后，华北农村根据地经反奸清算迅速转向彻底的土地改革，农村革命进一步深入展开。令人惊诧的是，两个村庄的故事，土地改革的内容也被简化了。在西铺村，早期叙述仅呈现普遍贫困现象，阶级结构和占地比例都不清楚。后增加了1947年土改前阶级构成和占地比例：在全村154户、耕地2160亩中，地主5户，占地1240亩（不包括在外村占有土地），分别占总数的3.2%和57.4%；富农4户，占地175亩，分别占2.6%和8.1%；中农34户，占地420亩，分别占22.1%和19.4%；贫农、雇农111户，占地325亩，分别占72.1%和15.1%。基本符合中共中央公布《中国土地法大纲》时的判断。① 对于租佃制和高利贷的叙述也是如此：若是永佃制，租额一般占到正常年景收获量的50%左右，而且是不论丰欠的"铁租"；若是租约制，除必须提供各种担保外，地租额占土地正常年景收获量的60%至80%不等，个别的还有超过90%的。丝毫看不到战争及战时社会改革的影响。在五公村，抗战对土地占有关系的改变较为明显。到1943年，全村334户、耕地4483亩中，5户地主富农土地占有由战前的465亩减少到285亩，人均5亩8分，较战前减少3亩2分，地主富农占全村人口和土地比例分别为3.1%和6.4%。在原108户贫农中，有58户人均占地2亩以上，上升为新中农，总计279户中农占有土地3892亩，占人口的84.1%和土地的86.8%；剩余50户贫农占有土地306亩，人均占地1亩半，较战前增加6分3厘，占人口的12.8%和土地

---

① "就一般情况来说，占乡村人口不到百分之十的地主、富农，占有约百分之七十至八十的土地，残酷地剥削农民。而占乡村人口百分之九十以上的雇农、贫农、中农及其他人民，却总共只有约百分之二十至三十的土地，终年劳动，不得温饱。"《中共中央关于公布中国土地法大纲的决议》（1947年10月10日），中央档案馆：《解放战争时期土地改革文件选编（一九四五——一九四九年）》，北京：中共中央党校出版社，1981年，第84页。

第六章　革命理想、农村发展与城乡互动 ｜ 161

的6.8%。① 从人口比例和土地占有关系看，已经基本实现了土地的平均化或中农化。但是，土地改革是农村革命的必经过程，所以，只能认为"五公村封建剥削根子并没有拔掉"②，土地改革依然必要。

在经历激烈的土地改革之后，西铺村151户、耕地2160亩中，贫农111户，占地1427亩，各占总数的73.6%和66.1%；中农34户，占地623亩，各占22.5%和28.8%；富农4户，占地62亩，各占2.6%和2.9%；地主2户，占地48亩，各占1.3%和2.2%。③ 考虑到中农以上家庭人口较多，可以视为土地分配的平均化。五公村的土改成果可能确实没有什么好讲的，只简略提到耿长锁"农业合伙组的贫农分得土地二十六亩"④。

上述农村阶级划分和土地占有比例之数据，存在着明显漏洞。其实，土地改革并不是真的没故事，而是已有故事的叙述往往聚焦于村庄权力的激烈争夺，即更多地指向"政治土改"。

为什么会出现这种现象呢？在《中国土地法大纲》出台之前，中共中央原想在土改复查阶段通过"洗脸擦黑"，促使干部退出多占果实，用发扬民主的办法，解决征兵、征粮、派款和发展生产等项工作中的作风问题。其后，性质和内容均有所变化，以为土改复查不彻底，是许多地主富农和有些流氓奸细叛徒"钻进我们党里来，要想仗势欺负老百姓，还有些坏干部、坏党员，自私自利，作威作福，骑在人民头上，跟着地主富农一股劲"，成为阻挡革命道路的绊脚石。⑤ 两个村庄的故事完全附会了此种估计。在西铺村，混入革命队伍的坏分子杜志"公开歪曲党的政策"，"煽动了部分落后群众故意陷害王国藩和杜奎"，⑥ "包围蒙蔽工作组"，抓住战

---

① 《五公合作化、公社化运动二十年史料（一）》（1963年），河北省饶阳县档案馆，76-201。该材料仅提供了五公村各阶级户数情况，未提供人口实数。
② 《五公人民的战斗历程》，第45页。
③ 《"穷棒子"精神放光芒》，第6、8、34页。
④ 《五公人民的战斗历程》，第51页。由5户贫农分得26亩土地，可视为该村贫农获得土改利益的一般或较高情况。河北省文学艺术界联合会、中国作家协会天津分会编：《花开第一枝——五公人物志》，天津：百花文艺出版社，1963年，第342页。
⑤ 《搬掉大石头整顿队伍》，中共冀东区党委印，1947年，第1—2页。
⑥ 逯斐：《王国藩勤俭办社》，北京：中国青年出版社，1955年，第4页。

时工作"比较粗糙生硬的缺点,任意加以夸大"。① "文革"时期,又归之于刘少奇"反动路线"的破坏干扰。② 在改革后的口述访谈中,上层路线斗争的讲述转为农村基层权力的恶斗,增加了新干部如何产生、上台和群众运动中行为过激的内容,基本脉络是新老干部的权力之争。③ 在五公村,《五四指示》下达时便遭遇干扰,"富农出身的支部委员、原抗联主任李凤祥,消极抵抗,不干工作,在抗联中搬弄是非,挑拨离间,致使运动冷冷清清,严重阻碍了土地改革向纵深发展"。也同样将土改中的权力斗争归之于刘少奇形"左"实右路线的干扰,工作组"一进村就解散了党支部,勒令耿长锁等七十多名干部隔离反省,并收了民兵的武器","让一些作风不正派的二流子掌握领导权"。④

土改权力斗争故事的最大缺陷,就是对于众多普通参与者的意愿和行为,始终无法给出一个清晰的解释。事实上,"搬石头"是华北老区的普遍现象,得到多数农民的认可,根源在于清算运动中整理村负担的问题不够彻底,多吃多占、动员方式粗暴只是负担问题最常见的表现形式。也因负担问题极为复杂,村负担又占负担总额相当比例,关系到战争的胜利和政权的巩固,因而被有意无意地隐去,或赋予阶级斗争的含义,故浮面上看到的只是赤裸裸的权力斗争,以及精妙且城府颇深的动员技巧表演。

于是,土改纠偏中又进行了整党工作,"乔广利、徐树宽等十二人被吸收入党,耿长锁担任了支部书记"。⑤ 斗争取得全面胜利。西铺村就没有那么幸运。区委曾试图解决"搬石头"中的错斗问题,王国藩因挨斗及果实被分,消极不满,避而不见。因剧烈冲击而产生对直接领导者的不信任,也是消极的重要原因。无论如何,土地改革运动中新老干部的权力之争,给西铺村留下了深刻的社会裂痕,⑥ 影响到以后二三十年的社会发展。

---

① 丁羽:《枪和土地》,《穷棒子社的故事》上,第41、44页。
② 《"穷棒子"精神放光芒》,第28页;《"穷棒子"之乡斗争史》,第31页。
③ 《西村十五年》,第75—78页。
④ 《五公人民的战斗历程》,第46、48页。
⑤ 《五公人民的战斗历程》,第51页。
⑥ 据李康研究,土改高潮时期主要干部中的前9人,1人被处决,2人被两度关押,1人因历史疑点被查淡出村政,1人因结怨过多离村,仅2人在日后的村庄政治中较为活跃。其他几名委员和法警中,也有数人选择了参军离村或谨慎淡出。《西村十五年》,第132页。

第六章 革命理想、农村发展与城乡互动

二、跑步进入社会主义

中国革命的长远目标是建设社会主义，依据列宁的经典论述，农村发展需要国家政权的扶持和引导农民走互助合作的道路。在中国，新生政权的经济、技术能力有限，且目标放在首先实现国家工业化之上，农村发展便主要依靠农业合作化运动的推动。必须指出，起源于战时的互助合作，最初只是应付极度经济困难的生产渡荒手段。1942年，在日军的烧杀抢掠和大旱灾的双重打击下，经多年严重消耗，华北敌后农村根据地进入最困难时期。1943年10月1日，中共中央发出《开展根据地的减租、生产和拥政爱民运动》的党内指示。11月29日，毛泽东在中共中央招待陕甘宁边区劳动英雄大会上讲话，强调开展生产运动的主要点就是"组织起来"，组织的最重要形式"就是合作社"，并进一步将此种战时合作社与列宁所说的"合作社"① 联系起来，说其既是农民根本摆脱穷苦状况的"唯一办法"，又是"达到集体化的唯一道路"。② 其中饱含着"并举"和"超越"之意。

1943年冬，中共饶阳县委号召群众"组织起来，生产渡荒"，派人到五公村帮助建立了"对敌斗争隐蔽经济组"，成立了打绳、织布、轧花、磨面、小油坊、木作等8个副业互助组，并将政府贷粮与生产互助合作相联系。③ 1944年春耕时节，五公村的8个副业组散了7个，只有打绳组在耿秀峰的帮助下，转成了4户的"土地合伙组"④，并取得了战时简单合作

---

① 在毛泽东引用的列宁的《论合作社》（1923年1月4日和6日）中，合作社实际上是一种过渡形式，即无产阶级掌握国家政权后，由国家支配一切大的生产资料，无产阶级通过合作社与小农结成联盟，对农民的领导得到保证，在新经济政策下，通过经济竞赛（买卖）战胜资产阶级，同时在农民中进行文化工作，实现文化革命，从而完成向社会主义的过渡。《列宁全集》第43卷，第361—368页。
② 《组织起来》（1943年11月29日），《毛泽东选集》第3卷，第928、931页。
③ 向贫农军属和极贫户发放贷粮2000斤小米，实际都给了副业互助组。《花开第一枝》，第338—339页。
④ 耿秀峰为五公村人，出身于中农家庭，初小毕业。抗战时曾任小学教员，并曾在抗日报社工作，阅读和宣讲过"苏联集体农庄"的小册子，热衷于合作事业，外号叫"合作迷"。张庆田：《耿秀峰同志》，《花开第一枝》，第33、339页。

的初步成功，秋收时亩产达到220斤，比一般农民多打50多斤，①还吸引了13户农民加入，村中又新建了两个土地组。他们的成功也激励了基层政府的热情，帮助"土地合伙组"重新制定了章程，农业分红由原来的"地劳对半"改为"地四劳六"，副业由"资四劳六"改为"资三劳七"。②副业受挫和种植业初获成功，恰恰说明了战争对社会经济的破坏，乐观的估计，无疑助长了快速过渡的企图。

"土地合伙组"的扩大，并没有带来生产效益上的叠加作用，反而出现了严重的管理问题，加之分配比例的改变，影响到土地较多、较好农户的生产积极性。1945年秋后，出现了8户退组事件，剩余9户共42人，土地104亩。③为了稳定生产情绪，争取较为富裕、生产经验更为丰富的中农参加，再次更改了分红比例，农业按"地六劳四"分配，较之成立之初尚有退步，副业则改回"资四劳六"。④至1950年，"合伙组"成员发展到共15户63人，土地179亩，处于缓慢发展的状态，还未达到战时最高水平。需要注意的是，此时合作经营的有效性已经主要体现在副业之上，打绳等副业，不但为"合伙组"提供了农业外的收入来源，更是集体财产积累的主要部分，根据地政府通过下发生产订单加以扶植的措施为发展的重要因素。⑤1947年12月，于光远曾到五公观察，对副业生产印象甚深，以为"这是一件很好的事情"。⑥

土地改革能够政治翻身，却不能根本解决翻身后的社会经济发展问题，这是继续革命的内在逻辑。1949年，五公村就有30来户买卖土地。⑦西铺村的情况更为严重，除出卖土地的现象外，"在一九五二年前，国家每年要给这村发放五万斤以上的救济粮和一百几十套寒衣。虽然

---

① 陈洁民、肖峰、志清：《组织起来十周年——记耿长锁农业生产合作社的发展经过》，《人民日报》1954年1月7日，第2版。
② 河北省政协文史资料委员会编：《文史精华》2010年增刊第1、2期合刊，第52页。
③ 《农业生产合作社调查材料》（1952年），河北省饶阳县档案馆，76-2。
④ 《花开第一枝》，第341页。
⑤ 《五公人民的战斗历程》，第44页。
⑥ 曾彦修：《于光远二三事》，《瞭望周刊》1993年第2期，第36—37页。
⑦ 《五公人民的战斗历程》，第55页。

国家这样支持,还有四户不免讨饭吃,孤儿戴存还曾经被迫当房当地"。① 对于此种现象,在解释上多强调小农经济底子薄,经不起天灾人祸,并刻意突出为两极分化,旨在说明"穷则思变"仍是革命的原动力,完全忽略了土地改革后农民自由外出做工、经商的机会大大减少的情况。

1950年春,针对土地改革后的新富农问题,高岗在东北提出必须使绝大多数农民"由个体逐步地向集体方面发展";1951年4月17日,山西省委向中央、华北局写了《把老区互助组提高一步》的报告,主张增强互助组的"公共积累"和"按劳分配",战胜自发趋势,引导走向更高一级的合作形式。两者急于向社会主义过渡的主张,均是依据战时经验,试图克服农村中新的贫富分化现象。尽管存在不同意见,② 9月间的全国第一次互助合作会议,还是确认农业生产合作社是走向农业社会主义化的过渡形式。③ 其实,1951年4月,在农业部代表来五公村视察时,就将"土地合伙组"正式命名为"耿长锁农业生产合作社",树立起农业合作化运动的一面旗帜。1952年10月,西铺村23户贫农办起了建明农林牧生产合作社,只凑起了"三条驴腿",既没有车辆,也缺少农具,被称为"穷棒子社",依靠到30里外的邻县砍山柴,"'从山上取来'了大批的生产资料"。④ 11月,在河北省委、省政府和饶阳县委、县政府的参与下,成立了五公村初级农业生产合作社,共计401户,是一个差不多包括全村农户的大社,章程规定以粮食亩产200斤为界,亩产200斤以下者,按地劳对

---

① 王林:《勤俭办社》,《河北日报》1955年5月4日,中共中央办公厅编:《中国农村的社会主义高潮》上册,北京:人民出版社,1956年,第17页。国家救济数字在多种材料中被反复使用,但其作用却十分模糊。如需救助100户,每户可得500斤粮食,力度较大;但遵化县1953年财政抚恤救济开支为23万元,似没有能力每年给西铺村这样数量的救济。遵化县志编纂委员会编:《遵化县志》,石家庄:河北人民出版社,1990年,第409页。

② 最常使用的材料是刘少奇的"春藕斋谈话"。刘少奇讲:"已有人提出了这样的意见:应该逐步地动摇、削弱直至否定私有基础,把农业生产互助组织提高到农业生产合作社,以此作为新因素,去'战胜农民的自发因素'。这是一种错误的、危险的、空想的农业社会主义思想。"《关于华北互助组问题的批语》(1951年7月3日),《建国以来刘少奇文稿》第三册,北京:中央文献出版社,2005年,第528页。

③ 薄一波:《若干重大决策与事件的回顾》上卷,北京:中共中央党校出版社,1991年,第184—202页。

④ 《书记动手,全党办社》一文按语,《中国农村的社会主义高潮》上册,第5页。

半分红；亩产200—300斤之间者，超额部分地三劳七；亩产300斤以上者，超额部分都按劳力分红；副业收益全部按劳力分红。①

　　从理论上讲，农业合作化是生产力水平达到一定程度的结果，而非单纯的救穷需要。可是，在两个村庄的故事中，互助合作既是应付严重经济困难的一种措施，又被作为快速、直接向社会主义过渡的起点。救穷措施和革命道路混同在一起，也许可以方便一时的故事讲述，却无法弥补理论和叙事上的缺陷，更何况也曾有过对于"农业社会主义"的批判。② 因此，简单地将合作化运动视为国家最高层的判断失误，或政治意识形态和动员手段的推动，都难以解释涉及面广大、过程曲折、情节复杂的农业合作化运动，于是，故事自然回到了村庄权力争夺的叙述套路。

　　农业合作化运动需要更强有力的村庄组织，不适者则要为土地改革后产生新的两极分化现象负责。依据此种叙事逻辑，土地改革后，西铺村党组织异常涣散，"除支书、村长推推动动外，其余都不干工作，既不缴纳党费，又不过组织生活，放弃领导"。③ 如此，原有干部要为西铺村发展不适负责，王国藩也得以再度出场。据档案记录，王国藩自1947年底至1951年底党组织生活间断，④ 只能归入"躺倒不干"之列。⑤ 1951年，杜志在镇压反革命运动中被判处死刑，"王国藩他们才又当上了支部委员"。⑥ 更重要的是，敦请王国藩回村担任村干部工作的是熟悉其情况并即

---

① 《大社是这样建立起来的》（1953年），河北省饶阳县档案馆，76-51。
② 解放战争时期，中共就曾批判土地改革中破坏工商业、主张绝对平均主义和试图依靠小生产建设社会主义的农业社会主义思想，是"反动的幻想"。《关于农业社会主义的问答》（1948年7月27日新华社信箱），《解放战争时期土地改革文件选编》，第408页。
③ 《中共遵化县委组织部关于十区西铺村支部对互助合作领导的经验》（1955年4月10日），河北省遵化市档案馆，118-01-0012。
④ 《西村十五年》，第103、108页。
⑤ 土地改革后，在农村党员中，所谓"躺倒不干"的现象很多。如在西铺村附近的村庄，赵家庄"党员十八名，积极工作的八名，推推动动的七名，躺倒不起的五名"；刁家庄"党员二十三名，积极工作的九名，推推动动的八名，躺倒不起的六名"。《遵化县第十区第二期整支汇报》（1951年），河北省遵化市档案馆，118-01-0001。
⑥ 《王国藩勤俭办社》，第4页。各种故事版本对杜志被处决一事的讲述非常混乱，罪名多是与国民党特务和反动会道门勾结举行或企图举行暴乱，实际上，杜志是在镇压反革命运动中被追究而处决，罪状首条是涉嫌破坏1948年春征兵。征兵和动员逃兵归队是当时村庄动员的重点且是难点工作，国家与农民存在着不同的认识，作为历史罪状显然是致命的，却不适宜用作普遍的阶级斗争宣传。

将升任区委书记的赵涌兴,毕竟,上级的支持是农村组织具有活力的必要条件。此外,当时在县城运输部门打小工的王国藩,境况十分窘迫,据赵涌兴回忆:"1950年6月,我从省委学习回来,给父亲买药去的路上,见他衣衫褴褛,面黄肌瘦,肩上背个破布口袋……"① 这是王国藩故事中最为落魄的描写,也是被故事讲述者和分析者最为忽略的一个情节。

五公村的耿长锁此时正处于上升势头,但也需要对合作化运动表明自己的态度,并作出适时的行为判断。转为合作社后,耿长锁获得了河北省劳动模范、中央农业部奖励等一系列荣誉,并于1952年3月底参加中国农民代表团赴苏联参观,也越来越熟练地使用国家话语表述合作社的生产和管理。1951年11月,耿长锁接受了《河北日报》的建议,把土地分红改为"地劳对半",并禁止社员在合作社外投资或从事私营活动,他认为新章程的最大特点是"爱国精神"②,并提出了夸张的爱国增产计划。③ 在国家需要和村民利益面前,耿长锁实际无力平衡两者,只能向国家倾斜。不幸的是,1952年五公村遭遇了旱灾和虫灾,经过社员们的辛勤劳动,合作社仍然取得了丰收,但与计划距离较大。④ 更糟糕的是,耿长锁繁忙的社会活动,令他差不多脱离了当年的农业生产。6月间,在耿长锁缺席的情况下,副社长魏连玉依据章程规定召开选举会,虽然耿长锁仍然当选社长,但也暴露了村庄内部的不满情绪。选举会事件后来被定为阴谋,对于魏连玉的指责,主要集中于他主张多从事副业经营,试图改变合作社的方向。⑤ 9月16日,耿长

---

① 赵涌兴口述、韩士林整理:《"书记动手,全党办社"精神的回忆录》,手抄本,北京大学社会生活口述资料中心藏。
② 《花开第一枝》,第341页。《耿长锁农业合作社章程》,《河北日报》1952年6月7日。
③ 计划争取1952年亩产粮食540斤,超过1951年30斤;亩产籽棉250斤。丰产实验地达到棉花亩产650斤,玉米亩产800斤,谷子亩产1000斤,甘薯亩产8000斤。《河北五十多名农业劳动模范订出计划,推动千村万组模范丰产运动》,《人民日报》1951年12月25日,第2版。
④ 据报道,1952年耿长锁农业合作社棉花亩产为240斤,丰产地棉花亩产370斤,而社外户棉花亩产仅40斤;社内谷子亩产210斤,社外户只100斤上下。《组织起来十周年——记耿长锁农业生产合作社的发展经过》,《人民日报》1954年1月7日,第2版。
⑤ 何建平:《"摇摇摆"》,《花开第一枝》,第312—315页;《五公人民的战斗历程》,第64页。副业生产的萎缩也是不满情绪的主要原因。1950年副业收入60000斤小米,占总收入的45%;1952年合作社规模稍有扩大,副业收入仅7000斤小米,占总收入的8%。庞琳:《国家与农民的关系研究——以耿长锁农业合作社为例(1943—1957)》,河北大学硕士论文,2011年,第35页。副业生产涉及国家控制市场和经营方向问题,前者在合作化运动中讨论较少。

锁从苏联回来,以苏联经验来解释合作化运动,很快便办起了大社,将自身前途与国家政治捆绑在一起,自然也就断绝了互助合作起步时的经营之道。

十分明显,无论是救穷的"穷棒子社",还是救灾中具有一定优越性的耿长锁社,都不具备生产力发展水平的优越性,因此,从初级社的创建、巩固进而过渡到高级社的整个过程,就不是经济生产中的和平竞赛的结果,更不是技术革新与合理化管理的示范,而被视为严重的阶级斗争,其中不免包含着虚构与制造。在西铺村,党支部一旦"戳穿了王悦、王维藩等户的假社",①"穷棒子社"就巩固了。五公村合作社则先后战胜了富裕中农李亨通的挑战和中农迷恋私有制的动摇,并清查出魏连玉历史上曾任国民党警察班长。② 比较而言,耿长锁社的国家干预色彩更为浓厚。1953年4月,河北省委农村工作部副部长郭芳率工作队到五公整社,纠正"急躁冒进"问题,结果有114户退社。③ 但是,当毛泽东讲了"纠正急躁冒进""吹倒了一些不应当吹倒的农业生产合作社"④ 之后,耿长锁社便很快恢复到整社前规模,并得到了国家更强有力的支持。12月27日,在建社十周年纪念大会上,河北省政府颁发了写着"社会主义之花"的奖旗,并宣布:河北省第一农业机器拖拉机站在五公村正式成立。⑤ 可是,诸如统购统销与农业合作化运动的关系等近一二十年来的热门研究问题,在两个村庄的故事中均被隐去。

无论如何,增产是合作化优越性的根本标准。作为典型村庄的故事叙事,从逻辑上讲,需要大力突出合作社的增产作用。奇怪的是,在两个村庄的故事中,公开数据均较为模糊,期望产量则更为夸张。1953年秋收,西铺村取得了办社后的第一个丰收,平均亩产折原粮254斤半,比本

---

① 《"书记动手,全党办社"精神的回忆录》。
② 《五公人民的战斗历程》,第67、82页。
③ Chinese Village, Socialist State, p. 150.
④ 《关于农业互助合作的两次谈话》(1953年10月、11月),《毛泽东选集》第5卷,北京:人民出版社,1977年,第119—120页。
⑤ 《耿长锁农业生产合作社建社十年,全社集会庆祝走互助合作道路的巨大成就》,《人民日报》1954年1月4日,第1版。

村最好的互助组多收 56 斤半，超过全村 1952 年的丰收产量 63%。1954 年秋收，平均亩产折原粮 325 斤，比本村互助组多收 96 斤，基本实现了村合作化，并且预计五年后"农民收入连林业、副业各种总收入折原粮每人每年就可分得四五〇〇斤粮食，社员都每天在兴奋劳动"。① 其他版本的叙事同样令人振奋。"一九五四年的农业产量，和一九五二年以前比较，提高了百分之七十六。林木增加了百分之五十六点四。果树增加了百分之六十二点八七。羊增加了百分之四百六十三点一。"② 曾对入社一度动摇的王荣，"一九五二年在互助组只收了六石粮，入社的第一年就分了四十一石粮"。③ 在五公村，1953 年也是一个全面增产年，平均粮食亩产 318 斤，计划 1954 年亩产提高 50% 左右，并在五年内达到亩产五六百斤。④ 在国家拖拉机的支援下和夏季生产竞赛的推动下，1954 年平均粮食亩产 390 斤，未能达到计划指标，但仍比当地一般农民高 30% 左右。⑤ 如此高速度的增长率，已经远远超出了农业生产常识和国家整体发展速度，似乎在无重大技术装备改变的情况下，仅凭集体劳动，共同富裕的梦想便唾手可得。事实上，西铺村的五年增长预期在整个公社制时期都未达到，五公村的增产势头在高级社后也出现了下滑。⑥

增产数据上的漏洞，并不影响两个村庄在农业合作化运动中的表率作用，伴随中国农村社会主义高潮的到来，1955 年 12 月 18 日，"穷棒子社"在遵化县第一个由初级社转为高级社；1956 年 1 月 1 日，耿长锁农业合作

---

① 《遵化县第十区区委会西四十铺农业合作社发展变化的基本总结》（1955 年 4 月 29 日）。
② 《书记动手，全党办社》（《唐山农民报》1955 年 4 月 30 日）,《中国农村的社会主义高潮》上册，第 6 页。
③ 王林：《勤俭办社》（《河北日报》1955 年 5 月 4 日），《中国农村的社会主义高潮》上册，第 20 页。
④ 《耿长锁农业生产合作社建社十年，全社集会庆祝走互助合作道路的巨大成就》，《人民日报》1954 年 1 月 4 日，第 1 版；《组织起来十周年——记耿长锁农业生产合作社的发展经过》，《人民日报》1954 年 1 月 7 日，第 2 版。
⑤ 《河北省全面布置统购统销工作，耿长锁农业合作社按照合同出售粮棉油料》，《人民日报》1954 年 11 月 3 日，第 1 版。
⑥ 仅据《人民日报》的不连贯报道，五公村 1955 年平均粮食亩产 463 斤，1956 年遭遇大水灾下降为 347 斤，1957 年又下降到 300 斤。耿长锁：《合作化是越走越宽的光明大道》，《人民日报》1957 年 2 月 3 日，第 3 版；《坚持社会主义方向，发展社会主义经济，五公村集体化道路越走越宽，五公公社社员集会热烈庆祝组织起来二十周年》，《人民日报》1963 年 12 月 7 日，第 1 版。

社也由初级社正式转为高级社,双双跑步进入了社会主义。

三、作为国家典型的村庄

树立典型作为学习楷模,在革命战争时期就是进行大规模政治动员的有效方法。典型不但可以为传达领袖思想和动员目标提供仿效样板,而且为各级领导者提供具体的工作经验和方法。农业合作化运动声势浩大,转变过快、过急,又追求高公有制程度,地方党政领导既缺少办法又缺乏资金,工作压力很大,所以,典型示范的办法更加重要。

在"穷棒子社"故事中,区乡干部因不懂如何办农业生产合作社,遇事往往绕开走,不敢正面领导,最头痛的是村、社干部跑来要贷款、要救济。①"穷棒子社""白手成家,克服困难"的办法,"大大的克服了经验不足和力量缺乏的困难,使运动顺利地正确发展",②"穷棒子"精神则被提升到国家利益高于村庄、农户利益的自觉之上。

西铺村由一个区、县合作化运动的先进典型,上升为"国家的形象",其过程带有一定的偶然性。据时任中共唐山地委《唐山农民报》编辑部主任的卢振川回忆,1955 年春节前,听说遵化县第十区鸿鸭屯姜公中社实行了包工包产,便下去采访,了解到区委以"穷棒子社"为试点,经过重点深入、集体研究、总结交流,提高了区干部办社本领的情况。农村干部学会如何办合作社的题目,引起了报社、唐山地委领导的重视。4 月中旬末,地委书记周振华等人连同报社工作人员下到遵化县第十区区委驻地鸡鸣村,听了区委汇报后,又去西铺村听了王国藩的汇报,决定就"书记动手,全党办社"的经验写篇报道登报推广。28 日,唐山地委发出《关于学习遵化十区区委贯彻〈书记动手,全党办社〉经验的指示》。30 日,《书记动手,全党办社》一文发表。当时,作者以为只是"一篇适应

---

① 《书记动手,全党办社》,《中国农村的社会主义高潮》上册,第 7 页。
② 《中共遵化县第十区委关于今冬明春发展农业生产合作社的方案》(1954 年 7 月 28 日),遵化市档案馆,118-01-0008。

当时需要的普普通通的报道"。① 5月4日,《河北日报》刊登了记者王林撰写的通讯《勤俭办社》。更幸运的是,毛泽东在编辑《中国农村的社会主义高潮》一书时,先后收录了两篇报道②并都写了长篇按语,可见毛泽东对故事的偏爱。在按语中,毛泽东阐述了办合作社的基本原则:党的领导和贫农优势是办农业生产合作社的根本方针,穷则思变和自力更生是合作化运动成功的精神源泉,勤俭是办农业生产合作社乃至一切事业的原则。"穷棒子社"故事符合条件,并为批判"条件论""怀疑论""坚决收缩""反冒进"提供了武器。毛泽东热情地写道:"难道六万万穷棒子不能在几十年内,由于自己的努力,变成一个社会主义的又富又强的国家吗?社会的财富是工人、农民和劳动知识分子自己创造的。只要这些人掌握了自己的命运,又有一条马克思列宁主义的路线,不是回避问题,而是用积极的态度去解决问题,任何人间的困难总是可以解决的。"③ "穷棒子社"作为国家典型的地位正式确立。

耿长锁社成为农业合作化运动的典型,似乎顺理成章,是历史发展的一种必然。作为中国农业生产合作社时间最长者,不但说明耿长锁社有一套成功的办社经验,也证明了由革命战争转入和平建设过程中战时经验的适用性、可行性。另一个不可忽略的因素是,作为老资格的典型村庄,五公村与地方各级党政部门结成了十分稳固的人脉关系,许多人就是五公村互助合作事业直接的领导者,提供了指导、贷款、奖励和物质、技术支持等多方面帮助,所以,五公村的成功,也是他们政绩的具体表现。④ 由此,五公村的典型效应逐步扩大,在合作化运动中上升为全国性典型。

从此,两个村庄的历史叙述,开始严格依循国家意识形态话语的情境发展,中央、省、地、县、乡(区)、社各级领导均从典型故事中获得了

---

① 卢振川:《回忆〈书记动手 全党办社〉采写经过》(2009年3月16日),遵化文史网 http://www.zhwsw.com。卢振川称,文章最初在《唐山农民报》发表时,还有根据地委书记意思,将其在鸡鸣村的讲话加写为"加强领导"一节,在毛泽东选编《怎样办农业生产合作社》(《中国农村的社会主义高潮》第一次编辑时的书名)时被删去。
② 选编《怎样办农业生产合作社》时,尚未收进《勤俭办社》一文。
③ 《书记动手,全党办社》一文按语,《中国农村的社会主义高潮》上册,第5—6页。
④ 弗里曼等人的研究,特别注重因革命战争时期形成的特殊人脉关系在革命及革命后环境中的影响。参见 Chinese Village, Socialist State 的相关章节。

各自所需要的东西,当然,好处也部分波及记者、作家及社员们。很快,西铺村便迎来了曾经出现在五公村的接待热潮。仅 1956 年 5 月 15 日一天,吃招待饭的客人就达 49 名,其中有农业部派来的土地规划组,电影制片厂的摄影师,体验生活的作家,遵化报社工作人员和《中国青年报》的记者,以及深入下层的县委书记,在具体工作方面,有开展扫盲的县教育科扫盲办公室干部和区民校总校长,有组建农业技术学校的县团委书记和区农业技术站的人,有负责指导修建水渠的县水利科同志,县公安局也有人在试行"全国农业发展纲要"的相关规定,县卫生院和区卫生工作者协会有人在推行新接生法、举行卫生图片展览及研究设立诊所的问题,县文化馆的人在帮助搞俱乐部和传授民间舞蹈,等等。[①] 构成了一个维护典型并制造新的奇迹的工作团队。

同时,两个典型村庄的故事数量大幅度增加,文本类型也更为丰富,叙述方式却与之前的通讯报道变动不大,即尽量使用描述式语言,结合大环境需要插入小故事。文学性描写有所增加,试图以语言和情节打动人;公开报刊提供的增产数据,仍然是个别的、孤立的、不可比的,尤其是人民公社化后,更为模糊且混乱。王国藩在全国人大二届一次会议上讲,1958 年在总路线的鼓舞下,战胜了几十年未有的大旱灾和百年不遇的暴风雨,夺得了空前大丰收。原建明合作社 4 个村,粮食平均亩产 700 斤,比 1952 年平均亩产 70 多斤增加 9 倍。[②] 三个多月后,仍然是王国藩的文章,粮食平均亩产下调为 488 斤,增产较多的原"穷棒子社"从 1952 年平均亩产 121 斤增至 606 斤,年递增 20% 以上。[③] 不过,"在生产繁忙劳力紧张的情况下,胜利的完成了 105 吨铁、45 吨钢"[④] 的更大的跃进成绩,却未见公开发表。对于五公村的报道,采取了变换比较对象提升增长

---

① 燕农:《"重点"的重压》,《人民日报》1956 年 8 月 22 日,第 3 版。作者的本意是认为各部门的人涌入西铺村,已经严重影响农业生产和加重了合作社负担,要求给"重点"减负。从另一个角度观察,此种现象正是故事可以延续的重要资源,而且还只是刚开始。
② 《永远勤俭,永远向前——王国藩代表谈建明人民公社继续保持和发扬勤俭办社光荣传统》,《人民日报》1959 年 5 月 1 日,第 3 版。
③ 王国藩:《坚持勤俭办社的方针》,《人民日报》1959 年 8 月 30 日,第 5 版。
④ 《中共遵化县西铺建明人民公社关于精简机构、充实基层、干部下放的总结》(1959 年 2 月 24 日),河北省遵化市档案馆,118-01-0029。

率的策略。1962年，全大队粮食平均亩产比1957年提高60%；1963年，在遭受严重涝灾的情况下，粮食平均亩产仍比1957年高36%。① 其实，1957年是一个产量较低的年份，即使1963年粮食平均亩产410斤属实，也低于高级社前的数据。

村庄日常生活也逐步向国家政治靠拢。在反右派斗争中，王国藩痛斥根本不知为何人的葛佩琦。② 在抗议美国武装侵略黎巴嫩、反对英国出兵约旦的浪潮中，西铺村也召开了群众大会并举行游行。③ 五公村在制定生产计划时，"纠正社员忽视国家需要的思想偏向，领导社员订出了符合社员需要和国家要求的种植计划"。④ 当中央发出中小学生参加农业生产的号召时，⑤ 西铺村便出现了回乡务农知识青年先进典型，王国藩在答记者问中称，农村需要知识青年，并描绘了一幅"再过五年十年，我们这里也就是电灯照耀，昼夜难分，万亩良田，千亩牧场，一片青葱；满山牛羊，鸡鸭成群；山上果树成荫，山下道路水渠纵横，四通八达"的又新又美的画图。⑥ 早在1954年，耿长锁女儿，高小毕业生耿素娟就已被树为回乡务农的典型，耿长锁号召知识青年："积极参加农业生产，使咱们的土地上长出好庄稼来，供给国家大批的粮食和工业原料，我们农村就会使上大批拖拉机，我们的社会主义社会就会早日到来，就能过上像苏联人民今天那样的美满、幸福的生活。"⑦ "大跃进"吃公共食堂期间，西铺村还创造出"吃饱吃好又节约，有集体也有自由"的食堂管理经验，并由县委书记撰文宣传、推广。⑧

---

① 米荣运、周志清：《组织起来二十年》，《人民日报》1963年12月7日，第5版。
② 《坚决粉碎右派的进攻》，《人民日报》1957年6月16日，第1版。
③ 牧野：《山村的愤怒》，《人民日报》1958年8月16日，第8版。
④ 《既满足社员生活需要，又符合国家种植要求，五公乡农业社订出种植计划》，《人民日报》1957年1月5日，第3版。
⑤ 社论：《关于中小学生参加农业生产的问题》，《人民日报》1957年4月8日，第1版。
⑥ 《知识青年在农村大有可为——全国闻名的建明农业社主任答天津日报记者问》，《人民日报》1957年8月14日，第4版。
⑦ 《耿长锁农业生产合作社给定县高小毕业生代表会议全体代表的贺信》，《人民日报》1954年4月24日，第3版。
⑧ 曹寿山：《以人定量办法好，吃饱吃好又省粮——西铺建明公社公共食堂执行饭票制的体会》，《人民日报》1959年3月7日，第3版。

毛泽东再次注意"穷棒子社"故事，是在庐山会议反对右倾思想的最紧要时刻。1959年8月6日，毛泽东对《经济消息》所载《王国藩社的生产情况一直很好》等四篇文章批示："请各省、市、区党委负责同志将王国藩人民公社一篇印发所属一切人民公社党委，并加介绍，请各公社党委予以研究，有哪些经验是可以采纳的。据我看，都是可以采纳的。"① 并要求各专区均应寻找类似典型加以推广。8月19日，毛泽东写信给吴冷西、陈伯达、胡乔木，要求组织一次包括"穷棒子社"的人民公社调查研究，每省（市、区）选择五个典型，三个月交卷，编一本书并加上万言长序，"痛驳全世界的反对派"。②

虽然"向世界宣战"的宏愿未能实现，可"穷棒子社"的捷报依然频传，也未能"实事求是，反复核对"。1959年，"粮食亩产量估计至少可以达到五百五十斤，比去年将增长近13%"。③ 一个多月后，数据又大幅跃进。"全社粮食作物平均亩产达到六百五十斤，比去年增产33%；棉花平均每亩可产皮棉五十五斤，比去年增产26%；花生平均亩产比去年增产60%；蔬菜、干、鲜水果等都比去年增产一倍多；牛、羊和猪只比去年同期增加26%到68%。到9月底统计，全社总收入达到三百七十万元，平均每人一百二十五元，比去年增加13%。"④ 11月26日，河北省委第一书记林铁在给毛泽东的报告中，强调亲眼所见西铺村"五业齐跃进，全面大丰收"⑤。上海的张春桥也高调讴歌"穷办法办法无穷"⑥。于是，村庄故

---

① 《建国以来毛泽东文稿》第8册，北京：中央文献出版社，1993年，第418页。
② 《建国以来毛泽东文稿》第8册，第462—463页。
③ 《继承"穷棒子社"的勤俭传统，发挥人民公社的优越性，建明人民公社树立了光辉榜样》，《人民日报》1959年8月30日，第1版。
④ 《学勤俭办社经验，当王国藩式干部》，《人民日报》1959年10月26日，第4版。据"文革"时期整理的统计数据，西铺大队粮食亩产量分别为：1955年305斤，1956年380.5斤，1958年476斤，1959年557.5斤，均低于正文中提到的数据。社员人均分配数据相差更大，以1953年的54.31元为基点，1955年为56.66元，1956年为71.61元，1958年为75.82元，1959年为70.62元。年增长有限，集体所有制水平提高的带动作用相当有限。自1960年后，基本在70元上下浮动，尤其是经济恢复时期反有所下降，直到1972年才提升到90元以上。《"穷棒子"精神放光芒》，第167—170页。必须指出，在该书的叙述部分，并未使用这些统计数据进行分析。
⑤ 《建国以来毛泽东文稿》第8册，第596页。
⑥ 张春桥：《"穷棒子"精神》，《解放》1959年第24期，转引自《人民日报》1959年12月26日，第7版。

事越讲越大,越大越讲,参加进来的官员越来越多,级别越来越高,构成了依附于故事建构的上下一体的权力和利益链条。

1960年,国民经济严重困难已经较为明显,王国藩提出了"大干百天,实现农业现代化"的宏伟计划,①并在全国人大二届二次会议上向代表们宣讲。②唐山市委在河北省委的指示下,决定由市委书记处专门对建明社实现"千百万"运动进行研究,马力和周振华书记负责亲自抓,遵化县委第一书记曹寿山全年拿出二分之一时间抓建明社,派出一个工作组常驻建明社,在物资上给建明社100万斤化肥。在多项高指标中,最离谱的要属养猪指标。"现在全社实有猪9085口,其中大母猪1175口,按照比较保险的系数计算,年底可产仔猪18310口,加上现有数共27000多口,距离十万口差7万多口,县委已决定调给10000口种猪(其中公猪300口)。这些猪调去后,年底可以完成十万口。"可是,调猪进度太慢,而且都是小母猪,猪只大批调迁以后,又需要供应大批饲料,只能挤占其他县资源。③

理想和热情未能维持多久,在制定继续跃进计划时,危机已经显现。自4月始,浮肿病在建明社蔓延,"六月下半月较严重,发病112人,七月上旬又连续发病41名。"尽管西铺村不太严重,但分布面达17个村,比较集中的有3个村,患者绝大多数是社员,也有干部、工人、教员、学生。"造成浮肿病的原因:一是乱吃野菜,生活调剂安排的不好;一是劳动强度大,劳逸结合的不够;也有少数人是闹肠炎等病引起的。"另外,还连续发生苦杏仁中毒11起,患者27人,死亡4人。农业劳动力投入不足和大牲畜死亡造成土地抛荒的现象,也日益严重。"鸡鸣村管区25个食堂,有19个食堂时断时续,每天吃一顿。"④在此种情况下,唐山

---

① 王国藩:《穷棒子社变成幸福乐园》,《人民日报》1960年1月1日,第3版。
② 《王国藩代表谈建明人民公社新事》,《人民日报》1960年4月12日,第9版。
③ 《中共唐山市委关于建明社"千百万"运动情况向省委的第一次报告》(1960年4月20日),河北省遵化市档案馆,118-01-0036。所谓"千百万"运动特指在继续跃进中,实现亩产千斤粮、百斤棉(皮棉)、万斤薯和养猪十万头的高指标。
④ 《中共唐山市委关于建明社"千百万"运动情况向省委的第十次报告》(1960年7月17日),河北省遵化市档案馆,118-01-0036。

市委仍汇报建明社 1960 年取得了农业大丰收，形势很好，但"千百万"的指标却不了了之了，国家与村庄、农民之间的裂痕也日益显露出来。

四、村庄权力斗争及社会裂痕

中国革命分两步走的道路特征，内含在民主革命胜利之后，经过土地改革与农业集体化，首先实现农村中村庄社会的整合，进而在国家工业化进程中，逐步实现城乡社会的整合，从而打破不平衡发展状态，消灭差别的阶段性发展构想。然而，在具体实践中，农业合作化运动后的"大跃进"遭遇重大挫折，试图快速消灭差别的预想落空。更为严重的是，理想试验的失败，其部分原因归结为农村基层问题，又有相当部分回到了村庄层面，直接影响到土地改革变动后农村秩序的稳定，也就是说，由于快速过渡和"跃进"的失败，村庄社会的整合也遭遇严重干扰。

20 世纪 60 年代上半期，国家政治生活逐渐趋向于以阶级斗争为纲，开展了整社、"四清"、社会主义教育等一系列群众运动，尽管原则上强调运用正确处理人民内部矛盾的办法，最后都归之于阶级斗争，尤其是"四清"运动中后期，完全使用了土地改革的方式，解决所谓队伍不纯的问题。

在两个华北典型村庄的故事中，阶级斗争大都表现为以重新划分阶级为手段的权力内斗。且不论集体化之后追查漏划而重划行为之荒唐，以及所谓权力斗争各方是否代表被指向的特定阶级，从斗争方式看，无论是当权派，还是不满现存权力秩序的反对派，差不多都有贫下中农、党员、干部等身份，都利用阶级斗争的概念和手段打击对手，界限十分模糊。十分清楚的则是，在典型村庄，掌握村庄权力意味着可能获取更高的地位和荣誉，因此，斗争过程更为激烈、更为混乱，造成的社会裂痕自然更为深刻。

更值得注意的是，村庄中少数人围绕权力的内斗，可能波及到整个村庄，甚至向外辐射，致使社会裂痕表面化。于是，村庄故事的讲述便与国家政治历史叙述连为一体，互为条件，相互说明，已经很难区分哪些是村庄文化在特定环境下的必然结果,哪些是依据国家政治话语进行的事实虚构。

自1960年起,两个村庄的故事叙述大量增加了文学性描写,以小说、散文、诗歌、曲艺、绘画等多种形式,希望增加可读性和感染力,在写作技巧上,亦可依据不同主题将故事拆解成为各个片断,试图运用新旧对比的强烈反差,塑造高度程式化的形象。

李村的《"穷棒子"歌》写道:"合作化,公社化,共产主义发芽,马克思主义开花。帝国主义咬牙,修正主义气炸。"① 具体内容已被掏空,可谓标语加口号一类的作品。为纪念五公村集体化20周年,《人民日报》发表社论《在组织起来的道路上坚持战斗二十年》,强调五公村集体化的历史与国家历史的一致性,"是一部生动的阶级斗争的历史,是一部生动的社会主义和资本主义两条道路斗争的历史"。② 只是为国家历史提供了一个"生动的"脚注。1963年春节,西铺村的大喜事之一,当属王荣、王生78岁的妈妈解放前因生活所迫外嫁他乡30年后的回归,充分体现了新社会的美好。③ 作者全然没有理会地方习俗和当事人的复杂经历,为突出新旧社会对比,反将"守节"观念移入新社会,并使"孝道"变得不伦不类。1964年春节,耿长锁感慨道:"要不是党和毛主席领导穷人闹翻身,斗地主,组织起来走集体化道路,我们哪能过上这种日子。"④ 比较对象都设定为旧社会,经济困难时期有可能损害三面红旗的内容,在两个村庄故事的公开版本中都被隐去,或作了更为模糊化的处理。

村庄阶级斗争的另一重要内容,是根据各种运动文件,对照检查阶级斗争的新动向。"四清"运动重点是审查各级干部,以解决组织不纯问题;方法是派出大批工作组(队)下乡,成立贫下中农协会树立阶级优势,发动群众"真正起来革命,自己救自己",进行"大揭大议大批"。⑤ 群众运动的内容和方法,基本上回到了土地改革时期,也就出现了新的"搬石

---

① 《人民日报》1960年8月22日,第8版。
② 《人民日报》1963年12月7日,第1版。
③ 冯健男:《新春大喜——建明公社散记》,《人民日报》1963年1月25日,第4版。
④ 耿长锁:《春节话今昔》,《人民日报》1964年2月10日,第6版。
⑤ 《在建明公社贫代会议上讲话提纲》(1965年1月27日),河北省遵化市档案馆,118-01-0094。

头"现象。

西铺村的斗争更为激烈。整风整社运动中,建明公社生产小队长以上干部980名,犯有各种错误的157名,占干部的16%。① 社教运动中,曾创造"书记动手,全党办社"经验的公社书记赵涌兴,被认为"存有比较严重的问题"。② 在整风整社运动和"四清"运动初期,举行了由党支部负责组织、有贫下中农群众参加的学习、揭盖子会议,揭发了管区副主任、大队长杜奎的问题:一是企图把水果运往集市高价出售;二是在党支部会上提出把部分集体耕地作为"猪饲料地"下放到户;三是趁王国藩外出开会,擅自决定以下放猪饲料粮为名,分掉一万多斤储备粮。③ 前两件事遭到所谓自觉抵制,未成为事实,但定性为投机倒把、破坏国家利益、走资本主义道路和鼓吹单干的行为;第三件事则被解释成以私分收买人心,并乘机从中谋利。④ 其实,事后指责的三件事,关涉道路和国家、集体利益,都是经济困难时期曾被允许或准予尝试的行为,可当政治运动来临时,即被上纲上线。

五公村的斗争虽然没有这般激烈,斗争内容和解释却基本相似。1962年,"大队派社员李常海到石家庄市去买小型电动机,李常海在买好电动机后,见石家庄市场上的碱面价格比较低廉,有利可图,就想为集体贩运碱面赚钱"。耿长锁等干部立即抓住这件事发动大家讨论,并认为"这件事是一个集体经营副业生产的方向问题"。中共八届十中全会以后,五公村更是积极开展反对自发的资本主义倾向的斗争,还给集体经营副业生产制定了四条规定:"不搞不符合党的政策的副业,不搞商业性质的副业,不搞不能就地取材的副业,不搞同国家争夺原料的副业。"⑤ 此种规定,对于

---

① 《中共建明公社整风整社办公室关于组织处理工作总结向县委的报告》(1961年6月18日),河北省遵化市档案馆,118-01-0057。
② 《中共遵化县王市庄工委关于建明公社社教运动前后变化情况汇报》(1965年3月2日),河北省遵化市档案馆,118-01-0094。赵涌兴在毛泽东按语发表后,曾当选中共八大代表。
③ 《"穷棒子"精神放光芒》,第118页。在另一种叙述中,擅自私分的粮食数量上升到几万斤。《"穷棒子"之乡斗争史》,第101页。
④ 有故事behörd:杜奎在分粮前现买了四只猪,按猪头数领了粮食以后,他一倒手把猪又高价卖了,把粮食偷偷放出去吃利息。《"穷棒子"之乡斗争史》,第101页。
⑤ 《组织起来二十年》,《人民日报》1963年12月7日,第5版。

村庄经济发展无异于自杀,切断了互助合作得以起家的基本经营方式。此外,五公村也同样存在着各种阶级敌人的捣乱破坏,"刑满释放分子李富增和李树文为了达到他们变天复辟的目的,到处钻空子,躲在阴暗的角落里,说坏戏,讲黄色小说,宣扬孔孟之道,散布封资修的腐朽思想"。①

"文化大革命"爆发初期,为村庄内部处于弱势的各种潜在反对派或不满现状者提供了新的机会。"文革"之初,西铺村内部权力斗争迅速达到高潮,出现了拥戴不同领导人的派系斗争,被称为创社的"二十三户贫农开始分裂和公开对立"②。反对派再次质疑王国藩的成分,拥护王国藩的一派则指责对手试图复辟资本主义,斗争上升为暴力冲突,公社、县级党政机构丧失了管控能力。在混战中,王国藩逃出村庄,并被宣布开除党籍。斗争严重干扰了村庄正常的生产、生活秩序,甚至影响到国家的外事活动,于是,高层领导出面干预,并再次动用了国家专政机器。杜奎被捕入狱,在未经审判的情况下惨死狱中,王国藩则高举红旗屹立不倒。

夺权浪潮同样冲击了五公村。一些"受蒙蔽"的人试图扳倒耿长锁,理由是:"五公这面红旗是假的,耿长锁是假劳模",扬言"非把这面旗拔掉不可"。"春节那天,他们在耿长锁和党总支其他同志家贴了白对联,封了他们的门,并把耿长锁同志叫到三队队部,要他作检查,承认自己是假劳模。"1967年4月,"经济主义妖风"也刮到五公村,"个别不明真相、私心较重的人,要求生产队把留下的粮食和油分给社员,还怒气冲冲地质问耿长锁为什么不给社员分好粮食"。耿长锁回答说:"把好粮食交给国家,这是我们贫下中农的本分,翻了身就可以忘本吗?"③ 将国家利益放在首位,耿长锁依然是五公村红旗的掌旗人。

此后,王国藩与耿长锁的官越做越大,头上的光环越来越多,足以震慑村庄内部不满的爆发,也可以利用更多的资源部分弥合日渐扩大的村庄社会裂痕。西铺村和五公村继续充当国家的形象,是国家外事活动的重要场所;在政治运动中,继续充当大批判的阵地,从中央到地方的报刊

---

① 《五公人民的战斗历程》,第110页
② 王立新:《一个"县革委"主任的沉与浮》,《昆仑》1985年第2期,第157页。
③ 《五公人民的战斗历程》,第124—125页。

上，重大政治批判不乏两位村庄领袖的声音；在农业战线，继续在兴办社队工业、加速实现农业机械化和大搞农田基本建设等方面，充当先进典型的角色，两个村庄均为大寨式的红旗。毛泽东去世之际，王国藩誓言："把毛主席表彰的'穷棒子'精神世世代代传下去！"耿长锁誓言："把革命的红旗一直扛到共产主义！"①

"文革"期间，还大力开展了重新书写村庄历史的活动，表明历史书写在维护政治合法性方面的特殊作用。在同一时期内，南开大学经济研究所和政治经济学系师生组成编写组，从经济史角度，撰写出版了《"穷棒子"精神放光芒：西铺大队的经济发展》；北京师范学院中文系编写组则出版了《"穷棒子"之乡斗争史》，写作上更具文学色彩。两个版本的村庄史在叙事风格上有所不同，但都对故事内容进行了较大幅度的修改，以便更加符合同时期国家历史的叙述特点，即反映"文革"的成果。在五公村，则有南开大学历史系五公大队村史编写组编的《五公人民的战斗历程》，虽然该书出版于"文革"后的 1978 年，但从编辑体例、内容和观点看，与"文革"时期的出版物无异。重写历史的根本原则，是将近现代村庄历史写成"一部两个阶级、两条道路、两条路线斗争的历史"，每前进一步，都在与各种敌人进行坚决的斗争，"其中有地富反坏右的造谣破坏，有城市资产阶级的猖狂进攻，有自发资本主义倾向严重的富裕中农的冷嘲热讽，特别是刘少奇、林彪和'四人帮'反革命修正主义路线的干扰和破坏"。②

学术道德的败坏，仅仅是政治道德败坏的结果，政治站队自然也会影响对村庄内部关系的描写。"文革"时期，在西铺村的新故事中，王国藩与杜奎成了社会主义与资本主义两条路线的代表，此前，两人的关系被描写成共同长大、共同参加革命、共同入党、共同被"搬石头"、共同创办"穷棒子社"的亲如兄弟的"两个战友"，③ 王国藩信任杜奎，"比相信自

---

① 王国藩：《永远发扬"穷棒子"精神》，《人民日报》1976 年 9 月 14 日，第 3 版；耿长锁：《把革命红旗扛到共产主义》，《人民日报》1976 年 9 月 22 日，第 5 版。
② 《五公人民的战斗历程》，第 2 页。
③ 《两个战友》，《穷棒子社的故事》上，第 3—16 页。

己的手还相信"。① 这实在是辛辣的讽刺,也是国家悲剧的真实写照。

对历史的修正与建构,也许暂时有利于维护现实中国家与村庄的权力秩序,却使社会裂痕变得更难愈合。村庄社会内部裂痕扩大,也就无从讨论整合,距离消灭差别自然也就愈加遥远。

五、改革开放后的村庄发展

随着毛泽东的去世,中国政治环境发生了巨变。1978 年 12 月,中共十一届三中全会决定把全党工作的着重点转移到社会主义现代化建设上来,停止使用"以阶级斗争为纲"和"无产阶级专政下继续革命"两个口号。在农村地区,鼓励大办乡镇企业和实行农村生产责任承包制,从允许农民从事长途贩运到进城务工经商,由此拉开了改革开放的大幕。与革命战争时期不同,农村虽然走在全国性改革的前列,可是时间较为短暂,所能提供的经验也很有限。当改革开放全面铺开之后,中国经济取得了较长时期的快速发展,并且出现了根本性的结构变化,尤以城市化的快速推进为主要特征。因此,如何兼顾工业与农业的协调发展,弥合工农之间、城乡之间的差距,已经转向了国家如何利用经济发展的成果向农村回馈的问题,或者说,中国已经进入了革命后的新时期。

所以,当国家在改革开放中发生巨变时,可供村庄利用的回旋空间可能并不大,反之,自集体化以来的历史遗留,甚至可能成为新的村庄发展的阻力,各个村庄都必须做出自己的抉择。

作为两个华北典型村庄,情况更为复杂。西铺村的权力斗争故事过于激烈,善后问题也就更加复杂。1978 年,王国藩被免职回乡②,回村经历

---

① 张朴:《王国藩的故事》,石家庄:河北人民出版社,1960 年,第 5 页。
② 由于王国藩的特殊身份,并没有正式的处理意见。1984 年 8 月,胡耀邦路过遵化视察工作时,要求对王国藩的处理"向前看"。戴煌编著:《新格斗:〈穷棒子王国〉案》,上海:学林出版社,2000 年,第 156 页。另一种描述是:"王国藩问题算了,不管谁提意见,都解释一下,共产党犯错误犯不起啊!"《一个"县革委"主任的沉与浮》,《昆仑》1985 年第 2 期,第 172 页。

颇为曲折。有记载称："杜奎的儿子，特意拿着抹子和镐头前来为王国藩搭炕。'文革'中，他曾用这镐头刨过王国藩的炕，今天，带着惭愧和忏悔，用实际行动，来弥补两代人的裂痕。"① 农民的理性让人肃然起敬，所有人都应该为过去无原则的内斗悔过。另一种讲述却是别有一番景象："杜奎的几个儿子围上他的家，要打断他的腿，他吓得多日不敢出门。"② 有如虎落平阳，又似丧家之犬。五公村耿长锁的情况要好很多。经过审慎的判断，加之集体经济效益有所下滑，耿长锁选择赞同改革，在土地集体经营基础上实行联产计酬生产责任制，扩大了经济作物种植面积，增加了工副业生产规模。③ 之后，五公村进行了部分土地的"分产到户"，又将果树、牲畜、中小型农机具及打绳、皮垫、织袋等副业承包到户。1985年11月26日，耿长锁去世，五公村的改革步伐加快。④

尽管集体化典型村庄的历史遗留更为厚重，但改革开放的发展轨迹还是十分相似，尤其是令村庄成为典型的"组织起来"的集体经营已不复存在，发育较早、规模较大的社队企业或乡镇企业，也因管理、技术、市场、效益等种种原因，或破产，或改制由私人经营，集体财产大大缩水。2010年，五公村的集体经济收入主要有两部分：一是尚未分配到户的80亩左右的集体果园，分租给农户经营，年租金4000多元；一是集体房产，或出租给商户充当门市，或租赁给从业者作为厂房。再就是还有60多眼水井为集体所有。⑤ 西铺村村务公开栏内，2010年3月20日公布的"村集体资产、资源情况"（年度公开表）中，集体资产为：房屋150间值500万元，机井3眼值36万元，地下管道5000米值25万元，电力设备20台值20万元，办公用品200件值5万元，农业机械4台值8000元。近30年的集体生产积累所剩无几，况且主要是房产和公共设施，集体收入也依

---

① 《一个"县革委"主任的沉与浮》，《昆仑》1985年第2期，第163—164页。
② 《新格斗：〈穷棒子王国〉案》，第22页。
③ 耿长锁：《坚定不移地沿着社会主义道路前进》，《人民日报》1981年6月26日，第2版。
④ 有关五公村改革的过程及其伴生的问题，弗里曼等人的研究有较为详尽的描述。Edward Friedman, Paul G. Pickowicz and Mark Selden, *Revolution, Resistance, and Reform in Village China*, New Haven & London: Yale University Press, 2005, pp. 240—286.
⑤ 吴春宝：《再访五公村：改革中的乡村治理——〈中国乡村，社会主义国家〉的续研究》，华中师范大学硕士论文，2011年，第13、30页。

赖非生产性收入。在新经营体制之下，村庄中尚未出现新的生产互助合作形式，西铺村只有个别几个家庭有养殖上的临时合作；五公村则有一个狐貂特色养殖组织，实际运作效果尚不明显。

除生产经营体制的改革外，村庄产业结构和村庄与外部联系环境也发生了根本性改变。种植业已被压缩到很小的比例。五公村主要从事土地耕种的农户仅占10%左右，产值比例更低，家庭收入也在村庄中属最低层。村庄的富源，除村民从事个体养殖业、工副业，主要依靠开发市场、经营商业获得，这本是农业合作化运动试图严加抑制的领域。在历史上，五公村就是一个易于经商的地方。① 公社制时期，依靠行政力量成为公社所在地，增加了一系列公共设施。20世纪80年代下半期，创设了五公村大集。90年代后，村委会在大集两侧修建了两条商业街，商铺一部分配售给村民，一部分租给外村人，村民如出租店铺，年租金在5000元以上，如自营小生意，年收入多在2万元以上。1996年，京九铁路通车，在饶阳、五公都设有车站，更加刺激了商业活动，也便利了村民外出寻找打工机会，尤其是村办企业衰落后，很多人开始向衡水市以及北京、天津等大城市流动。

西铺村经济仍有相当部分依靠"从山上取来"，但已不是简单体力劳动的打柴，农田基本建设、发展林果业和畜牧业、兴办小矿山等也变得不那么重要，国家工业化的快速推进，使村庄所属山区的铁矿资源得到了较大规模的开发，通过出让资源取得了经济补偿，村民又可为矿山服务或直接在矿山上工作，获取了较之农业经营更高的收入。村前的省道已被改造成为准高速的高等级公路，村庄与外部的联系更为方便和紧密，从村庄到遵化城已经形成几十里长的工厂、商业、贸易、餐饮、旅馆、娱乐等沿公路带状市场网络，大大方便了农副产品的销售，也提供了各种就业门路。再者，村庄周边的北京、天津、唐山、秦皇岛、迁安、遵化等各级城市都在猛烈扩张，也为村民进城务工经商提供了机会。

---

① 于光远在短暂的考察中，敏锐地发现五公村有9条对外通道，他以为有5条就很够了，多浪费了好几亩地。《于光远二三事》，《瞭望周刊》1993年第2期。此事也说明五公村具有独特的村庄开放性。

必须指出,改革开放后的西铺村和五公村,虽然失去了"整个国家的形象"的地位,但仍然是省市的模范示范村,经济发展和村容村貌也仍然在当地位居先进,仅从物质生活判断,村庄革命的目标已经基本实现。人口流动和经营自由作为村民身体的解放,不但有利于刺激个人、家庭的生产积极性,也能部分化解或减轻村庄的生产、生活压力和矛盾,包括历史上形成的社会裂痕。

与此同时,村庄自身也在发生着根本性变化。处于城镇化迅猛发展过程中的五公村,已经基本丧失了村庄格局的特征,尽管还保留着一些居住范围、宗族关系、文化习俗等村庄的影子,内聚性大大降低。2010 年,五公村村民委员会选举中,有 2/5 的村民未参加选举,其中部分村民外出打工经商,甚至移民国外,根本不在村中居住,部分村民则认为选举没有多少意义,不如自己做生意赚钱实惠。① 西铺村仍保留完整的村庄格局,有明确的村庄界限,方正齐整的规划明显带有集体制遗风,但这些并没有增强村庄的内聚性,相反,由于上访事件频发,干部与群众之间及村民之间的关系较为紧张。村庄内聚性降低,可以视为城市化拉动的结果之一,村庄内部人际关系的重要性,在日常生活中逐渐减退。还应该看到,经济发展和社会进步不可能完全抹除历史的伤痛,很有可能伴随改革进程中出现的新问题,反而激起对于历史上村庄内斗积怨的复仇情绪。这是一种复杂的社会群体情绪,将历史裂痕与对现实发展的不满糅杂在一起,形成为一种特殊的发展中之紧张。对于这两个华北典型村庄,此种情绪又首先在如何对待村庄历史的书写上显露出来。

王国藩诉作家古鉴兹及作家出版社侵犯名誉权案②,成为试图以司法手段介入对公共政治事务评说的典型,诉讼策略就是将个人名誉与党的领袖及合作化道路捆绑在一起。1993 年 3 月 10 日,北京市朝阳区法院宣判

---

① 《再访五公村》,第 15 页。
② 古鉴兹的小说《穷棒子王国》,1989 年 5 月由作家出版社出版。此前王国藩从《社科新书目》上得知这本被称为"纪实小说"的书即将出版,找到出版社要求停止出版,遭拒绝后遂状告作者和出版社侵权。古鉴兹和作家出版社均辩称小说为创作,未出现王国藩真实姓名,不构成侵权。法庭认为,"凡了解或知道王国藩的人均认为《穷棒子王国》一书写的就是王国藩,并确有侮辱、诽谤的情节,贬低了王国藩的人格,给王国藩造成了不良影响。"

王国藩胜诉,一时引发各种议论,最激烈者甚至指责法庭受到权力干扰,质疑调查取证程序和判决的公正性。① 国家机器再度干预"穷棒子社"故事,依然是王国藩获胜,从结果上看毫不奇怪。不过,法庭并未就故事的事实进行裁判,也不可能给败诉者戴上一顶一击致死的政治大帽子。其实,纪实的或不"纪实"的"穷棒子社"文学作品,在古鉴兹小说出版前就长期存在,内容也不乏"确有侮辱、诽谤的情节"。通过诉讼想要维护的,也许是继续把持故事讲述的话语权,尤其不能容忍一个过去被打倒在地的人讲述不同的故事,并将此事和农夫与蛇的故事相类比②。对于王国藩的个人评价,也影响到曾经热情培育典型的北京高层,熊向晖女儿借回忆父亲,称颂王国藩在"大跃进"中能够顶住极"左","实事求是",并不满"文革"后很多文人给其"泼脏水"。③ 回忆被作为事实,用以批判所谓诋毁王国藩的人,并被报刊、论著转载、引用。④ 在胜诉之后,王国藩的维护者或同情者,也并不遵守高尚的法制精神和学术研究中的事实辩驳,在他们的言论中,也夹杂着事实虚构和人身攻击,最突出的表现就是互联网络上的语言暴力。⑤

弗里曼等人著作的出版,尤其是中文翻译本的出版,使得五公村引起了中国学术界的广泛关注,也引发了一系列追踪研究。客观地讲,弗里曼等人的著作,对于耿长锁的评价是友善的和公允的,就连与耿长锁私人关系密切的作者所撰写的传记中,也承认耿长锁的精神和事迹,"得到异国朋友的肯定和赞赏"。⑥ 但是,国外学者使用的研究方法,明显不同于既往村庄历史的话语特征,其中最为突出且遭诟病最多的就是:革命导致权力

---

① 《新格斗:〈穷棒子王国〉案》,第11—19页。
② 王国藩在状告古鉴兹和作家出版社时,曾给中共领导写信,内称:"具有犯罪前科的杜振远及古鉴兹他们平了反,但是他们仍觉得不够,于是把对党和国家的仇恨,用小说的方式来表达,以对我进行影射污蔑做炮弹,发泄出来。"黎清:《评河北文人王立新的投机之路》(2008年4月29日),和讯评论 http://opinion.hexun.com/2008-04-29/105629256.html。
③ 熊蕾:《我那被称为"传奇人物"的老爹》,《中国妇女》2005年10月,总第658期,第18页。
④ 回忆讲述的"大跃进"期间预报白薯亩产量的故事,根本经不起认真推敲。可参见拙文:《"穷棒子社"白薯亩产之谜》,《炎黄春秋》2011年第6期,第66—69页。
⑤ 互联网络"遵化吧"(http://www.zunhua8.com)上,在2005年7月30日王国藩去世后的一段时间内,围绕对其评价的一些言论,可以清晰地看到对批评言论的压制情况,也暴露出社会裂痕的现状。
⑥ 张群生:《一个值得永远纪念的人》,《耿长锁传》,序第2页。

位移后产生的特权及特权阶层形成的问题。最感不满的自然首先是与耿长锁关系密切的前干部及其后代。回击的策略与西铺村王国藩相同，也是将村庄历史与党和国家的整体历史评价捆绑在一起，只不过弗里曼等人是美国人，无法使用诉讼手段，只能用文字进行批判。

乔利广、杨同、耿惠娟、张启①合著了一本小册子——《还历史一个真面目：评〈中国乡村社会主义国家〉》，自行印刷、散发。作者们认为弗里曼等美国三教授的著作，对五公村进行了"颠覆性的描述"，"是一部满是谣言的书"。②并以村庄代言人③的口吻，罗列了弗里曼等著作中的114条所谓"谣言"，除少数指出了细节上的错误，多数均为价值性判断，既未提供进一步的事实说明，又摆出一副真理在握的架势。④在方法论上，弗里曼等人强调运用社会文化关系网络进行分析，也不隐讳当地干部以为此种分析是"资产阶级的解释"的观点。⑤批判者对于"颠覆"或"谣言"，以阶级分析简化或替代必要的说理，但又不能将阶级分析法坚持到底，毕竟，耿长锁第二代的绝大多数确已脱离农村，第三代也接掌了村庄大权。对于此种事实，批判者只能强调是个人努力及表现突出的结果，反忽略了简单地强调自我奋斗就能获得更多、更好的升迁，在马克思列宁主义经典中早就被批判为资产阶级的虚伪平等观。对于国内某些引用弗里曼等人著作并加以发挥的学者，批判者就直接使用组织手段声讨，要

---

① 四位作者中，乔利广长期担任耿长锁的助手，1977年成为脱产干部，曾任饶阳县农业局副局长、小堤乡乡长；杨同是"文革"时期成长起来的干部，1974至1984年任五公村党总支书记；耿惠娟是耿长锁的四女儿，自1971年起，先后担任饶阳县南善公社党委书记、饶阳县委副书记、河北省卫生局副局长、共青团河北省委组织部长、河北省卫生厅纪检组组长等多种领导职务。张启是耿长锁女婿，初为民办教师，后转为国办教师，继而任职饶阳县党史办、广播电视局，主编过《中共饶阳县党史》。

② 乔利广、杨同、耿惠娟、张启：《还历史一个真面目：评〈中国乡村社会主义国家〉》，2011年自行印刷，第2、51页。

③ 张启特别说明其文章中的"五公人"指"五公村党支部、村委会、五公镇党委、镇政府及耿长锁直系亲属等人"。《还历史一个真面目》，第151页。概念上存在明显漏洞。村、镇党政组织应能代表村民，但权力仅限于维护村民利益、增进村民福祉，目的是为村民服务，不能凌驾于村民之上，代替村民说话，更不能充当历史裁判。耿长锁直系亲属等人只是"五公人"中的一小部分，即便有权力和历史的光环，也无法左右村庄历史的"真相"。

④ 必须说明，相当部分"谣言"的判定，由批判者的阅读、理解造成，其中又有相当部分是由于他们所阅读的中译本翻译质量较差所造成。

⑤ *Chinese Village*, *Socialist State*, Introduction, p. xx.

求其所在院校协助处理,追究责任,① 从一开始就超出了学术讨论的范围。

对待历史遗产的态度,自然也反映在村民的历史观上。在已经没有了集体经营的五公村,干部还时常回忆集体化时期村民思想单纯的奉献精神;在普通群众中,尤其是已处于边缘的老年妇女,集体劳动在记忆中往往是轻松的、有趣的。② 不过这都不意味着想回到过去,前者多少夹杂着一些权威下降和动员困难的复杂情感,后者则多是对自身青春年代经历的怀旧。西铺村组织党员村民参观"中国第一村"江苏省江阴市华西村,有老年村民以为,华西村改革时的基础还不如西铺村当年的八大企业,可八大企业都已不在了。为什么大发展的是华西村而不是西铺村?有一种情绪十分强烈,就是认为村庄地位随国家路线、政策变动而沉浮,对"文革"后国家政治变化致使村庄地位下降,多少有几分怨气,又多少带有一点命定论。

经过30多年的中国农村革命实践,又经过40多年改革开放农村社会发展,两个华北村庄均发生了剧烈变动,而变动所产生的新问题又好像回到了原点。

革命试图通过彻底打碎旧政权统治的政治基础和实行彻底的土地改革,使贫苦农民获得"翻身";再经过农业生产合作化,彻底改造村庄组织、生产经营方式、文化习俗、行为方式和思想观念,使国家与村庄社会高度结合,建立起一个全新的、平等的、共同富裕的社会。在几十年的发展过程中,社会物质财富取得较大增长,但距离"大同"理想尚远,近二三十多年来贫富差距反而有所扩大。革命战争时期产生的能够进行高强度社会动员的组织优势,先是受到无原则内斗的极大损耗,后在激烈的市场竞争中被再度削弱。依据权力和亲疏划分的社会关系网络,也并未因革命而失去作用,而是在革命话语之下制造了新的特权,并产生了新的社会裂

---

① 崔效辉因发表《论20世纪中国地方国家政权的内卷化》(童星主编:《公共管理高层论坛》第3辑,南京:南京大学出版社,2006年,第232—243页)一文,遭五公村党支部、五公镇党委联名致函驳斥,耿惠娟致信南京人口学院党委要求协助处理。《还历史一个真面目》,第3、126—127页。
② 《再访五公村》,第25、54页。

痕。试图通过变更生产关系推动生产力发展的试验，仅仅取得了部分的、短暂的成功，反而抑制了农村工副业的发展，切断了城乡之间的有机联系。改革开放之后，农村社会发展重新回到工业化、市场化拉动，以及交通等公共设施改善和城镇化等条件之下。

同时，集体制时期并未能够增强村庄"共同体"的内聚性，集体主义与小农意识在改革开放时期的变化，则需要更长时期的发展进行审慎观察，这也表明中国革命过程中对于农村发展途径的预想与实际情况距离较大。在逐步深化改革开放的条件下，如何实现村庄社会的整合，并进而缩小城乡社会差别，还是一个需要探索的复杂问题。两个华北典型村庄的故事，既是村庄的，也是国家历史的写照，为深刻地认识中国革命的影响提供了生动个案，也为多样化发展环境下可能的不同取向提供了经验。

第七章
工资标准与城乡平衡*

——以 20 世纪五六十年代的北京为例

城乡、工农道路的转型在中国的革命与建设史上具有重要的转型意义。1949 年,随着解放战争的顺利进行,中国共产党取得了全国性政权。如此,中国共产党得以重新返回城市,重新回归其阶级基础——工人阶级。而在城市与工人工作中,中央有关部门即需要思考如何重建与工人的联系,如何向工人分享解放红利。作为中共"闹革命"与进行国家建设的基础,产业工人群体,在革命与阶级话语中,具有极其重要的位置。中共曾反复强调,工人阶级是中国革命的领导阶级。而对于新政权的性质,1949 年的《共同纲领》与 1954 年的《中华人民共和国宪法》中,均强调新政权是工人阶级领导的人民民主国家。工人群体在政治话语中被赋予了崇高的地位。

无论是从分享解放成果的角度,还是从维护工人阶级作为领导阶级地位的考量,工资待遇都是重要的指标。综观学术界有关 20 世纪五六十年代中国工人工资问题的研究,主要呈现出三种研究路径:一是经济视

---

* 本章作者:徐鹏,北京大学历史学系博士研究生毕业,现为四川大学马克思主义学院副教授。

角,将工资问题限定在"作为工人收入的工资",主要探讨这时期与工人工资有关的生产、消费、工资水平以及国家工资分配等相关问题;二是制度视角,将工资问题限定在"作为经济制度的工资",主要是从旧工资制度的调整、两次工资改革的制度变革以及计件工资制、年奖制等具体制度的调适等内容对这时期工人工资进行探讨;三是体制视角,将工资问题限定在"作为社会主义体制的工资",主要探讨这时期与工人工资有关的国家体制、企业体制,以及相关国家政策的运作。① 三种研究路径,皆重视工资制度的推行与实践,缺乏溢出工资问题专业的技术领域,将工人工资问题置于整个国民经济运行之中进行研究的成果,尤其是对于中共如何进行工资制度的探索,哪些因素影响着中共对于工人工资的制定,既有研究的关注则较为薄弱。

对于这时期工人的实际生活水平,宋学勤认为1956年至1966年民众的物质生活质量整体上呈现出"两头稍高,中间较低"的波状发展态势。② 朱云河认为1956年至1966年间北京产业工人的生活比1949年前有大幅度提高,且相较于全市居民处于较高水准。③ 林超超并不否认1949年后工人生活的改善,但其通过对50年代上海工人家庭生活水平进行实证性研究,认为受工资标准调整、供养人口增加、物价上涨等因素的影响,上海工人家庭的生活水平并没有实现与工业生产的同步增长。④ 郑京辉以河北省为例,分别讨论了1956年第二次工资改革中各省之间工资数额的分配与改革后工资、实际购买力所出现的非对称性增长。⑤ 既有研究或讨论工人的生活水平,或研究第二次工资改革中各方利益的博弈与改革后的影响,但对工资改革运行机制,尤其是影响工人工资水平政策制定的

---

① 相关先行研究回顾可参看徐鹏:《1949—1965年北京国营企业工人工资问题研究》,北京大学博士学位论文,2019年。
② 宋学勤:《制度与生活之间的张力:1956至1966年间人民物质生活状况述论》,《社会科学战线》2011年第4期。
③ 朱云河:《北京产业工人生活研究(1956—1966)》,北京师范大学博士论文,2012年。
④ 林超超:《20世纪50年代上海工人家庭生活水平的实证研究》,《中国经济史研究》2019年第5期。
⑤ 郑京辉:《1956年工资改革中国家、地方及部门利益博弈——以河北省工资改革实施方案制定为例》,《中国经济史研究》2016年第5期。郑京辉:《1956年工资改革后河北省职工生活水平研究》,《当代中国史研究》2016年第2期。

相关因素，则仍有进一步推进的空间。

新中国成立后，农民在国家话语中仍占有重要地位。因之，新中国成立后的诸多城市、工人政策，即经常打上了对农村、农民立场的考量，可以概括为"农村－农民"因素。如此，新中国城市工作中的"农村－农民"因素，成为审视中共城市工作、工人工作的一个新的切入点。虽然山本恒人认为20世纪50年代中国实行"合理的低工资政策"的直接契机，在于工人和农民之间收入与生活方面的差异所导致的农村人口向城市的大量流入，① 但仍未深入讨论新中国工人工资政策制定中的"农村－农民"因素。这里将在前人研究成果的基础上，通过分析新中国成立后工人工资政策制定中的"农村－农民"因素，以体会城乡关系对诸方面政策制定的隐性影响。

一、社会主义工资制的创生

新民主主义革命时期，中共虽然采用"农村包围城市，武装夺取政权"的革命路径，但这并不意味着中共对工人群体的轻视。随着解放区自身工业的发展，以及部分新解放城市的接管，中共随即开始对新解放城市的（公营）企业的工人工资制度进行改革，以保障工人生活水平，调动工人的生产积极性，从而保障前线战争的供给。

中共制定工人工资政策的实践，早在革命历史时期即已起步，并在根据地、解放区内得到有效的实践。由于关内各根据地、解放区具体政治经济环境的差异，故而，各地在公营企业工资制度方面并不统一，存在较大的差异性，主要有供给制、混合工资制与工资制等几种形式。

供给制是一种具有战时共产主义性质的薪资制度，是在长期战争、物资匮乏的特定历史条件下所形成的。此外，崇尚平均主义的供给制，也有

---

① 山本恒人：《现代中国の労働経済：1949～2000——「合理的低賃金制」から現代労働市場へ》，大阪経済大学研究叢書第38册，所沢：創土社，2000年。

来自马克思主义的内在思想渊源。如此，在党政机关实行的供给制，也自觉或不自觉地向中共所领导的军工企业乃至其他公营企业中传播，并在很长的一段时间中成为公营企业主要的薪资分配制度。

在抗日战争时期，包括其后的解放战争时期，随着物资供应紧张程度的缓解，公营企业为提高生产效益和产品质量，也有从机关化向企业化转型的需要，关内公营企业的分配制度逐渐开始从供给制向工资制过渡，多实行混合工资制，即部分定量供给，部分发放工资。如陕甘宁边区多数工人即实行混合工资制，也有部分工人实行供给制加技术津贴，还有部分工人实行货币工资制。在工资的计算方式上，多采用实物工资制。

解放战争时期，老解放区的企业分配制度进一步从混合工资制向工资制转型。在工资计算方式上，有的地区也开始探索基于复合实物为计算单位的工资制。从1946年6月起，晋冀鲁豫边区的军工企业将混合工资制改为以"饻"为计算单位的工资制。"饻"字由"食"和"衣"字组成，取"有饭吃，有衣穿"之意。每饻含1斤小米、1斤小麦、1平方尺土布。① 华北部分企业逐渐采用这种实物工资制，仅在物品种类和数量上略有区别。此外，1948年东北地区基本解放后，也曾先后推行基于米、布、油、盐、煤为组成部分的复合实物工资制，并以"工薪分"或"工资分"为计算单位。②

新中国成立前后，在城市接管中，中共在新接管的国营和公营企业推行"原职原薪"政策。但是，原薪政策毕竟是接管初期的一种权宜之计，其很大程度上冻结了国民党时期旧工资制度的诸多问题并将其保留了下来，而不是对其进行解决。虽然各地在接管中，也对旧的工资制度进行了一定的调整，但是这种调整由于缺少统一的方案，反而一定程度上进一步加剧了全国工资制度的不统一。随着接管的结束与生产的恢复，旧的工资制度愈来愈成为阻碍生产发展与工人生活水平提高的绊脚石。与此同

---

① 祝慈寿：《中国工业劳动史》，上海：上海财经大学出版社，1999年，第291页。
② 《统一公营企业及机关学校战时工薪标准——东北行政委员会指示》（1948年8月14日），中国社会科学院经济研究所中国现代经济史组编：《革命根据地经济史料选编》下册，南昌：江西人民出版社，1986年，第920—921页；《东北公营企业职工工薪等级》（1949年8月24日），中国社会科学院经济研究所中国现代经济史组编：《革命根据地经济史料选编》下册，第615—620页。

时，为建立统一的、有计划的经济体系，也有必要对工资制度进行全国性的统一。

伴随着全国解放进入尾声与国家政权的建立，中共开始处理国营企业工人的工资问题。1950 年 8 月至 9 月，全国工资准备会议在北京召开，讨论工资制度改革的基本模式与制度内涵。工资的计算单位方面，会议决定以"工资分"作为全国统一的工资计算单位，采用复合实物工资制，以实物计算、以货币发给。对于工人的等级与工资制度，会议决定推行以八级工资制为代表的等级工资制，在此基础上本着按劳计酬的原则，推行计件工资制和计时奖励制。① 此后，第一次全国工资改革随即在各大区展开。八级工资制与计件工资制得以推广，工人工资计算标准以"工资分"测算，同时，工人的工资水平也有所提高。对于工人工资增幅，以北京为例，经过中共中央、中央财政经济委员会、华北局研究，最后确定给北京的企业工资增长控制数为 25%。②

1952 年底到 1953 年初，各地的工资改革工作先后宣告结束。与之同时，国家大规模工业化的起步与计划经济体制的逐步建立，又对工资制度提出了新的要求，劳动部、中华全国总工会随即开始酝酿对工资制度的进一步改革。但是，这一次工资制度调整计划未能得到落实，工资调整工作反而出现了三年的停滞，工人工资水平增长过慢，影响了工人的生活水平。为此，国家在 1956 年再次进行工资改革，在大幅度提高工人工资的同时，进一步对工资制度进行调整。

1956 年 2 月至 4 月，劳动部在北京召开全国工资会议。会议决定进行第二次全国工资改革，在优化工资制度的基础上，进一步提高工人工资。其中，1956 年度用于增长工资的金额为 12.55 亿元，全国职工平均工资提高 14.5%，人均增资 80 元左右，如包括 1956 年新增加人员在

---

① 刘少奇：《对全国工资问题准备会议报告和工资条例草案的批语》（1950 年 10 月 5 日），注释 2，中共中央文献研究室、中央档案馆编：《建国以来刘少奇文稿》第 2 册，北京：中央文献出版社，2005 年，第 462—463 页。

② 北京市地方志编纂委员会：《北京志·综合经济管理卷·劳动志》，北京：北京出版社，1999 年，第 100 页。

内，则为 13%。①

在 1956 年工资改革的基础上，依照改革的意图，全国国营企业的工人工资水平得到提高，八级工资制、计件工资制和奖励制度得以调整，且计件面得以扩大。但是，正当各地依据工资改革"两步走"的计划，进行工资增长的"第二步"的时候，国务院又决定工资改革"第二步"不走了，转而限制工人工资的增幅。在限制工人工资增幅的同时，对既有工资制度的批判声音也开始此起彼伏，进而导致"大跃进"期间对"按劳分配"原则的否定与计件工资制度的取消。新中国的社会主义工资制度探索进入到了一个新的阶段。

二、工农收入差距对工资增幅的限制

工农收入差距扩大带来了多重的影响，一方面，给政府和党带来政治上的负面影响，另一方面，也加速了农村人口向城市的流入，如是则增加了城市供应与管理的负担。故而平衡工农收入差距，成为社会主义工人工资制度探索中需要考量的一个重要问题。而工农收入差距对工人工资政策制定的直接影响，便是对于工人工资增幅的约束。

《共同纲领》在新中国成立初期扮演着代宪法的角色，其总纲第一条规定："中华人民共和国为新民主主义即人民民主主义的国家，实行工人阶级领导的、以工农联盟为基础的、团结各民主阶级和国内各民族的人民民主专政，反对帝国主义、封建主义和官僚资本主义，为中国的独立、民主、和平、统一和富强而奋斗。"② 这使得中共对工人阶级崇高政治地位的宣传得以上升为国家的意志。但是，农民是工农联盟的另一方，毛泽东在《论人民民主专政》中即明确指出，"人民民主专政的基础是工人阶级、农民阶级和城市小资产阶级的联盟，而主要是工人和农民的联盟，因为这两

---

① 《国务院关于工资改革的决定》（1956 年 7 月 4 日），北京市档案馆，110-001-00743。
② 全国人大常委会办公厅、中共中央文献研究室编：《人民代表大会制度重要文献选编》（一），北京：中国民主法制出版社，2015 年，第 75—86 页。

个阶级占了中国人口的百分之八十到九十,推翻帝国主义和国民党反动派,主要是这两个阶级的力量。由新民主主义到社会主义,主要依靠这两个阶级的联盟"。① 故而,新政权也有必要向农民分享解放红利。

然而,随着工人工资改革的进行,工农间的收入差距日益放大。新中国成立后,随着国家对国营企业工人工资的改革,工人的实际工资收入,已比建国前有大幅提高,增幅60%至120%。农民的生活方面,虽也有不少改善,但相较于工人仍相差甚远。1953年7月9日《中共中央关于国营企业工资、年终双薪、年休假问题的指示》即明确指出,"这种工农生活悬殊的情况,已引起部分农民的波动和不满"。② 梁漱溟也曾在1953年9月政协常委会议上公开批评中共进城后忽视农民的生活,使得城里的工人与乡下的农民,生活几等于"两重天",有"九天九地"之别。③ 梁漱溟的批评对本就为财政失衡、粮食短缺苦恼的中共来说是"火上浇油"。为平衡工农关系,中央必须采取一定措施进行应对。如此,平衡工农收入差距,巩固工农联盟即成为中共历次调整工人工资,尤其是1953年决定短期内不再全面调整工人工资的原因之一。

此外,在城乡关系问题方面,工资政策也成为调剂城乡间人口流动的工具。在五六十年代,时常出现大量农民涌入城市的现象。有论者指出,"新中国成立初期,农民享充分的自由迁居城市的权利。1950—1957年城市人口增加总量中迁移增长占到了60.8%,1957—1960年更是占到了90%"。④ 短时期内大量农民涌入城市的原因在于城乡差距扩大,而为了调剂城乡间人口流动,调整城乡差距,对工人的工资水平也不得不加以限制。山本恒人也认为,由于城乡间工人与农民收入的差异,源源不断地有农民进城以充实城市劳动力,使得城市中的"合理的低工资政策"成为可

---

① 毛泽东:《论人民民主专政》(1949年6月30日),《毛泽东选集》第4卷,北京:人民出版社,1991年,第1468—1482页。
② 《中共中央关于国营企业工资、年终双薪、年休假问题的指示》(1953年7月9日),中央档案馆、中共中央文献研究室编:《中共中央文件选集1949年10月—1966年5月》第13册,北京:人民出版社,2013年,第15页。
③ 汪东林:《梁漱溟与毛泽东》,长春:吉林人民出版社,1989年,第20—23页。
④ 吕学山:《城乡和谐发展进程中的动力机制研究》,北京:中国时代经济出版社,2010年,第17页。

能。如此则出现了一种"吊诡"的现象，城乡间的收入差距，使得源源不断地有农民进城；而农民进城的结果，则使得城市中"合理的低工资政策"成为可能，限制了工农收入差距的进一步扩大。

由于城乡间收入差距的拉大，大量农民纷纷涌入城市，而在当时的招工制度之下，大量进城农民多从事的是建筑行业，即成为建筑工人，尤其是建筑工人中的粗工、季节工等。另外，大量进城农民通过招工进入企业，其评级多为学徒工和一级工。如此，调整建筑工人工资和调整企业学徒工、一级工的工资，成为缩小城乡间收入差距、调整工农关系的重要切入点。故而，50年代工农收入差距对工人工资增幅的约束主要表现在对建筑工人、学徒工、勤杂工、低等级工人（尤其是一级工）等和农民劳动比较接近的工人工资进行调整中所形成的工资约束逻辑。

1952年冬，华北基本建设公司将所属的5000余名临时工改为固定工，工资仍按临时工标准发给，实际上等于普遍增加了8%的工资。随着华北基本建设公司对工人工资的提高，北京市建筑公司工人也提出了增资要求，于是北京市建筑公司也提高了工资标准。华北基本建设公司与北京市建筑公司的做法引起了连锁反应，在北京施工的其他建筑单位工人也要求援例增资，并且有波及其他产业部门甚至其他地区的发展趋势。[①] 其间还发生了工人请愿事件。1953年1月，中央第二机械工业部工程处的部分工人向全国总工会和北京市劳动局请愿，要求提高福利、奖金与工资。[②]

由于北京建筑工人工资问题日趋激化，中共北京市委对华北基本建设公司与北京市建筑公司擅自增加工资的问题提出了批评，决定将两公司擅自增加的工资压下去。1953年1月19日北京市委就处理方案请示中共中央和华北局。[③] 中共中央在批示中说："工资、福利及奖金的大的改革，应

---

① 《市委关于各建筑工程单位的混乱情况和处理意见向主席、中央、全总党组并华北局的请示报告》（1953年1月19日），中共北京市委政策研究室编：《中国共产党北京市委员会重要文件汇编》（1953年），内部资料，1954年，第3—4页。
② 北京市劳动志编纂委员会编：《北京劳动大事记》，北京：中国工人出版社，1993年，第37页。
③ 《市委关于各建筑工程单位的混乱情况和处理意见向主席、中央、全总党组并华北局的请示报告》（1953年1月19日），中共北京市委政策研究室编：《中国共产党北京市委员会重要文件汇编》（1953年），内部资料，1954年，第1页。

报告中央主管机关批准后执行，某一企业基层单位无权处理。"① 此次增资风波处理结束后，1953年3月1日，中共中央将北京市委处理报告转发全国，供各地参照。针对建筑行业所存在的工资福利问题，中共中央指出，必须要遵守按技术标准评定工人工资等级和工资水平应在地区和产业间求得大体平衡两个原则。关于提高工资的方案，中央也指出，在中财委制定出可行的方案之前，各地应先停止盲目提高工资以及随便向工人许愿的现象。②

此后，北京市根据在处理增资风波中的承诺，开始调整建筑工人工资标准。1953年5月，北京市委提出工资调整方案，预计增幅是8%至12%，且增加较多的主要是技术工人。③ 尽管如此，中共中央因顾及对农民的影响，反对提高壮工工资，认为建筑行业中壮工（普通工人）工资已不低，再提高对农民会有影响，故不应再增加；应集中力量调整技术工人的工资，但为了照顾生产单位与其他地区，对技术工人的工资标准也不可调得太高，可在系数变动上对高等级技术工人予以照顾。所以，对于北京市委提出的8%至12%的增幅，中共中央认为还是太高，为照顾农村灾情和各地的工资水平，建议在1952年10月份工资的基础上提高4%为宜。④ 照顾工农联盟，在这里被明确提了出来。由此可见，新中国成立初期，在对建筑工人的工资调整中，壮工与农民收入间的差距成为限制壮工工资提高幅度的重要因素，基本上形成了"不可不增，亦不可多增"，"在发展生产、提高劳动生产率的基础上，使工资福利适当地逐步增加"的认

---

① 《中共中央关于处理违犯纪律擅自增加建筑工人工资意见给北京市委的批复》（1953年1月23日），中央档案馆、中共中央文献研究室编：《中共中央文件选集1949年10月—1966年5月》，第11册，北京：人民出版社，2013年，第72页。

② 《市委关于整顿建筑单位情况和下一步作法向中共中央并华北局的报告》（1953年1月30日），中共北京市委政策研究室编：《中国共产党北京市委员会重要文件汇编》（1953年），内部资料，1954年，第8—9页，中共中央3月1日的批示。

③ 《市委关于各建筑工程单位工人评定工资等级问题向主席、中央和华北局的请示报告》（1953年5月30日），中共北京市委政策研究室编：《中国共产党北京市委员会重要文件汇编》（1953年），内部资料，1954年，第14页。

④ 《市委关于各建筑工程单位工人评定工资等级问题向主席、中央和华北局的请示报告》（1953年5月30日），中共北京市委政策研究室编：《中国共产党北京市委员会重要文件汇编》（1953年），内部资料，1954年，第13页，中共中央6月28日的批示。

知路径与工作方法。

当然,此次因建筑工人工资与农民收入差距问题而进行的工资标准调整,既不是中共因权衡工农关系而对工人工资进行的第一次调整,也不是最后一次。工农间的收入差距成为长期约束工人工资标准的一个重要因素。1957年10月,刘仁在代表中共北京市委向北京市第二届党代表大会第二次会议做的《关于北京市的整风运动》的工作报告中,针对1956年的第二次工资改革,即指出:"在提高群众思想水平的基础上,改变一些不合理的工资福利制度,进一步巩固工农联盟。"① 刘仁关于整风运动的报告,也将矛头指向了工资制度。刘仁认为,通过两次工资改革,国家基本上改变了旧中国轻重倒置、高低悬殊、极为混乱的工资制度,逐步地改善了广大职工的生活待遇,从而推动了生产和建设事业的前进,成绩是很大的、基本的。但是,工资制度中仍存在徒工、粗工工资过高;青工升级过快,且升级标准不合理;奖励过高等问题。徒工、粗工工资较高,与农民之间的收入差距拉大,导致大量农村人口涌入城市,同时在政治上也影响了工农联盟的巩固。青工升级过快则逐渐激化了青、老工人之间的矛盾。

据此,刘仁认为,上述这些问题,"不仅增加了国家的财政支出,影响了社会主义建设速度,而且对职工的思想也发生了不良的影响,勤俭建国、勤俭持家、艰苦奋斗,建设社会主义的思想淡薄了,国家利益、长远利益被忽视了"。② 一定意义上,刘仁的这一报告堪称是整风运动期间对既有工资制度诸多问题的经典总结,并从北京市委的角度,将工厂整风引向了工资制度领域。而刘仁的报告即体现出北京市委、市政府也认为徒工、粗工工资较高,与农民之间的收入差距拉大,是导致大量农村人口涌入城市的主要因素之一。

1958年,为了妥善安排工人和农民的收入关系,国家再次降低了普通

---

① 刘仁:《关于北京市的整风运动——中共北京市委向北京市第二届党代表大会第二次会议的工作报告》(1957年10月28日),中共北京市委办公厅编:《中国共产党北京市委员会重要文件汇编》(1957年),内部资料,1959年,第148页。

② 刘仁:《关于北京市的整风运动——中共北京市委向北京市第二届党代表大会第二次会议的工作报告》(1957年10月28日),中共北京市委办公厅编:《中国共产党北京市委员会重要文件汇编》(1957年),内部资料,1959年,第151页。

工、勤杂工的工资待遇，因为中央依然认为："目前各部门、各地区的普通工和勤杂工的工资待遇，一般都有些偏高。由于普通工和勤杂工只从事简单的体力劳动，并且一般都是就地招收的，同农民的关系比较密切，他们的工资待遇比农民的收入高出过多，就会引起农民的不满，并且容易引起农民大量流入城市，既有碍于农业生产，也给城市中劳动就业的安排和居民的生活供应等方面增加了困难。"1958年2月，国务院对企业、事业单位和国家机关中普通工、勤杂工的工资待遇作了如下规定，"新录用的建筑业中正式的和临时的普通工（一级至三级）的工资，以相当于普通工主要来源地区的一般中等农业社中劳动力较强的农民收入加上城乡生活费用差额为原则，其他企业、事业单位和国家机关新录用的临时的普通工的工资标准，大体相当或者略低于当地建筑业普通工的工资标准"。①

1963年，随着"大跃进"期间遭到破坏的工资制度的重建，工人工资增长的问题被再次提出之时，为妥善处理工资增长的工作，1963年9月北京市总工会四届三次会议上的报告中指出，要综合考虑市场消费物资的供应情况、积累和消费的关系、增加工资对之后工资工作的影响、工人与农民关系等。② 工农关系仍作为制约工资增幅的重要因素被提了出来。

三、农产品价格对工人工资购买力的影响

城乡关系视域下新中国工人工资制度探索中的"农村-农民"因素的第二重表现，即农产品作为消费品对工人工资购买力的影响。50年代，农产品对于工人工资购买力的影响，主要表现在农产品的供应（价格）对于

---

① 《国务院关于企业、事业单位和国家机关中普通工和勤杂工的工资待遇的暂行规定》（1957年11月16日全国人民代表大会常务委员会第85次会议原则批准）（1958年2月6日国务院全体会议第70次会议修改通过），国家人事局编：《人事工作文件选编2 干部工资部分》，北京：劳动人事出版社，1980年，第51—52页。

② 北京市总工会：《积极发动群众，认真执行政策，切实协助行政做好调整工资工作》（1963年9月12日市总工会四届三次执委会的报告），北京金隅琉水环保科技有限公司档案室，工会档案1963—0106-0026。

工人工资增长的约束。

首先,消费品的结构性上涨对单一实物工资制带来冲击。中共接管北平后开始实行的以小米为计算单位的单一实物工资制就遇到过这样的问题。

中共接管北平之后,面对物价不断上涨的情况,为保障工人工资的实际购买力不致降低,实行了实物工资制,以小米计算,以实物或货币发放。而物价的结构性上涨,很快就对这种单一实物工资制造成冲击。如1949年年初长辛店曾发放过两次工资,第一次发放小米,但第二天小米马上跌价,从7.1元下降至6.4元,意味着工人每10斤小米便损失1斤;第二次是发放货币,但工资发放后小米由10元涨到18元,结果工人领到18斤小米的工资过了一夜便成为10斤。① 对于这种现象,鉴于当时尚无统一的政策,北平市委只能对长辛店周边的小米价格进行临时性的控制以作为应对。

此后北平物价仍在快速上涨,如以1949年2月北平50种商品的物价指数为100,则5月份为261,8月份为885。② 从10月底开始,上涨更为迅猛,从10月27日至11月12日,半个月中,物价平均上涨了两到三倍。大米的单价从325元涨至1000元,上涨3倍多;小米的单价从225元涨至800元,上涨3倍多;玉米的单价从146元涨至580元,上涨4倍多。③ 11月份物价指数相较于2月份为2912。④ 物价飞涨引起了民众的恐慌和不满。北京市通过多种办法组织粮源,以平抑粮价。平抑粮价虽然保证了工人以小米计算以货币发放的工资收入的粮食购买力,然而,由于其他生活必需品价格快速上涨,小米价格相对下降。据1950年1月至5月的数据,北京小米价格上涨的百分比已低于其他物价。从1950年5月起,北京小米的

---

① 《彭真关于工资问题、工厂内党、行政和工会关系问题的报告》(1949年3月5日),北京市档案馆编:《北平解放》,下册,北京:中国档案出版社,2009年,第791页。
② 刘志学:《北平解放初期整顿金融 平抑物价保证供给的概况》,《北京党史通讯》1988年第2期,第3页。
③ 《市委关于北京市物价上涨情况向陈云、薄一波同志并华北局、中央的报告》(1949年11月12日),中共北京市委政策研究室编:《中国共产党北京市委员会重要文件汇编1949—1950》,内部资料,1955年,第110页。
④ 刘志学:《北平解放初期整顿金融 平抑物价保证供给的概况》,《北京党史通讯》1988年第2期,第3页。

相对价格不断下跌，工业产品在一度下跌后略有上升。5月至12月，物价总指数上涨26.9%，其中面粉上涨12.7%，副食品上涨18.16%，煤球上涨64%，百货上涨63.7%，房租负担也因房屋缺乏上涨50%至100%。① 如此，由于作为工资计算标准的小米价格增幅低于其他生活必需品，尤其是工业消费品的价格增幅，工农业产品剪刀差差额不断增大，以至于公营企业、机关学校等工人及工作人员工资收入的实际综合购买力呈下降趋势。

中共北京市委研究室在对石景山钢铁厂部分职工生活的调查中发现，从1950年5月至1951年8月，职工生活费用上涨了20%至30%，职工在食品、衣服、零用等方面的开支均大幅缩水。② 工人实际收入的降低导致了工人生活水平的下降，虽然工人吃饭不成问题，但吃细粮的数量已较过去减少一半，副食品质量也有所降低。部分工人家庭出现日常必需品买不起，小孩上学也供不起的现象。部分有积蓄的工人家庭尚能勉强维持原来生活，但过去仅勉强维持生活的家庭，则被迫负债或变卖东西补贴家用。实际购买力与生活水平的下降引起了工人的不满，以至于有人认为："政府有计划这样搞，是采用变相的手段来减薪。"甚至说："要减薪就明减，何必拐弯子！"③ 更进一步地，因生活水平的下降，不少公营企业的技术工人因私营工厂的工资高而转入私营企业，个别工人甚至改蹬三轮。如此，实际收入下降使得工人的生产积极性降低，进一步影响了生产的恢复与发展。④

物价上涨导致工人对以小米为计算单位的工资制提出了质疑。1950年

---

① 《市委关于改革职工工资计算办法的意见向中央、华北局的请示报告》（1951年1月22日），中共北京市委政策研究室编：《中国共产党北京市委员会重要文件汇编》（1951—1952年），内部资料，1955年，第45页。

② 市委研究室：《关于石钢职工生活和工资问题的调查及工资调整前后典型职工收支情况的调查，附：市劳动局整理的关于北京市工人生活情况的参考》（1951年），北京市档案馆，001-009-00181。

③ 《市委关于调整薪资办法向中央并华北局的请示报告》（1950年9月8日），中共北京市委政策研究室编：《中国共产党北京市委员会重要文件汇编》（1949—1950年），内部资料，1955年，第223页。

④ 《市委关于改革职工工资计算办法的意见向中央、华北局的请示报告》（1951年1月22日），中共北京市委政策研究室编：《中国共产党北京市委员会重要文件汇编》（1951—1952年），内部资料，1955年，第45页。

9月8日，中共北京市委将此问题报告给了中共中央与华北局。① 9月19日，彭真就北京市各阶层的动态向毛泽东与中共中央、华北局作了报告，他指出，工业品价格与农产品价格的剪刀差已开始影响到实物工资制的职工生活。② 1951年1月22日，北京市委再次就改革工资计算办法问题请示中共中央与华北局，提议采取以数种日用必需品折合计薪的工资计算办法，以保证工人的生活水平不至降低，减少工人顾虑，从而推动工人集中精力进行生产，提高工人的生产积极性。③ 由于全国工资准备会议已提出工资制度要从实物工资向"工资分"转变，对于北京市委的请示，1951年2月，中财委批示，同意北京市将工人工资改成以分计薪的方式，并要求北京市根据1950年1月、5月以及1951年1月的实发工资情况，提出具体的方案，上报中财委审查。④

随着第一次全国工资改革的进行，各地建立了基于"工资分"的工人工资计算方式。虽然第一次全国工资改革推行"工资分"政策的历史资源主要来源于解放战争时期关内解放区"饻"和东北解放区"工薪分"等复合实物工资制的经验，但新中国成立初期北京市以小米为计算标准的单一实物工资制存在的问题，也是第一次全国工资改革中决定推行复合实物工资制的重要因素。粮食价格与农村有关，其背后也体现了新中国工资制度制定中的农村因素。

其次，1953年的农村灾情对工人工资增长也起到了制约作用。1953年第一次全国工资改革的后续改革工作之所以被搁置，农业减产也是原因之一。

1952年下半年，国家层面上的工资改革基本告一段落，而随着计划经

---

① 《市委关于调整薪资办法向中央并华北局的请示报告》（1950年9月8日），中共北京市委政策研究室编：《中国共产党北京市委员会重要文件汇编》（1949—1950年），内部资料，1955年，第223页。
② 《彭真通知关于京市各阶层的动向向毛主席并中央、华北局的报告》（1950年9月19日），中共北京市委政策研究室编：《中国共产党北京市委员会重要文件汇编》（1949—1950年），内部资料，1955年，第309页。
③ 《市委关于改革职工工资计算办法的意见向中央、华北局的请示报告》（1951年1月22日），中共北京市委政策研究室编：《中国共产党北京市委员会重要文件汇编》（1951—1952年），内部资料，1955年，第46页。
④ 《市委关于改革职工工资计算办法的意见向中央、华北局的请示报告》（1951年1月22日），中共北京市委政策研究室编：《中国共产党北京市委员会重要文件汇编》（1951—1952年），内部资料，1955年，第45页。

济体制的建立和国家工业化发展目标的提出，国家有必要对工资制度再一次进行调整，从而使国营企业工资制度更加匹配计划经济体制与国家工业化的发展目标。从 1952 年下半年开始，国家开始酝酿对工资制度进行新一轮改革，计划进一步调整国营企业的工资制度和奖励制度，并重点推行八级工资制和推广计件工资制。直到 1953 年初，中央有关部门仍计划在第一次工资改革的基础上继续进行改革。但是，到 1953 年下半年，对国营企业工人工资既定的改革计划，却发生了很大的变动。1953 年 7 月 9 日，中共中央发出《关于国营企业工资、年终双薪、年休假问题的指示》，"决定今年在国营企业中，不进行全面调整工资，标准工资一般不动，并取消年终双薪（或年终奖金）制度和暂缓普遍实行年休假制度"。① 原定于 1953 年进行的调整工资的计划因此未能推行。

对于原定工资改革，尤其是增长工资计划被搁置的原因，中共中央在指示中是从保障大规模工业化建设、预备朝鲜战争再起、救济灾荒以及平衡工农生活差距四点进行了解释。后两点都与农村、农民有关，主要原因是 1953 年因大规模灾荒导致农业生产完不成任务，粮、油等消费品供应出现紧张，而救灾又需要进一步压缩消费基金。

据相关统计，仅 1953 年春荒需要救济的人口便达到 3824 万人，比 1952 年的 2388 万人增加了 60%。② 到 5 月，全国受灾面积已达一亿一千多万亩，受灾人口 4000 余万人。③ 严峻的灾荒，导致农业产量下降，粮、油等消费品供应出现紧张，也使得国家无法继续提高工人工资。工业的发展、城市人口的增多以及在第一次工资改革基础上社会购买力的扩大，已经使得社会消费品出现供需失衡。由于社会购买力的增长速度超过了消费品的生产速度，尤其是在粮、油、棉布等方面，国家自 1953 年下半年开

---

① 《中共中央关于国营企业工资、年终双薪、年休假问题的指示》（1953 年 7 月 9 日），中央档案馆、中共中央文献研究室编：《中共中央文件选集 1949 年 10 月-1966 年 5 月》，第 13 册，北京：人民出版社，2013 年，第 15—17 页。

② 中华人民共和国国家统计局、中华人民共和国民政部编：《中国灾情报告 1949—1995》，北京：中国统计出版社，1995 年，第 267 页。

③ 《中共中央关于国营企业工资、年终双薪、年休假问题的指示》（1953 年 7 月 9 日），中央档案馆、中共中央文献研究室编：《中共中央文件选集 1949 年 10 月—1966 年 5 月》，第 13 册，第 15 页。

始，陆续对粮、油、棉布实行计划收购和计划供应，对棉花进行计划收购，这便是对中国影响深远的"统购统销"政策。① 在需要平衡国内供求关系的背景下，国家也不太可能再提高工人工资水平。

与之同时，严峻的灾荒对国家的财政收支也会有影响，这意味着当年的国民收入将有降低的风险。为了救灾，中央有关部门又需要调用各种资源，故而，压缩消费基金从而获得资金进行救灾，也成为必然选择。减少消费基金，也就丧失了能够进一步提高工人工资的空间。

至于缩小工农间生活水平差距，方法不外乎提高农民收入或降低工人收入。在中央有关部门看来，国家财政已经没有余力再负担提高农民收入所造成的开支，而在实质意义上降低工人收入也不可能，唯一能做的，是短期内冻结工人工资水平，使其不再继续增长，以免工农之间的收入差距进一步扩大。总之，1953年的灾荒导致救灾资金超过预算，而国防开支不能减少，工业化建设也不能放缓，只能压缩消费基金，冻结工人工资水平。中央有关部门在为这一做法作出解释时，再次强调了缩小工农间生活水平差距的重要性。

最后，1956年农产品供给的刚性也对工人工资水平增长起到了逆向制约作用。1956年，国家决定进行新一轮工资改革，普遍提高工资水平。但是，由于工人工资收入增加会增加粮食和其他生活必需品的需求，而农产品在短时间内难以满足购买力扩大的需要，导致国家再次采取措施，限制工人工资的继续增长。

1956年全国工资会议后，各地区、部门依据本地情况进行了研究讨论和测算。由于部分省份与部门要求采用较高的工资标准，控制总数被提高至14.13亿元。五、六月间，在周恩来的主持下，国务院召开了全国工资改革方案平衡会议，再次对工资改革的具体方案进行综合平衡，确定增加工资14.08亿元，分两年完成，1956年先动用12.55亿元。② 该计划自

---

① 周恩来：《政府工作报告》（1954年9月23日），全国人民代表大会常务委员会办公厅编：《中国人民政治协商会议第一届全体会议 中央人民政府委员会 全国人大及其常委会制定或者批准的法律及部分文件》，1949—1956年卷，北京：中国法制出版社，2004年，第190页。
② 《中央批转周恩来同志关于工资问题的报告》（1956年6月），中国共产党北京市委员会编印：《北京工作》第116期，第2页。

1956年4月1日起开始执行,全国实际共增加工资总额12.55亿元,全国职工平均工资提高14.5%,人均增资80元左右。① 据1956年底北京市的统计,北京市各部门(不包括中央级国家机关、新公私合营企业和手工业生产合作社)共有职工约30万人,合计增资2700万元,年平均工资增加89.55元,增幅为13.96%。②

工人工资增长意味着购买力的扩大。随着全国工资改革的进行,工人工资水平的提高以及工资的补发,工人的购买力迅速扩大。1956年7月20日,北京开始补发工资后,"领到了补发工资的人们,下班后纷纷涌向百货商店。北京的市场更加活跃起来了"。从7月20日开始,北京市百货公司的销售额逐日上升,北京市百货公司所属七个门市部20日共卖出价值27万多元的商品,比19日增加了3万多元,"人们提着大包小包,欢笑着从商店走出来"。③ 与北京类似,天津在7月29日第一批工厂、学校、机关等单位补发工资后,大量民众也涌向和平路和滨江道上的各大商店。④

工人在补发工资后的集中消费行为,导致大量货币在短期内进入流通领域。1956年第一季度北京市社会商品零售额为2.988亿元,到第四季度已增至5.199亿元,增幅达74%。诸多民众生活的必需品,尤其是副食品的供应出现紧张,除猪肉、麻、奶粉、红糖等长期供应不足的商品外,蔬菜、鸡蛋、挂面、白糖、粮食制品、收音机等商品也出现了短缺的情况。⑤ 在供不应求的形势下,物价开始上涨。1956年下半年北京市的物价上涨整体上呈现出时间长、涨幅大、范围广的特点。时间长,表现为从1956年上半年一直延续到1957年上半年;涨幅大,表现为一般均在10%至20%,最低的上涨6%,最高的上涨30%以上;范围广,表现为涨价范围包括吃穿有关商品及其他日用品等,除呢绒、高级茶叶等少数高级消费

---

① 《国务院关于工资改革的决定》(1956年7月4日),北京市档案馆,110-001-00743。
② 《关于这次工资改革的情况和问题的报告(草稿)》(1956年12月22日),北京市档案馆,110-001-00747。
③ 贺富明:《补发工资以后销货额迅速上升》,《北京日报》1956年7月22日,第1版。
④ 新华社驻天津记者:《补发工资后的第一个星期天》,《工人日报》1956年7月31日,第2版。
⑤ 《市委关于目前商品供应紧张情况向中央的报告》(1957年4月26日),中国共产党北京市委员会编印:《北京工作》第149期,内部资料,1957年5月8日,第6—7页。

品之外，绝大部分是食油、食盐、猪肉、蔬菜等民众日常生活必需品，对民众生活影响较大。①

快速上涨的物价引起了民众广泛的紧张与忧虑。早在1956年上半年，由于物价已出现上涨的趋势，即有工人表示，"提高的工资还没有拿到手，物价就先涨上去了，何必提高工资呢？"② 而到1956年下半年，随着工资改革的进行，工人对物价上涨的不满更加强烈。有职工反映："增加工资不多，物价要赶上来了。"有的职工问："调整工资时说物价不涨，把工资分改为货币工资，为什么现在物价又涨了？"有的职工议论说："过去是先涨了物价，后涨工资，这次是先涨了工资，接着涨物价。"甚至有职工说："去年增加了点工资，是不是政府后悔了，又把物价涨上去了。"③

由于短时间内生产供给并无较大变化，生产赶不上消费需求的增长。至于消费需求增长，北京市委认为主要是工资改革使民众购买力迅速扩大的缘故。但是，由于工资问题系全国性问题，北京市委短时间内无法改变，只得在其辖区内通过压缩机关消费、增强社会供应、组织货源、加强对自由市场的管理等形式，一边保障供给，一边压缩消费，一边控制物价。④ 北京市成立了物价管理委员会，统一负责全市物价的管理工作，以防止物价失控。⑤

因增加工资所导致的供求失衡与物价上涨在全国具有普遍性，也很快引起中央有关部门的关注。1956年12月，陈云在中华全国总工会七届十

---

① 《市委关于物价问题向中央的报告》（1957年4月28日），中国共产党北京市委员会编印：《北京工作》第151期，内部资料，1957年5月13日，第7页。
② 《市委关于物价问题向中央的报告》（1956年7月21日），中共北京市委办公厅编：《中国共产党北京市委员会重要文件汇编》（1956年），第181页；《关于物价问题的报告（草案）及几年来有关人民生活必需品价格变动简明表》（1956年3月15日至1957年7月2日），北京市档案馆，001-009-00385-00212。
③ 《市委关于物价问题向中央的报告》（1957年4月28日），中国共产党北京市委员会编印：《北京工作》第151期，第7页。
④ 《市委关于目前商品供应紧张情况向中央的报告》（1957年4月26日），中国共产党北京市委员会编印：《北京工作》第149期，第6—7页。
⑤ 《中共北京市委对市第一商业局党组关于当前市场物价情况和解决意见的报告的批示》（1957年1月2日），中共北京市委党史研究室编：《北京市重要文献选编》（1957年），北京：中国档案出版社，2003年，第1页。

一次主席团会议上发表讲话指出,总的来看,1956年国营企业增加工资是正确的,但是有的地方增加得多了些。由于1956年增加工资,使得物资供应很紧张。新增的购买力进入流通领域后,造成了物资供应的极大压力。陈云认为,1956年工资工作的教训是"工资放在一次加,物资供应不上,是不好的,还是分开加好一些。人民购买力的提高,就必须估计到物资供应的可能,否则是空的"。① 通过陈云的讲话可以看出,中央有关部门希望在保证物资供应和物价稳定的基础上稳步提高工人工资。

虽然认识到工资改革导致供求关系紧张,进而造成物价上涨,但工资改革刚开始推行,尚未来得及对工资改革所造成的影响进行综合性评估,作为短期内的应急办法,中共中央决定叫停"第二步"工资改革计划,以暂时应对。1956年11月,国务院发布《关于是否贯彻原定1957年工资改革方案问题的通知》,决定暂缓工资改革的"第二步"增资工作,并停止升级与提高计件工资标准,相应的工资改革工作待1957年工资改革总结会议研究后再行确定。此外,国务院还要求各地区、各部门对工资问题不要随便许愿,以免造成工作上的被动。②

在社会主义计划经济体制下,受资源短缺的制约,生产领域无法及时有效地回应因工资改革所导致的短期内迅速扩大的购买力,大量的消费资金被积滞于流通领域中,市场物资供应紧缺,物价上涨,进而对整个国家的生产、流通、分配与消费造成系统性影响。工资问题从分配领域进入消费领域,而无法进入生产领域迅速增加商品供给,导致消费与生产脱节,冲击着国家以重工业为中心的工业化建设战略。因此,国家只得通过调控工人工资的过度增长,来保障国家工业化的资本投入,平衡因物资短缺所带来的消费品供求失衡。由此可见,工人工资的增长,不能只考虑城市、企业内部分配的问题,还需要将重工业与轻工业、工业与农业、城市与乡村等多重关系纳入进来进行综合性考量。

---

① 陈云:《购买力的提高必须与物资供应相适应》(1956年12月23日),中共中央文献研究室编:《陈云文集》第3卷,北京:中央文献出版社,2005年,第137—140页。
② 《北京市调整工资办公室关于对1957年是否贯彻执行原定工资改革方案有关问题的通知及林殿文的批示》(1956年12月13日),京档089-001-00032-00150;《北京市调整工资办公室:《关于对1957年是否执行原定工资改革方案的通知》(1956年12月13日),北京市档案馆,132-001-00172-00095。

四、农村分配制度对工人工资制度的影响

在革命历史时期,农村分配制度即对工人工资制度的设计产生了诸多影响,诸如"平均主义"的思路,诸如对于最低工资标准的设置(养活包括自己在内的两个人)。新中国成立前后的粮食工资制,其工资标准依然具有鲜明的农村雇工粮薪经验色彩,单纯从养活人口出发,与工厂生产效益相脱节。

在50年代两次全国工资改革中,新中国逐渐建立起了以按劳分配原则为制度内涵,以八级工资制、计件工资制为表现形式的社会主义工资制度。这一时期,农村分配制度对城市工人工资制度的影响相对较小。但是,在大跃进时期,农村分配制度的调整再次对工人的工资制度带来较大规模的冲击,城市中也开始试点推行"半供给半工资的分配制度"。

在"大跃进"和人民公社化运动过程中,各地对既有体制进行了一定程度的修补,物质激励机制开始受到排斥,被视为经济主义、修正主义的表现形式,普遍受到批判。政治教育与精神激励机制则更受重视,被广泛提倡,并逐渐成为经济发展的主要动员方式。[①]

经济运行方式的转换与工人激励制度的转型,必然导致工人分配制度的相应变化。在对工资制(等级工资制)的批判下,中央有关部门开始思考新的分配制度。而在可供借鉴的历史资源中,供给制作为一种分配制度,在革命历史时期曾发挥过重要作用。随着对工资制度的批判日益高涨,学术界也开始讨论供给制与工资制的优劣问题。按劳分配的工资制度受到质疑,在批判"资产阶级法权"的推动下,一部分人又开始推崇供给制。

---

① 王海光:《模式与战略:中国现代化发展道路的历史反思》,《岭南学刊》2000年第3期,第22页。

与理论性的讨论和建构同时，在具体的工资实践中，中央有关部门也开始尝试将在农村中推行的"供给制"推向城市，试行半供给半工资的分配制度，又称工资制与供给制相结合的分配制度，以消解工资制度的诸多弊端。

所谓半供给半工资制度，即生活资料的分配，部分实行供给制，另一部分实行基本工资加奖励的工资制。半供给半工资制度，最早是在农村公社化运动中，随着公共食堂的出现而首先在农村中推行的。1958年，在农村人民公社化建立过程中，在"一大二公"的口号下，出现了"吃饭不要钱"的公共食堂。1958年8月，中共中央在《关于在农村建立人民公社问题的决议》中指出："在条件成熟的地方，可以改行工资制。"① 由于"人民公社将是建成社会主义和逐步向共产主义过渡的最好的组织形式"，同年12月，中共中央在《关于人民公社若干问题的决议》中进一步指出："在分配给社员个人消费的部分，实行工资制和供给制相结合的分配制度，这是我国人民公社在社会主义分配方式上的一个创举，是目前广大社员群众的迫切要求。"②

由于半供给半工资制度被视为"向共产主义过渡的最好的分配形式"③，农村人民公社所实行的这一分配制度也逐渐扩展到城市。1958年11月11日，劳动部副部长毛齐华在全国工业书记会议上的发言指出，中国革命的特点是农村首先取得胜利，影响和推动城市革命运动的发展，而分配制度的革命，又是农村走在前面。故而，毛齐华强调，"农村人民公社首先开始实行了半供给半工资的分配制度，形势逼人，城市和企业改半供给半工资制看来是必须解决的问题了"。④

从1958年底开始，国内部分企业开始试行半供给半工资制。这批试

---

① 《中共中央关于在农村建立人民公社问题的决议》（1958年8月29日），中共中央文献研究室编：《建国以来重要文献选编》，第11册，北京：中央文献出版社，2011年，第387页。
② 《关于人民公社若干问题的决议》（1958年12月10日中国共产党第八届中央委员会第六次全体会议通过），中共中央文献研究室编：《建国以来重要文献选编》，第11册，第531页。
③ 关锋：《向共产主义过渡的最好的分配形式——试论部分供给和部分工资相结合的分配制度》，《人民日报》1958年10月22日，第7版。
④ 《劳动部副部长毛齐华在全国工业书记会议上的发言》，中华人民共和国劳动部办公厅编：《劳动通讯》1958年第23期，内部资料，第17—18页。

行新分配制度的企业,主要是在"大跃进"期间新建立的钢铁冶炼、煤炭企业。部分建立城市人民公社的老企业,也曾探讨或试行这种新分配制度。北京市也以大工厂和街道为重点,成立了5个城市人民公社作为试点单位,其中包括以国营厂矿为主的石景山中苏友好人民公社。

中苏友好人民公社的管辖范围包括石景山地区范围内的企事业单位(石景山钢铁公司、石景山发电厂、特殊钢厂等)和5个乡的9个高级农村合作社。公社以国营大工厂为主体,社员86%是工厂职工、家属以及少数商业、服务业、文教卫生事业人员,剩余14%是农民。① 在分配制度上,中苏友好人民公社从1958年10月起开始实行半供给半工资的分配方式。其中,半工资的发放标准是,依据社员劳力情况划分为五级,一级12元、二级10元、三级8元、四级6元、五级5元;半供给制的部分,即"十包",包括社员在食堂吃饭不要钱,并对穿衣、看病、结婚、托幼、上学、死亡等事项给予一定的补贴。②

伴随着北京市部分单位在分配制度上从工资制转向供给制,《北京日报》也从舆论的角度动员社会进行讨论。1958年10月20日,《北京日报》刊登了题目为《晏树春为什么感到没奔头》的报道,讲述了老党员晏树春认为实行供给制打击了劳动者的生产积极性,奖励懒汉不干活,违反按劳分配制度,不公平不合理的观点。③ 对此,11月10日,《北京日报》针对晏树春的观点,以"怎样做好向共产主义过渡的思想准备"为题,组织了专题讨论。在讨论中,对于供给制,主要有三种不同的观点:(1)实行供给制违反按劳取酬,不公平不合理;(2)实行供给制要从具体条件出发;(3)立刻实行供给制,放缓就是落后。④ 由于三方的争论相持不下,12月1日,《北京日报》转载了中共北京市委第二书记刘仁的《关于人民公社

---

① 石景山中苏友好人民公社调查组:《首都的第一个城市人民公社——石景山中苏友好人民公社调查组报告》,中国共产党北京市委员会:《前线》1960年第7期,第16页。
② 程占军、崔恩平整理:《石景山中苏友好人民公社》,中国人民政治协商会议北京市石景山区委员会文史资料委员会编:《石景山文史资料》,第4辑,1991年,第22—23页。
③ 《晏树春为什么感到没奔头》,《北京日报》1958年10月20日,第3版。
④ 《晏树春不赞成实行供给制是有道理的》,《北京日报》1958年11月10日,第3版;《改变分配制度要从具体条件出发》,《北京日报》1958年11月10日,第3版;《应该马上实行供给制》,《北京日报》1958年11月10日,第3版。

的分配制度》的文章,以作为这次争论的结论。刘仁的文章指出,大部分可以先实行供给吃饭加工资的分配制度,日后可以随着生产的发展再逐步扩大供给范围。①

由于北京市实行半供给半工资制的单位较少,我们可以拿其他地区的情况作为补充。1958年10月初,辽宁省劳动厅选择沈阳第三机床厂、矿山机械厂和第一机械厂等三个单位试行半供给半工资制,具体办法就是由厂方提供吃饭、衣着、住房、交通费和医疗等基本生活需要,其余生活需要部分,仍以工资或津贴形式发给工人。②而成都制革二厂试行半供给半工资制的办法是:供给部分,职工本人包括伙食、房租水电、生育、养老、伤残、医疗、探亲等费用;由职工供养的家属则包括伙食、医疗、入托、入学、养老、丧葬等六项。工资部分,该厂职工实行统一的工资等级标准,并按照政治思想、劳动态度、技术业务能力、连续工龄或革命工作年限等标准,重新评定工资等级。③

在试行半供给半工资制的过程中,该制度的部分问题也开始显现出来。河南省劳动厅对该省几个试行半供给半工资制的机关企业进行了调查,调查结果显示出现了包的多、水平低,等级少、级差小,标准畸高畸低、极不平衡等现象。据此,河南省劳动厅认为,虽然半供给半工资制具有共产主义萌芽的性质,但是在短时间内,供给部分不宜过大,供给范围不宜过宽,应着重增加工资部分的比重。与之同时,河南省劳动厅还认为,在试行半供给半工资制的过程中,应适当地增加工资,提高水平,既要改善制度,缩小工资差别,也要做到大部分职工的收入增加。④

基于对各地试行半供给半工资制经验的初步总结,1959年2月16日至21日,劳动部工资局召开了试行半供给半工资制的经验交流座谈会。

---

① 刘仁:《关于人民公社的分配制度》,《北京日报》1958年12月1日,第3版。
② 《沈阳第三机床厂等三个厂进行半供给半工资制的试点》,《劳动》1958年第22期,第22页。
③ 程彦超:《"共产主义,必经之路"——成都制革二厂职工看半供给半工资制》,《劳动》1958年第23期,第20—22页;《成都制革二厂贯彻新的劳动工资和劳保福利制度初步总结》(1958年10月14日),四川省成都市档案馆,095-002-0400-056;《成都制革二厂为请示现行劳动工资劳保福利制度中明显不合理部分进行改革》(1958年10月19日),四川省成都市档案馆,095-002-0400-066。
④ 河南省劳动厅:《河南省几个机关企业试行工资制与供给制相结合的分配制度的问题》,中华人民共和国劳动部办公厅编:《劳动通讯》1959年第4期,内部资料,第25—28页。

参加会议的有郑州合作油厂、哈尔滨车辆工厂、陕西第二中级党校等11个试行该制度的企业、事业单位，以及江苏、河南、河北、陕西、哈尔滨、阳泉、蚌埠等省市劳动部门的负责人。会议对该制度的相关问题进行了讨论，依然认为各单位实行半供给半工资制势在必行，作为方向，是正确的，毋庸置疑的，但是也承认，依据既有条件，还只能进行试点，不宜遍地开花。①

实际上，半供给半工资制在试行过程中已经困难重重，随着该制度所带来的消极作用超过了中央有关部门的承受范围，加之农村人民公社供给制的退却，城市试行该制度的单位也在1959年上半年停止试行，而"大跃进"中新创办的企业，也结合1959年的工资升级工作改行工资制。"大跃进"期间企业中效仿农村"供给制"所推行的半供给半工资制宣告结束。

1958年前，国家所进行的两次全国范围的工资改革，均以"按劳分配"为原则，试图建立以八级工资制为基础，结合计件工资制度和奖励制度的全国统一的工资制度。这种工资制度虽然后来由于劳动定额的频繁修改、计划经济体制对计件超额的逆向约束、国家工业化建设导致的消费基金被压缩、平衡工农收入差距等原因，工人工资的总额与工资水平未能随劳动生产率的提高而相应增长。

在城乡关系视域下，"农村-农民"因素成为20世纪五六十年代新中国社会主义工人工资制度探索中的重要影响因素。依据阶级话语，中共需要提高工人的工资以彰显工人的政治与经济地位。同时国家虽反复强调工人群体的崇高地位，但是也需要妥善处理工人与农民之间的关系，尤其是需要顾及二者之间在生活水平上的差距。故而，有关部门出于平衡城乡、工农关系的需要，限制了工人工资水平的增长速度。这方面，在工资较低的一级工的工资率以及壮工、粗工工资水平上表现得更为明显。与此同

---

① 《劳动部工资局召开试行工资与供给相结合的分配制度的座谈会》，中华人民共和国劳动部办公厅编：《劳动通讯》1959年第7期，内部资料，第39—41页。

时，农产品作为工人的主要日常消费品，其供给和价格也对工人工资的实际购买力产生影响。无论是初期消费品的结构性上涨对单一实物工资制的冲击，还是1953年农村灾荒对工人工资增长的限制，以及1956年农产品供给刚性对工人工资增长的逆向约束，农产品的供给与价格均对城市工人工资水平政策的制定有深刻影响。此外，农村的分配制度也一度成为中共探索工人工资制度的重要借鉴对象，而这方面主要体现在"大跃进"期间城市中对于半供给半工资制的试行。

总之，在城乡关系的视域下重新审视新中国工人工资政策制定中的"农村-农民"因素，可知工农收入差距对工人工资的增长形成了逆向约束，农产品的供应与价格也对对工人工资的购买力造成影响，在具体历史情境下也对工人工资增长形成逆向制约。同时，农村分配制度的调整也对工人工资制度提供了一种可供参考的"制度路径"。以城乡关系背景下的"农村-农民"因素为视角，是审视20世纪五六十年代新中国社会主义工资制度探索中一个新颖且比较有效的切入点。

第八章
劳动技艺、行业制度与身份转换*

——北京的建筑业与建筑工人

工人身份认同和阶级意识的建构是一个非常复杂的学术问题。虽然随着近代中国工业的发展，工人阶级也逐渐形成，并在五四运动中登上历史舞台。但是，由于近现代中国工业发展水平落后，产业工人力量薄弱，而人数更多的是手工业工人。建筑工人是手工业工人的重要组成部分。尤其是在作为都城的北京，修建工程比较多，所以从明清以来一直维持着规模比较大的建筑工人队伍。中共在早期开展工人运动的过程中，虽然也曾关注到手工业工人，但重点是产业工人。就北京建筑工人来说，到抗战后期中共地下党组织才真正开始在建筑工人中开展工作，所以他们的阶级意识形成也相对较晚。

建筑工人自古以来身份就是多重的。虽然多来自乡村，但主要在城市做工。技术工人，在过去被称为工匠，也以手艺人的身份而受人尊敬，工匠个人也以鲁班弟子而感到自豪。所以，他们既是工匠、市民，也是农民、乡民。新中国成立后，随着国营建筑公司纷纷成立，并大量固定工

---

* 本章作者：王元周，北京大学历史学系教授。

人，建筑业也成为国民经济的一个部门，建筑工人也大多转为固定工人，其政治身份也由手工业工人变为产业工人。但在建筑业实行改革以后，建筑公司不再雇佣固定工，城里人也很少去当建筑工人，建筑工人主要来自农村，并不再转变身份，因而被称为农民工。从建筑工人来说，经历了从工匠与苦力，大工与小工，技工与壮工，鲁班弟子与工人阶级一份子，工人与农民等多重复杂的身份认同与转换过程。所以，建筑工人的身份变化，也为我们从单一社会群体的角度，观察近代以来各阶层形成、认同与流动提供了一个绝好的样本。

一、"手艺人"与"工人"

北京的建筑工匠群体是在明朝修筑北京城时形成的。明初将元大都改建为北平府城，那时主要动用的是官兵和北平附近的难民。而到明成祖将北平府城改建为京城的时候，需要更多的能工巧匠和民夫，于是从各地大肆征调。工匠主要是从山西调来的，有6万人之多，来自江浙一带的也有不少。① 到永乐十八年（1420）北京城和宫殿都竣工之后，民夫或被遣回原籍，或在北京四郊落户。工匠愿留京者，分给田地、房屋、奴仆，在工部供职为官。民夫中有40万人为来自全国各地的囚犯，其中有一部分无家可归者，大多被分给京中各官木厂充当搬运夫，后来有的成为各杠房（棺材铺）的"杠夫"，而其中少数有技术者由工部留用，成为官匠。② 到清初顺治年间废除匠籍制度之后，除少数仍受雇于内务府外，大多数官匠转为民匠，官木厂也转为民营。朝廷遇有大的营建工程，则由工部营缮司交给私人开设的木厂承办，工匠和苦力则受雇于木厂而参加施工。由于北京是都城，新建和修缮工程较多，所以聚集了许多以营建房屋为职业的工

---

① 《有关中国建筑工人的史料》，《中国工会运动史料全书》总编辑委员会、中国建设建材工会史料编辑组编：《中国工会运动史料全书·建设建材卷》上，北京：国家行政学院出版社，1999年，第8页。

② 《有关中国建筑工人的史料》，《中国工会运动史料全书·建设建材卷》上，第8页。

匠和苦力。

工匠在中国被称为手艺人,受人尊敬,而且北京工匠还留有官匠的传统,所以其自身也有很强的身份认同。工匠与苦力截然分开。工匠和苦力虽然都是干体力活的,但是工匠是凭手艺吃饭的,地位比一般平民要高,见面要称师傅,受人尊重。工匠自己也很注意维持其形象。工匠进宅门干活,都得穿大褂,进门后把大褂卷起,用布包起小辫,然后才开始干活。不如此,主人家就会说,"看你们手艺人野的像什么似的"。① 只有苦力才是单纯靠卖力气吃饭的,也被称为小工、壮工。苦力主要为瓦匠服务。一般来说,一个瓦匠需要配备两个苦力。苦力在掌握了建筑技术,拜了师傅之后,也可以转变为瓦匠。

在工匠内部,不仅有行业上的分化,也有身份地位上的差别。传统建筑工种分为木、瓦、扎、石、土、油漆、彩画、糊,称为"八作",所以工匠也分为木匠、瓦匠、石匠、铁匠、油漆匠、彩画匠、裱糊匠、棚扎匠等。木匠又分为一般木匠、锯匠、雕匠,瓦匠也分为持瓦刀砌墙者以及负责磨砖、雕琢者。清末民初,又从瓦作中分出土作,于是从瓦匠中分出土匠。不过由于土作技术要求较低,所以也大量使用壮工,土匠行未能充分发展起来。后来随着西洋式建筑的兴起,还从瓦匠中分出洋灰工、钢筋工等。

工种的划分以行的成立为主要标志,而这种行业分化往往也带来身份地位上的差异。如油画匠的地位在清代就比木匠和瓦匠稍高一些,而且也得到社会上的承认。在工地吃饭时,油画匠要坐在席上,而其他工匠则可以蹲在地上吃饭。所用的餐具也有不同,一般工匠用黄沙碗,而对于油画匠,要换成豆青碗。②

以瓦匠、木匠为主体的建筑工匠有比较发达的行会组织,互相之间又有着师徒、师兄弟和同乡等关系,联系紧密。虽然最初开设木厂的大多也是手艺人,也参加行会,但后来随着建筑业的发展,一些大木厂的厂主从

---

① 鲁迅、李和平:《旧中国北京的建筑业及工人状况》,《北京工运史料》第1辑,北京:工人出版社,1981年,第137页。

② 鲁迅、李和平:《旧中国北京的建筑业及工人状况》,《北京工运史料》第1辑,第137页。

手艺人中逐渐分化出来,成为业主和资本家,不再参加瓦木匠行会。而且,在清末,木厂在承做皇家或官府工程时,工匠们常通过罢工来要求提高日工资标准,以至于只要有官工活,几乎都要发生齐行挂队之事。这种罢工行为针对的只是承包工程的木厂,加剧了工匠与大木厂主的分化。

这种罢工行为对工匠的身份认同虽有促进作用,但是仍有许多局限性。罢工不仅针对的是具体的木厂,而且限于本次工程。工程结束后,再做别的官工,工匠们的工资仍按原来行会规定的日工资标准执行,除非他们再发动一次罢工。

与近代罢工运动比较相近的是北洋时期北京建筑工人的罢工行为。在清代,皇家或官府工程虽然有时活也要得急,但是并不采取承包办法,而是做一个工算一个工的工钱,称为"摆工活"。而入民国以后,大"摆工活"少了,大工程多采取承包办法,称为"包工活"。于是工人与木厂、营造厂的关系也发生变化,齐行挂队就更加困难了。而且这时期工匠们面临的主要问题是物价上涨,日工资标准太低,收入不够维持生活,所以这时期虽然也有做官工时齐行挂队的情况,更多的是因为物价上涨而在精忠庙等处召开行会,以罢工相要挟,要求提高日工资标准。这种方式接近于近代产业工人的罢工方式,所以当1923年京汉铁路工人举行同盟罢工的时候,北京建筑工匠们也觉得与他们的齐行挂队很相似。

但是,这并没有使北京建筑工匠很快融入近代工人运动之中。建筑工匠工作场所不固定,往来于大街小巷、城内城外,工作之余还喜欢下口子,即泡茶馆,所以见闻相对开阔,喜欢谈论国家大事,但是由于他们比较分散,没有中共党员和进步知识分子去发动他们,所以没有参加第一次工人运动高潮。

1924年冯玉祥发动"北京政变"之后,中共党组织在北京的活动增多,建筑工匠也开始萌生近代阶级意识,自觉地将自己归入"工人阶级"。1925年3月,瓦木匠在精忠庙开会,就将自己的行会称作"瓦木作工人联合会"。① 但这只是昙花一现,直到抗战后期,中共北平地下党组织才开始

---

① 《瓦木匠大规模之增薪运动》,北京《益世报》,1925年3月10日,第7版。

在建筑工匠中开展工作。北平沦陷后,一部分建筑工匠返回老家,一些家在根据地的工匠参加了革命队伍,有的还加入了中国共产党。到1943年,中共开始重视城市工作,各根据地成立城市工作部,选派干部到北平、天津、唐山等大城市开展工作。1944年底到1945年春,北平建筑工匠出身的袁峻、李玉库、崔澄海等人也受冀中区党委派遣,回到北平,仍以建筑工匠身份为掩护,开展活动。他们在建筑工匠中发展党员和外围积极分子。到1949年1月中共接管北平时,中共北平建筑业委员会在建筑工匠中发展了20余名党员,分为三个支部,分别由袁峻、李玉库、崔澄海任支部书记,此外还有几百名外围积极分子。① 这就是中共在北平建筑工人中最早的力量基础。

二、行会、工会与公司

木匠和瓦匠至少在乾隆年间就各自成立了自己的行会组织。木匠会馆叫鲁班圣会,瓦匠会馆叫九皇会馆。② 由于木匠、瓦匠都自称是鲁班弟子,所以木匠行和瓦匠行也常一起祭神、办事。行会对木匠、瓦匠来说至关重要,他们甚至认为自己是"靠行吃饭"。木匠和瓦匠行会不仅有全市性的总会,还按区成立支会,总会会首由各城会头按年轮流担任。行会有严格的规约,工价也由行会统一规定。每年一到鲁班的圣诞日子,木匠、瓦匠照例休息一天,行会唱一天行戏,工匠要用相当于一日工资的钱买一个牌子,算是交了会费,也称为"会印",作为从事建筑施工的凭证,并领一张行单,上书"瓦木雕作花匠同行会议",规定工资标准,无论是工匠还是雇主,不得任意变动。会后,行会会头会到各工地检查牌子,对未买牌子的工匠要罚十炷香。所以,通常七成以上的木匠和瓦匠都会买牌

---

① 李玉库、崔澄海、任永茂、姬承文:《北平市建筑工人地下斗争史料》,《解放战争时期中共北平地下党斗争史料(平民工作委员会)》,中共北京市委党史研究室,1993年5月,第235页;鲁迫、李和平:《旧中国北京的建筑业及工人状况》,《北京工运史料》第1辑,第216页。

② 吴廷燮等编:《北京市志稿》3,北京:北京燕山出版社,1997年,第451—452页。

子,不买牌子的只占三成。①

然而,各行的情况有很大不同。石匠虽然也自认为是鲁班弟子,但是直到近代仍没有自己的行会,到 1926 年才组织行会,结果仅办了三年,就又涣散了。② 棚扎匠虽然也比较早就有了自己的行会,但是一般没有全市性的活动,每年农历五月二十日、腊月二十日在各街口聚会,祭祀鲁班和该街口已经死去的手艺人。裱糊行会的情况也与棚扎行会类似,只是不供鲁班,而供奉文昌帝君和韩文公。油画行会的规模和影响仅次于瓦木匠行会,也有分区组织。油匠以普安老祖为师,画匠以吴道真人为师,但是他们又都以鲁班为总师。在祭祀时,中间供奉的是鲁班,左边是普安老祖,右边是吴道真人。在施工过程中,画作依附于油作,油匠干完活后,画匠要利用原来的架子继续工作,所以画匠虽然想与油匠分行而不可得,一直是油画同行。

如前所述,最早木厂也是由手艺人开设的,所以木厂主和工匠都同属鲁班后人,一起参加行会。木匠和瓦匠行会有东城、西城、北城、西南城、东南城、海淀、东直门、朝阳门等分支组织,会头一般是当工头的手艺人,或者是担任小厂主的手艺人。但随着建筑业的发展,有的木厂发展成为有名的大厂门,这些大木厂的厂主就不参加行会了,只有小木厂的厂主才继续参加行会,手艺人内部开始分化。清嘉庆十八年(1813),北京的营造厂商们另建了一个鲁班庙,组织鲁班会,每年春秋两季举行祭祀,也称盛一时。③ 但是到 1900 年前后,大厂主的鲁班会反而影响甚小,远不能与工匠们的行会组织相比。

另一方面,1900 年后西洋式建筑在北京兴起,而北京原有木厂和工匠不会建造这种新式建筑,最初都是由业主从上海、宁波等地招雇建筑工匠,有的虽然留在了北京,也不参加原来的行会组织,单独组织营造厂商同业公会。清末新政时期,政府提倡组织商会,也为营造厂商单独成立自己的组织提供了合法性。北京营造厂商也很会利用这个机会。1907 年北京

---

① 鲁追、李和平:《旧中国北京的建筑业及工人状况》,《北京工运史料》第 1 辑,第 118 页。
② 鲁追、李和平:《旧中国北京的建筑业及工人状况》,《北京工运史料》第 1 辑,第 148 页。
③ 鲁追、李和平:《旧中国北京的建筑业及工人状况》,《北京工运史料》第 1 辑,第 146 页。

五城木厂商人向农工商部申请组织商会，但是他们只是想用商会的名义垄断大小工程，希望嗣后大小工程皆由木厂商会公同估价，然后派木厂承修，不准木厂自行应工，其估款每千两报效商会银一两。农工商部正是看清了他们的这种意图，所以认为他们意在借联络之名，行把持之计，所以没有批准他们设立商会。①

虽然没有第一时间批准北京营造厂商组织商会，但是这毕竟是发展方向。所以入民国后，北京的木厂主们便成立了北京木业公会，1926 年正式成立了北京建筑业同业公会。② 无论是叫商会还是叫同业公会，它都是厂商们的组织，与传统的行会组织有很大不同。所以同业公会成立后，担任鲁班会首的兴隆木厂厂主马辉之允许建筑业公会迁到鲁班馆办公。③ 但是直到 1930 年代，这种分化仍不彻底。分化比较显著的是木匠行和瓦匠行，但是仍有一些小木厂不愿意加入同业公会。到 1938 年，加入同业公会的木厂也只有 40 余家，而未入会的木厂有 100 余家。④ 经过伪北京特别市公署的一再要求，才大多加入了同业公会。另一方面，工匠也普遍加入同业公会。到 1935 年，加入建筑业同业公会的工匠有两万余人。⑤

其他行业的分化更不明显。棚扎行会本来不是十分发达，棚铺掌柜虽然也另行组织了"杆子会"，但这只是为了便于同雇主打交道，并不是为了与原来的行会对立。裱糊铺的掌柜始终与工匠一起参加行会，即使日伪统治时期伪北京特别市政府强迫各铺掌柜参加同业公会，他们也仍然同时参加旧行会。⑥

尽管如此，从木匠行和瓦匠行的情况来看，厂主与工匠的分化已经导致双方的对立日益加剧。1942 年农历三月初一日，瓦木两行在精忠庙唱行戏，要求提高工资。而建筑业同业公会会长高致彬则请伪北京特别市公署

---

① 《顺天时报》1907 年 11 月 23 日，转引自中共北京市委党史研究室编：《北京早期工业史料选编》，北京：北京出版社，1994 年，第 103—104 页。
② 鲁追、李和平：《旧中国北京的建筑业及工人状况》，《北京工运史料》第 1 辑，第 146 页。
③ 鲁追、李和平：《旧中国北京的建筑业及工人状况》，《北京工运史料》第 1 辑，第 146—147 页。
④ 吴廷燮等编：《北京市志稿》3，第 450 页。
⑤ 张明义主编：《北京志》48《建筑志》，北京：北京出版社，2003 年，第 685 页。
⑥ 鲁追、李和平：《旧中国北京的建筑业及工人状况》，《北京工运史料》第 1 辑，第 148—149 页。

社会局出面制止。工匠们宣布怠工二三日，同业公会也当即召集临时会议，呈请伪北京特别市公署社会局调查处理。同业公会甚至认为工匠通过旧行会，以祭神为名集会，暗中增涨工价这种传统方式与手续不合，要求伪北京特别市公署加以制止。①

这时期，甚至分化尚不十分明显的油画行也出现了类似的情况。油画行资方和工匠虽然都参加行会，但是控制行会的会头与工匠之间也有矛盾。行会开会时，工人要求涨工钱，而会头总是压着。1939年农历三月十五日，油画行在精忠庙开会，工匠们要求将日工资提高到一元三角，会首杜雨亭建议改为一元一角，双方严重对立。经资方于六说合，张文奎等提出折中方案，定为一元一角五分。但是杜雨亭在最后出行单时，仍然定为一元一角。工匠们不服，陈春吉、张连青等人联名向伪北京特别市公署社会局、警察局和司法部控告杜雨亭把持行会，任意降低工资标准。在江朝宗的帮助下，他们取得了胜利。张连青等人就于这年八、九月间在西单聚仙堂召开行会，打算重新议定行规，但是没有成功。虽然将工资提高到一元三角，但很快就落到物价上涨的后面，工价又乱了，新行会的决定基本上没有起到什么作用，新行会也很快即涣散下去，1940年新行会没有办事，仍由旧行会办。1941年新行会又在聚仙堂办了一次，也没能发挥什么作用。②

虽然瓦木匠旧行会在1925年就利用过"工人联合会"的名义，但是那似乎只是一时兴起，一直仍以旧行会的形式在活动。旧行会在失去了确定工资标准的主导权之后，地位下降，其他行会规矩也随之瓦解，旧行会逐渐涣散下来。中共北平建筑业委员会为增强建筑工匠的组织性，1945年秋一度恢复了旧行会。但因旧行会规矩是总会会首由各区会首轮流担任，不便于中共掌握领导权，所以1946年夏中共北平建筑业委员会又想组织合法的工会，但是最终也因行会内部左右严重对立，加上中共地下党员担心暴露，中途放弃了组织工会的努力。③而在中共接管北平后的第二

---

① 鲁追、李和平：《旧中国北京的建筑业及工人状况》，《北京工运史料》第1辑，第202页。
② 鲁追、李和平：《旧中国北京的建筑业及工人状况》，《北京工运史料》第1辑，第200—201页。
③ 鲁追、李和平：《旧中国北京的建筑业及工人状况》，《北京工运史料》第1辑，第215页。

天，中共地下党员袁峻等人就在增顺木厂门口挂出了"北平市建筑工人联合会筹备委员会"的牌子。① 那时城市工人、手艺人和苦力都纷纷组织工会，光建筑业工会就成立了七八个。② 接管完成后，像第七区建筑工会这样没有中共地下党员参与而自发成立的工会组织被勒令停止活动，而袁峻他们也迟迟未能成立正式的北平市建筑业工会，主要是由于建筑工人比较分散，自下而上地组织工会进度太慢。而且由于建筑工人在接管初期大多失业，袁峻他们不得不将主要精力放在解决工人生活困难上，组织工人生产合作社，进行生产自救。合作社从此成为私营木厂、营造厂之外另一种承揽建筑工程的组织形式。

实际上，北京市从1950年开始建筑工程任务激增，不仅解决了建筑工人的失业问题，队伍还迅速扩大，建筑业工会的会员也发展到1万多人，但是仍有很多工人没有被组织到工会里来。到1951年6月，全国建筑工人加入工会的比例也只有38.7%，③ 北京市也不能真正有效地迅速将这些分散的建筑工人组织起来。虽然各区政权将很大精力放在组织工会上，但有的区工作委员会连一个脱产干部也没有，有的虽有一个脱产干部，也没有办公地点，一个口袋装印，一个口袋装钱，自行车一骑，机关也随着搬家，工人很难联系上工会，各木厂、营造厂常年雇佣的工匠大部分没有加入工会组织，有的甚至加入了澡堂工会"松竹园"。而且，建筑业工会的基层组织建立在街道上，街道工会又多是自发成立的，就不能免除私营木厂、营造厂商及把头的影响，他们有的阻止工人加入工会，有的则以同属手艺人为借口，设法加入工会，模糊厂商与工人的分化，工匠们似乎对于这种情况也没有抵触情绪。有的区17个基层工会，有13个都被把头控制了，甚至有的还打着基层工会的旗号去包工。④ 上级因此认为建

---

① 鲁迅、李和平：《旧中国北京的建筑业及工人状况》，《北京工运史料》第1辑，第217页。
② 手工业工人工作委员会：《半年来的手工业工人工作总结》，《北京工运》第4期，北京市总工会筹备委员会宣教部编印，1949年10月10日，第12页。
③ 中国社会科学院、中央档案馆编：《1949—1952中华人民共和国经济档案资料选编·基本建设投资和建筑业卷》，北京：中国城市经济社会出版社，1989年，第392页。
④ 《全总建筑工会关于北京市私营建筑企业"五反"情况的报告》（1952年4月2日），《中国工会运动史料全书》总编辑委员会、中国建设建材工会史料编辑组编：《中国工会运动史料全书·建设建材卷》上，第385、388页。

筑工人仍有浓厚的行帮思想,阶级界线模糊,是工人阶级队伍中最落后的一部分,即使在几乎人人参加的抗美援朝运动中,建筑工会也没有开过会员大会,甚至有的麻刀铺的工人解放三年了还不知道有个毛主席。①

为了能够掌握建筑工人,在工会组织的推动下,在建筑业中推动了反把头运动。但是过去私营木厂和营造厂依靠把头组织工人进行施工,在废除把头制度之后,如何组织工人进行施工成为一个需要解决的问题。工会并不能直接组织工人进行施工,工会出面组织的合作社可以发挥这种作用,但是并不能满足计划经济体制下大规模经济建设的需要。各级政府主导的基本建设工程,不愿意交给私营木厂、营造厂去施工,建筑劳动合作社也承担不了,所以认为最好的办法是组织国营建筑公司。实际上,1949年接管之初各大单位就为解决自己的办公用房和住房问题组建了很多具有机关生产性质的工程处、修建处,一些大单位开始组建公营建筑公司,如北京市政府组建了永茂建筑公司。1951年3月第一次全国工业会议也建议中央各工业部和各大行政区工业部都成立自己的建筑公司,承揽本部门的建筑工程任务。②

在组建国营、公营建筑公司的同时,也改变了过去私营木厂、营造厂依靠把头临时招雇工人的习惯,大量固定工人。到1952年底,在北京市范围内的国营、公营建筑公司经过整顿合并,形成中央直属建筑工程公司、华北建筑工程公司和北京市建筑工程公司三大系统,共有职工11.7万人。③ 1953年1月,中央直属建筑工程公司、北京市建筑工程公司和中国人民大学修建处合并成立新的北京市建筑工程公司。中央建筑工程部成立后,1953年3月1日,北京市也正式成立建筑工程局,下设若干建筑施工单位。

而私营木厂、营造厂已经在1952年"五反"运动中陷入困境。1953

---

① 《全总建筑工会关于北京市私营建筑企业"五反"情况的报告》(1952年4月2日),《中国工会运动史料全书》总编辑委员会、中国建设建材工会史料编辑组编:《中国工会运动史料全书·建设建材卷》上,第385页。
② 中国社会科学院、中央档案馆编:《1949—1952中华人民共和国经济档案资料选编·基本建设投资和建筑业卷》,第391页。
③ 张明义主编:《北京志》48《建筑志》,第685页。

年建筑任务虽然增多，北京市又限制私营营造厂的发展，北京市委规定自1954年起政府投资的建筑工程一般不再交给私营营造厂商承包，导致私营营造厂的营业急剧下降，到1955年下半年许多私营营造厂难以维系。在社会主义改造运动开始后，私营营造厂被组织成为北京市公私合营建筑工程公司，1960年改为北京市第七建筑工程公司，1962年北京市第七建筑工程公司又并入北京市第五建筑工程公司。这样，随着中央和地方政府建筑管理部门的成立，以及大量组建国营建筑工程公司，并大量固定工人，使建筑工人由手工业工人成功转变为产业工人。

在组建国营建筑公司的同时，街上零散建筑工人也被组织起来。为解决城区房屋修缮和零星新建工程施工力量严重不足的困难，北京市房管局、劳动局和各区建筑工会配合，组建了以修缮为主的修建服务社等群众劳动组织。此外，北京市手工业生产合作总社和一些区，也着手组织修建合作社。1954年10月，北京市成立了第一个修建合作社，西四区和崇文区也相继组建了两个修建合作社，并且以社员的名义加入了北京市手工业生产合作总社。①

1955年到1956年初，北京市劳动局为了将城市社会上的零散建筑工人组织起来，对他们进行统一建卡和编队。在城区以街道为单位编成修建大队，下分若干基建组或修缮组。七个区共编了131个修建大队，共21238人。②

组建修建大队，虽然便于对零散建筑工人进行统一调配，承担房屋修建任务，但是这种组织形式不适合民房修缮用工少、时间短、任务急、工人需自备工具、代做工料估算等特点。所以1956年10月北京市劳动局又建议，以房管局为主，劳动部门和建筑工会配合，在建卡编队的基础上，把社会上的零散建筑工人组织起来，经过整顿后，建立修建服务组织，以解决城市房屋修缮问题。随后，北京市房管局于1957年1月拟定了组织修建服务社的方案。经市人民委员会同意，城内各区统一组建修建

---

① 北京市城区集体建筑工程总公司：《北京市城区集体建筑企业发展史》，北京：长城出版社，1986年，第19—20页。

② 北京市城区集体建筑工程总公司：《北京市城区集体建筑企业发展史》，第15页。

服务社。到 1957 年底，各区成立了 60 多个修建服务社，组织起来的建筑工人也有 6800 多人。到 1958 年发展到 72 个，15000 人。①

但是，由于这时社会主义计划经济体制已完全建立，施工任务、材料和劳动力都由国家统一管理，修建服务社没有纳入国家计划范围，所以不仅接不到工程，在材料和劳动力调配等方面也遇到困难，陷入危机状态。1958 年 11 月，各区修建服务社全部被撤销，资产和大部分人员并入国营建筑公司。② 西四区和崇文区的修建合作社也于 1958 年初合并为北京市手工业生产合作总社基建处，7 月 1 日又并入北京市第六建筑工程公司。③

自 1959 年起，北京市各区又为解决私房修缮需要和安排就业，成立了一些自负盈亏的群众性集体所有的房屋修缮服务站。1963 年 4 月，北京市劳动局和房管局联合向市人委提出请示，建议在城区各街道和郊区的主要街镇都组建一个集体所有的房屋修缮组织。经市人委通过后，各街道纷纷成立房屋修缮服务站。但随着"文化大革命"爆发，城市中的私房被没收，修缮服务站也陷入瘫痪，陆续并入房管局，到 1972 年彻底消失。④ 经历这样几次反复之后，城市社会上残存的零散建筑工人也就基本上绝迹了。

三、劳动与工资

对于建筑工人来说，身份地位的本质意义在于劳动时间、劳动强度和工资待遇。直到 1954 年以前，在北京一般冬季不施工，所以建筑工人只有在春、夏、秋三季才干本行的工作。在冬季，有的工人改行从事别的工作，也有许多工人返回老家，到春季才返回北京。在整个施工季节，建筑工人没有休息日。按北京的老规矩，只有一年三节（春节、端午节、中秋

---

① 北京市城区集体建筑工程总公司：《北京市城区集体建筑企业发展史》，第 16 页。
② 北京市城区集体建筑工程总公司：《北京市城区集体建筑企业发展史》，第 16 页。
③ 北京市城区集体建筑工程总公司：《北京市城区集体建筑企业发展史》，第 21 页。
④ 北京市城区集体建筑工程总公司：《北京市城区集体建筑企业发展史》，第 26—28 页。

节）不动工，而且这时也没有工钱。因工人多系临时雇用状态，所以即使在施工季节，也不一定每天都有活做。根据 1927 年的调查，北京的瓦匠全年工作 290.9 日，木匠 306.6 日，油漆匠 299.8 日，裱糊匠 296.1 日，与各行业平均的 297.5 日相差不大。①

1949 年中共接管北平之初，建筑业劳资纠纷增多，负责组织工会的工作人员站在工人立场上，为改善工人生活，规定建筑工人也同样享有政府规定的假日，并且与工厂工人一样工资照发，长期职工还可以请累计不超过 30 天的带薪病假或事假。② 在国营、公营建筑工程公司大量固定工人之后，一开始也大体上延续了建筑业劳资集体合同所规定的工人休假待遇。如 1952 年华北区在建筑业中引入公休制度，规定建筑工人实行大礼拜制，每两星期休息一天。③ 1954 年中财委也规定土木建筑工人实行大礼拜制，而机械安装和金属结构工人实行小礼拜制。1956 年 7 月 1 日起，所有建筑工人都实行小礼拜制。但是另一方面，带薪假期被缩短。原来规定春节假 20 天工资照发，而且发给路费，1954 年中财委规定春节假工资不发，也不发路费。另一方面，停工工资也被降低。原来规定因风雨等原因停工发 100% 工资，1954 年中财委规定只发 60% 工资。职工参加冬训等集训期间，原来发 90% 工资，1954 年中财委规定也只发 60%。1956 年，中财委再次调整停工期间工资标准，规定不论因风雨停工还是因行政责任停工，凡是停工在一个月之内的，一律发给相当于基本工资 80% 的津贴，超过一个月的，发给相当于基本工资 85% 的津贴。④ 但是，这些规定只适用于固定工人，而不适用于临时工人，临时工人则不能享受这些待遇。

在清代，建筑工人大都是太阳出来后约半小时后上工。在夏天，做大工程时，有的木厂为工人提供三顿饭。九、十点钟吃早饭，早饭后休息半

---

① 彭泽益编：《中国近代手工业史料》第 3 卷，北京：生活·读书·新知三联书店，1958 年，第 272 页。
② 《北京市建筑业劳资集体合同》，《北京工运》第 3 期，1949 年 9 月 30 日，第 91 页。
③ 《华北区建筑业工会的劳保福利工作（1952 年 12 月 27 日）》，《中国工会运动史料全书》总编辑委员会、中国建设建材工会史料编辑组编：《中国工会运动史料全书·建设建材卷》上，第 418 页。
④ 《中国建筑工会关于建筑业工资问题的意见与建议（1956 年 11 月 19 日）》，《中国工会运动史料全书》总编辑委员会、中国建设建材工会史料编辑组编：《中国工会运动史料全书·建设建材卷》上，第 607—608 页。

个小时或一个小时。上午还有一个茶歇。上午十一点左右吃午饭,正午休息一个小时,天短则休息半个小时。夏季,从农历五月初到立秋,还有午休时间,燃完一支大香算到点,大约两个小时。下午,按照惯例,瓦匠们还有一个茶歇和一个烟歇。全日两个茶歇和一个烟歇,共约休息一个小时。太阳不落不收工,必须在太阳落下后约一个小时,天要黑了方才收工。入民国以后,各木厂上午上工时间提前,天亮以后,太阳出来以前就要上工。不过工人六七点钟起来后,要先上口子,也就是到固定的茶馆会齐,然后去上工,所以真正开始做活,也是上午八九点钟了。1923 年前后,取消了上午的茶歇和下午的烟歇,仅保留了下午的一个茶歇,但时间有所加长,大约可以休息四、五十分钟。下午的茶歇一般安排在三点多钟,本家得给瓦匠们沏一大壶茶,瓦匠们边喝茶,边抽烟。如果在茶歇时干活,按惯例本家要另加工钱。收工时间也有所推迟,最早也必须在天黑以后掌灯时分才可收工。① 总算起来,民国时期,瓦木匠在天气冷的季节每天工作 8 个多小时,天气暖和的季节每天工作 9 个多小时。② 但是如果做包工活,每日工作时间要长一些,夏天的午休时间也比较短,每天要工作 12 个小时左右。③

中共早在发动工人运动时即要求实行八小时工作制,1949 年 9 月也写入了《共同纲领》,规定实行 8 小时至 10 小时工作制。1949 年 9 月 23 日签订的北京市建筑业劳资集体合同也规定,建筑工人每日工作时间以 8 小时为准,但可随季节而有所调整,3 月至 5 月每日 8 小时,6 月至 8 月每日 9 小时,9 月至 11 月每日 8 小时,冬季 12 月至次年 2 月每日 7 小时。在木厂内工作的长期工,以每日 8 小时至 10 小时为原则。④ 1951 年 5 月 4 日,北京市公营建筑公司行政方面与私营营造厂资方经过协商,签订了《北京市公私营建筑营造业工资标准的公约》,统一规定了公私营建筑营造

---

① 李幽影:《北京劳动状况》,《新青年》第 7 卷第 6 号(劳动节纪念号),1920 年 5 月 1 日,第 7 页。
② 彭泽益编:《中国近代手工业史料》第 3 卷,第 272 页。
③ 鲁追、李和平:《旧中国北京的建筑业及工人状况》,《北京工运史料》第 1 辑,第 138 页。
④ 《北京市建筑业劳资集体合同》,《北京工运》第 3 期,1949 年 9 月 30 日,第 89—90 页。

业工人四个季度的工作时间。① 而华北区规定建筑工人春秋两季每日工作时间为 9 小时，夏季为 10 小时，冬季为 8 小时。② 但是由于 1952 年夏季特别炎热，所以华北区各公司工地主动将每日工作时间一律改为 9 小时。③ 1953 年北京市劳动局修改建筑业集体合同时，也接受了这一事实，将工作时间一律改为 9 小时。④ 1954 年中财委也规定土木建筑工人每日工作时间一般应为 9 小时，即使因气候严寒或酷热而酌予缩短，但一般也不得少于 8 小时，只有机械安装、金属结构工人每日工作时间可以规定为 8 小时。

在清末，工匠和苦力在做官工活时，也常需要加班加点。加班加点，可以得到更高的工钱，甚至提高到三四倍，学徒也能拿到双份工钱。⑤ 入民国以后，因为有了电灯，木匠的细活可以在灯下做，有时掌灯后还要做一会儿工，但并不增加工钱。1949 年以后，由于党、政、工、团都对工人进行政治动员，很多工人每天自愿加班加点，也不要工钱。1952 年北京市建筑工程公司第三工程处翻修天安门时，为预防工人因过度劳累而生病或受伤，甚至派行政记工员深入现场进行检查，对夜里干活白天还自动加班的工人给予批评。⑥

另一方面，新政权学习苏联开展斯达汉诺夫运动的经验，1949 年 4 月石景山钢铁厂工人即倡议开展劳动竞赛，1950 年全国总工会将领导劳动竞赛作为工会工作转到以生产为中心上的主要手段。在大规模经济建设开始后，又将劳动竞赛作为提高劳动生产率的重要手段。1952 年基本建设开始后，基本建设部门的工会也组织工人开展劳动竞赛。劳动竞赛在那时主要是搞突击，拼体力，不仅增加工人的劳动强度，也延长工人的劳动时间。

---

① 北京市劳动志编纂委员会编：《北京劳动大事记》，北京：中国工人出版社，1993 年，第 26 页。
② 《华北区建筑业工会的劳保福利工作》（1952 年 12 月 27 日），《中国工会运动史料全书》总编辑委员会、中国建设建材工会史料编辑组编：《中国工会运动史料全书·建设建材卷》上，第 418 页。
③ 《华北区建筑业工会的劳保福利工作（1952 年 12 月 27 日）》，《中国工会运动史料全书》总编辑委员会、中国建设建材工会史料编辑组编：《中国工会运动史料全书·建设建材卷》上，第 418 页。
④ 北京市劳动志编纂委员会编：《北京劳动大事记》，第 43 页。
⑤ 鲁追、李和平：《旧中国北京的建筑业及工人状况》，《北京工运史料》第 1 辑，第 128 页。
⑥ 北京市总工会劳保部：《北京市建筑公司第三工程处安全生产经验介绍（1953 年 1 月 19 日）》，《劳动》1953 年第 3 期。

加班加点成为建筑工人中的常见现象。1953年下半年，建筑任务紧，这种现象就更加严重。因此，需要考虑建筑工人加班加点的工资问题。1953年北京市劳动局在修改建筑业集体劳动合同时，规定建筑工人加班加点也按一般工厂的办法执行。① 不久中财委又制定了全国统一的加班加点工资标准，加点可以多领取相当于本人每小时标准工资50%的加点工资，加班可以领到相当于本人每日标准工资100%的加班工资。在低工资制度下，加班加点工资成为职工工资收入的重要组成部分，在大跃进运动之后，也有工人为多拿超额奖而愿意加班加点。

在清代，建筑工人的工资按日计算。日工资标准，最初是由官府决定的。清初，朝廷规定的工钱标准是每日铜制钱150文。那时还没有工资的概念，这150文是由50文菜钱和100文零花钱构成的。之所以包括菜金，是因为做官工时，有官饭，称为工粮，而官饭只管米饭，而不管菜，菜由工人自备。② 所以，工钱最初带有皇帝和朝廷赏赐的意思，并非完全是工人的劳动报酬，所以工资标准一开始就不高，而且没有等级之分。

到了嘉庆年间，由于物价上涨，工钱提高到每日250文，合银2钱5分，并将工粮也改折为银，合银5分，叫粮折。工钱和粮折共300文，合银3钱，皆直接付给应活的木厂，伙食由木厂自办。到咸丰年间，不再区分工钱和饭钱，并且工钱也有了大工和小工的分别，大工每日工资为当十钱2吊500文，小工为1吊800文或2吊。后来，随着铜钱贬值和物价上涨，工钱也不断提高。到光绪二十六年（1900），大工日工资标准为当十钱3吊600文或4吊，小工为2吊800文或3吊400文。从光绪二十七年（1901）起，改以铜元计算，大工每日铜元40枚，小工20枚。此后不断上涨，到清末大工每日80枚，小工40枚。③

上述工役的日工资标准是主持工程的机关支付给应活的木厂、营造厂

---

① 北京市劳动志编纂委员会编：《北京劳动大事记》，第43页。
② 《有关中国建筑工人的史料》，《中国工会运动史料全书》总编辑委员会、中国建设建材工会史料编辑组编：《中国工会运动史料全书·建设建材卷》上，第43页。
③ 《有关中国建筑工人的史料》，《中国工会运动史料全书》总编辑委员会、中国建设建材工会史料编辑组编：《中国工会运动史料全书·建设建材卷》上，第44页。

的人工费用计算标准,并不是建筑工匠和苦力实际领到的工钱数目,工匠和苦力的实际日工资标准,在行会发展起来之后,是由行会决定的。由于瓦木匠行会势力比较大,其他行业的工匠以瓦木匠行会所定的工资标准为基础,油画匠的工资比瓦木匠略高,土工、洋灰工等略低,而小工的工资最低。1900年前后,行会所定瓦木匠日工资标准约为1吊800文,只相当于官定工钱标准的一半。①

行会所定的标准工资仍不是工人的实得工资,工人还需缴纳标准工资的10%—15%作为管理费、工具费、茶水费,称为"穗钱",也称为"需儿钱"。在1900年前后,大工每日实得工资约为1吊600文,小工为640文。② 不过在做官工时,工人往往通过罢工要求应活的木厂提高工资。1900年顺德木厂承修南苑凉台,大工每日工资最初就是1吊600文,因工人齐行挂队,工钱涨到3吊600文,③ 这样就接近木厂应活时的官定工资标准了。但是齐行挂队往往只限于一个工地,而且多为官工活,因为木厂做官工活往往可以发大财,带有分享超额利润的意思,并不要求永久性地提高日常工资标准,日常工资标准仍是由行会决定的。

进入民国以后,由于官府的大摆工活少了,大工程多采取包工的形式,齐行打击的对象不再是木厂,而是大小包工头,而包工头是工人的直接雇主,工人罢工就会失去工作,所以针对具体工程的罢工就少了,工匠们主要是通过召开行会、提高日常工资标准。但是这样做也加剧了旧行会与同业公会之间的对立,同业公会逐渐在确定工人日常工资标准中取得主导地位,旧行会地位下降,因此日益涣散。1945年中共地下党组织曾一度恢复旧行会,并利用开行会、出行单的形式提高了工资标准。④

1949年3月中共接管北平后,建筑业劳资纠纷增多,而负责组织工会的各区工作组则组织工人与资方谈判,签订行业集体合同,确定工资标准。那时以小米计算,临时大工按每日伏地小米12斤计算,小工每日8

---

① 鲁追、李和平:《旧中国北京的建筑业及工人状况》,《北京工运史料》第1辑,第143页。
② 鲁追、李和平:《旧中国北京的建筑业及工人状况》,《北京工运史料》第1辑,第143页。
③ 鲁追、李和平:《旧中国北京的建筑业及工人状况》,《北京工运史料》第1辑,第167页。
④ 鲁追、李和平:《旧中国北京的建筑业及工人状况》,《北京工运史料》第1辑,第209页。

斤。① 这样，表面来看，工人在新政权的帮助下，重新获得工资标准的部分决定权，但实际上高度依赖工会干部。

当私营木厂、营造厂为吸引工匠而提高工资标准时，国营、公营建筑工程公司则通过与私营木厂、营造厂签订公约，规定必须实行统一的工资标准，这样公私营建筑业达成同盟，削弱了工会在确定工资标准上的主导权。最初北平市总工会手工业工作委员会在考虑建筑工人的工资标准时，对建筑工人只分大工和小工两种表示不满，希望在大工和小工之内再划分若干等级，结果工人们一致反对，60多名厂商代表也只有两人同意这样做，结果不得不放弃这种想法。②

1951年各地国营和公营工厂开始推行八级工资制和计件工资制，《北京市公私营建筑营造业工资标准的公约》也将临时工的日工资标准分为5等27级③，但是未能普遍实行。当时北京市制定的工资标准偏低，虽然与天津相距不远，北京市建筑工人工资标准比天津还低很多，而且国营、公营建筑公司之间工资制度不统一，甚至同一公司中来自不同地区的工人工资标准也不同。为了解决工人的工资福利待遇问题，1952年，在北京施工的华北建筑公司和北京市建筑公司决定将所有工人的工资提高8%，其他建筑公司工人因此也要求增加工资，引起波动。北京市委、市政府反对普遍增加工资，迫使这两家公司将已经增加的工资降下来，并强调必须按技术标准评定工人工资等级。④

1953年春各地建筑工人频繁罢工、请愿，工资问题是主要原因，于是进一步推行等级工资制，并从1954年7月开始又在等级工资制基础上普遍推行计件工资制。在等级工资制下，小工与大工的工资差距反而进一步拉大，大工和小工内部也有了差别。

无论是推行等级工资制，还是推行计件工资制，最为根本的目的都是

---

① 《北京市建筑业劳资集体合同》，《北京工运》第三期，1949年9月30日，第88页。
② 手工业工作委员会：《建筑业规定工资临时协议书说明（1949年8月12日）》，《北京工运》第三期，1949年9月30日，第95页。
③ 北京市劳动志编纂委员会编：《北京劳动大事记》，第26页。
④ 北京市劳动志编纂委员会编：《北京劳动大事记》，第37—39页。

为了不断提高劳动生产率。计件工资要以劳动定额为基础，而通过不断提高劳动定额，即可提高劳动生产率。以瓦匠砌墙为例，在1949年以前，瓦匠做摆工活时，每天大概砌400块左右，最多不过500块。1953年北京市制定的全市建筑业统一劳动定额为1100块，1954年提高到1800块，1955年建筑工程部制定的全国统一定额又比1954年北京市的定额提高了11.8%，与1949年之前相比提高了大约3.5倍。① 定额的不断提高，导致大量工人完不成定额，许多工人的实得工资低于标准工资。如邮电部建筑公司1954年只有六、七级工人（八级工人缺）的实得工资高于标准工资，其余一至五级工人的实得工资都低于标准工资。1955年的情况更加严重，所有工人的实得工资都低于标准工资。② 从实得工资来看，建筑工人的工资往往呈下降趋势。如华北大同建筑公司的绝大多数工人1953年的实得工资低于1952年，只有占工人总数极少数的七、八级工人的实得工资高于1952年。1954年和1955年的情况有所好转，但是一至三级工人的实得工资仍低于1952年。③ 如果再考虑到物价上涨的影响，工人的实际工资降低更加明显。所以，总体说来，从1949年到1955年，绝大部分建筑工人的实际收入有所降低。

　　1956年的工资改革，对标准工资有较大幅度的提高，但是也是高级技工和高级技术人员增加较多，领导干部也比工人高出许多，普通工人，尤其是壮工增加较少。1957年，全国总工会的调查证明，推行等级工资制和计件工资制，导致工资水平普遍降低。④ 计件工资制开始受到批评。到1958年"大跃进"运动发动起来以后，废除了计件工资制，甚至有人主张废除工资制，实行供给制。取消计件工资制，同时也取消了一些待遇和

---

① 中华全国总工会生活调查组：《北京市建筑业职工生活福利问题调查资料》，1955年11月，第3页。
② 《全国总工会生活调查组关于建筑职工生活上迫切需要解决的八个问题（1955年11月）》，《中国工会运动史料全书》总编辑委员会、中国建设建材工会史料编辑组编：《中国工会运动史料全书·建设建材卷》上，第628—629页。
③ 《全国总工会生活调查组关于建筑职工生活上迫切需要解决的八个问题（1955年11月）》，《中国工会运动史料全书》总编辑委员会、中国建设建材工会史料编辑组编：《中国工会运动史料全书·建设建材卷》上，第630页。
④ 王渔等主编：《当代中国工人阶级和工会运动纪事（1949—1988）》，沈阳：辽宁大学出版社，1988年，第158页。

奖励制度，导致工人的工资收入进一步降低。

大跃进运动后，推行基本工资加超额奖制度，也仍低于实行计件工资时期。后来由于推行基本工资加综合奖制度，实得工资比基本工资加超额奖制度时更低。所以工人反而普遍要求恢复计件工资制，恢复过去实行过的一些待遇和奖励制度，但是到"文化大革命"爆发后，部分恢复的计件工资制度再次被废除。此后十年间工资基本上没有调整，甚至有所下降，所以工人生活迟迟得不到改善。

四、全行业改革与身份的再次转换

1962年，国营建筑工程公司大量精简职工，建筑工人队伍急剧萎缩，直到"文化大革命"后期，建筑业才又开始恢复，建筑工人队伍也有所扩大。

由于当时城市居民普遍感到住房困难，国营建筑公司不能满足需要，社会上又没有其他施工力量，严重限制了住房问题的解决速度。1973年，北京市又为解决居民住房困难，号召各区组建自己的施工力量，由市里提供建房指标、资金和材料，各区可在本区内找地方盖房子。西城区领了几千平方米的建房指标，但是很多单位都因施工力量不足而不愿意自己建，宁愿等待国家统一分配住房。最后德胜门外街道接受了这个建房任务。为了建房，他们于1974年10月动员40多名家庭妇女，组建了一支"三八建筑小分队"，后来发展成为一支拥有170多人的建筑队。通过盖平房、砌暗沟进行练习后，于1975年5月开始盖楼房。经过两年的艰苦努力，终于盖起了两栋建筑面积5000多平方米的住宅楼，解决了160多户的住房困难。① 在这个过程中，集体所有制建筑企业逐渐发展起来。到1970年，北京的建筑企业减为25家，此后逐渐恢复，到1975年增至30家，主

---

① 北京市城区集体建筑工程总公司：《北京市城区集体建筑企业发展史》，北京：长城出版社，1986年，第31—32页。

要变化就是增加了一些集体所有制建筑企业。

1976年9月，北京市基本建设工程指挥部在德胜门外街道召开现场会，推广德胜门外街道建筑队的经验，号召城区各街道都搞建筑队。到1980年，城区各街道组建的建筑队和修缮队已有近100个，工人也有2万余人。① 1981年11月，西城区生产服务管理局（西城区生产服务合作联社）将区内各街道建筑队联合起来，组建了西城区生产服务管理局建筑工程公司，不久改为西城区第二建筑工程公司。随后其他各区也仿效西城区的做法，将街道建筑队组建为集体经济性质的建筑工程公司。1982年6月9日，北京市政府集体经济办公室发布《关于发展集体经济的几个问题的通知》，要求市、区两级都成立建筑修缮合作社，同时挂城区建筑工程公司或区第二建筑工程公司牌子，归市、区建委统一领导。② 于是，各区纷纷将街道建筑队、修缮队组建为建筑工程公司，还成立了北京市建筑修缮合作联社，也称城区建筑工程公司，隶属于市生产服务合作总社。1984年6月，脱离市生产服务合作总社，9月4日正式成立北京市城区集体建筑工程总公司。③

这一时期，全国各地都发展起来许多集体所有制的建筑企业，还出现很多农村人民公社建筑队，建筑业中出现了国营建筑企业与集体所有制建筑企业、农村建筑队并存的局面。到1979年末，全国共有建筑施工企业10275个，有职工6811504人，其中国务院各部门直属企业384个，有职工1520494人，各地区国营企业2687个，有职工3199324人，城镇集体所有制企业7204个，有职工2091686人。④

当时国营建筑公司大多效益不高，甚至连年亏损，建设单位也普遍对建筑工程进度太慢颇为不满。1978年4月，邓小平还因此找主管建委工作的国务院副总理谷牧等人吹了一下风，说工业建设要完成，民用建筑也不

---

① 北京市城区集体建筑工程总公司：《北京市城区集体建筑企业发展史》，第33页。
② 北京市城区集体建筑工程总公司：《北京市城区集体建筑企业发展史》，第39页。
③ 北京市城区集体建筑工程总公司：《北京市城区集体建筑企业发展史》，第44页。
④ 杨慎：《建筑业改革的缘起》，肖桐主编：《中国建筑业改革十年》，北京：中国建筑工业出版社，1990年，第9页。

能这样慢腾腾的搞法。① 6月，清华大学在汇报工作时，也向邓小平抱怨建筑工程施工进度太慢，邓小平又说："建筑业这个慢是很大浪费，要搞建筑行业。"②

而国营建筑公司对自身的处境也不满。由于建筑产品不被视为商品，建筑业被视为"吃投资"的单纯消费部门，是赔钱的行业，很不受重视。建筑企业的自主权很小，设计、施工任务的分配，完全采取自上而下的行政手段，发包单位和承包单位之间没有互相选择的自由，整个建筑市场是封闭的，既无横向经济往来，亦同国际承包市场隔绝。③ 国营建筑公司要求改革高度集中的材料供应体制，改革工程预算和结算办法，恢复2.5%的合法利润。④ 于是各地在国营建筑公司中开展扩大企业自主权试点，以改革材料供应体制，实行法定利润和利润留成为主要内容。辽宁省沈阳市建工局还结合扩大企业自主权，开始试行经济包干，实行层层经济包干。1980年，辽宁省全面推广他们的经验。⑤

1979年9月1日至10月9日，国家建筑工程总局所属建筑企业管理局在北京举办了由各省市建工局长及直属工程局长、高等院校校长等参加的建工系统领导干部研究班，专门讨论了新中国成立30年来建筑业经济体制上存在的问题，探讨未来改革的方向，提出了扩大企业自主权的文件，经中央财经领导小组审查同意后，于1980年由有关部门公布实施。⑥ 在扩大企业自主权的同时，也实行了新的奖励和计件工资制。

1980年4月2日，邓小平就建筑业和住宅问题同中央负责同志谈话的内容，经其批准于5月15日正式发表，成为此后建筑业和房地产业发展的纲领性文件。虽然这个谈话对住房改革和房地产业发展意义更大，但是也充分肯定了建筑业的重要地位。邓小平指出："从多数资本主义国家

---

① 萧桐：《从事建筑业50年》，编者自印，2003年，第154页。
② 萧桐：《从事建筑业50年》，第155页。
③ 杨慎：《建筑业改革的缘起》，肖桐主编：《中国建筑业改革十年》，第9页。
④ 当时发达国家的建筑业利润率一般在20%以上，参见《发展建筑业纲要》，肖桐主编：《中国建筑业改革十年》，第69页。
⑤ 傅仁章：《建筑业改革的进程》，肖桐主编：《中国建筑业改革十年》，第29页。
⑥ 萧桐：《从事建筑业50年》，第180—181页；傅仁章：《建筑业改革的进程》，肖桐主编：《中国建筑业改革十年》，第29页。

看，建筑业是国民经济的三大支柱之一，这不是没有道理的。过去我们很不重视建筑业，只把它看成是消费领域的问题。建设起来的住宅，当然是为人民生活服务的。但是这种生产消费资料的部门，也是发展生产、增加收入的重要生产部门。要改变一个观念，就是认为建筑业是赔钱的，应该看到，建筑业是可以赚钱的，是可以为国家增加收入、增加积累的一个重要生产部门。"因此，邓小平提出在长期规划中，必须把建筑业放在重要地位。①

1981年，国家建工总局根据沈阳市建工局试行"经济包干"的经验，在全国国营建筑公司中推行经济承包责任制。对于国营建筑公司的建筑工人来说，影响最大的当然是工资制度和人事制度的改革。自从废除计件工资制和包工制后，实行单一的计时工资制，而且长期没有得到提升。在人事制度上，固定工的比例在1962年大量精简职工之后大幅提高。"文化大革命"中又把使用临时工作为一条"罪状"来批判。到20世纪70年代后期又实行"统包统配"，许多地区强制企业接收社会待业人员，成批安置职工子女，其中女工多，且不少人体质差，企业很难安排，又无法选择，致使固定工的比例越来越大。1957年，固定工与临时工的比例一般为6比4，而到了1979年末，全行业固定工总数达到538万人，占职工总数的79.08%，其中国务院各部门直属企业中，固定工比例更高达91%。② 有些企业又用集体所有制劳动指标招收大批集体工，形成以固定工为主，集体工为辅的用工制度。两者的比例，在1978年为9.5比0.5，1979年为8比2。③

随着来自城市的固定工人增多，第一线的生产工人反而越来越少。据一个省建工局的调查，全局职工近5万人，在生产第一线的工人只占49.83%，其中还有一些年老体弱和执行公务的，能够出勤坚持正常劳动

---

① 《邓小平同志关于建筑业和住宅问题的谈话（1980年4月2日）》，中国房地产研究会、求是《小康》杂志社编著：《纪念邓小平同志关于建筑业和住宅问题谈话30周年——中国居住变革与房地产发展》上，北京：中国建筑工业出版社，2010年，第3页。
② 杨慎：《建筑业改革的缘起》，肖桐主编：《中国建筑业改革十年》，第12页。
③ 傅芝人：《建筑业的劳动制度必须改革》，杨慎、王弗选编：《建筑业体制改革》，北京：中国建筑工业出版社，1983年，第209页。

的还得再打个八折，真正在一线施工的仅占 40% 左右，而且高级工很少。这个局的一个公司，五级工以上的 645 人，其中退居二线的就有 346 人，调到三线的 184 人，在一线生产的仅有 115 人，占 17.8%。①

这种用工制度虽然对于工人来说就业稳定了，但是待遇很低。还有不少工人抱有"铁饭碗"心态，觉得"进了国营门，成为幸福人"，学习不上进，劳动不出力，队伍素质明显下降。而且随着有些地区强制企业安排职工子女，又把"铁饭碗"变成了"世袭制"，职工内部产生了十分复杂的人际关系，批评一个人，得罪一大片，队伍也越来越难带。②

另一方面，由于企业缺乏用人灵活性，需要的人进不来，多余的人出不去。而且企业的工资总额是按人头核定的，施工任务多时也不能随意增加工人，甚至连发加班工资，也要经主管部门层层审批。所以，国营建筑公司的工资制度和人事制度，也是必须改革的重要方面。对于人事制度改革，一开始也有人主张恢复过去以固定工为主、临时工为辅的用工制度，对于临时工的招收则恢复过去从农村招轮换工的制度。③ 1982 年，有中央领导在谈到建筑业用工制度问题时指出，可以实行只有少数技术骨干和专业人员属于全民所有制职工，而大量的普通体力劳动依靠从农村招合同工的办法。④ 至于工资制度，1982 年，有的地方将经济责任承包制与工人工资挂钩，试行百元产值工资含量包干制。北京市也于 1984 年开始进行百元产值工资含量包干制试点。

为了对建筑业进行一次大的改革，1983 年春节前后，国家城乡建设环境保护部建筑企业管理局邀请 30 多位专家，主持起草了《建筑业改革大纲》，提出了十项改革措施，包括改革经营方式，全面推行施工队包工制；改革工资分配办法，实行百元产值工资含量包干制。⑤ 接着，建筑企业管理局又主持起草了《发展建筑业纲要》，提出了更具体的建筑业改革方案，改革单纯用行政手段分配任务的老办法，实行投标承包制，总包责任

---

① 傅芝人：《建筑业的劳动制度必须改革》，杨慎、王弗选编：《建筑业体制改革》，第 209 页。
② 傅仁章：《改革建筑队伍组织体制》，杨慎、王弗选编：《建筑业体制改革》，第 230 页。
③ 傅芝人：《建筑业的劳动制度必须改革》，杨慎、王弗选编：《建筑业体制改革》，第 211 页。
④ 傅仁章：《怎样实行合同工制度》，肖桐主编：《中国建筑业改革十年》，第 224 页。
⑤ 《建筑业改革大纲》，肖桐主编：《中国建筑业改革十年》，第 65 页。

制；改革城市住宅经济体制，实行住宅的商品生产和经营；改革企业组织体制，"今后除少数特殊工种外，国营企业原则上不再增加固定工人"。① 1984年5月，全国六届人大二次会议的《政府工作报告》提出"在城市各业中，建筑业可以首先进行全行业的改革"。② 随着全国改革的重点转入城市，建筑业全行业改革率先进行，成为城市改革的重要窗口。

1984年9月国务院发出《关于改革建筑业和基本建设管理体制若干问题的暂行规定》，全面推行建设项目投资包干责任制和工程招标承包制。③ 11月，国务院批准成立全国建筑业和基本建设管理体制改革领导小组，拟定有关改革的具体规定，协调解决建筑业体制改革中出现的问题。1985年4月，《发展建筑业纲要》经国务院通过后，在全国建设厅局长会议上正式印发执行。从此，国家将建筑业推向市场，恢复招标承包制，同时也规定国营建筑工程公司不再招聘固定工人。此后，建筑工人又逐渐由产业工人转变为农民工。

马克思主义认为无产阶级可以通过夺取政权，建立无产阶级专政，进而通过控制生产资料而提高自己的地位和工资福利待遇。但是在中国这样的落后国家，中国共产党走的反而是以农村包围城市的道路，依靠农民夺取政权。从建筑工人的情况来看，反而是在新政权建立后，在开展大规模基本建设过程中，才被塑造为典型的产业工人。从手艺人到手工业工人，再到产业工人，虽然能够使工匠们嵌入现代政治体系，但是他们与工厂工人仍然有所不同。

本来，近代以来建筑工匠的地位一直在发生变化，新身份所带来的主要是政治意义，不过也可以在某种程度上提升其自日伪统治时期以来日益低落的作为手艺人的社会地位。然而，随着身份认同的政治意义加强，这种认同也推动他们付出更多的劳动，开展劳动竞赛，加班加点。但是，受

---

① 《发展建筑业纲要》，肖桐主编：《中国建筑业改革十年》，第75页。
② 《建筑业可以首先进行全行业改革》，《人民日报》1984年5月16日，第2版。
③ 《国务院关于改革建筑业和基本建设管理体制若干问题的暂行规定》（国发〔1984〕123号），《建筑业和基本建设管理体制改革》（内部资料），河南省计划经济委员会，第1—2页。

计划经济体制和时代条件的限制，尤其是城乡平衡的需要，他们的工资收入水平很难随着劳动生产率的提高而得到大幅改善，不少国营建筑公司也连年亏损。建筑业作为计划经济体制下国民经济各部门中比较边缘的一个部门，制约着基本建设速度的加快和城市住房问题的解决，因此成为城市改革中率先进行全行业改革的行业。经历了此次改革以后，建筑业迅速发展起来，为此后基本建设和房地产业的快速发展创造了条件，而建筑施工又逐渐恢复以临时工，也就是农民工为主要施工力量。

第九章
工业制度、城乡关系与身份认同*

——新中国成立前后的北京门头沟煤矿工人

1949年后,城市建设与工业发展逐渐成为新中国的工作重心,很快即开始了大规模的工业生产建设。伴随着工业建设的发展与变化,工人队伍急剧扩大,所以仍将农民作为工厂工人的主要来源。为满足工厂生产发展的需要,许多工厂在农村地区招工,从人的层面,反映了新中国成立后的城乡关系。目前多数工人研究以工人阶级[①]和工人运动[②]为主,研究对象和研究时间点聚焦于民国时期。新中国建立后,农民进入工厂成为工人,完成从农民阶级到工人阶级的转变。通过招工进入工厂的农民,开启

---

* 本章作者:韩叮咚,北京大学历史学系博士研究生毕业,现为山东大学图书馆馆员。
① 较有影响力的研究著作,如汤普森著,钱乘旦等译:《英国工人阶级的形成》,南京:译林出版社,2001年;裴宜理著,刘平译:《上海罢工:中国工人政治研究》,南京:江苏人民出版社,2012年;艾米莉·洪尼格著,韩慈译:《姐妹们与陌生人:上海棉纱厂女工,1919—1949》,南京:江苏人民出版社,2011年;具海根著,梁光严、张静译:《韩国工人:阶级形成的文化与政治》,北京:社会科学文献出版社,2004年,等等。
② 王建初、孙茂生:《中国工人运动史》,沈阳:辽宁人民出版社,1987年;刘明逵、唐玉良主编:《中国工人运动史》,广州:广东人民出版社,1998年;中国工运研究所编:《新编中国工人运动史》,北京:中国工人出版社,2016年;中村三登志著,王玉平译:《中国工人运动史》,北京:工人出版社,1989年;薛世孝:《中国煤矿工人运动史》,郑州:河南人民出版社,1986年,等等。

了人生命运的另一段历程,这也是一个值得研究的课题。

行龙通过劳动模范李顺达的个人生活史,讲述了农民如何与中共革命和国家建设建立联系的过程。① 郭于华则通过自身经历难以与时代变动相容的个案,探讨了"作为主流意识形态的国家意义系统如何与地方性知识发生联系与相互作用,又如何影响到个体的生活历程"。② 我们也沿着从人的层面来理解个人、村庄、国家之间互动关系的视度,理解个人从农民到工人,从农村到工厂的转变,以及由此所反映的当时人对城乡关系的理解。

一、门头沟煤业的发展

20世纪70年代前,人们普遍认为北京门头沟的煤矿开采最早起源于元代。1975年北京市文物考古工作队在发掘门头沟区龙泉务村的辽代瓷窑遗址时,挖掘出大量的煤灰和煤渣。经考证,此窑建于辽应历八年(958)前,停业于辽天庆三年(1113)。③ 因此,就目前考古发现来看,门头沟采煤业的发端,应在辽代或更早的时期,不晚于公元12世纪。

1267年,忽必烈定都大都,北京成为了全国经济、政治中心,大量人口涌入并定居北京。定居下来的蒙古人,开始使用煤炭生火做饭,冬季寒冷时,人们使用燃煤取暖,煤炭成为人们生产生活的主要燃料。大量的需求刺激了门头沟采煤业的发展。这一时期,仅门头沟大峪山周围就有煤窑30余处,煤炭售卖地点主要在大都城内的煤市街。元朝政府还在西山设有煤窑厂,专门生产供应皇室消费的煤炭。④

---

① 行龙:《在村庄与国家之间——劳动模范李顺达的个人生活史》,《山西大学学报(哲学社会科学版)》2007年第3期,第143—153页。
② 郭于华:《不适应的老人》,《读书》1998年第6期,第96—101页。
③ 鲁琪:《北京门头沟区龙泉务发现辽代瓷窑》,《文物》1978年第5期,第28页。
④ 潘惠楼:《门头沟文化遗产精粹——京煤史志资料辑考》,北京:北京燕山出版社,2007年,第165—166页。

明清时期，北京地区民营煤窑进一步发展，明朝时民窑已大大超过官窑数量。清朝顺治年间，官府对煤税的免除进一步促进了门头沟采煤业的发展。据《长安可游记》载："由门头村登山，数里至潘阑庙，三里上天桥，从石门进，二里重孟家胡同，民皆市石炭为生。"① 这一时期，门头沟地区大量出产煤炭，买卖煤炭亦成为门头沟百姓的主要谋生手段。

鸦片战争以后，洋务派学习西方科学技术，开始兴办军事工业和民用工业，曾在宛平县青龙涧开采煤矿，后来因资金不足，煤矿未能继续经营。

19世纪60年代，门头沟煤炭成为西方帝国主义企图占有的重要资源。1864年美国驻华公使蒲安臣向清政府恭亲王奕䜣推荐美国人庞百里，调查京西矿区的煤炭生产情况。1868年英国公使阿利国向清政府正式提出要在宛平采煤。不久美国为方便煤炭资源外运，又提出了修筑铁路的要求。英国广隆洋行的海德逊常在京西一带诸山勘探煤窑。

19世纪末20世纪初，在北京先后出现一批名曰华洋合办，实为外国侵略势力独家经营的煤矿，主要有中英门头沟煤矿、中日杨家坨煤矿、中德天利煤矿和中比裕懋公司等。其中影响较大、开采时间最长的是中英门头沟煤矿和中日杨家坨煤矿。日本人也很早即关注京西煤矿资源。1902年日本商人三木、宫本、太田等向清政府外交部提出在门头沟开采煤矿的请求，北京的罗侯岭、斋堂、安家滩、杨家坨、大台、房山、昌平等含煤之地几乎都留下了日本人的足迹。1918年陈少武与日本臼井洋行"合资"设立了杨家坨煤矿公司。卢沟桥事变以后，日本侵略势力对北京煤炭资源的掠夺更加肆无忌惮。日本军人白鸟吉乔于1937年任中英门头沟煤矿顾问，1942年宣布对中英门头沟煤矿实行军事管制，门头沟煤矿完全落入日本人手中。② 为了攫取暴利并为其侵略战争服务，日伪当局还于1942年强迫门头沟所有小煤窑签署"宣誓书"，规定小煤窑所产之煤统由门头沟煤

---

① 《日下旧闻》卷二十四，引明代宋启明《长安可游记》。转引自潘惠楼：《门头沟文化遗产精粹——京煤史志资料辑考》，第185页。
② 《当代北京工业丛书》编辑部：《当代北京煤炭工业》，北京：北京日报出版社，1990年，第29页。

矿收买，不得自行出售，从而垄断煤炭的销售。

抗战胜利后，1945年10月门头沟煤矿由国民党政府资源委员会接收，后又转交平津敌伪产业处理局监管，并设立门头沟煤矿公司，门头沟煤矿成为官僚资本的煤矿。1946年门头沟煤矿公司在门头沟煤矿东端城子村附近开建城子斜井，后建成城子煤矿。① 原由私人创办的门头沟煤业治水股份有限公司，由国民党政府河北省建设厅接收，改名为西山煤矿。门头沟矿区原日本人开办的大台采炭所，矿井遭到破坏，1946年4月，由察哈尔省人民政府接管，隶属于北岳区振兴实业公司领导。在房山矿区，房山县人民政府接管了原中日合办的协中煤矿，更名为新华煤矿。该矿由于战乱，矿井隶属关系和煤矿名称几经变更，生产断断续续，1946年7月由察哈尔省北岳区振兴实业公司接管，定名为振兴煤矿，解放后更名为房山煤矿。②

1948年12月15日门头沟地区解放，北平市军事管制委员会工矿部接管了属于官僚资本的门头沟煤矿和城子煤矿，同时对私人股份的西山煤矿实行代管。1949年5月11日，平西煤矿公司成立，直属北平市人民政府领导。平西煤矿公司下除门头沟、城子、西山3个煤矿外，还接管了原属察哈尔北岳区振兴实业公司的大台煤矿（木城涧煤矿前身）和振兴煤矿（房山煤矿前身）。

此外，解放前夕，门头沟地区还有409座私人小煤窑，其中有40座正在建设，尚未出煤，从业人员5300多人。③ 解放后仍生产的有135座。经过人民政府的鼓励和扶持，1949年1月底增加到218座，到6月末增加到411座。这些小煤窑有区县办的、乡镇办的、村办的，还有集体合办的和个体办的。为了加强对这些小煤窑的管理，1949年4月北平市财政经济委员会在门头沟设置了平西矿务处。④ 中共对北京煤炭工业的管理体系开

---

① 《当代北京工业丛书》编辑部：《当代北京煤炭工业》，第30—31页。
② 《当代北京工业丛书》编辑部：《当代北京煤炭工业》，第35页。
③ 《北京市人民政府京西矿务处1949年工作总结暨1950年工作计划》，北京市档案馆，225-001-00194-00001。
④ 《北京市人民政府京西矿务处1949年工作总结暨1950年工作计划》，北京市档案馆，225-001-00194-00001。

始形成。

1949年9月29日平西煤矿公司改名为京西煤矿公司。[①] 为了进一步加强对煤矿生产技术工作的领导与管理,1950年4月29日中央人民政府政务院财经委员会决定:京西煤矿公司的人事、财务统归北京市人民政府负责,建设方针、工程计划、技术问题、煤的成本统归燃料工业部负责。[②] 同年10月,燃料工业部决定将京西煤矿公司改名为京西矿务局,归燃料工业部直接领导。1968年又改称北京矿务局。

从行政区划来讲,1948年12月14日门头沟、城子一带解放后,12月17日成立了门头沟军事管制委员会,管辖范围为门城地带、里十三(村)、外十三(村)及石景山地区。1949年1月北平市人民政府成立后,将门头沟军管范围划归北平市,定名门头沟区,辖两镇两小区,即门头沟镇和城子镇、里十三小区(潭柘寺地带)和外十三小区(永定地带)。1952年9月1日设京西矿区,区境过去一部分属北京市第16区[③]辖界,包括今龙泉、永定、潭柘寺3镇范围,一部分属河北省宛平县辖界,于是门头沟区全境属京西矿区辖界。1958年5月京西矿区调整区划后,改称门头沟区。同年9月,门头沟区五里坨划归石景山区管辖。

二、"家有半碗粥,不去门头沟"

北京煤矿开采历史悠久,但却广泛流传着一句老话,"家有半碗粥,不去门头沟"。历史上,从明末起,北京土采煤窑采用雇佣劳动,矿工多来自矿区附近土地很少或没有土地的贫困农民。清初北京出现"关门锅伙"

[①]《平西煤矿公司关于北平改为北京即公司改为"京西煤矿公司"的通知》,北京市档案馆,225-001-00003-00065。

[②]《北京市人民政府财经委员会关于送西郊地方国营工厂的生产情况资料给京西矿务局的函附调查表》,北京市档案馆,225-001-00430-00031。

[③] 这一时期门头沟区名称变化频繁,1949年1月至1949年4月称门头沟区,1949年4月至1949年7月称第28区,1949年7月至1950年8月称第20区,1950年8月至1952年9月称第16区。

式的煤窑，少数远离居民村落的煤窑，窑主开办锅伙房，外来的窑工住宿于此，不仅条件极为简陋，而且出入受到限制。"锅伙者，宿食之地。垒台为高墙，加以棘刺，人不能越。"① 后来这种关门锅伙衰落，逐渐消失。

清末民初，京西出现近代煤矿。近代煤矿生产规模大，雇佣工人也比较多，也相对比较稳定，其中技术工种和管理人员与煤矿形成长期雇佣关系。还有一些是通过包工柜招雇的临时工，所以过去门头沟煤矿工人有"里工"和"外工"的分别。

解放前，门头沟地区的新式煤矿生产技术非常落后，几十年间也没有多大改进。打眼是两个人用手锤、手钻，一下子、一下子的敲打。两个熟练工人在一个班的时间内（8小时）只能打0.7米的眼七、八个。把煤运出工作面，也要靠着童工蹬笨流子（铁板）。矿区小窑开采条件就更落后了，没有通风系统和通风设施，均采用自然通风。那时，由于巷道断面小，矿井风量不足，矿工只能在恶劣的通风条件下工作。门头沟煤矿的排水能力也很低，最大排水能力只不过30立方米/分，一般排水能力只为17—18立方米/分。在一般情况下，工人要在潮湿多水的地方干活。一遇到雨季，工人就不得不在相当深的水中进行工作。② 长此以往，工人极易患风湿病。

井下照明早期使用的是火把和油灯，火把多是用矿区附近山上生长的荆稞捣碎捆绑而成。矿工持火把入井作业，容易在井下产生烟气呛人，而且火把燃烧时间较短，容易熄灭。油灯则多为陶瓷质地，形状多样，有碗状、壶状、碟状等。里面放上麻籽油、菜籽油或杏子油，用棉线做成灯捻。在井下工作面工作时，将油灯放置在灯台上，有的油灯还有提梁可以悬挂在支柱上。出入矿井时，工人手提或端灯行走，油灯极易熄灭。

那时几乎没有任何生产安全和劳动保护措施，事故频发，常有伤亡，所以工人生产要冒着"上罐笼挂死、掉落井筒摔死、落顶砸死、推笨

---

① 潘惠楼：《门头沟文化遗产精粹——京煤史志资料辑考》，第214页。
② 北京师范大学历史系三年级、研究班编写：《门头沟煤矿史稿》，北京：人民出版社，1958年，第13页。

流子摔死、推煤罐撞死"①等种种危险。据王春林回忆，日伪统治时期每年最少也要死一二百工人。英国控制时期，死一个工人给40元钱，而当时一匹骡马还值120—200元，一个人的命还不顶一匹骡马。最常见的事故顶板灾害，发生的次数和造成伤亡的人数，均居煤矿各种灾害事故之首。掠夺式的开采造成了庞大的老空地区，而这些老空地区又没有充填，所以很容易冒顶。据有些工人回忆，国民党统治时期，在一班时间内就有七、八次冒顶事故。冒顶所夺取的工人生命更是难以统计。1934年的一次冒顶，砸死六人。当时工人朱风江年仅十四岁，也被埋在里面，没有被砸死。把头不但不救，反而叫工人用炸药崩。②

民国时期，门头沟煤炭生产以炮采为主，用笨钎或风锤干式打眼，爆破、落煤、装载运输过程中产生大量煤尘、岩尘，由于缺乏通风设备，煤尘、碳酸气等无法排出。③岩巷工作面粉尘浓度有时达到500—600毫克/立方米，煤巷掘进工作面煤尘浓度达到500—600毫克/立方米。粉尘浓度大时相隔两步就看不见人影。测定京西煤矿中煤尘的游离二氧化硅含量平均高达5.28%—6.34%，而在游离二氧化硅5%—10%环境中工作的工人则易患矽肺病。矽肺病是典型的煤矿工人职业病，粉尘一经吸入，将无法从肺部排除，危害矿工身体健康，对人的损害是终身的。过去门头沟煤矿工人也有很多人得了痛苦而危险的肺部疾病。④

由于井下没有任何通风设备，窒息死亡事故也常有发生。1939年东石门内发现有臭气，工人硬着头皮下去干活。一进去，水没到腰，臭气熏得工人腿软没力气，倒下来就埋在水里了。有的工人看到前面人倒了下去，就上前去救，也被臭气熏倒。救上来的工人，有的瞪着白眼，有的喝了一肚子的水。工人蔡景被救上来后，嘴里吐着白沫，还能呼吸，送到医院，不多时就死了。光这一次事故，就毒死了七个工人。⑤

---

① 北京师范大学历史系三年级、研究班编写：《门头沟煤矿史稿》，第13页。
② 北京师范大学历史系三年级、研究班编写：《门头沟煤矿史稿》，第14页。
③ 《煤炭工业部转发河北省煤矿管理局关于防止矽尘危害工作的开展情况和几点工作意见的通知+粉尘测定统计季报表》，北京档案馆藏，档案号：225-001-02042-00001。
④ 北京师范大学历史系三年级、研究班编写：《门头沟煤矿史稿》，第15页。
⑤ 北京师范大学历史系三年级、研究班编写：《门头沟煤矿史稿》，第14页。

住宿方面，根据 1928 年燕京大学所作《门头沟调查》，土法生产的长顺窑，"盖有五六件土房，房内有大炕。有的大房内有两个炕，可住 100 人，不出房租。屋墙窗户小，屋内干燥"。同时期用机器生产的中英矿，建有"七八十间房屋，专备工头及工人居住。这些房屋都在矿左右相近的地方，但是工人所住的房是要交租金的，每间所住的人数是没有规定的"，因此"工人所住的房子非常拥挤，小号的房子也要住到 20 人，大号的房子要住到 40 人"。①

煤窑雇佣的外工，多数住在包工柜锅伙内，或寄宿傍矿沿街的店栈中。少数带家属的窑工，则就近租房或搭盖窝棚栖身。1937 年《北宁铁路沿线经济调查报告》记载，门头沟煤矿公司时有员工宿舍 220 间。1939 年《河北省宛平县事情调查》显示，"京西各矿所用矿工，以土著者为多，中英公司则兼用河南及他处者。矿工工作矿中，均无特备食宿之地，各工自就近小店内择宜居住而已"。② 四五十人挤在一间不大的锅伙里还算好的，大多数人露天睡觉或在井下，雨天就在厕所凑合一晚。

工人中，自带干粮到井下吃的人也不少。但由于环境阴冷潮湿，到吃饭时干粮早已凉透，饮水只能是井巷溢流的生水，致使井下工人患肠胃病者颇多。多数不带干粮下井者，因进出井两顿饭间隔时间长达 10—11 小时，而使其身体受损，健康状况普遍恶化。

因北京西部矿区没有正规医院，仅中英门头沟煤矿有一小医院，缺乏医疗设备，工人得病后，很难得到有效救治。1948 年底，中英门头沟煤矿医院仅有一般的听诊器、血压计等简单医疗器械。矿工和家属患病，只能开些成药和涂些外伤药水，不能进行手术治疗。井下少数重病者，有时可由矿方转至北京城内法国医院（有医疗合同）救治。多数工人与家属则处在缺医少药的状态，导致由工伤引起的致病率和死亡率都比较高。

过去门头沟的煤矿工人就是这样在吃不饱、穿不暖，晚上也没有良好的休息环境下，干着重体力活。工友间流传着这样一个描绘自身形象的顺

---

① 李文俊主编：《煤炭工业劳动保护科技论文选集》，北京：煤炭工业出版社，2000 年，第 449 页。
② 《北京工业志·煤炭志》编委会编《北京工业志·煤炭志》，北京：中国科学技术出版社，2000 年，第 462 页。

口溜:"穿的是破麻袋,吃的是豆饼块,头冷蓑衣盖,脚凉灶灰埋。"①

三、解放后门头沟煤矿的大规模招工

1948年12月中共接管门头沟煤矿,首先召开职工代表大会,宣布矿厂归工人所有,工人是矿厂的主人。随即组织工人进行登记,发放救济粮,解决工人吃饭问题。还成立工会组织,暂代党组织领导工人。

煤矿的接管与改革工作进行得很快。当时矿井残破,生产技术落后,工矿部根据中共中央关于恢复发展生产的方针,立即把组织"恢复矿井生产"以解决京津地区燃煤急需作为"首要任务"。②为了能够迅速恢复生产,原来的职工皆被保留。当时门头沟煤矿有里工668人,临时工136人,矿警135人,采煤件工3000人,装运件工600人,共计4539人。③西山煤矿有工人800余人,门头沟煤矿、西山煤矿和城子煤矿,共计有工人5200余人。④小窑的2434名工人和24名资本家,除少数不能工作者由政府遣返回农村外,其余两千多人均由京西煤矿公司转为国营煤矿长期工人。⑤门头沟煤矿还通过工人联系,在自愿原则下,召回因战乱、侵略或矿难等原因主动或被迫离开矿厂回乡的农民返回煤矿工作。这些工人多拥有多年采煤挖矿经验,是工厂急需的人才,回到矿厂后也成为中坚力量。

不仅所有矿工都转为国家工人,而且军管会还规定:"在收复前曾出力保护资材设备,使企业得免敌人破坏的职;或在收复后,确曾出力抢修,使企业迅速恢复生产的职工,除政府予以奖励外,均应受到厂方的奖

---

① 北京师范大学历史系三年级、研究班:《门头沟煤矿史稿》,第29页。
② 煤炭工业部:《煤炭工业法规汇编(1949—1983)》第5册,内部资料,第2页。
③ 《北京工业志》编辑部:《北京工业志·煤炭志》,北京:中国科学技术出版社,2000年,第343页。
④ 门头沟区档案史志局:《创业初始》,内部资料,第53页。
⑤ 《土采煤窑暂行处理办法》,北京市档案馆,225-001-00286-00001。

励和优待。"① 优待的方式或成为车间班长，或成为股长，在月底或年底能够多领取一些补助或津贴。

此外，煤矿还通过上级委派、同行调动和接收退伍军人接收了一批新工人。上级委派到煤矿来的大多是抗大毕业生或曾在军工厂任职者，他们进来了之后不仅当工人，同时担任领导岗位。同行业间的调动以具有相关专业经验和技术的人才为主，他们在煤矿中担任一线工长或技术员，并组织工人学习专业知识和技能。而接受和安排转业退伍军人，首先通过部队和军管会与煤矿沟通，确定接收名额，再由劳动局开具介绍信将其安置到煤矿工作。② 军人因长期在部队接受训练，身体素质高，可承受的工作强度大，工作持续时间长，且纪律性极强，进入煤矿后很快能适应煤矿的生活，并在生产中起到带头作用。③

随着生产的恢复和发展，这些招工方式仍不能满足需要，于是社会招聘成为扩充工人队伍的主要方式。平西煤矿公司首先从煤矿周边农村招收了一些工人。在北京市劳动局对厂矿招工实行统一管理后，向社会招工主要有两种方式，一种是由矿厂向北京市劳动局提出招工申请，由北京市劳动局根据当年招工工厂所需人数发布招聘启事，组织应聘青年参加由劳动局命题的考试，考试合格者方可获得分配入厂的资格，再由劳动局根据应聘者意愿或工厂要求进行分配入厂。但通过这种方式几乎招不到工人，主动报名的人非常少。

另一种方式是首先通过劳动局提出招工申请备案，获批后由工矿企业自行招募。对于门头沟煤矿来说，招工的流程通常是由矿厂厂长和党员干部，通过联系附近农村的村长或村支书，在村委会进行现场招聘，招收农民进入煤矿做工。起初农民有顾虑，因京郊及附近农村祖祖辈辈流传着"家有半碗粥，不去门头沟"的说法，在农民心中只有在农村混不下去的人甚或是流民才会去煤矿当"煤黑子"。为转变其思想，在宣传鼓动过程中，特别会强调由农民转变为工人，成为国家领导阶级一员的重要意义。党员干部常在

---

① 中央档案馆编：《中共中央文件选集》第16册，北京：中共中央党校出版社，1992年，第70页。
② 《关于接收转业军人的通知》，北京市档案馆，225-001-01240-0040。
③ 采访对象：张某（男），1932年生，门头沟煤矿退休工人。采访时间：2018年10月5日。

农村宣传:进入工厂意味农民个人身份从农民阶级转变为工人阶级,成为国家的主人。且承诺煤矿会逐步解决工人的劳动安全问题,提高生产效率,增加工人收入。① 尽管如此,一开始还是很难打消煤矿附近村民的疑虑,早期招工并不顺利,大多是在农村惹事后待不下去,或个人原因想远离曾经生活过的地方的人,才会报名到煤矿做工。还有一部分外地人,多是因避难或逃荒来到这里,为了谋生,不得不报名当煤矿工人。

这种情况慢慢好转。随着农村来的新工人日益增多,解放后加入的新工人反而成为煤矿职工的大多数。截至1951年底,京西矿区共有工人15872人。② 其中,大部分来自北京门头沟、房山及附近郊区的农村,来自河北、山东、河南和东北农村的也不少,工人的籍贯以北京为中心向四周农村呈辐射状依次由多到少分布。从年龄来看,15—25岁的矿工占总人数的33.5%,26—45岁男矿工占58.4%,46—50岁男矿工占4.4%。③ 30岁以下的工人,多是解放后从农村招工进矿的新工人。④

对于新入职的工人,矿务局会分批对他们进行教育培训,主要培训有关井下工作的基本知识和安全注意事项。不过,由于他们大多是文盲,只能理解个大概,具体操作还需要在劳动和工作中慢慢习得,所以矿厂为他们每人配备一位老工人担任师傅。⑤ 此外,矿厂也很注意培养他们作为工人阶级的责任感和作为国家主人的主人翁意识,使他们认识到"煤矿工人为国家工业化建设贡献是光荣而自豪的、受人尊重的、受到国家重视的工作"⑥。

那些25—30岁的青年工人,是煤矿重点培养的对象,也会承担更多更繁重的生产任务,成为煤矿生产的主要劳动力。由于他们中90%以上都是文盲,拥有小学文化水平的工人已十分珍贵,能识字、会算术成为一种十分有用且令人羡慕的技能,往往能得到不错的工作机会。后来随着生产

---

① 采访对象:王某(男),1935年生,门头沟煤矿退休工人。采访时间:2018年10月3日。
② 门头沟区档案史志局:《京西矿区》,内部资料,2000年,第3页。
③ 《京西矿区情况》,北京市门头沟区档案馆藏,22-1-16。
④ 采访对象:王某(男),1935年生,门头沟煤矿退休工人。采访时间:2018年10月3日。
⑤ 采访对象:张某(男),1932年生,门头沟煤矿退休工人。采访时间:2018年10月5日。
⑥ 《关于今后职工政治教育的指示》,北京市档案馆,225-001-00560-0025。

技术的提高和新设备的引进，运输、车辆、工具都有字标。因不识字很容易在工作中出现错误，生产作业对工人的文化素质要求有所增加，所以，自1958年起招工时要举行文化考试，能识字成为最基本的要求。文化程度逐渐成为影响农民转变为工人的重要因素之一。

四、规章制度与组织纪律

农民离开了熟悉的农村生活，进入厂矿，劳动方式变了，劳动组织和劳动纪律也完全不同了。与农业劳动相对自由的状态不同，厂矿有规范的管理制度、严格的劳动纪律、固定的上下班时间、分工精细的生产流程和赏罚分明的约束机制。工人的劳动和生活都必须受到制度的约束。农民进入厂矿成为工人，在与新环境磨合和适应的过程中，实现了由自由散漫的农村生活向厂矿集体生活方式的转变，逐渐转变成为自觉规范参与工业生产的社会主义工人。

煤矿工人分为生产工人、辅助工人和服务部门职工三部分。生产工人主要在第一线参加生产，生产流程分为采煤、运输、储装三部分。辅助工人主要从事机械检修、车辆管理、铁路运输段管理等辅助生产的工作。服务部门主要包括职工食堂、澡堂、警卫队、锅炉房等。工人以生产工人和辅助工人为主，在新中国成立初期占到总人数的90%以上，承担全矿厂的主要生产任务。

煤矿的一线生产工人中，最重要且最辛苦的工种是采煤工人。运输工和井外储装工的工作环境则相对好些。初进工厂的工人通常会先被分到采煤队。当采煤工完成采煤工作后，由运输工首先进行采区运输，将煤炭和一些辅助材料从采煤工作面运输至大巷和井口。① 原煤运出作业面后，地

---

① 起初运输工具主要是手推车。1953年3月改用畜力车运输，畜力小部分源于矿方饲养厂，大部分来自邻近农村。畜力车多为木质容器，容量为1.3吨，每天能拉20多趟。畜力车一直沿用到1955年4月，直到更为先进的运输工具——苏制架线电机车到矿，才结束了畜力车运输的历史。参见《木城涧煤矿四十年》，内部资料，第43页。

面工人对原煤进行质量处理和储存、装车、外运等工作。通常用人力推车将原煤简单筛分、选矸后直接入仓。仓满后再经天桥卸入露天储煤场,用马车、汽车或人工抬大筐的方式装火车外运。1955年北京开始研究推行机械化采煤法后,在部分采煤工作面使用了风镐、割煤机、刨煤机。① 从工作面到井口的运输方式由人力逐步改为电溜子,工人的整体工作环境都得到了改善。

煤矿工人在矿厂工作,不似农村那样有农忙农闲的季节性变化,每天都要准点上班,以矿厂鸣笛为准。上班要签到,签到由班长负责,由人事考勤科负责监督。签到需要在鸣笛前进行,鸣笛后签到则算为迟到。白班、夜班工人交接时,下一班的工人需提前十分钟到换班地点,前一班的工人与其口头完成交接工作后,方可离开。那时工人没有表,大多靠经验估计时间,有时难免会迟到。偶尔迟到一两次,班长在人事考勤监督员不在的情况下,可算作正常签到;次数多了,则不再通融。月底矿厂会依据每个人的出勤率计算工资,出勤率低于标准数,会扣除相应工资和奖金。通常工人不会无故迟到和缺勤,年轻工人为了给班长和厂内员工留下较好印象,更是经常提前到达生产线。②

工人有事不能出工可以请假。请假制度分为病假、工伤假、事假、探亲假等。不同类型的请假,时间不同,审批手续也不同。普通短期两天以内的事假、病假,班长可批准,协调同班工人替班即可。两日至一周的需要上报班生产主管审批,超过一周的需报人事部门。申请病假需提供煤矿医务室开具的病历单方可批准。煤矿工人中请假最多的是工伤假。申请工伤假,需提供由矿医务室诊断的工伤证明,确定为因工伤造成的,诊疗费可报销。工伤假和病假以三个月为限,三月以内工资照发;超过三月,工资按半月发放;超过六个月,可申请转为后勤,否则将暂停工资发放。婚、丧、探亲假,距离近者可获批三天时间,距离远者最多可获批一周时

---

① 《京西矿务局转发"关于改进采煤方法的决定"的指示》,北京市档案馆,225-001-00922-00073。

② 采访对象:李某(男),1928年生,门头沟煤矿退休工人,曾任采煤班长。采访时间:2013年11月5日。

间。事假中因公请假外出办事者,来回路费可报销。不请假不上班者视为旷工,因工人的工作需合理分工、各司其职,旷工会严重影响生产效率,影响生产的全局规划。因此,班长对超过七日旷工者会立即上报人事部门,人事部门根据情节严重程度予以处分,或扣除工资和全年奖金,严重者可做开除和辞退处理。

矿厂对工人加班严格限制,明确要求节假日和公休日不得加班。遇有不得已必须延长工作时间时,须填写加班申请书,报班长、生产主管、厂长审批后,方可允许,否则被视为违规。如遇特殊情况,来不及写申请书,可先电话报备,获批后补交申请书。工人无论是节假日还是普通工作日加班,工厂必须发放加班费,按照工资的200%付给。

这些制度都是农民在乡村很少能遇到的,虽然对工人是一种约束,但是这也正是使他们成为工人的标志之一。而且,随着生产技术保障和劳动保护措施的加强,煤矿事故大为减少,也逐渐改变了煤矿工人在人们心目中的形象,煤矿工人的自豪感也逐渐建立起来。

为规范作业,防止矿难发生,煤矿制定了诸多安全条例和措施,注重培养工人的安全生产意识,提供安全生产的工作环境。防火方面,矿井工作面严禁生火,采空区域用石砌防火墙抹泥,留一水道口流水防止水患。老朽木、梢子等易燃物随时装运坑外。50年代后,京西矿务局电气设备增多,防火工作按照《煤矿安全规程》中有关"防灭火""电气"之规定执行。[1] 电线架在瓷珠上防止漏电,编制井下避灾路线,每季组织工人熟悉避灾路线。定期检查安全出口,在经常使用的安全出口,配备照明、梯子、扶手等设施。规定:井下电焊作业制定安全措施并报矿长批准。井下电器灭火禁止使用含产生氯气碳灭火器,对灭火器专人管理。井下侦察火情人员佩戴氧气呼吸及自救器。[2] 通风方面,对小煤窑矿井进行改造和扩建,建立矿井通风系统,简化通风网路,降低通风阻力,尽量利用原有巷道基础上开凿通风专用巷道,增加风量。如1955年安家滩煤矿建立风井;

---

[1] 煤炭工业部:《煤炭工业法规汇编(1949-1983)》第2册,内部资料,第5页。
[2] 《通知煤矿"关于防止放炮事故的几项安全制度的实行规定草案"》,北京市档案馆,225-001-02273-0001。

木城涧煤矿总平硐及门头沟五至九槽将总回风道进行扩大，逐步建立、完善总负压通风。1960年代起，逐步安装风扇。①

北方天气干燥，降雨对农民来说是好事。粮食不能缺水，煤矿则恰恰相反。京西各矿矿井涌水均受到大气降水的影响，雨季矿井最大涌水量与枯水季节正常涌水量相差悬殊，有的矿井雨季最大涌水量可达正常涌水量的十倍。一遇到雨季，工人就不得不在相当深的水中进行工作，有时甚至会发生危险。针对水患灾害，煤矿投入大量资金，充分利用矿区地形的特点，采用排积水、修排水沟、增加排水设备等多种措施应对水患，保证矿工生产安全。②1950年7月至1951年6月一年间，门头沟煤矿排水费用高达1149372斤小米。③1956年，共修排水沟16公里，对2005平方千米受水面积内裂缝、陷坑、小窑坑口进行填土，共用土方石块6.4万立方米。井下排水设备的修建，使矿井排水能力由1950年的59.41立方米/分钟增加到1956年的97.66立方米/分钟。

由于前期掠夺式开采，矿井中形成许多没有填充的老空地带。北京矿务局带领煤矿工人进行积极防治。1952年，各煤矿用密集支柱管理顶板，以回柱绞车回柱。1953年3月，京西矿务局学习苏联对顶板进行鉴定的先进经验，采取主动管理顶板方法，先后在城子煤矿重点试验大冒顶、局部充填法，探寻顶板塌落、周期来压的规律性。1953年5月至6月，根据苏联专家阿西拉莫夫的建议，京西矿务局城子煤矿在某工作面试验刀柱采煤法管理顶板。④同年，房山矿吸收苏联专家建议，采取"分部充填"管理顶板，基本上消灭了垮顶事故，控制了顶板周期压力，大大减少了因冒顶而产生的伤亡事故。

---

① 参见《京西矿务局转发中华人民共和国燃料工业部"关于季节变化影响通风贯彻专家组长建议加强通风工作的指示"的指示》，北京市档案馆，225-001-01019-00074；《京西矿务局关于召开通风会议的通知》，北京市档案馆，225-001-01019-00127。

② 《京西矿务局大台矿厂关于防排水具体措施计划给京西矿务局的报告》，北京市档案馆，225-001-00832-00018；《京西矿务局安家滩矿厂关于雨季防排水措施给京西矿务局的报告》，北京市档案馆，225-001-00832-00051。

③ 《京西矿务局关于门矿排水电费问题请示报告、及市财委的处理意见》，北京市档案馆，004-007-0003。

④ 《当代北京工业丛书》编辑部：《当代北京煤炭工业》，1990年，第46页。

五、工资收入和福利待遇

对于煤矿工人来说，维系其作为工人阶级的自豪感，主要还是靠他们高于一般农民的工资收入和福利待遇。1950 年刘少奇在《国家的工业化与人民生活水平的提高》中指出：中国劳动人民的生活水平和世界许多先进国家比较起来，还是很低的。他们还很贫困，他们迫切地需要提高生活水平，过富裕和有文化的生活。① 新中国成立初期，物价仍不断上涨，为维护工人生产积极性，煤矿也将稳定和提高工人的物资生活水平作为自己的重要任务。1951 年 8 月，京西矿务局对国营煤矿进行工资改革，实行由五种实物组成的"工资分"制。② 1 分合米 0.48 斤、白布 0.2 尺、食盐 0.02 斤、八一粉 0.32 斤，食用油 0.05 斤。到 1953 年物价稳定后，将分值固定为 0.2473 元。不同职务和工种的标准工资分是：工程师 570 分，矿长 430 分，股长 310.43 分，技术员 301.25 分，测绘员 260 分，采煤工 239.47 分，锻工 242.5 分，科员和办事员 202.2 分，推车工 175.29 分，电工 198.6 分，绞车司机 197.4 分，水泵司机 165 分，勤杂人员 142.92 分。一线采煤工人的工资要比矿厂领导和工程技术人员低，但高于一般科员和办事员。

不过，对于一线工人来说，标准工资并不是他们每月的实际收入，他们的实际收入与他们的劳动成果挂钩。在刚接管的时候，门头沟煤矿就有劳动定额，不过那时的定额是经验定额，即主要凭经验估计的，俗称"估工"，定额较为混乱。③ 京西矿务局对私窑小窑则实行集体混合计件工

---

① 刘少奇：《国家的工业化和人民生活水平的提高》，《刘少奇选集》下，北京：人民出版社，1985 年，第 1 页。
② 《当代北京工业丛书》编辑部：《当代北京煤炭工业》，1990 年，第 203 页。
③ 《一九四九年采煤工人工资比较及一九五〇年工资预计表》，北京市档案馆，225-001-00056-0012。

资。① 1951年11月中旬，京西矿务局接连召开了三次私营煤窑"劳资协商会议"，决定以现有工资为基础，增加十分之一为新工资标准，并取消收工人煤时的老秤对花制度，使工人工资比原来增加了22.5%。② 1952年6月，京西矿务处又对土采煤窑的工资制度进行改革，取消计件工资，改为计时工资，明确分工，按工种取酬，配以超额奖金。③ 在1956年改为货币工资制之前，京西矿务局还根据煤炭工业部的安排，先后进行了六次工资升级工作。1953年两次升级的幅度分别是11.3%和17.59%。1954年升级一次，幅度是18.57%。1955年也升级三次，幅度分别是8.21%、5.42%和4.6%。④ 连续六次升级，使职工普遍增加了工资收入。

除了工资收入之外，工人还可以获得奖励金。京西矿务局从1953年开始建立职工奖励制度。1953年4月，京西矿务局制定安全无事故奖励办法，奖励范围为井下采煤、掘进、开拓、运输、维护、通风和坑口运输工人。连续3个月无事故者每人每月3元，从第4个月起增为5元；连续6个月无事故，从第7个月起每人每月7元；连续9个月无事故，每人每月9元。若发生重伤事故，班（组）停发当月奖金，取消累进计奖，重新从第一个月算起。1953年6月，这种安全无事故奖励办法扩展到机电运转工人，奖励范围为绞车司机、压风机司机、风扇司机和司炉以及配电工人。奖金标准分为两级，一级得奖单位与采、掘、开标准相同，二级得奖单位与辅助工人相同。如果发生重大机械事故，取消当月奖金，并停止累进计奖。

1953年6月，还在采、掘、开和井上下运输系统实行"红旗奖"，奖励条件为超额完成月生产计划，降低成本，不发生事故，并保证规定出勤班数。奖金标准按等级分配，采掘六七级工为4元，四五级工为3元，井

---

① 《京西矿务局劳动工薪科送上"计件工资工作总结"给北京市劳动局劳动工资科的函》，北京市档案馆，225-001-01028-00082。
② 《北京市煤矿工会关于讨论解决小窑劳保基金及工会经费等内容的劳资协商会议的初步意见》，北京市档案馆，225-001-00221-00056。
③ 《京西矿务局木城涧煤矿关于我矿是怎样实行的计时加超定额奖的工资制度的总结》，北京市档案馆，225-001-02188-00110。
④ 《当代北京工业丛书》编辑部：《当代北京煤炭工业》，1990年，第206页。

下辅助工的五六级工为2.5元,三四级工为2元,一二级工为1.5元。① 到1956年7月,京西矿务局将井下的采、掘、运、修的安全无事故奖与"红旗奖"合并,改为生产工人奖励办法。奖金标准为班长9元,六七级工7.5元,四五级工6.5元。辅助工人奖金标准为5.5元、4.5元、3元。

除了一般的工资和奖励金外,如果担任班长,还可以享受班长津贴补助。1956年10月,京西矿务局实行不脱产班长津贴,具体规定为:采掘领导10人以上的班长,为本人月标准工资的8%,采掘领导4人以上的班长及通风、修护领导10人以上的班长,为本人月标准工资的6%,通风、修护领导5人以上的班长,为本人月标准工资的4%。②

能够按月领取工资和奖励金,是工人和农民在收入上最明显的差别。农民平时很难经常有现金收入,在合作化以后更是如此。而工人则不同,可以按月领取工资,直接购买粮食和其他生活必需品。这成为农民艳羡工人的重要方面,也是工人获得自我满足感的重要支柱。

除了工资、奖金之外,煤矿工人作为工人阶级的一部分,其所享受的福利待遇也是农民可望不可及的。1949年10月,京西煤矿公司为解决煤矿工人的医疗保健问题,特制定《劳动保险暂行办法》,使煤矿工人享受医疗待遇有了制度保证。③ 各矿厂依据此"办法",先后建立了医务室,添置医疗器械。④

1951年8月1日,京西煤矿工会为解决煤矿职工医疗问题,根据北京市各界人民代表大会决议,由京西矿务局与京西煤矿工会各出20万公斤小米,门头沟区政府、京西矿务处与门头沟窑业联合会各出5万公斤小米,在门头沟建立了京西矿区煤矿工人医院。⑤ 医院设有内科、外科和病

---

① 《京西矿务局生产奖励情况》,北京市档案馆,225-001-00541-0006。
② 《关于班长津贴问题的通知》,北京市档案馆,225-001-02461-0068。
③ 煤炭工业部:《煤炭工业法规汇编(1949—1983)》第6册,内部资料,第154页。
④ 《门头沟两煤矿改进安全卫生方案 京市政府正式批准实施》,《人民日报》1950年4月30日,第4版。
⑤ 《煤矿工会京西矿区筹委会、京西矿务局、京西矿务处、京西矿务局门头沟煤矿业联合会关于送上筹建矿工医院计划书的函》,北京市档案馆,225-001-00771-00035。

房,床位60张,医务人员50余人,并购置X线机等医疗设备,成为京西最大的职工医院。① 到1953年底,大台、房山和城子三矿也设立了诊疗所②,还在房山王庄和海淀温泉设有职工结核病疗养所。③

工人在矿区医务室看病免费,部分药品免费提供,家属看病免费,部分药品收半费。在职工医院看病,凡记录在册的正式职工,诊疗、医药费免交,家属看病吃药收半费。工人受工伤,经鉴定后所有医药费、诊疗费、住院费均全额报销。因费用极低,大大减轻了工人的医疗负担。

矿厂为离家较远的工人提供职工宿舍。京西煤矿公司接收时,门头沟煤矿有宿舍住房面积4271.8平方米,城子矿厂有宿舍平房3017平方米,多为土坯和石木结构的平房。京西煤矿公司在恢复矿窑煤矿生产的同时,积极改善工人居住条件,至1949年底,修理了职工宿舍85间。1950—1952年,京西矿务局新建职工宿舍1.85万平方米。1950—1952年,京西矿务局新建职工宿舍1.85万平方米。④ 新建职工宿舍主要是单身宿舍,每个工人都有资格入住。每间房可容纳四十到五十人不等,房间内有大通铺和简易储物柜,每人一床厚被子。1953年起,职工由睡大通铺,逐渐改为单人铺。冬季取暖设备,除煤炉外,也有部分宿舍用暖气管道集中供热。宿舍虽不如有些农民在农村的住房那样宽敞,但上班方便。冬季有煤炉,不用自己买煤生火,住宿费用全包。家近的工人节假日常可以回家,矿厂在冬季会给工人发煤炭,他们可以拿回去补贴家用。⑤ 对家在矿区附近的农民来说,这也是一项相当好的福利待遇。

职工食堂是煤矿为工人提供的又一福利措施。1949年,京西矿区工会争得矿上行政的物质支持,组成方便职工就餐的伙食团,并利用旧房改建成食堂。炊事员工资及水电燃料由矿厂支付。1950年,京西煤矿公司贯彻

---

① 《中央人民政府燃料工业部煤矿管理总局京西矿务局关于工人医院医疗设备投资用于房屋修缮及工资支出给京西矿区工会的函》,北京市档案馆,225-001-00771-00052。
② 《京西矿务局职工肺病疗养所(院)试行管理办法草案》,北京市档案馆,225-001-00657-00113。
③ 《京西煤矿工人疗养院建院经过和现在情况介绍》,北京市档案馆,225-001-01980-00062。
④ 《当代北京工业丛书》编辑部:《当代北京煤炭工业》,1990年,第44页。
⑤ 《关于职工配煤的通知》,北京市档案馆,225-001-01430-0058。

有关"劳动保险暂行办法"的规定,开始在所属煤矿企业中兴建职工食堂,使煤矿工人吃饭有了固定、方便的场所。① 此举使工人吃饭问题得到妥善解决,还增加了休息时间,很受工人欢迎。1952年,京西矿务局还针对职工食堂存在的服务质量问题,开展"采购好、做好饭菜和卖得快"的活动。城子煤矿、冬毓记煤矿和局机关食堂,先后四次降低食物价格,有的菜减价一半,食物花样也增加不少。② 其中,门头沟煤矿经常有25—30种荤菜;大台煤矿、机修厂和机关食堂,也保持在15—20种荤素菜。主食有馒头、米饭、包子、饺子等多种,每周调剂一次。由于工人的班制不同,上下班时间不同,食堂的营业除了早中晚餐之外,还开设全天侯窗口,给夜班或倒班工人提供餐饭。③ 1957年,矿务局所属煤矿为保证井下工人吃喝两热的需要,共投入58辆两用水车,8个保温干粮箱,103个保暖水桶,624个背壶,使全局大多数职工能在井下喝上开水,吃上热干粮。④ 吃食堂逐渐成为吃"公家饭"的象征。那时在人们心中,凭票吃饭才算吃上了"公家饭"。

为解决煤矿工人的洗浴问题,1951年京西煤矿公司开始在3个大煤矿中修建砖砌澡堂。另外,在附近80个小煤窑中,辟建简单的洗澡间。同年,矿区工会经与门头沟矿业联合会协商,并由后者出资,在煤窑分布集中的门头沟圈门大戏楼西,建成一个有100平方米的浴池和6间存衣室的洗澡堂。洗澡室设有2名专职人员负责日常管理。澡堂的水电、煤和工作人员工资,均由矿厂负担,职工洗澡免费。澡堂内还设有理发室,方便职工理发和刮胡子。煤矿工人在以前常给人一种"臭煤黑"的印象。煤矿厂兴建的澡堂,让工人们在工作完之后能立即洗上热水澡,将身上的煤污清洗一新,干干净净,心情明朗。工人们在回家前也常去理发室将头发剪理

---

① 煤炭工业部:《煤炭工业法规汇编(1949—1983)》第6册,内部资料,第154页。
② 《京西矿务局城子煤矿食堂同志向京西各矿食堂提出保证职工花钱少、吃的好、搞好生产的挑战书》,北京市档案馆,225-001-00778-00096。
③ 《京西矿务局关于食堂情况报告,225-001-02140-00030 中共京西矿务局生活办公室关于食堂情况报告》,北京市档案馆,225-001-02140-00034。
④ 《中国煤矿工会京西矿区委员会关于井下工人吃热饭喝热水情况和意见报告+井下工人情况统计表》,北京市档案馆,225-001-01977-00005。

整齐，显得十分精神，让乡亲们觉得他当了工人之后确实不一样了。

总之，煤矿为工人提供的福利待遇为工人生产生活提供便利的同时，也增强了工人的身份认同。集体的劳作、稳定的收入、完善的福利保障，加速了农民向工人身份的转变，让煤矿工人成为农民羡慕和向往的对象，煤矿工人的自尊意识增强，人们长久以来对煤矿工人的不良印象也逐渐改观。

六、脱离农村，扎根矿厂

工人从农村进入矿厂后，促使其实现自我身份转换的因素，除了上述劳动形式、管理制度、工资收入和福利待遇等方面的因素外，工人也自觉不自觉地逐渐克服原来的生活习惯和观念意识，实现自我身份的转换和建构。

工人的工资收入高于农民，矿工的工资在一般工人中又是比较高的，所以除了工人自己的日常生活开销外，还会有些结余可以补贴家用。尤其是1953年实行粮食统购统销后，工人反而比农民获得了更可靠的口粮保障。因此，农民越来越愿意被招工，农村家庭中能有人当上工人，也是一件颇值得骄傲的事情。工人回农村探亲时，也会穿上矿厂发的工服，以表明自己的身份。其实，他们工作时穿着很简单，煤矿给工人每年发一套工作服、一双手套和一双工作鞋，鞋是帆布胶底或翻毛皮胶底鞋，衣服和鞋都非常结实。对于这一套行头，工人们非常珍惜，平时工作时也不太穿，下井时除了戴矿厂发的劳动作业手套外，衣服和鞋子都收起来，冬季大多只穿自己的破棉袄。[①] 矿厂发的衣服用来平时穿，尤其是回家走亲访友时穿。

按照矿厂的规定，工人享有带薪节假日和公休日，还有探亲假。离家近的工人如没有特殊情况，就会利用假期回家探望父母和家人。当时门头

---

① 采访对象：王某（男），1935年生，门头沟煤矿退休工人。采访时间：2018年10月3日。

沟的井下作业工人，除按居民定量供应外，每人每月补助肉食0.5公斤。从事有毒气体、粉尘和放射性工作的人员，除补助肉食0.5公斤外，还有鱼1公斤。① 房山的工人每月还有半斤大豆补助。所有的工人冬季都有煤补。工人们也常将这些物资带回家与家人共享，从而让农村人羡慕不已。每逢春节，工人们还总会带些城里的新鲜玩意儿回家。门头沟煤矿附近就有集市，工人的现金和粮票都可以用来交换市场上的烟酒、食品等。虽然工资很有限，粮票交易也被严格禁止，工人们能够买的东西不多，但这些东西已足以让其过一个和其他人家不一样的新年。

随着工人与农民生活水平差距日益拉大，煤矿招工的供求关系发生了根本性的转变，不再需要派党员干部到村里动员，反而有很多农民通过"走关系"进入煤矿。煤矿到村里招工前，仍会与村里取得联系，每个村子都事先分配了名额。村干部有时对招工信息"秘而不宣"，不向广大村民公布，以便让与自己关系比较近的人可以报上名。于是，与村干部有关系的人可率先占用名额进入煤矿。进入煤矿的手续相较之前也变得严格不少。需要先找到一位介绍人，通常是村干部。介绍人须填写介绍担保书，讲清其与被介绍人之间的关系，担保被介绍人家庭成分清白，政治思想正确，革命意志坚定，无不良思想和行为习惯，是共产主义的坚定拥护者。当然，为了顺利进入工厂，招聘登记的信息有时会有所隐瞒。出于人情的考虑，村干部有时也仍然会帮助其出具介绍担保书。之后，被招录者拿着担保书从劳动局领取报到证，到矿厂人事处报道。这时还要填写职工登记表，内容包括个人及家庭成员信息、家庭成分、经济状况以及个人详细履历，并写明自己参加工作的动机。接着就可以到劳保科领取劳保用品和生活用品，由后勤处在临时集体宿舍分一张床。在完成入职手续和生活安排后，由人事部门领到采煤队报道，由队长分配进入工作小组，开始工作。

因为当工人在农村逐渐成为少数人的特权，他们的家庭在农村成为一般

---

① 北京市地方志编纂委员会：《北京志・商业卷・副食品商业志》，北京：北京出版社，2003年，第164页。

村民羡慕对象的同时，也会受到一些村民的嫉妒，日常生活中来自其他村民的取笑、嘲讽甚至是不公平对待也不少见。比如家里有人当工人的家庭，孩子的穿着也更加光鲜，还有一些城里才有的玩具，自然会引起村里其他孩子的羡慕，有时会因争抢玩具而引发冲突。如果大人介入，就会演变出两家的冲突。时间一长，工人家庭的小孩反而容易被孤立、被排挤。

农忙时节，在农村有家眷的工人通常会回家帮忙做农活。一起下地的村民有时会在旁边打趣道："有工人的活儿不干，干这，稀罕啊！"① 尽管是邻里之间的玩笑话，敏感的工人也会觉得是一种刺耳的嘲讽。不过邻里关系依旧要维持，多数情况下工人会采取逆来顺受的态度，对工人也不会有什么实质性的影响。

真正对工人及其家庭有实质性影响的是合作化以后合作社或生产大队对工人家庭的一些不公平对待。有工人回忆说："每年到年底，大队分粮食。领的时候大队的生产队长专挑不好的、小的给我家。冬天分炭，厂里分的炭烧出来的火都是青色的，燃烧的充分。村里分炭竟给些不好的，烧出来的火是黄色的，烟多还呛鼻。"② 如果工人家里有人犯了错误，村里往往不是大事化小，而是小事化大，从而进行针对性的加重处罚。如家里的小孩偷吃了公家地里的粮食，被人看见后告到村大队就要交罚款。村民专挑工人家的小孩举报，"他家有工人了，出得起，不罚他罚谁"。③ 村民们的这种心态让工人家庭感到很委屈和窝火。凡此种种，都使有人当工人的家庭在村里也与其他家庭变得有所不同。

到三年困难时期精简工人时，煤矿动员一部分工人回村务农，但是大部分工人不愿意回村。根据对346名被精简工人的调查，绝大多数工人都不愿意回村，愿意继续在煤矿工作或留在城市工作，只有8人对回村不是很排斥，不过也犹豫不决。④ 城乡二元体制阻隔了农民与工人之间的自由流动，也强化了农民与工人的身份认同。

---

① 采访对象：王某（男），1935年生，门头沟煤矿退休工人。采访时间：2018年10月3日。
② 采访对象：张某（男），1932年生，门头沟煤矿退休工人。采访时间：2018年10月5日。
③ 采访对象：张某（男），1932年生，门头沟煤矿退休工人。采访时间：2018年10月5日。
④ 《工业系统精简工作动态》，北京市档案馆，001-006-00093。

北京门头沟煤矿工人队伍在新中国成立后，随着生产的恢复和发展，规模逐渐扩大。煤矿大量招聘的新工人中，绝大多数是来自北京周边农村的农民。工厂为工人提供的工资收入和福利待遇，使工人可以维系远比农民更高的生活水平，并有助于改善其家庭的经济条件，使其整个家庭生活水平提高，成为村民羡慕的对象。而且，随着安全技术和劳动保护制度的建立和完善，煤矿生产的危险性大大降低，人们也逐渐放弃了"家有半碗粥，不去门头沟"的老观念。进煤矿做工人，由农民转变为工人，吃上"公家饭"，端上"铁饭碗"，成为农村青年普遍追求的人生出路。

然而，农村青年在进煤矿当工人以后，不仅他的父母和兄弟姐妹多仍留在农村，有的妻子、儿女也留在农村。虽然工人本身能够很快适应新的劳动和生活方式，成功实现由农民到工人的身份转换，但是并不能与原来所属的农村完全脱离关系。农业集体化以后，工人家庭反而会因其本身当了工人而减少了劳动力，影响其家庭在集体农业生产中的地位，其家人按人头所分的口粮部分反而有受照顾的成分，也更容易引起村民的嫉妒和不满。不过，来自村民的嘲讽甚至不公平对待，也反过来能够进一步强化工人的身份认同，更不愿意再回农村。从"进厂矿当工人"到"回不去的农村"，可以窥见，农民走出农村、走进工厂，做一名社会主义工人的人生追求，在城乡二元结构下既是各种制度设置和宣传建构的结果，也是工人主动适应，并在与农民的互动中逐渐强化起来的。

第三编

文艺与礼仪

第十章
城乡流动、戏曲改革与戏曲生态[*]

——豫剧的组织形态与演出形式

"隐操教化权,借作兴亡表"[①],戏曲是民众娱乐的重要形式,也是民众教化的重要工具,因此受到历朝历代统治者的重视。到了近代,也有不少知识分子希望通过改良戏曲,使其发挥通俗教育的作用,所以陈独秀称:"戏园者,实普天下人之大学堂也;优伶者,实普天下人之大教师也。"[②]新中国成立后,政务院在关于戏曲改革工作的指示中也说:"人民戏曲是以民主精神与爱国精神教育广大人民的重要武器。"[③]所以,在戏曲发展过程中,不可能不受到社会环境和政治环境的影响,民国以来越来越激烈的戏曲改革运动对各种戏曲发展的影响尤其显著,根本上改变了戏曲的生存样态。目前学术界有关戏曲史的研究中,戏曲学界的研究多集中在戏曲本身,尤其是剧目的研究上,而文学界和史学界的研究也多集中在文

---

[*] 本章作者:王元周,北京大学历史学系教授。
[①] 阿英辑:《竹天农人诗辑·二十世纪大舞台题词(二首)》,汪笑侬:《汪笑侬戏曲集》,北京:中国戏剧出版社,1957年,第293页。
[②] 三爱(陈独秀):《论戏曲》,《新小说》第1年第2号(原第14号)期,1904年,第1页。
[③] 《政务院关于戏曲改革工作的指示》(1951年5月5日),中华人民共和国文化部办公厅编:《文化工作文件资料汇编(一)》(1949—1959),1982年,第176页。

艺政策，尤其是戏曲改良思想上①，很少从综合的角度来考察近代以来戏曲生态的变化，以及这些变化对戏曲发生的影响。

豫剧，也叫河南梆子、土梆子。主流观点认为，豫剧是同州梆子传入河南后，结合当地其他剧种和民间歌舞而形成的。豫剧在清代前期形成后，长期在乡间唱高台戏，到清代后期才进入开封等城市，而在城市开设戏院作固定演出，要到1920年代后期才比较普遍。所以，豫剧的发展历史也体现了一种表演艺术形式由乡村到城市的发展路径，以及城乡互动在表演艺术发展过程中的重要性。而且，豫剧在发展过程中，不仅受到政府推行的戏曲审查等文艺政策的影响，也有樊粹庭（樊郁）、王镇南等知识分子的积极参与，并在全面抗战时期大规模传播到西北等地，最终成为全国影响最大的剧种之一，具有很高的研究价值。本章拟以豫剧中形成最早的祥符调为中心，结合樊粹庭组织的豫声剧院和狮吼剧团的发展历史，围绕豫剧表演团体和个人在城乡间的流动性，探讨豫剧发展过程中生存样态的变化，以及各种豫剧改革措施对豫剧生态的影响。

一、高台与庙会

一般认为，豫剧中最早出现的祥符调在清代雍正、乾隆年间形成于以开封为中心的地区，即祥符、杞县、陈留、尉氏、中牟、通许、仪封、兰封、封丘、原武等县，也就是艺人们口中所说的"内十处"。② 然后由祥符调发展出豫东调、沙河调和高调。沙河梆子老艺人贾治才祖上几辈都是唱沙河梆子的。据贾治才说，沙河梆子艺人最初都是几个人结合在一起，唱些小段子。班社初成，也只是由十多个人组成，艺人中流传有"一蟒一靠一根笛，小旦戏箱自己的。背着锣鼓去赶集，花花大钱装褡里"的

---

① 倪伟：《"民族"想象和国家统制》，上海：上海教育出版社，2003年；牟泽雄：《民族主义与国家文艺体制的形成》，昆明：云南人民出版社，2013年。
② 冯纪汉：《豫剧源流初探》，郑州：河南人民出版社，1979年，第18页。

顺口溜。① 直到清末，豫剧还有"地摊"和"板凳头"等演出形式。即使是"五凤五地"的大戏班，也仍然主要是在乡间巡回演出，搭台唱戏。"跑高台"是早期豫剧班社最普遍的演出形式。② 即使在城镇演出，也同样属于流动性质，没有固定的戏园。比较早在开封演出的豫剧班社有义成、公义和天兴，合称"老三班"。老三班最初也是在开封城内及四郊庙会唱高台戏。所以，韩德三说："河南梆子是由唱高台戏兴起的。"③

1930年农历八月十六日，陈素真（王若瑜）随母亲和养父陈玉亭到杞县"八区班"搭班演戏。这个八区班是由过去的"捕班"演变而来的。杞县县衙过去领有六班和捕班两个戏班，1930年捕班改名为八区班。④ 陈玉亭、陈素真加入八区班时，该班有30来人，⑤ 除了陈玉亭父女外，还有刘金亭、朱黑、三成、曹子道等名演员，实力很强，也主要是在杞县及附近各县城乡唱高台戏。陈玉亭父女加入后的第一个台口就是距离县城约五十里的南板木乡吴庄，在这里唱了四天高台戏。陈素真在回忆录里描绘说，"当时乡村的戏台搭在野地上，用八个大马脚（用来支撑的木架子）在四边一放，然后放上粗大木杠，在杠子上放木板，在中间再用席一隔。前边是舞台，后边是后台，紧后边用高粱秆或席围了一圈，观众一拥挤，戏台就乱摇晃，也有挤塌的，也有台板断折的，总之是很可怕的"。⑥

过去豫剧班社在乡间唱高台戏，全是四天一换台口，一天三场，四天就是十二场戏。本来豫剧"平时所演之剧，注重全本，每一出，首尾完具，情事井然"，所以每出戏的演出时间较长，"本剧有接演二三日者，有演一日夜者，至少时间亦演半日，不似二黄之仅演一段者"。⑦ 而乡村点

---

① 万世福：《沙河调》，《河南戏曲史志资料辑丛》第5辑，郑州：中国戏曲志河南卷编辑委员会，第45页。
② 冯紫晨：《河南梆子概述》，武汉：湖北人民出版社，1955年，第1页。
③ 韩德三：《戏剧杂记》，《河南戏曲史志资料辑丛》第7辑，郑州：中国戏曲志河南卷编辑委员会，第153页。
④ 李景泰、郜明堂：《杞县豫剧团简史》，《河南戏曲史志资料辑丛》第7辑，206页。
⑤ 《河南文史资料》编辑部编：《情系舞台——陈素真回忆录》（《河南文史资料》第38辑），郑州：中国人民政治协商会议河南省委员会文史资料委员会，1991年，第23页。
⑥ 《河南文史资料》编辑部编：《情系舞台——陈素真回忆录》，第23页。
⑦ 邹少和：《豫剧考略（续前）》，《十日戏剧》第60期，1939年，第10页。

戏,更是不点折子戏,全是点大戏。陈素真在杞县搭班演戏期间就是如此,陈素真还因此学会了不少戏,在第一个台口吴庄就现学现唱了十一出大本戏,只有一出《破洪州》是她早先学的。①

在八区班因陈素真等人的加入火起来之后,杞县老六班也到开封把国民舞台演闺门旦的刘荣心邀来了。刘荣心在开封偷学了李门搭演的豫西调《香囊计》和《阴阳河》,在开封不能上演这两出戏,就应邀到杞县演。刘荣心那时三十多岁,又是多年吸毒之人,体力很差,腔很坏,气又不足,全凭经验凑合着唱,所以压不过陈素真。老六班后来就远走他乡讨生活去了。陈素真还从刘荣心那里学了一出送客戏《三上轿》,并用新腔将其改造成为一出压轴大戏。去乡村演,每个台口都少不了《三上轿》,有的地方在四天中叫她唱两次。陈素真的名声也因此一跃百丈,小主演变成了大主演。②

戏班在乡间跑高台戏,条件非常艰苦。陈素真说,她在杞县演戏的四年全是住在庙宇里,到县城演戏也是住在城隍庙里。同班人都没带家眷,只有她家是全家三口,有时庙里有小房子就让她们三口人住,有的庙内没有小房子,就只能和大伙挤一块,在靠墙角铺个大点的地方,挂个白布大帐子,三口人都睡在帐子里。③ 由于社会不靖,有时还要担惊受怕。1933年初,正是阴历腊月间,八区班正在一个乡间演戏。一天夜里下着大雪,观众走了不少。戏演完后,陈素真迎着风雪走回戏班借住的庙院。没想到刚回到庙里,就闯进来几个拿枪的人,蒙上陈素真的眼睛,又将她带回戏台,点了一出《大祭桩》,让陈素真给他们几个人唱。演完戏回到庙里,已经凌晨三点左右了,冻饿难堪。④

无论在乡间还是城镇,为庙会唱戏都是豫剧戏班的重要业务。过去在城镇和乡村都有许多庙会,"然有会必须有戏,非戏则会不闹,会不闹则

---

① 《河南文史资料》编辑部编:《情系舞台——陈素真回忆录》,第25页。
② 《河南文史资料》编辑部编:《情系舞台——陈素真回忆录》,第37—43页。
③ 《河南文史资料》编辑部编:《情系舞台——陈素真回忆录》,第30页。
④ 《河南文史资料》编辑部编:《情系舞台——陈素真回忆录》,第51—52页。

趋之者寡，而贸易亦因之而少甚矣，戏固不可少也"。① 在开封这样的省会城市，城内及四郊庙会更多，而且会期相距很近，如南土街庙会为阴历正月初四日，火神庙庙会为正月初七日，边村庙会为正月初八日，干河沿庙会为正月十二日，老君堂庙会为二月十四日②，救苦庙庙会为二月十九日③，三官庙庙会为三月初三日，小满会为农历小满节，太山庙庙会为四月十八日，机神庙庙会为五月初五日，城隍庙庙会为五月二十八日，马王庙庙会为六月二十二日，灶爷庙（皂君庙）庙会为八月初三日，鲁班庙庙会为九月初九日，如此等等。④ 差不多每个月都有庙会，也就每个月都有庙会戏。许多庙会会期还不止一天，如边村庙会一般为三天，正月初七为头会，正月初八老仙爷生日这天为正会，正月初九为末会。后来由于庙会兴旺，游人太多，边村庙会又改为五天，只有灾年仍为三天。⑤ 所以从清末到民初，"老三班"等戏班差不多每个月都有机会在开封的各个庙会上演出。

如果庙会会期为三天，每天唱三晌，早上的"早三出"戏，唱三出短小的折子戏。上午唱两三个小时，中午停演。下午两点开戏，唱到五点。唱戏的舞台，比较大的庙宇往往多在庙院内建有戏楼，没有戏楼的则在庙前广场搭台唱戏。有的庙小，就在街中心搭台唱戏。为了不阻碍交通，戏台要离地一两丈高，台下仍可供行人和车辆通行。⑥ 演戏时，有的观众坐在看棚、看台或茶棚观看，而大部分男性观众则是挤在戏台前边看。⑦ 观众一多，交通自然受影响。由于沿街搭棚唱戏往往梗塞交通，入民国后开封警察厅屡有禁令，但收效不大。

---

① 杨世达纂修，乾隆《汤阴县志》卷九《艺文志·会记》，《中国地方志集成·河南府县志辑》25，上海：上海书店，巴蜀书社，江苏古籍出版社，2013年，第556页。
② 一说为二月十五日，参见韩德三：《戏剧杂记》，《河南戏曲史志资料辑丛》第7辑，第154页。
③ 一说为十一月十一日，参见韩德三：《戏剧杂记》，《河南戏曲史志资料辑丛》第7辑，第154页。
④ 邹碧峰：《大梁豫剧及其发展》，《开封文史资料》第1辑，开封：中国人民政治协商回忆河南省开封市委员会文史资料研究委员会，1985年10月，第117—118页；韩德三：《戏剧杂记》，《河南戏曲史志资料辑丛》第7辑，第154页。
⑤ 高峰秀：《忆开封边村庙会》，《开封文史资料》第5辑，开封：中国人民政治协商回忆河南省开封市委员会文史资料研究委员会，1987年4月，第161—162页。
⑥ 邹碧峰：《大梁豫剧及其发展》，《开封文史资料》第1辑，第118页。
⑦ 韩德三：《戏剧杂记》，《河南戏曲史志资料辑丛》第7辑，第154页。

开封城内的高台戏不唱夜戏，乡村的庙会则不唱"早三出"，是把"早三出"调到晚上唱夜戏。韩德三说他儿时在一年的正月十三日随母亲坐轿车到开封城南八里地的干河沿庙会看过夜戏，戏台上前面两边高高挂起两盏老鳖灯，冒着火焰，照得戏台上亮堂堂的。戏台下两旁是各家的双轮马车和四轮太平车，排成两行，自然形成了看台，在车上看戏的大都是妇女，男的都拥在戏台前面看戏。卖各种吃食的摊上也都点着白纸糊的灯笼。夜戏一直唱到大半夜才散戏。① 其实，这种男女分开看戏是有意安排的。过去唱高台戏时，要在场子周围搭上木栏杆，或者像韩德三看到的这样，用太平车围一圈，男人们全在圈里面，女性观众则站在外圈或坐在车上看戏。女性看戏的地方叫"花场"，洁身自好的艺人也从不走近花场。②

在仙爷庙③庙会期间，往往在庙前按"品"字形搭起三座高台，三台戏日夜对唱，热闹异常。④ 这种唱对戏的情况在乡间庙会也常有，对于观众来说是难得的热闹场面，而对戏班来说则是你死我活的竞争，所以艺人中有"对戏如对命"的说法。⑤ 陈素真说，那时在开封也经常演"对戏"。曾经有一次三台对戏，三台戏全是好角，台下的观众拥过来，拥过去，一会儿这边人多，一会儿那边人多，最后名红脸陈玉亭以一出小折子戏《马方困城》取得胜利。⑥

可是，到1920年代后期，庙会戏越来越唱不下去了。1922年冯玉祥第一次督豫时即着手废除庙宇。1927年第二次到河南后，又责令各县县长遣散寺僧，打倒神像，将庙产充公，利用庙宇来办学校或工厂。⑦ 庙里的

---

① 韩德三：《戏剧杂记》，《河南戏曲史资料辑丛》第7辑，第154页。
② 李景泰：《豫剧舞台上的一代英豪——记名豫剧演员刘金亭》，《河南戏曲史资料辑丛》第9辑，郑州：中国戏曲志河南卷编辑委员会，第141页。
③ 边村崇拜的老仙爷为村北的一棵大杨树，本没有庙，入民国以后才在大杨树下修建了一座仙爷庙，参见高峰秀：《忆开封边村庙会》，《开封文史资料》第5辑，第160—161页。
④ 高峰秀：《忆开封边村庙会》，《开封文史资料》第5辑，第161—162页。
⑤ 观春秋：《班俗记实》，《河南戏曲史资料辑丛》第11辑，郑州：中国戏曲志河南卷编辑委员会，第163页。
⑥ 《河南文史资料》编辑部编：《情系舞台——陈素真回忆录》，第18页。
⑦ 段再丕等：《冯玉祥主豫琐记》，中国人民政治协商会议全国委员会文史资料研究委员会《文史资料选编》编辑部编《文史资料选辑》第12辑（总112辑），北京：中国文史出版社，1987年，第108页。

神像被搬掉了，庙会上的敬神戏也就不能唱了，戏班的演出机会因此大为减少，有的戏班只好暂时解散，连老三班也在这时期相继解体。① 王志安曾是义成班的台柱子，专工马上红脸，唱念做打均胜人一筹，人称"红脸王"，又因他出生于封丘县贯台村，人送外号"灌台王"。这时也离开戏班，在开封市城里开了一家粮食寄卖店，以此维持生活。②

二、戏班与戏院

开封作为省城，在河南省内是文化最发达的城市，很早就有了用来经常演唱戏剧的茶园和戏院，但主要演出昆曲、京剧和山陕梆子等，豫剧进入开封戏院演出要稍晚一些。据说大概在1902年，天兴班班主单玉广就在开封草市街玉皇庙（又名蒲圻堂）开办了一个戏园。③ 但这也许只是一时的现象。直到民国初年，天兴班和义成班照样继续唱高台戏，戏院演出时断时续。韩德三说，他年幼时在开封跟随家人赶庙会，看过不少高台戏，演出的戏班不是义成班就是天兴班。1920年以后，天兴班又曾在龙亭的午朝门右边原黄璟花园内搭盖席棚，安设座位，售票演出。④

开封东火神庙过去常有庙会，在东火神庙西院很早就设有一座戏园，以演京剧为主。1921年，这里改为中州茶园，也叫中州戏园，义成班也曾在这里演出。⑤ 此外，文庙街路北谭怀会馆，北羊市路东也先后开设过豫剧戏园。⑥ 邹少和说，辛亥革命后开封及各处始有豫剧戏园之设，但仍是时演时停，营业尚不稳定，到1920年代才渐行发达⑦，大概反映的就是这时期的情况。

---

① 李俊、郭庆昌：《豫剧名红生贯台王》，《河南戏曲史志资料辑丛》第7辑，第222页。
② 李俊、郭庆昌：《豫剧名红生贯台王》，《河南戏曲史志资料辑丛》第7辑，第220—222页。
③ 邹碧峰：《大梁豫剧及其发展》，《开封文史资料》第1辑，第119页。
④ 韩德三：《戏剧杂记》，《河南戏曲史志资料辑丛》第7辑，第154页。
⑤ 《开封演出场所简介》，《河南戏曲史志资料辑丛》第12辑，郑州：中国戏曲志河南卷编辑委员会，第114页。
⑥ 韩德三：《戏剧杂记》，《河南戏曲史志资料辑丛》第7辑，第154页。
⑦ 邹少和：《豫剧考略（续前）》，《十日戏剧》第60期，1939年，第11页。

陈素真是 1926 年中秋节那天开始拜师学艺的，她说那时老三班已经全部进入戏院演戏，高台戏不再有了。① 而张万禄在采访了陈素真、王金玉、田文明等多名豫剧名家之后，得出的结论是，在 1927 年冯玉祥命令各地打庙之后，老三班才相继解体，取消班名，戏院戏班改为一家，从而结束了跑高台的流浪生活。② 那么，老三班不再唱高台戏，应该是 1927 年以后的事情。

在庙会戏衰落之后，相国寺成为开封城内豫剧戏院相对集中的地方。相国寺位于开封城内南部，历史悠久，规模宏大。它不仅是一座佛教寺庙，也是开封城内有名的民众交易和游乐场所，热闹非凡。1927 年 10 月冯玉祥下令驱逐寺僧，没收庙产，将相国寺改造为"中山市场"，但民众仍沿袭旧名，呼为相国寺。③ 在相国寺被改为中山市场之后，内部分为商业区、游览区和娱乐场三部分，有许多艺人在相国寺内卖艺，使这里成为河南全省最大的公共娱乐场所，与北平天桥、南京夫子庙等处齐名，而规模远大于南京夫子庙。有人称："开封相国寺和南京夫子庙、北平天桥同为有历史的民众娱乐场，带有中国民族的纯意味，是下层社会的展览室是从事社会活动的中心地。"④ 根据 1934 年马灵泉的调查，相国寺内的游艺项目有梆子戏（豫剧）、越调戏、大鼓书、坠子书、说评书、唱道情、卖艺（玩武术）、幻术（魔术）、相声、日光电影、拉洋片等多种。⑤

另据 1934 年张履谦等人的调查，当时开封城内共有河南大舞台、明星大戏院、醒豫舞台、春华戏院、易俗社、华光戏院、永安舞台、国民舞台、永乐舞台和同乐戏园等 10 家戏院，但河南大舞台与华光戏院常常停演，明星大戏院和春华戏院又是新开的。⑥ 所以，在此之前经常演戏的只有醒豫舞台、易俗社、华光戏院、永安舞台、国民舞台、永乐舞台和同乐戏园等 7 家，而其中同乐戏园、永安舞台、永乐舞台、国民舞台都在

---

① 《河南文史资料》编辑部编：《情系舞台——陈素真回忆录》，第 5 页。
② 高春喜、张万禄编选：《艺人谈艺》，《河南戏曲史志资料辑丛》第 12 辑，第 140—141 页。
③ 马灵泉：《相国寺》，开封教育实验区出版部，1935 年，第 49 页。
④ 卜：《中州相国寺》，《市政评论》第 3 卷第 19 期，1935 年 10 月 1 日，第 16 页。
⑤ 马灵泉：《相国寺》，第 141 页。
⑥ 张履谦：相国寺特种调查之二《民众娱乐调查》，开封教育实验区出版部，1936 年，第 8 页。

相国寺内，河南大舞台也在相国寺西南隅原栗大王庙遗址处，可见相国寺为戏院集中之区。

永安舞台位于相国寺西便门外火神庙，设立时间较早，也许在相国寺被改造为中山市场之前就已经有了。邹碧峰说，20世纪初，义成班即在相国寺西边火神庙里开设戏园，作不定期的演出。①马灵泉说火神庙后院过去为大鼓书场，后改为永安舞台②，但没有提到改造为永安舞台的具体时间。也有人明确说永安舞台设立于1925年前后。③1934年2月24日《河南民报》有一篇报道说，在高台戏衰落之后，"惟老义成班在相国寺内西边院，组织梆戏院，卖票入座，一如京剧院，为开封开办梆戏院之始，距今殆已七八年矣"。④据此推测，则永安舞台当设立于1926年至1927年间。

陈素真在其回忆录中将位于火神庙的永安舞台误作永乐舞台，并说永安舞台在1925年之后就逐渐败落了，陈玉亭因此从永安舞台转到了永乐舞台。⑤而1935年6月《新天津》刊登的一篇专门介绍开封豫剧戏院的文章又说永安舞台角色齐全，颇受一般下级社会之欢迎，营业之盛，在开封各豫剧戏院中占第一位。⑥1934年马灵泉到相国寺作调查时，永安舞台正在施工，尚未落成。⑦由此可见，永安舞台也许经过了多次改建和兴衰变化。

相国寺在被改造为中山市场后，原来的藏经楼成了中山市场管理处的办公室。管理处西隔壁，过去为僧院，正北有佛殿五间，即西大殿，供观音菩萨，1927年观音像被移除，永乐舞台就建在这里，几间大殿被戏班利用为后台。国民舞台在永安舞台附近，位于放生堂遗址上。国民舞台东侧

---

① 邹碧峰：《大梁豫剧及其发展》，《开封文史资料》第1辑，第119页。原文写作"文成班"，应为"义成班"之误。
② 马灵泉：《相国寺》，第65页；徐伯勇：《改造相国寺》，李元俊主编：《冯玉祥在开封》，开封：河南大学出版社，1994年，第39页。
③ 大寒：《三十年代相国寺的戏院》，《河南戏曲史志资料辑丛》第1辑，第129页。
④ 《永安舞台梆戏之调查》，《河南民报》1934年2月24日，第7版。
⑤ 《河南文史资料》编辑部编：《情系舞台——陈素真回忆录》，第11页。
⑥ 子龙：《开封梆子戏院》，《新天津》1935年6月29日，第14版。
⑦ 马灵泉：《相国寺》，第65页。

是原相国寺方丈所住的院子,而这时成为保安警察队的驻地,再往东就是永乐舞台。①

国民舞台设于 1928 年②,永乐舞台可能稍晚一点,设于 1920 年代末。③ 可是,陈素真说她 1926 年农历八月十五日中秋节开始学戏时,陈玉亭已经转到永乐舞台演戏了。④ 又说到 1934 年冬樊粹庭接办永乐舞台,经理单耀卿已经营永乐舞台大约十年了。⑤ 由此推算,永乐舞台应该设于 1924 年前后。不过,陈素真又说永乐舞台⑥那时位于火神庙西南的一座大殿前⑦,也许永乐舞台最初设于此,到相国寺被改造为中山市场后,又迁到西大殿遗址。

原相国寺藏经楼后的放生池(养鱼池),1927 年改造相国寺时被填平,正北建中山舞台,台东西长九丈,南北宽四丈五尺,后来又先后被改为菜市场、造胰工场、卖艺场,最后才被改造为同乐戏园。⑧ 同乐戏园,也称同乐舞台,大概设于 1933 年。⑨

相国寺内四家戏院,永安舞台、国民舞台和永乐舞台皆以演豫剧为主,只有同乐戏园比较特殊。同乐戏园一开始主要演京剧,后来又改唱越调。⑩ 再往后有时演京剧,有时演豫剧。1935 年 6 月,豫剧演员筱火鞭、司凤英、赵顺公等曾在此演出。同年 11 月间,又有周海水、孙兰芳等在此演出。⑪ 当然,以演豫剧为主的永安、永乐和国民三家戏院,偶尔也有别的剧种的艺人在此活动。1933 年鸿连盛京剧科班和文素心、文素贞、韩志樵、葛云霞等京剧演员曾一度加入永乐舞台,与豫剧艺人同台演唱。1938 年初,开封的话剧团体——中原救亡剧团也曾在永安舞台演出话剧

---

① 马灵泉:《相国寺》,第 66—67 页。
② 子龙:《开封梆子戏院》,《新天津》1935 年 6 月 29 日,第 14 版。
③ 大寒:《三十年代相国寺的戏院》,《河南戏曲史志资料辑丛》第 1 辑,第 129 页。
④ 《河南文史资料》编辑部编:《情系舞台——陈素真回忆录》,第 4—6 页。
⑤ 《河南文史资料》编辑部编:《情系舞台——陈素真回忆录》,第 71 页。
⑥ 陈素真说是同乐舞台,有误。
⑦ 《河南文史资料》编辑部编:《情系舞台——陈素真回忆录》,第 5 页。
⑧ 马灵泉:《相国寺》,第 65 页。
⑨ 《开封演出场所简介》,《河南戏曲史志资料辑丛》第 12 辑,第 122 页。
⑩ 马灵泉:《相国寺》,第 65 页。
⑪ 大寒:《三十年代相国寺的戏院》,《河南戏曲史志资料辑丛》第 1 辑,第 130 页。

《电线杆子》《张家店》等。① 开封城内其他戏院,也有改演豫剧的。1936年常香玉所在的豫西调戏班到了开封,就在位于吹古台的醒豫舞台演出。到 1937 年这个戏班也很红,常香玉等人还成立了中州戏曲研究社。1937年 12 月,樊粹庭率狮吼剧团返回开封,先在位于行宫角的大陆电影院演夜戏,后来转到华光戏院演出。② 总之,到 1930 年代,豫剧在开封城内戏院的固定演出进入兴盛期,一般民众只知有戏院,义成、天兴这样的戏班名称就渐渐湮没无闻了。③

对于豫剧观众来说,在戏院看戏,与看高台戏不同,需要个人支付购买戏票的价钱,但是也能更方便的欣赏豫剧表演。戏票一般分为坐票和站票两种。根据 1934 年马灵泉的调查,坐票一般无论男女都是 800 文,也有戏院规定男性票价为 800 文,女性票价为 700 文,略有差别。不过,这 800 文只是剧资,除此之外,池座观众还要附带支付茶资 400 文,或小费若干,这是男女茶役的收入来源。④ 此外,戏院还贩卖糖果、瓜子和香烟等,并为池座观众提供手巾把。这些做法在全国大多数地方的戏院都存在,相国寺内永安、国民和永乐等演豫剧的戏院,大概也是从别的戏院学来的。茶役、手巾把和小贩等后来在开封也成为观众憎恶的戏院恶习,甚至影响到戏院营业的发达。⑤

站票,因给购票者的是一根竹签,所以也称站签,要比坐票便宜得多,当坐票每张 800 文时,站签每签只要 200 文,而且不需要支付茶资或小费。所以,池座观众以工商业界人士为主,各机关公务人员及学界人士,在星期六夜间或星期日来听戏的也颇不少,站签观众则以小贩及劳动者居多。⑥ 虽然不少是普通劳动者,他们对豫剧的爱好和理解也是相当深的。张履谦等人在相国寺做调查时就常有这样的感慨:"到每一个戏院中观剧时,令我们最不能忘记的便是那些站签的大众,他们静如止水一般地

---

① 大寒:《三十年代相国寺的戏院》,《河南戏曲史志资料辑丛》第 1 辑,第 129 页。
② 《河南文史资料》编辑部编:《情系舞台——陈素真回忆录》,第 112—115 页。
③ 张履谦:《民众娱乐调查》,第 17 页。
④ 马灵泉:《相国寺》,第 143 页。
⑤ 豫英:《开封戏院待改之恶习》,《戏世界》1935 年 10 月 18 日,第 1 版。
⑥ 马灵泉:《相国寺》,第 144 页。

注视着台上的演员的表情和唱词，很少有喧闹的声音，这很可以看见民众对于娱乐的需要与爱好了。"①

豫剧戏班进入戏院演戏，培养了更专业、更稳定的观众群体，而观众欣赏水平的提高也反过来促进豫剧演员要不断提高自己的表演水平。如果表演艺术水平不够，就很难在城市戏院生存下去。1930 年春末夏初，陈素真第一次在永乐舞台上演正戏《反长安》，结果被观众轰下了台，养父陈玉亭觉得她在开封是没饭了，只得带她到杞县去搭班，跑高台。② 到了杞县感觉乡村观众要厚道得多，不仅不会叫倒好，连哄笑之声也没有，给了她莫大的安慰。而且那时乡村观众还没有见过坤角唱戏，感到稀罕新奇，所以每场戏都要陈素真出场。③ 由此可见，城乡观众欣赏豫剧的角度和趣味也有所不同。

那时在戏院演戏，不仅每天开演，而且还有日常和夜场。日场于上午 10 时半开演，夜场于晚上 6 时半开演。这与跑高台时每天三场戏，每四天换一个台口的情况完全不同。如果一个演员会唱的戏太少，几天就要重复一次。而过去开封的戏院唱戏，不兴几天一重复，讲究的是能唱一个月甚至四十天不重戏，若是十天半个月一重复，这个角就不值钱了，所以好的豫剧演员大多都会很多戏。④ 这也意味着对戏班提出了更高的要求。戏班和戏院是一个利益共同体，逐渐融为一体，所以观众逐渐只知有戏院，而不再关心在戏院演出的戏班的名字。

尽管 1930 年代相国寺内各戏院还相当简陋，观众区一般只是用席子搭起来的棚子，座位也是用木杠子撑起来的木板⑤，而内部组织及营业方面却颇有条理。过去戏班唱高台戏，没有前后台之分，由掌班艺人掌管人事、财务和行政大权，有的在掌班之上还有管主，而管主多是挂名的财主、士绅或班头等有权有势者。戏院内部一般均要分为前台和后台两部分，前后台各有"老板"一人负责管理。前台老板负责管理茶役、售票、

---

① 张履谦:《民众娱乐调查》，第 9 页。
② 《河南文史资料》编辑部编:《情系舞台——陈素真回忆录》，第 21 页。
③ 《河南文史资料》编辑部编:《情系舞台——陈素真回忆录》，第 25—26 页。
④ 《河南文史资料》编辑部编:《情系舞台——陈素真回忆录》，第 67 页。
⑤ 《河南文史资料》编辑部编:《情系舞台——陈素真回忆录》，第 73 页。

印戏报及对外联络,下面设有账房、男女茶役,以及负责把门、烧火者多人;后台老板负责聘请演员,编排戏目,以及表演时的检场、饮场等事宜。即使前后台统一归经理领导,下面也要分别设立前台主任和后台主任各一人。① 每日演戏的收入,也在前后台之间按成分配,一般前台得十分之二,后台得十分之八。②

  豫剧在开封城内也很受普通民众的欢迎,所以相国寺内的几家演豫剧的戏院,观众数量还比较多。1934年张履谦等人在相国寺做民众娱乐调查时发现,当相国寺外面的几个戏院在雪夜停演或卖不上座的时候,相国寺内几个戏院总是有人的,永安舞台更常是满座的,去的时间如果稍迟,还没有位置。相国寺内几个戏院的观众数量,常比市区内其他几家戏院观众数量的总和还要多上一倍。③ 马灵泉说,这时期相国寺内各豫剧戏院每日平均上座约500人左右,每日营业收入,最多者达50元,最少者20元左右。④

  不过,几家豫剧戏院,还有演京剧、越调等其他剧种的戏院皆分布在城内,尤其是聚集在相国寺及其附近地区,与过去在庙会上唱对戏也有相似之处,所以相互之间的竞争也是非常激烈的。各戏院要想生意发达,不仅需要有好的戏班,有名角,不断演出好的剧目,还要有好的戏院经理。1934年张履谦等人到相国寺进行民众娱乐调查时,相国寺内各戏院的营业以永安和永乐为好,同乐和国民稍差。⑤ 国民舞台经理姓金,与永安的吴经理相比,头脑稍旧,营业方面不知改进,收入也不如永安。⑥ 至于永乐舞台,其经理姓单,名叫单耀卿,字玉和,是回民,爱好武术,在青帮,徒弟很多⑦,在开封梨园业中资格颇老,经营永乐舞台也颇得法,但一度因角色不全,识货者每多裹足不前,收入也不如永安。⑧ 不过这也许

---

① 马灵泉:《相国寺》,第142—143页。
② 马灵泉:《相国寺》,第143页。
③ 张履谦:《民众娱乐调查》,第8—9页。
④ 马灵泉:《相国寺》,第143—144页。
⑤ 张履谦:《民众娱乐调查》,第9页。
⑥ 子龙:《开封梆子戏院》,《新天津》1935年6月29日,第14版。
⑦ 《河南文史资料》编辑部编:《情系舞台——陈素真回忆录》,第6页。
⑧ 子龙:《开封梆子戏院》,《新天津》1935年6月29日,第14版。

只是1934年农历八月十六日陈玉亭、陈素真和陈素花父女回到永乐舞台之前的情况。为了能在竞争中取胜，1933年永乐请来了唱青衣的当红演员金玉美，可是国民舞台也请来了李门搭。不久，永安舞台又邀来了王润枝和马双枝，给金玉美和李门搭都压下去了，所以永乐和国民的营业大受影响，永乐的上座率一度下降到只有三四成。于是，国民舞台又去郑州请来了杨金枝。杨金枝回开封后，改名司凤英，很快在国民舞台也唱红了，压过了王润枝。永乐舞台经理单耀卿也三顾茅庐，从杞县请回陈素真，把司凤英又压下去了。不仅之后司凤英离开开封去了外县，永乐舞台原来的主演金玉美等人也离开了永乐舞台。① 永安舞台自杨金玉邀来鹿邑县宋玉成所领的一个戏班之后，人数太多，颇感不便，到1935年6月10日，杨金玉便率领马双枝、彭海豹，以及全班人员到中牟县城大戏院去演出了。②

这些事例表明，戏班和艺人经常在开封和外县之间流动，开封和外县不同的演出市场，为艺人的成长提供了更多的可能。陈素真在杞县唱红之后，也鼓励许多在开封城内唱戏的艺人离开开封，到外县搭班演戏。在开封相国寺国民舞台演武生的杨吉祥，为了给徒弟们提供更多上台演出的机会，也于1933年夏天带领他的三个徒弟史彩云、小改和杨金枝（司凤英）到杞县八区班搭班，不久又离开杞县八区班去了别处。③ 那时各地戏班都很讲江湖义气，艺人不管到哪个戏班搭班，都会受到热情接待，安排你上台演戏。即使不需要，也管饭，送路费。

之所以那时戏班都很讲江湖义气，是因为艺人的流动性对戏班也是有利的。为了便于艺人的流动，以及戏班在短时期内的相对稳定，过去豫剧戏班将一年演出期间分为两季或三季。如果分为两季，则阴历四月初九日至腊月初八日为一季，腊月初九日到次年四月初八日为一季。④ 大多数情况是分为三季，即腊月初九至次年四月初八日为一季，四月初九日到八月

---

① 《河南文史资料》编辑部编：《情系舞台——陈素真回忆录》，第67~68页。
② 豫英：《开封广智邀程砚秋 杨金玉率班出演中牟县》，《戏世界》1935年6月11日，第2版。
③ 《河南文史资料》编辑部编：《情系舞台——陈素真回忆录》，第63~64页。
④ 徐德荣笔录，霍进善整理校定：《淮阳旧时班规习俗》，《河南戏曲史志资料辑丛》第11辑，第136页。

十五日为一季，八月十六日至腊月初八日为一季。① 不到季头，演员不许走，班主也不能赶。倘若演员不到季头就擅自离开，或者被别的班社挖走，称为"打瓜"，大家会觉得此人不江湖，看不起。② 有的戏班还会有严厉的惩罚措施，如果打瓜者被捉了回来，轻者打骂一顿，重者割只耳朵。③ 但在一季结束之后，艺人可以自由跳班，只要提前向掌班的打个招呼即可。掌班也可以在季尾随意解雇艺人。比较民主一点的戏班，也只是由掌班摆酒席，请几位技术高、有威望的老艺人集体商议一下也就定了，说让谁走都是合理合法的，艺人不得有二话。所以，艺人中间流传着"娶妻一辈，搭班一季"的说法。④

这些规矩在戏班进入城市戏院演戏后也依然遵守。如 1930 年陈素真在永乐舞台被观众轰下台是在这年的春夏之交，虽然母亲和养父陈玉亭打算带她到外县搭班，但因一季尚未结束，也要挨到农历八月十五日中秋节，一季结束之后才能离开。四年后离开杞县八区班，也是在一季结束之后，农历八月十六日才离开杞县回到开封的。⑤ 因为陈素真的离开，八区班失去了台柱，加上局势变化无人资助，演员日益减少，逐渐走向衰落。⑥

陈玉亭和陈素真、陈素花父女三人在永乐舞台演出，也完全属于帮忙的性质，因为永乐舞台的两位老板与他们是极好的朋友。⑦ 陈素真在回忆录里也说经理单耀卿为人很好。⑧ 因系朋友帮忙性质，所以陈玉亭父女不好提薪金，每月收入不一定，大概数十元。⑨ 马双枝那时是永安舞台的台柱，她和丈夫杨金玉两人的收入，每月约 130 元，另外还有杨老板的两个

---

① 《河南文史资料》编辑部编：《情系舞台——陈素真回忆录》，第 22 页。
② 徐德荣笔录，霍进善整理校定：《淮阳旧时班规习俗》，《河南戏曲史志资料辑丛》第 11 辑，第 136 页。
③ 《河南文史资料》编辑部编：《情系舞台——陈素真回忆录》，第 22 页。
④ 徐德荣笔录，霍进善整理校定：《淮阳旧时班规习俗》，《河南戏曲史志资料辑丛》第 11 辑，第 136 页。
⑤ 《河南文史资料》编辑部编：《情系舞台——陈素真回忆录》，第 21—22、65 页。
⑥ 李景泰、邰明堂：《杞县豫剧团简史》，《河南戏曲史志资料辑丛》第 7 辑，第 206 页。
⑦ 张履谦：《民众娱乐调查》，第 59 页。
⑧ 《河南文史资料》编辑部编：《情系舞台——陈素真回忆录》，第 6 页。
⑨ 张履谦：《民众娱乐调查》，第 59 页。

徒弟，每月也能分配给七八十元，合计他俩的收入，每月约在 200 元之谱。① 不过，不管是陈玉亭父女还是杨金玉夫妇，生活都很俭朴。陈玉亭的老家在开封东乡距城八里地方的南北店，他的父亲在乡间靠耕种田地维持自己的生活，陈玉亭夫妇带着三个女儿住在城里，靠演出收入过活，不曾兼另外的职业。杨金玉夫妇住在麦奶奶胡同 12 号，除了自己的一双儿女外，还有亲戚、朋友、干妈妈，一家十七八口挤满一家。吃饭时大家团聚在一起，吃的是大笼的馍馍，大锅的面汤，大碗的素菜，三五成席，就地而食，每月所费不过四五元左右。杨金玉不大愿穿好衣服，大衫、长袍，倒也雅素。马双枝向来有点爱赶时髦，常穿淡淡的花旗袍，也不过是花洋布一类的布料，清雅素淡，显出一种淡逸的风韵。陈素真也是稍微喜欢穿的，喜欢穿时式的摩登旗袍，然而质料并不是什么绸缎，只是粗布，在冬天她还爱穿上一个毛线的外套。②

张履谦等人还观察到，陈玉亭家庭和睦，陈素真三姐妹也天真烂漫，他们都是一些清如水的人。陈玉亭认为唱戏也是一种自食其力的高尚职业。他喜欢演戏，但不愿意学京剧，觉得京剧有些地方太呆板了，所以就学唱豫剧，觉得"梆子戏虽然不免有些俗气，但俗却有俗的风格，俗的趣味"。他能靠唱戏维持一家人无忧无虑的生活，也是一件让他感到欣慰的事情，并不为唱戏在社会上被视为下贱的事情而有丝毫的苦恼。③

三、豫声剧院与狮吼剧团

尽管豫剧受到一般民众们的喜爱，但在很长一段时期内没有受到士大夫们的青睐。张履谦指出，直到 1930 年代，社会上层人士中喜欢豫剧者仍不多，开封城内也只有相国寺内才有专演豫剧的戏院，除此之外豫剧只

---

① 张履谦：《民众娱乐调查》，第 56 页。
② 张履谦：《民众娱乐调查》，第 56—59 页。
③ 张履谦：《民众娱乐调查》，第 57—59 页。

能在小城市和农村中流行。① 有身份、有学问的人多不愿去相国寺这种地方看戏,他们认为民众娱乐是低级的、卑下的,只合于民众的脾胃,去这些民众娱乐场所是自贬身价。②

闲居开封的士绅祝竹言和邹少和都喜欢看戏,对戏剧也颇有研究,他们不排斥豫剧,邹少和更"尝谓昆黄如珠玉锦绣,梆剧如布帛菽粟,清庙明堂之什,劳人思归之篇,宜并收不宜歧视也"。③ 但是,邹少和有一段时间也不能接受坤角,从来不看坤角的戏,后来在祝竹言的劝说下才去看了一次陈素真的演出,从此不再讨厌坤角。④

至于著名豫剧改革家樊粹庭,作为新知识分子,最初喜欢的是话剧,后来也学京剧。1919 年春,樊粹庭考入开封留学欧美预备学校。在学期间,他把主要精力都放在了戏剧爱好上,演话剧,学京剧,被同学呼为"戏子"。⑤ 直到后来因在河南省教育厅社会教育推广部任主任,该部有管理戏曲、电影和体育之责,才丢开京剧,关注河南地方戏,结识了豫剧艺人张子林、聂良卿、刘小鑫、筱火鞭等人,还找来三个小孩到省教育厅来教他们学豫剧。⑥

其实,自清末以来,尤其是入民国以后,不断有文人提倡改良豫剧,政府也常为此而努力。在北洋政府时期,河南省即着手审查各种剧目,凡被认为属于淫剧者,则随时勒令停演或加以取缔。甚至各戏院在演出时,如果演员的唱词和道白与剧本不合,也要强行予以纠正。到了南京国民政府时期,河南省教育厅依然认为省内各地所演戏剧多涉荒谬,急需改良。为此,1928 年省教育厅制定了改良戏曲暂行章程,并成立了戏曲审查会,同时要求各县也成立戏剧训练班和戏曲改良委员会。如太康县即应省教育厅的要求,于 1928 年 12 月成立了戏曲改良委员会,有委员 12 人。

---

① 张履谦:《民众娱乐调查》,第 10 页。
② 张履谦:《民众娱乐调查》,第 365—366 页。
③ 邹少和:《豫剧考略(一)》,《十日戏剧》第 54 期,1939 年 8 月 15 日,第 3 页。
④ 《河南文史资料》编辑部编:《情系舞台——陈素真回忆录》,第 99 页。
⑤ 《樊粹庭自传》,《河南文史资料》编辑部编:《河南文史资料》1992 年第 2 辑(总第 42 辑),郑州:中国人民政治协商回忆河南省委员会文史资料委员会,1992 年 2 月,第 156 页。
⑥ 《樊粹庭自传》,《河南文史资料》1992 年第 2 辑(总第 42 辑),第 158 页。

1930年"中原大战"后，河南省教育厅又重新设立了戏曲编审委员会，专门负责审查、修改剧本和鼓词等。随后通令各县调查本县流行的戏剧、平话、道情，以及渔唱、樵歌、妇吟、童谣等作品，送交省教育厅审查。第一批收到戏曲小调300余种，歌谣60余册，经过戏曲编审委员会审查、修改后，编成《河南省民间戏曲》，分发民间，以资推广。1933年10月，河南省教育厅重新组织了戏曲编审委员会，11月4日召开了成立大会，聘请周子樾、祝竹言、崔淑清、刘宪侨、王钧甫、牛翔九、李心梅等为委员。① 各县也成立了类似组织，配备5至8名职员，负责调查、搜集、审查和整理旧剧本，并编辑、推广新剧本。因这一事务归省教育厅社会教育推广部管，所以这对樊粹庭决定致力于豫剧改良，创办豫声剧院自然会有一定的推动作用。

1934年冬，樊粹庭向开封教育界和商界人士募集一万元现洋，从永乐舞台经理单耀卿手中接收了永乐舞台。② 双方是1935年1月12日，即农历腊月初八日正式交接的，经过改造，2月4日，即农历正月初一日重新开始演出，改名为"豫声剧院"。

在停演的20多天里，樊粹庭对原来的戏院建筑进行了改造，不仅使外观焕然一新，内部结构和设施也有所变化。座位由木板换成了长连椅，地上不仅墁了砖，而且前低后高，方便后排观众看戏。原来永乐舞台是将场内西边一片用大席从南到北隔起来，专坐女性观众，而樊粹庭则打破旧例，把东西两边全部改成站签观众站立的区域。舞台布置也仿照话剧和京剧，作了很大调整，除了还没有舞台前边和中间两道幕布外，一切都同现在的舞台一样了。用作后台的大殿也经过粉刷，内部分出化装处和练功场。演戏的服装也换成了租来的七八成新的京剧服装。③ 经过此番改造，豫声剧院设备完善，为开封市内"梆剧院之翘楚"。④

更重要的是，樊粹庭在接管永乐舞台后，也改变了原来的戏院管理制

---

① 闻见录:《民国时期河南的戏曲审定（改良）组织机构及其有关"章程"》,《河南戏曲史志资料辑丛》第11辑，第118—121页。
② 常警惕回忆，爱众著:《我与樊粹庭》，北京：中国戏剧出版社，2004年，第29页。
③ 《河南文史资料》编辑部编:《情系舞台——陈素真回忆录》，第72—74页。
④ 《开封演出场所简介》,《河南戏曲史志资料辑丛》第12辑，第123页。

度。樊粹庭聘请曾经担任过某县教育局局长的杨子祥任经理，还有省教育厅职员张警钟和勤务员栾蕴玉在豫声剧院兼职，栾蕴玉为总务，协助杨子祥处理日常事务。对于戏班，樊粹庭废除了庄王爷信仰，不许艺人们再敬庄王爷，也不许说戏班里的行话。① 为了培养艺人们的团体意识，特意在停演期间，从位于相国寺内财神庙的一所学校借了一间教室，聘请教师对艺人们进行培训。鉴于艺人们文化程度较低，重点给他们讲与忠孝仁义、礼义廉耻有关的内容。② 到 1936 年 8 月，豫声剧院因有人蓄意闹事，与茶役发生冲突，被迫停演了一段时间。在这期间，豫声剧院也将全体演员分为两班，委托省立民众学校对演员们进行培训，学习内容改为文化课，有常识和算术二科，每天上午学习 2 小时。③

此外，樊粹庭还重新制定了后台和前台管理制度。在后台，要求所有艺人服装整洁，注意个人卫生，禁止艺人吸毒，化装后也不许吸烟。对于演出更是要求严格，不许误场、笑场、闹场、懈场，甚至也不许饮场。下场时，不进入后台，也不许放松了架子和台步。前场跪拜，不许用垫子，以免像过去那样垫子扔来扔去破坏了场上气氛。④ 杨子祥、张警钟和栾蕴玉平时就住在豫声剧院，后台设有他们的监督席，池座中第四排靠东的人行道中还设有他们坐的"挑刺"席，演戏时樊粹庭、杨子祥和张警钟三人轮流看戏挑刺，轮流坐后台监督。⑤

对于违犯规定者，樊粹庭也制定了严厉的惩罚措施。对于违犯规定的艺人，初次警告，再次训斥，三次罚站，四次罚跪，五次挨打。陈素真回忆说，在豫声剧院创办之初，几乎是天天都有受罚的。⑥ 1936 年 1 月 23 日除夕之夜，豫声剧院上演反串戏《燕王扫北》，孙志高是演花脸的，反串扮演小旦陈妙棠，樊粹庭可能认为孙志高把小旦演的太过于庸俗了，就打了孙志高几棍，反串小生的谢玉昆也挨了几下，孙志高因此一气之下离开

---

① 《河南文史资料》编辑部编：《情系舞台——陈素真回忆录》，第 76—77 页。
② 《河南文史资料》编辑部编：《情系舞台——陈素真回忆录》，第 71 页。
③ 《豫声改革茶役，训练全体演员》，《河南民报》1936 年 8 月 20 日，第 6 版。
④ 《河南文史资料》编辑部编：《情系舞台——陈素真回忆录》，第 74 页。
⑤ 《河南文史资料》编辑部编：《情系舞台——陈素真回忆录》，第 77 页。
⑥ 《河南文史资料》编辑部编：《情系舞台——陈素真回忆录》，第 75 页。

了豫声剧院。① 可见，樊粹庭虽然追求革新，但是在惩罚艺人的方式上却仍是很传统的。过去领戏班并不是一件很容易的事情，民间有"要生气，领戏班"，"能带十万大兵，不能带戏子一班"等说法。② 当初樊粹庭要接管永乐舞台时，陈素真的母亲和四姨（她母亲结拜的四姐姚太太）都劝他千万别领戏班，说领戏班不是读书人能干得了的。樊粹庭大概对此也有心理准备，所以他始终认为管理戏班要严格，不能七嘴八舌随随便便，因为艺人们在长期跑江湖过程中都沾染了许多散漫作风、江湖习俗。③ 樊粹庭作为一名读书人，虽然一脚已经踏入了艺人们的江湖，但是他对这种江湖不仅存在隔膜，也是反感的。

陈素真回忆说，樊粹庭是陈素真决定同他合作，双方签订了合同之后才彻底决定接办永乐舞台的。④ 我们不知道这个合同的内容，大概是要打破过去戏班里四个月一季，季头季尾可以自由换班的惯例，以稳住陈素真这个主演。豫声剧院开业后，能够取得成功，在很大程度上就归功于有陈素真这个主演，以及樊粹庭为陈素真接连编写了几本新剧目。不过，签订这种人事合同，也许只限于陈素真这样的主演，至于豫声剧院的一般演员，仍有很大的流动性。在豫声剧院的营业逐渐发达以后，樊粹庭要大干一场，嫌原戏班人少，又增聘了一些艺人。从国民舞台邀来演老生的张子林，还有慕名而来的田子林和他的女儿田岫玲等人。总务栾蕴玉还从山东搬来一班山东梆子，有30来人，但不久之后这班人中多数又被打发走了，只留下了玫瑰花、王学义、赵义庭、陈玉虎、袁玉文、刘岱云、孙志高等人，不久玫瑰花也走了。⑤

可是，豫声剧院的好景不长。1936年7月⑥上海百代公司要为陈素真灌制唱片。那时唱片一面是三分钟，两面六分钟，不能多，也不能少，需

---

① 《河南文史资料》编辑部编：《情系舞台——陈素真回忆录》，第95页。
② 《河南文史资料》编辑部编：《情系舞台——陈素真回忆录》，第70页。
③ 常警惕回忆，爱众著：《樊粹庭与我》，第261页。
④ 《河南文史资料》编辑部编：《情系舞台——陈素真回忆录》，第70—71页。
⑤ 《河南文史资料》编辑部编：《情系舞台——陈素真回忆录》，第81—82页。
⑥ 陈素真回忆说为1936年春（《河南文史资料》编辑部编：《情系舞台——陈素真回忆录》，第88页），而根据《河南民报》的报道，应为1936年7月，参见《狗妞梆戏将灌留声片》，《河南民报》1936年7月13日，第7版。

要陈素真在录制之前和乐队练准确了。可陈素真每天还有日夜两场戏,日场戏演完还要再练一两个小时的唱,樊粹庭怕她把嗓子累哑了,影响演戏,就叫她不用唱戏时用的假嗓,而用说话的本嗓练习那每段 3 分钟的唱,结果不到十天,就把陈素真在杞县练就的好嗓子断送得干干净净。① 在陈素真的嗓子练坏了之后,豫声剧院营业下降,于是四处邀角。先是从郑州把司凤英接了来,头三天打炮戏还好,也是座无虚席,三天后就一天不如一天了。司凤英一看上座的情况不好,就要走,樊粹庭、杨子祥等人也没有以订期来限制她,所以司凤英演了不足十天就走了。司凤英走后,又从山东邀来顾秀荣,第一场打炮戏就出了岔子,让她离开了。接着又从外县约来陈素真的师姐孙秀真。孙秀真回开封后改名孙兰芳,海报上还冠以"盖河南"三字,于是观众争先恐后地来看戏,但第二天就只剩半堂人了。孙兰芳不行,又把玫瑰花请了回来,也只卖了一次满堂。又从山东约来一个男旦,外号"老少迷",各方面条件都很好,可惜腔不行。总之,在陈素真的嗓子坏了之后,豫声剧院一直未能找到可以代替陈素真挑起大梁的主演。② 这期间主演变动频繁,有的是演员自己主动要走的,有的是豫声剧院打发走了,双方都没有严格遵守过去季头季尾才能跳班的惯例。至于其他演员,这期间也有走的,但大部分演员留了下来,尤其是来自河南本省的张子林、刘朝福、聂良卿、田子玉、朱庆喜,来自山东的黄如秀、赵义庭、陈玉虎、王学义、刘岱云等主要演员都没有走。③

在这期间,樊粹庭个人也经历了许多变故。首先是省教育厅要撤销社会教育推广部,准备调樊粹庭到省教育厅第三科当一个试用科员,他对这个新工作不满意,就辞掉工作,专心搞戏。可是,樊粹庭的父亲坚决反对他搞戏,他妻子也终日同他打闹,闹到机关,被外人传为笑柄,朋友多不上门④,使他面临很大的家庭和社会压力。1936 年 12 月 27 日,樊粹庭离家出走,先在赵义庭家躲藏了一段时间,然后到各地旅行和考察戏剧。

---

① 《河南文史资料》编辑部编:《情系舞台——陈素真回忆录》,第 90 页。
② 《河南文史资料》编辑部编:《情系舞台——陈素真回忆录》,第 92—95 页。
③ 《河南文史资料》编辑部编:《情系舞台——陈素真回忆录》,第 95 页。
④ 《樊粹庭自传》,《河南文史资料》1992 年第 2 辑(总第 42 辑),第 159 页。

1937年2月到西安看秦腔，到民教馆拜访了刘尚达，刘尚达又介绍樊粹庭认识了封至模，易俗社还特意为他演了几个小折子戏。3月到汉口，观摩汉剧和楚剧。同月到南京，观摩厉慧良的父亲厉彦芝所领厉家童伶班的京剧，又到上海观看各种小戏和京剧，同时也看了一次川剧，又到杭州看了越剧，再转到济南看了鲜樱桃（邓洪山）的五音戏班的演出。5月4日到了北平，住在正阳旅馆内，每日观看两场京剧表演。①

豫声剧院勉强维持到1937年5月17日，不得不宣布结束。剧院转给了开封商务会副会长李秀峰。②因樊粹庭还要继续搞戏，所以一方面让陈素真到北平学习京剧，一方面让栾蕴玉带领戏班到商丘去演戏，因为商丘的专员是樊粹庭的好朋友。③5月24日，陈素真在其母亲陪同下来到北平，孙剑泉邀请他们住进自己家里。首先由孙剑泉帮助请了一位名叫林文溪的京剧票友为老师，每天上午在孙家的东偏院教陈素真学京剧。几天后李文溪说他教不了，推荐了芙蓉草（赵桐珊）。但因芙蓉草无由接近，便由名艺人沈曼华夫妇介绍赵绮侠来教文戏，富连成的范富喜来教武戏。④

可是，当留在开封的栾蕴玉要带戏班去商丘时，却有三分之二的演员不愿意离开开封，被李秀峰留了下来，所以栾蕴玉只带领少数人，在商丘朱集车站一个破席棚内演戏，勉强维持着最低生活水平，等待樊粹庭、陈素真回来。"七七"事变爆发后，樊粹庭和陈素真匆匆离开北平。由于平汉线的火车已经不通了，他们走天津，经济南，过徐州，回到商丘。

樊粹庭回到商丘后，对戏班加以改组，成立了狮吼剧团。豫剧戏班本来称"班"，民初为区别于"清吟小班"，有人改称"社"，而樊粹庭既不称"班"，也不称"社"，使用"剧团"这个新名词，自然也含有深意。他不仅改变了名称，也在一定程度上进一步改变了豫剧戏班的传统组织和

---

① 《樊粹庭自传》，《河南文史资料》1992年第2辑（总第42辑），第159—160页。
② 豫声剧院在1938年开封沦陷后改名为"快乐戏院"，1945年抗战胜利后又改名为"和平戏院"，参见中国戏曲志编辑委员会：《中国戏曲志·河南卷》，北京：中国ISBN中心出版社，2000年，第519页。
③ 《河南文史资料》编辑部编：《情系舞台——陈素真回忆录》，第97页。
④ 《樊粹庭自传》，《河南文史资料》1992年第2辑（总第42辑），第160页；《河南文史资料》编辑部编：《情系舞台——陈素真回忆录》，第105—107页。

管理制度。邹碧峰说，狮吼剧团为豫剧由旧型农村的高台戏班形式走向有组织、有计划、有训练的新型剧团形式开辟了道路。① 而且，樊粹庭将剧团冠以"狮吼"二字，有睡狮醒来，发出怒吼之意，也很契合全面抗战爆发后的国内政治形势。所以，仅仅从戏班的名称上，也可以看出狮吼剧团已不再仅仅是艺人做艺谋生的组织，而赋予其强烈的政治意义。狮吼剧团成立后，虽然继续在商丘及其附近各县唱高台戏，但常为抗战举行义演。国民党宁陵县党部负责人王戡臣通过樊粹庭的大学同学吕宜园请狮吼剧团到宁陵县演了7天，所得之款除补贴演员们的生活费用外，其余用来制成棉衣，慰劳前方抗日将士。② 根据《河南民报》的报道，狮吼剧团在各地演戏募捐，在商丘先后共募得500余元，宁陵400余元，安徽亳县600余元，共计在1500元以上。剧团还每日节约伙食费7角，共得52.5元，汇到开封，托人转交救国公债委员会，购买救国公债。③

因战事逼近豫东一带，敌机不断来扰，无人看戏，搞得大家吃饭都发生困难，无奈之下狮吼剧团又于1938年1月返回开封。④ 到1938年5月开封沦陷前夕，樊粹庭又宣布解散狮吼剧团，率领陈素真、陈玉虎、袁玉文、朱长兴、张同如、赵义庭、李金花等少部分愿意随他离开开封的成员撤到南阳镇平。本来樊粹庭想在后方重组剧团，但是迟迟未能如愿，跟随他到镇平的演员陆续离开，去别处搭班演戏，只剩下陈素真和她新收的小徒弟郭清芳。陈素真也想找地方演戏，一个人偷跑出来，又被追了回去。这时，樊粹庭又要求陈素真跟他签订了一个合同，规定陈素真五年之内不得离开狮吼剧团，不得结婚，不经樊粹庭和栾蕴玉允许，也不得随便交朋友，全堂公用行头归樊粹庭所有，陈素真的薪金由经理确定，陈素真不得争执多少。⑤ 这些苛刻的要求，虽然当时缺乏社会经验，且孤立无援的陈素真欣然接受，也反映了樊粹庭希望借助合同稳定台柱的想法。

---

① 邹碧峰：《大梁豫剧及其发展》，《开封文史资料》第1辑，第124页。
② 吕宜园：《忆同窗好友樊粹庭》，《河南文史资料》第30辑，第26—29页。
③ 《狮吼剧团在外县代募抗敌经费，节衣缩食购买救国公债》，《河南民报》1937年11月15日，第3版。
④ 《樊粹庭自传》，《河南文史资料》1992年第2辑（总第42辑），第160页。
⑤ 《河南文史资料》编辑部编：《情系舞台——陈素真回忆录》，第117页。

1939年12月，樊粹庭终于在洛阳重组狮吼剧团，于1940年2月22日元宵节开始演出。一开始多是为募捐演义务戏。先是受洛阳各界春节劳军筹委会邀请在国民舞台演劳军戏，接着参加春赈游艺会的演出。这种演出对剧团来说，收入有限，所以狮吼剧团也没有给演员发薪金。陈素真回忆说，她在洛阳演戏期间，没有领过薪金，只是经理栾蕴玉有时给她点零花钱。①

狮吼剧团自愿靠近政治，把自己视为抗日救亡的宣传机构，自然也就容易为政治势力所左右。本来一开始洛阳新闻界对狮吼剧团和陈素真评价很高，如在1940年2月23日狮吼剧团演出《克敌荣归》之后，《行都日报》记者评论说："新词旧唱，剧情委婉，表演精彩，对于鼓舞军民，踊跃杀敌之伟大助力，实开剧界之先河，洵抗敌宣传中之一支生力军云。"② 但到这年5月，《行都日报》等报记者突然对狮吼剧团上演的《三上轿》《齿痕记》等戏大肆攻击。虽然《三上轿》这出戏在河南乃至整个大西北名气都很大，而陈素真自1936年7月嗓子坏了之后就没有再演过，这时樊粹庭让她勉强再演一次。《三上轿》是在一个游艺会的第二日，5月25日上演的，第二天洛阳各报纷纷报道说演出当时剧场秩序紊乱，空气恶劣，一般观众归途纷纷议论，颇为不满。5月26日游艺会第三日陈素真又演出《齿痕记》，这出戏是樊粹庭根据《桃花庵》改编的。这次演出也同样受到新闻界的攻击。5月27日，《行都日报》将该剧指为淫剧，要求当局予以取缔。③

陈素真那时尚不识字，对于《行都日报》等对她的攻击一无所知，直到坐上从洛阳到西安的火车，才知道自己是被骂出洛阳的。她在回忆录中给出的解释是，因为在上演《三上轿》之前给新闻界送的票少了或没送，所以得罪了新闻界。④ 这大概是樊粹庭、栾蕴玉他们给她的解释。根据樊粹庭的回忆，情况要复杂得多。因为洛阳国民党机关上的人有捧陈素

---

① 《河南文史资料》编辑部编：《情系舞台——陈素真回忆录》，第132—133页。
② 《狮吼剧团昨日公演》，《行都日报》1940年2月24日，第1版。
③ 《坤伶陈素真演诲淫剧，各界观众大为不满，望当局严予取缔》，《行都日报》1940年5月27日，第1版。
④ 《河南文史资料》编辑部编：《情系舞台——陈素真回忆录》，第132页。

真的，也有砸她的，也有因不能接近陈素真而恨樊粹庭的，所以狮吼剧团在洛阳常受欺辱。①蔡芷生是樊粹庭在河南留学欧美预备学校的同学，当时在洛阳三青团招待所担任总干事，他说是因为樊粹庭得罪了国民党洛阳县党部的书记长赵子云，所以赵子云指使记者攻击陈素真，恫吓樊粹庭，不许狮吼剧团在洛阳演出。于是蔡芷生在三青团招待所的操场上搭了一个舞台，用为所里招待的青年募集衣服的名义，让狮吼剧团在这里演出了近一个月，为狮吼剧团筹措了奠基经费和去西安的旅费。②

陈素真回忆说，狮吼剧团是1940年农历七月间离开西安的。③ 常警惕（原名常景荻）也说是农历七月底离开西安的。④ 但是她与韩德英合写的《樊粹庭与狮吼剧团》一文又说樊粹庭于8月底率团离开洛阳，几经周折，中秋节前到达西安。⑤

这年中秋节是阳历9月16日，按照常警惕的回忆，他们路上大概花了四五天，顶多五六天时间，所以他们离开洛阳的时间不可能在阳历8月31日，或农历七月底（阳历9月1日）之前，实际离开洛阳的时间要稍晚。因为根据9月5日《行都日报》的报道，9月4日和5日狮吼剧团在洛阳还有演出。当时洛阳记者节纪念大会筹备会组织募捐寒衣游艺会，9月4日为游艺会之第二日，由狮吼剧团陈素真、许树云、赵义庭等公演《白素贞》。这天下午，洛阳记者节筹募寒衣游艺会召开第三次会议，还决定请狮吼剧团9月5日在明德中学续演一日。⑥ 樊粹庭说他是1940年8月6日带领全班来到西安的。⑦ 这应该是9月6日之误，或者为农历八月初六日，即阳历9月7日。

不过，狮吼剧团离开洛阳的计划也许早已提出来了，8月26日西安西

---

① 《樊粹庭自传》，《河南文史资料》1992年第2辑（总第42辑），第161页。
② 蔡芷生：《狮吼剧团之始建》，《河南文史资料》第15辑，第18页。
③ 《河南文史资料》编辑部编：《情系舞台——陈素真回忆录》，第132页。
④ 常警惕回忆，爱众者：《樊粹庭与我》，第90页。
⑤ 常警惕、韩德英：《樊粹庭与狮吼剧团》，《新城文史资料》第4辑，中国人民政治协商回忆西安市新城区委员会文史资料研究委员会，1987年，第86页。
⑥ 《洛市剧界动态 狮吼剧团今继续在洛公演一日》，《行都日报》1940年9月5日，第1版。
⑦ 《樊粹庭自传》，《河南文史资料》1992年第2辑（总第42辑），第161页。

北剧场已经刊登出了该院邀请狮吼剧团上演三数日国防佳剧的广告。① 与在洛阳情况不同，狮吼剧团在西安不是以演募捐义务戏为主，而是以商业性演出为主，只偶尔参加慰问演出或募捐演出。到西安后，在易俗社等的帮助下，首先在南院门福建会馆三山戏院演出。因三山戏院规模不大，有时也在易俗社的一个露天广场演出。从10月14日起，狮吼剧团在这个露天剧场连演三日。本来这个广场只能容纳4000人，而开演的第一天就卖出6000多张票。这天陈素真一个人的收入，买了5两金子之后还剩下100余元。② 也就是从这年中秋节，即9月16日开始，樊粹庭、栾蕴玉与剧团的台柱陈素真商定了她的薪金标准，陈素真与剧团之间实行二八分成，即剧团收入100元，要分给陈素真20元。③ 这对于整个剧团来说，主角的收入占剧团总收入的比例是很高的，但是当时其他剧团也是这样安排的，否则难以留住台柱，如常香玉当时与她所在的剧团是三七分成，所占比例比陈素真更高。河南省教育厅女职员王怡丹还曾拿陈素真跟常香玉比，颇为陈素真鸣不平。④

从1940年9月到1942年10月的约两年时间，是狮吼剧团发展史上的巅峰时期。1941年，狮吼剧团同夏声剧校共同租用西安东大街的一个剧场，两个团体交替在此演出。1941年2月，《西安晚报》记者来到狮吼剧团在东大街夏声剧院的住地，看到的情况是，一间大屋子里整齐码放着戏箱，楼上床铺林立，乃是男团员的寝室，"内务整然有序，阳光直射，空气畅通，颇合团体生活同居之条件"。另外几间是女团员的住处。楼下的另一房间，乃是一个文牍室，壁上挂满了账簿、剧本等。剧团成员在这里过着集体生活，不仅集体住宿，其他方面也要求统一。所有团员均着统一的黑色制服。剧团有伙夫十人，伙食费平均负担，三日一结算。采办由团员负责，二人一组，逐日轮流。一日三餐，早餐为面茶，午餐为面包（馒头），晚餐为面片，加有相当的蔬菜、肉类。每天的生活是，早上练音练

---

① 《西北剧场（广告）》，《西北文化日报》1940年8月26日，第2版。
② 《河南文史资料》编辑部编：《情系舞台——陈素真回忆录》，第148页。
③ 《河南文史资料》编辑部编：《情系舞台——陈素真回忆录》，第135页。
④ 《河南文史资料》编辑部编：《情系舞台——陈素真回忆录》，第138页。

武,上午排剧。①

虽然狮吼剧团主要做商业演出,但仍强调自己是做救亡宣传工作的。在狮吼剧团的住地,也贴着"流亡不忘救亡宣传"的彩色标语。樊粹庭每天还要给团员进行两小时的精神教育,演讲国际形势和国内时事,以提高团员的民族意识,增强团员的爱国观念。所以《西安晚报》记者评论说:"就总的方面看来,(狮吼剧团)即在以军事化,技术化的生活锻炼,刻苦努力,来进行救亡宣传工作:'狮吼剧团'是一只〔支〕抗战的队伍,它也必在抗战中成长起来!"② 这种生活给了豫剧艺人从来没有过的体验。陈素真在她的回忆录中也说:"西安的两年,是我这一生中最得意和最幸福的两年。西安的两年,是我这一生中的黄金时代。"③

1941年秋天,狮吼剧团去宝鸡演出了一个月。返回西安后,又在三山戏院演出,有时也在盐店街五省会馆和南大街西北剧场演出。不久,在二府街、原夏声剧院的后面自建了一座简陋的剧场,于是有了属于自己的固定演出场所。但是这时期狮吼剧团的兴盛也没有能够维持很长时间。按照常警惕的说法,在1942年夏狮吼剧团尚在兴盛期的时候,内部不团结不合作的势头也已显露出来了。④ 当然,导致狮吼剧团由盛转衰的主要原因还是1942年10月10日台柱陈素真的离开。而且,令樊粹庭没有想到的是,在陈素真走后,赵义庭、许树云、田岫玲等几名主要演员也都离开了狮吼剧团。最后除了樊粹庭和经理栾蕴玉,只剩下常警惕、张敬盟等几名青年演员,以及打鼓师傅于振河、拉琴师傅郭士光、弹三弦的张百让和卖票的温如璧。

狮吼剧团难以维持,樊粹庭说他这时期面临着"有家不能归,想工作无人要"的困境。经过反复考虑,他还是决心继续从事戏曲工作,到死为止,不再改行。⑤ 然而下一步怎么办,樊粹庭一时还没有主意。韩盛岫

---

① 志:《河南"狮吼剧团"的集团生活》,《西安晚报》1941年2月22日,第2版。
② 志:《河南"狮吼剧团"的集团生活》,《西安晚报》1941年2月22日,第2版。
③ 《河南文史资料》编辑部编:《情系舞台——陈素真回忆录》,第182页。
④ 常警惕回忆,爱众著:《樊粹庭与我》,第125页。
⑤ 《樊粹庭自传》,《河南文史资料》1992年第2辑(总第42辑),第163页。

说，有一天樊粹庭来找他商量，他建议樊粹庭办科班，自己培养一批演员。① 于是樊粹庭就与栾缊玉、常警惕和张敬盟商议，决定办科班。他们从北关外难民窟招收了 25 名难童，加上原来跟班学习的 4 名学生，办起了第一个科班，由毛松山、于振河、郭士光、张百让、张敬盟等人担任教师，又通过封至模请来京剧演员韩盛岫协助教戏，靠常警惕与汤兰香搭班演戏来勉强维持学生们的生活。这时期是狮吼剧团在经济上最困难的时期，三餐难继，衣服破烂，形同乞丐，樊粹庭也说这是他一生中最艰苦的一个阶段。②

从 1942 年到 1949 年，狮吼剧团一共招收了六届学生，只有 1946 年和 1948 年没有招生。③ 一开始狮吼剧团办的科班也是"三不管"，订合同时写明，练功摔死不管，有病病死不管，意外死亡不管。关灵凤和弟弟关山峰入科时，她父亲在合同上按了手印后即大哭道："我把孩子推进火坑里了。"④ 关灵凤说，他们一开始还在南大街路西狮吼剧团自建的剧场里学习，后来搬到了铁道北二马窑庞老四的一个破烂不堪的小戏园里。⑤ 韩盛岫也说这里是一个破烂的席棚剧场，名叫北关大众剧场。⑥ 为了能早上台，早排戏，学生入科的第二天就要串把子、扮轿夫、跑龙套，入科三个月就唱垫戏。过了几个月，试排了几出小戏，在北关大众剧场演出。一连演出十几天，一开始不卖票，过了些日子开始卖票，也很便宜，只卖一毛钱一张。⑦ 接着就开始给学生们排大戏。韩盛岫说他这时给肖淑琴排了《南阳关》，给温好德排了《丁家山》，给王景云排了《涤耻血》。⑧ 到 1943 年夏，学生能演几出戏了，狮吼剧团又搬入城内，在社会路的一个剧

---

① 田滨：《老树红花》，北京：中国广播电视出版社，1992 年，第 161 页。
② 《樊粹庭自传》，《河南文史资料》1992 年第 2 辑（总第 42 辑），第 163 页。
③ 常警惕回忆，爱众著：《樊粹庭与我》，第 272 页。
④ 陈之华：《她眼前有一片光明世界——记豫剧演员关灵凤》，《河南文史资料》1992 年第 2 辑（总第 42 辑），第 170 页。
⑤ 陈之华：《她眼前有一片光明世界——记豫剧演员关灵凤》，《河南文史资料》1992 年第 2 辑（总第 42 辑），第 170 页。
⑥ 田滨：《老树红花》，第 161 页。
⑦ 陈之华：《她眼前有一片光明世界——记豫剧演员关灵凤》，《河南文史资料》1992 年第 2 辑（总第 42 辑），第 171 页。
⑧ 田滨：《老树红花》，第 162 页。

场里演出。一演出就上满座，票价也卖到两毛、三毛，狮吼剧团遂能维持开支，学生们的生活也有了改善。①

樊粹庭还想为狮吼剧团找一位以唱功见长的主演，1943年到洛阳物色演员时选中了崔兰田，但是因崔兰田的家人不愿意到西安而未果。1944年冬崔兰田和家人到了西安，樊粹庭还请她到狮吼剧团给学生们上课，并将关灵凤送到崔兰田那里去学习，常警惕也去给崔兰田配戏。② 不过，第一届科班培养的王景云到1943年冬已经成长起来了，成为西安豫剧界的后起之秀。她当时虽然只有十三岁，但表演已达到炉火纯青的程度，成为狮吼剧团新的台柱子。③ 1944年2月2日《新生晚报》评论说，"狮吼剧团是樊粹庭先生领导的剧团，现在的演员，不是江湖的班子，而是受了炮火洗礼流浪的豫籍难童，经樊粹庭先生的训练而编组的"，"这次他培植的小演员，完全是学校化之科班教育，做戏规矩，一丝不苟。那些小演员都能做到他所扮演的身份，尤以张景孟（小生）、王景云的花衫，成了狮吼的台柱子，在最近的将来恐怕成为未来的豫剧的明星"。④

1944年，樊粹庭率剧团以"狮吼儿童剧团"名义到宝鸡演出，1944年秋又去甘肃平凉演出，到1945年底才返回西安，落脚在南广济街。这时，王景云在家人的强迫下离开了剧团，关灵凤接替王景云成为狮吼剧团的主演。但到1951年秋，关灵凤也离开剧团，1952年到了开封。从狮吼剧团科班毕业的学生有不少也先后离开狮吼剧团到别处发展，但王景云、关灵凤的离开对狮吼剧团影响很大。过去豫剧科班学习期限一般为3年，出科后再在戏班服务一年。而目前所见1949年4月3日和1950年1月27日樊粹庭代表狮吼剧团与开封居民芦尹亭、孙许氏签订的芦玉娥、孙秋菊入科合同，都规定学习期限为7年。虽然没有规定服务年限，已经比过去的学习和服务年限加在一起还长了许多，这大概是想通过延长学习年限来稳住演员队伍。

---

① 陈之华：《她眼前有一片光明世界——记豫剧演员关灵凤》，《河南文史资料》1992年第2辑（总第42辑），第171页。
② 杨安民：《崔兰田和樊粹庭先生》，《河南戏曲史志资料丛集》第7辑，第223—224页。
③ 《狮吼剧团女童星之一：王庆云女士》，《新生晚报》1943年11月24日，第2版。
④ 《狮吼剧团》，《新生晚报》1944年2月2日，第4版。

狮吼剧团到1947年夏已经发展到120余人,① 行当齐全,阵容整齐,但在王景云、关灵凤离开后,一直缺少当红主演。1950年4月樊粹庭到开封时,还曾邀请陈素真再度跟他合作,被陈素真婉言谢绝了。②

四、戏曲改革与制度变迁

中共接管西安后,樊粹庭真心接受新政权的领导,他也是西安市文化界统战对象之一。西安的局势稳定下来后,西安文艺战线负责人找到樊粹庭,要求狮吼剧团恢复演出,以稳定社会人心。于是狮吼剧团在南大街雍新戏院贴出海报,重新开始演出。③ 首次演出即专场为解放军演出三天。彭德怀、贺龙、习仲勋及许多西北军政领导都来看戏。④

此后,狮吼剧团和易俗社、三意社等剧团始终坚持正常演出,狮吼剧团的营业很快得到恢复和发展。1950年6月,樊粹庭购买了东厅门26号一处套院,将狮吼剧团的住地从广济街搬到了这里。⑤ 这一年⑥,樊粹庭还买下了西安市解放路中段路东的民乐园剧场。民乐园位于西安东北隅,在清代为西安满城所在地,辛亥革命时被破坏,成为一片废墟。后来宋哲元将这里划为新市场,四周修建了围墙,中间盖有礼堂,命名为"民乐园",并将骡马市移到这里,使这一带逐渐发展起来,成为市民聚会、游艺场所和商品交易市场。⑦ 尤其是陇海铁路通到西安后,这里因距离火车站很近,人口逐渐增加,渐成黄金地带、繁华之区,一如北京之天桥、天津之三不管。⑧ 全面抗战爆发后,许多来自河南、河北和山东的难民居

---

① 厉厂樵:《访问樊粹庭先生》,《雍华国文杂志》第4·5期,1947年6月15日,第19页。
② 《河南文史资料》编辑部编:《情系舞台——陈素真回忆录》,第252页。
③ 常警惕回忆,爱众著:《樊粹庭与我》,第235页。
④ 常警惕回忆,爱众著:《樊粹庭与我》,第236页。
⑤ 常警惕回忆,爱众著:《樊粹庭与我》,第243页。
⑥ 一说为1952年,参见常警惕回忆,爱众著:《樊粹庭与我》,第271页。
⑦ 张剑影:《西安的民乐园》,《新城文史资料》第5辑,中国人民政治协商回忆西安市新城区委员会文史资料委员会,1988年,第136—137页。
⑧ 王荫樵编:《西京游览指南》,西安:天津大公报西安分馆,1936年,第186页。

住在这里。1938年民乐园礼堂被日机炸毁,1942年帮会头子李天才、李承章等人邀集数人,集资在民乐园礼堂旧址上修建了一个席棚剧场,称之为"民乐园剧场"。因这一带河南老乡多,河北、山东人也喜欢豫剧,所以豫剧名角常租用该剧场演出,营业状况良好。①1950年樊粹庭从李天才手中买下民乐园剧场后,将席棚改为油毛毡棚。②狮吼剧团从此将民乐园剧场作为自己的固定演出场所,天天演戏,营业极好,收入所得,在上缴税款后,不仅能支付全团200多人的工资,还有余款用于剧团建设和制作新戏。③

在新中国成立初期,樊粹庭积极参加文艺讲习班,也是西北文联在西安东木头市召开的各种座谈会中的积极分子。樊粹庭积极接受新思想,也愿意按照新的文艺政策,对狮吼剧团进行改革。对于狮吼剧团该怎么发展,要排什么新节目,该用什么人,怎样培养人才等,事无巨细,樊粹庭都主动和党组织商量,争取党组织的领导和帮助。他还建议上级给狮吼剧团派一个支部书记,在剧团内发展党员。上级接受了他的建议,派陈若非、李宗林到狮吼剧团开展工作,很快就在狮吼剧团内发展了党员,建立了党的组织。对于建国初期的各种政治运动,樊粹庭也都表示拥护,他参与过镇反运动的审查工作,认为镇反运动是人民当家作主的表现,还配合镇反运动写了一部现代剧《法网难逃》。④

虽然新政权在各大城市建立了一些文艺表演团体,但大多是以歌舞为主的文工团,以及以文工团为基础改组而成的话剧团、歌舞团、歌剧团等,戏曲剧团较少,戏曲表演团体大多还掌握在私人手里。1950年11月文化部在北京召开了全国戏曲工作会议以后,要求各地重点扶植一些私营剧团,将其发展为私营公助或公私合营剧团,并组建一些国营剧团。⑤于

---

① 张昭:《民乐园与民乐园剧场》,《新城文史资料》第10辑,中国人民政治协商回忆西安市新城区委员会文史资料委员会,1992年11月,第1—3页。
② 张昭:《民乐园与民乐园剧场》,《新城文史资料》第10辑,第3—4页。
③ 常警惕回忆,爱众著:《樊粹庭与我》,第271页。
④ 常警惕回忆,爱众著:《樊粹庭与我》,第239—242页。
⑤ 《文化部一九五〇年全国文化艺术工作报告与一九五一年计划要点(1951年4月20日政务院第81次会议批准)》,《文化工作文件资料汇编(一)》(1949—1959),中华人民共和国文化部办公厅编印,1982年,第10页。

是狮吼剧团正式归属西安市,改称"西安市狮吼剧团"。①

"三反"、"五反"运动开始后,1952年3月19日全国文联要求各地文艺界也要组织文艺工作者参加"三反"、"五反"运动。在狮吼剧团内部,樊粹庭和妻子常警惕被作为狮吼剧团的资方,成为斗争对象。樊粹庭觉得他本来诚心跟着共产党走,现在却突然将他当作资方来斗,一时想不通,精神压力很大,日夜失眠。②当时上级对豫剧的樊粹庭、常香玉、曹子道,以及秦腔的苏育民等戏班班主应该划什么成分,算资方还是劳方,属于旧班主还是劳动人民,一时也没有主意,西安市委经过多次讨论,才决定将他们这些有突出贡献的艺术工作者归入劳动者,而且是主要劳动者,不可与一般旧班主同等对待。③

樊粹庭经过几天的思考,还是决定将狮吼剧团交给党和政府,他不要了。可是西安市文化局说没有这个政策,不愿意接,最后经请示上级,让樊粹庭把剧团交给群众,改成集体所有制的"共和班",团长由大家民主选举产生。经过选举,还是由樊粹庭当选为团长。共和班不仅要由大家选举团长,还要实行集体领导,为此成立了团委会,常警惕也当选为团委会委员。不过,虽然提倡民主管理,集体领导,但大家对这种新制度尚不熟悉,而且狮吼剧团是樊粹庭一手创办的,他在剧团内享有崇高的威望,而且他一向认为管理剧团就是要严格,不一定能完全认同和遵守民主管理那一套,所以在狮吼剧团内实际上还是樊粹庭一人说了算。不过,形势毕竟不同了。慢慢地剧团内也有人向他提意见,提要求,甚至还夹杂着个人恩怨和猜疑。这让樊粹庭很苦恼,觉得这样下去没有人敢管,剧团要完蛋,但是一时也想不出好的解决办法。

1953年6月,西北行政委员会文化局根据文化部《关于整顿和加强全国剧团工作的指示》,在调整陕西省国营剧团的同时,对民间职业剧团也作了相应的改革和调整,将西安易俗社改为国营,而狮吼剧团和西安三意

---

① 冯紫晨等编著:《豫剧》上,郑州:河南文化出版社,2011年,第116页。
② 常警惕回忆,爱众著:《樊粹庭与我》,第257页。
③ 雷行:《忆挚友樊粹庭同志》,樊粹庭著,张大新编校:《樊粹庭文集·手札评鉴》,郑州:河南大学出版社,2012年,第282—283页。

社、尚友社等改为私营公助,每年各补助 4000 万元(旧币)。①

正当"樊戏"鼎盛之际,从 1954 年 12 月到 1955 年间,《河南日报》连续发表了几篇批"樊戏"的文章,樊粹庭所编《女贞花》《江汉女》等在河南被停演。《西安晚报》也发表了批"樊戏"的文章,不过很快被西安市文艺界的领导制止了,所以陕西省和西安市文艺界基本上没有参与批"樊戏"。② 此事对樊粹庭和狮吼剧团似乎都影响不大。1954 年狮吼剧团科班还招收了最后一届,也是最多的一届共 36 名学生,为此专门成立了新生部,由常警惕任新生部主任。③ 1956 年,狮吼剧团演出的《王佐断臂》在陕西省第一届戏曲观摩会演中获剧本改编、演出和导演多个一等奖,扮演王佐的张敬盟,扮演乳娘的赵国瑞,扮演陆文龙的何尚达和扮演丫环的邢枫云等主要演员也都获得了演员一等奖。1957 年陈梦家到西安时,还特意拜访了樊粹庭,并在民乐园剧场观看了狮吼剧团新生部的表演。回到北京后,陈梦家写了《看豫剧"樊戏"》一文,在《人民日报》上发表,替樊粹庭和"樊戏"鸣不平,认为"樊戏"并没有什么毒素,应该重视樊粹庭在剧本创作、导演和培养第二代豫剧人才上的经验和成就,并呼吁在北京建一个豫剧院。④

在大鸣大放运动期间,樊粹庭因有领导跟他打过招呼⑤,没有发表什么特别意见,在反右派运动中也就没有被错划为右派分子。但在反右运动后,文化部在文艺界开展整风运动,樊粹庭和常警惕还是都受到了批判。当时常警惕正带领狮吼剧团二团⑥到石家庄、邯郸、新乡一带巡回演出,突然接到西安来的通知,要他们立即结束演出,回西安参加运动。他们退了几个地方的演出合同,连夜乘车回到西安。一进院子,见到过道和大厅墙上以及民乐园剧场,前前后后都贴满了大字报,多是针对樊粹庭和

---

① 陕西省地方志编纂委员会编:《陕西省志》第 65 卷《文化艺术志》,西安:陕西人民出版社,2005 年,第 740 页。
② 雷行:《忆挚友樊粹庭同志》,樊粹庭著,张大新编校:《樊粹庭文集·手札评鉴》,第 283 页。
③ 常警惕回忆,爱众著:《樊粹庭与我》,第 272—275 页。
④ 陈梦家:《看豫剧"樊戏"》,《人民日报》1957 年 5 月 15 日,第 8 版。
⑤ 雷行:《忆挚友樊粹庭同志》,樊粹庭著,张大新编校:《樊粹庭文集·手札评鉴》,第 283 页。
⑥ 狮吼剧团新生部毕业后,被编为狮吼剧团二团。

常警惕的。在剧团全体成员大会上,大家也对他们提出了尖锐的批评,说他们只专不红,走白专道路。经历了此次打击,樊粹庭决定从狮吼剧团领导岗位上退下来,甚至一度想离开西安去太原。①

"大跃进"期间,狮吼剧团也到各地巡回演出。1959 年,狮吼剧团一团和二团先后到太原演出。一团又到山东济南、青岛和辽宁大连等地巡回演出,二团则到甘肃兰州和宁夏银川等地巡回演出。到银川演出时,宁夏回族自治区政府很想将二团留在银川,二团成员也都同意,可是没有办成。② 1960 年,樊粹庭又带领狮吼剧团二团到四川成都、重庆、自贡等地演出。"大跃进"运动结束后,1961 年文化艺术工作也进入调整期,文化部要求各地整顿国营剧团。狮吼剧团这时与西安市民众剧社合并,组成国营性质的西安市豫剧团,内部分为一团和二团。不过,仅过了约半年光景,又分团散伙,各自恢复了原来的建制和名称。③

1962 年,文艺界提倡挖掘遗产,继承传统,河南举行了豫剧名老艺人观摩演出大会,樊粹庭应邀带领狮吼一、二团到郑州观摩学习大会演出,同时也对外公演,还参加了大会的展示演出。可是,从 1963 年起,"左"倾路线在文艺界占了上风。狮吼剧团里有人觉得樊粹庭在团里,大家不好说话,还有人不断向上级打小报告,说樊粹庭思想有问题,樊粹庭知道后很生气,感到狮吼剧团里已经没有他的立足之地了,于是就从狮吼剧团退休,从此不再过问剧团的事情,连市文联、剧协、民盟的活动也不愿意参加了,每逢通知开会他就请假。这时,狮吼剧团也根据上级精神实行"消肿",精减人员,跟随樊粹庭多年的栾蕴玉、徐耀祖、彭寿彤等人也被精减下来,发给一点退职费就不管了。④ 栾蕴玉离开西安,到在北京工作的二儿子栾威处养老。⑤ 这些人的离开,越发让樊粹庭感到孤单。

---

① 常警惕回忆,爱众著:《樊粹庭与我》,第 324 页。
② 常警惕回忆,爱众著:《樊粹庭与我》,第 278 页。
③ 杨翰青:《曹子道与"民众剧院"》,《西安文史资料》第 9 辑,中国人民政治协商会议陕西省西安市委员会文史资料研究委员会,1986 年,第 139—143 页。
④ 常警惕回忆,爱众著:《樊粹庭与我》,第 326、328—329 页。
⑤ 常警惕回忆,爱众著:《樊粹庭与我》,第 330 页。

1964年2月，狮吼剧团举行了成立30周年纪念活动，市长张锋伯、市文化局局长高歌、市委宣传部部长刘宗文等领导还来出席，与大家一起合影留念。① 此后，全国文艺界形势急转直下，不准上演传统戏，剧团内的老艺人失去了演出机会，受到排挤。

到1965年，在批京剧《海瑞罢官》《谢瑶环》的高潮中，因陕西省戏曲研究院曾演出过《谢瑶环》，院长马健翎和副院长黄俊耀受到《陕西日报》点名批判，不久他们与柯仲平被打为"柯马黄反党集团"。柯仲平在作家协会召开的一次会议上激动地说："革命不要我了，我回延安去，我会弹三弦，照样为人民服务！"言罢，一拍桌子，激愤而死。② 这年秋初，马健翎也在留下"声誉成定论，要活万不能"的遗言后，服安眠药自尽。听到这些噩耗，樊粹庭的心情十分沉重。1966年1月1日，樊粹庭也因心脏病突发去世。

樊粹庭去世后，陕西省委宣传部、西安市委还为樊粹庭举办了隆重的公祭大会。可是不久"文化大革命"爆发，樊粹庭受到批判，常警惕也被扫地出门，搬入剧团内一间只有五平米的耳房，门上还被人写上"临时狗洞"几个大字。1969年底，常警惕被疏散到乾县农村参加劳动改造。在此之前，狮吼剧团于1966年9月改名为"西安市红卫豫剧团"。③ 1971年8月红卫豫剧团再次与抗大豫剧团（原民众剧社）合并为西安市豫剧团。翌年，又有西安文艺战士训练班豫剧班并入该团。1976年，常警惕回到西安市豫剧团工作，继续担任导演。

从豫剧形成与发展的历史中可以看出，一种成熟的、复杂的民间表演艺术往往是多种外来表演艺术形式与本地表演形式相互融合的结果，所以表演艺术的跨地域流动至关重要。而表演艺术的流动其实是民间艺人的流动，各种社会管理制度应该为艺人的跨地域流动提供可能。而且，民间表演艺术发展到一定程度，必然走向专业化、职业化，营业收入成为艺人生

---

① 常警惕回忆，爱众著：《樊粹庭与我》，第284页。
② 常警惕回忆，爱众著：《樊粹庭与我》，第332页。
③ 常警惕、韩德英：《樊粹庭与狮吼剧团》，《新城文史资料》第4辑，第99页。

活和艺术发展的经济基础。豫剧的形成同康乾时期人口增加，工商业发达，有直接关系，日益增多的庙会为豫剧的演出提供了大量机会，而且使其能经常在城乡之间流动演出。而随着近现代城市工商业发展和都市文化的形成，豫剧戏班也进入城市戏院演出，戏班与戏院结为一体。即使这样，豫剧戏班和艺人在不同地域、不同城市和城乡之间的流动仍然是非常频繁的。

近代以来，提倡戏曲改革的新知识分子多希望将戏班和戏院的关系、艺人与戏班的关系固定起来，不惜急剧地改革戏班的组织和管理制度，并限制艺人跳班，限制戏班流动，从而影响了戏曲表演在城乡之间的自由流动。而且，庙会戏、许愿戏等各种戏曲表演市场的消失，也大大改变了戏曲的生存环境，使其失去很多社会功能，只限于单纯的表演艺术，其流动的条件也大为削弱。过去把在各地流动演出的戏班称为"江湖班"，"人在江湖，身不由己"，各种行业制度和江湖规矩虽然会对人有些限制，但是，没有了江湖，民间艺术的生态环境也就发生了根本变化，如何创造出新的生成、发展道路，则是更不容易解决的问题。

第十一章
民间艺术、剧场艺术与国际交流*

——中央歌舞团与民族民间舞蹈艺术

文艺在中共革命文化中也占据重要地位。到 1949 年新中国成立时，从解放区和人民军队中发展出了庞大的文艺工作者队伍。1949 年 7 月 6 日周恩来在中华全国文学艺术工作者代表大会上说，在中国人民解放军四大野战军加上直属兵团，再加上五大军区参加文艺工作的，包含宣传队、歌咏队在内，有两万五千人到三万人的数目，在解放区工作的地方文艺工作者估计也有两万以上，两项合计有六万人左右。此外，在国民党统治区的新文艺工作者还有大约一万人。[1] 这七万人左右的新文艺工作者队伍，就是新政权在文艺领域所依靠的主要力量。

文艺工作团是中共文艺工作与宣传工作的最重要的组织形式之一，对鼓动和教育群众起到了巨大的作用。中共领导的革命文艺虽然主要是在乡村和军队中发展起来的，但随着中国革命取得胜利，中共的工作重心由乡村转移到城市，文艺工作也要转而以城市为主要阵地。文工团也被改编为

---

* 本章作者：王元周，北京大学历史学系教授。
[1] 周恩来：《在中华全国文学艺术工作者代表大会上的政治报告》（1949 年 7 月 6 日），吉林师范大学、吉林大学文艺学编写组编：《文艺方针政策学习资料》，长春：吉林人民出版社，1961 年，第162 页。

专业化的剧团和歌舞团等文艺表演团体，以相对固定的剧场为主要表演场所，发展剧场艺术。新文艺在表演艺术方面最初以歌曲和话剧等为主，后来才吸收民间表演艺术，创造了秧歌舞、秧歌剧、新歌剧等新的艺术形式。在新中国成立初期的文工团整编中，也是以发展戏剧艺术为重点。但是新歌剧在 1950 年代的发展也遇到一些问题和困难，甚至有些萎缩，有些地方的新歌剧工作者还准备改行。① 1957 年，中国戏剧家协会和中国音乐家协会在中共中央和文化部的直接领导下，邀请 170 多名戏剧理论家、剧作家、作曲家和导演、演员等，举行了新歌剧讨论会，专门讨论新歌剧艺术发展史上，有关理论和实践上的许多重要问题。1949 年后新歌剧艺术发展史所遇到的问题，部分也是一个新剧种从乡村到城市、从乡村舞台到城市剧场所遇到的问题。在这方面，舞蹈艺术发展史表现得更加突出。本章以中央歌舞团为中心，探讨民间舞蹈艺术如何走上城市剧院舞台，走上国际舞台的过程，以及在这一过程中所遇到的问题，从而思考表演艺术形式在城乡之间，乃至国际间的流传和接受问题。

一、青年文工团出国演出与《红绸舞》

在新中国成立前夕，第一次青年文工团出国访问演出获得成功，可以说是中央歌舞团成立的一个重要背景。

1949 年新中国成立前夕，应世界民主青年联盟和国际学生联合会的邀请，中国共产党决定派遣代表团参加将在匈牙利首都布达佩斯举办的第二届世界民主青年与学生和平友谊联欢节（简称"世青节"）和第二届世界青年代表大会。这个代表团不仅包括参加第二届世界青年代表大会的代表，还要有一个文工团和一个篮球队。因此，由中共中央青年工作委员会和中国新民主主义青年团中央委员会负责组建一支 70 来人的"中国民主

---

① 田汉：《新歌剧的新任务与再飞跃》，中国戏剧家协会编：《新歌剧问题讨论集》，北京：中国戏剧出版社，1958 年，第 1 页。

青年代表团青年文艺工作团",这也是中共第一次派遣文工团出国访问演出。①

组建之初,中央青委和青年团中央本打算以新成立的中国青年艺术剧院为主,由全国各文工团体共同商议出国青年文工团的成员,并选拔部分民间艺人参加。但由于时间仓促,全国许多地方尚未解放或刚刚解放,从各地抽调演员有一定困难,所以,最后出国青年文工团成员大部分是从中国青年艺术剧院、华北联大文工团和华北人民文工团抽调的。此外,也从前来北平出席第一次中华全国文学艺术工作者代表大会的代表和到北平为第一次文代会演出的内蒙古文工团、沈阳鲁艺文工团、西北陇东文工团、一野政治部战斗剧社、三野文工一团等挑选了十多名演员。

为出国访问演出准备的节目,以解放区新发展起来的秧歌剧,以及革命歌曲为主。在舞蹈方面,主要包括秧歌舞《胜利大秧歌》、七音腰鼓《胜利腰鼓》和霸王鞭,以及内蒙古文工团表演的《牧马舞》《希望》等。②《胜利腰鼓》是由流行于河北藁城、无极一带的《战鼓》改编而来的。1946年9月华北联大文工团从张家口撤退到冀中平原后,向民间艺术学习,请民间艺人王毅来团教授《战鼓》,经过学习、加工改编为《胜利腰鼓》。③ 在布达佩斯表演时,由李刚任指挥,吴坚、叶央(叶扬)、丁帆、郭兰英、于夫等参加演出。

经过短时期的突击准备和训练后,中国青年文工团于1949年7月22日从北平出发,前往匈牙利首都布达佩斯。当途中于8月5日抵达莫斯科后,青年文工团在这里又对节目进行了为期一周的排练和加工,并听取了苏联专家的意见和建议。8月9日,中国青年文工团抵达布达佩斯,下榻匈牙利理工学院校内。在第二届世青节期间,中国青年文工团要举办三场晚会,白天还要与其他国家的文艺工作者一起,举行露天表演,还参加了

---

① 文化和旅游部离退休人员服务中心组编:《文艺先声:中国共产党第一次大型文艺代表团出访纪实》,北京:中国文联出版社,2021年,第11—12页。
② 文化和旅游部离退休人员服务中心组编:《文艺先声:中国共产党第一次大型文艺代表团出访纪实》,第98页。
③ 丁帆:《群星闪耀的集体——忆华北联大文工团》,《党史纵横》1993年第4期,第9页。

文艺竞赛。在 8 月 23 日的竞赛晚会中，中国青年文工团参赛的节目除了李波、郭兰英的独唱外，还有《牧马舞》和《胜利腰鼓》。李波演唱的《翻身道情》获独唱二等奖，郭兰英的《妇女自由歌》获独唱三等奖，《胜利腰鼓》也获得舞蹈类集体优等奖。① 优等奖也称特别奖，一共只有 4 个，是给集体优秀节目的，获奖的除《胜利腰鼓》外，还有苏联红军歌舞团、莫斯科大剧院和苏联青年管弦乐队表演的节目。②

8 月 28 日，第二届世青节闭幕。在为期两周的联欢节期间，中国青年文工团共计在剧院及广场演出 18 场，其中在剧院演出 5 场，在广场演出 13 场，秧歌舞演出了 6 次，《胜利腰鼓》演出了 11 次，蒙古舞《牧马舞》和《希望》演出了 14 次。③

联欢节结束之后，9 月 1 日中国青年文工团和篮球队离开布达佩斯回国。回国途中，又在莫斯科进行了为期两周的参观访问。团长李伯钊懂俄语，就去莫斯科各大剧院参观，以便能深入了解苏联的剧场艺术。其他成员除了参观了红场、克里姆林宫和博物馆外，也访问了苏联的戏剧、芭蕾舞和音乐学校，还观看了多场歌剧、舞剧和音乐演出，乌兰诺娃、奥伊斯特拉赫等苏联顶尖艺术家的精彩表演给他们留下了深刻印象。④ 乌兰诺娃也参加了第二届世青节，结识了郭兰英等人。9 月 18 日中国青年文工团离开莫斯科后，郭兰英因要等候中国即将派到苏联演出《白毛女》的剧团，所以暂时留了下来。郭兰英在莫斯科逗留了将近一年时间，其间一边学俄文，一边欣赏歌剧和芭蕾舞，还曾跟乌兰诺娃学习芭蕾舞。⑤

9 月 27 日，中国青年文工团回到哈尔滨，应邀来中国参加中苏友好协会成立大会及世界拥护和平大会中国分会成立大会的苏联文化艺术科学工

---

① 丁帆：《群星闪耀的集体——忆华北联大文工团》，《党史纵横》1993 年第 4 期，第 10 页；《中国民主青年代表团办公室日志》，1949 月 8 月。
② 文化和旅游部离退休人员服务中心组编：《文艺先声：中国共产党第一次大型文艺代表团出访纪实》，第 132 页。
③ 文化和旅游部离退休人员服务中心组编：《文艺先声：中国共产党第一次大型文艺代表团出访纪实》，第 137 页。
④ 文化和旅游部离退休人员服务中心组编：《文艺先声：中国共产党第一次大型文艺代表团出访纪实》，第 139—140 页。
⑤ 黄奇石：《我的"郭兰英印象"——也谈郭兰英之三》，《歌剧》2015 年第 4 期，第 42—47 页。

作者代表团，以及红军歌舞团青年队的 13 名演员也到了哈尔滨。红军歌舞团青年队也参加了在布达佩斯举办的第二届世青节，获得集体优等奖的就是他们。中国青年文工团就和苏联文化艺术科学工作者代表团和红军歌舞团青年队一起乘火车从哈尔滨前往北京。9 月 30 日抵达天津后，天津市宴请苏联代表团，中国青年文工团则先一步乘火车离开天津，10 月 1 日凌晨回到北京，而苏联代表团于这天上午 11 时也抵达北京前门火车站。所以，中国青年文工团和苏联代表团都参加了下午在天安门广场举行的开国大典。①

10 月 9 日下午 3 时，在北京市中山公园中山堂举行北京市中苏友好协会成立大会，晚上在音乐堂举行庆祝晚会，中国青年文工团还与苏联红军歌舞团青年队一起演出了节目。从 10 月 11 日起，中国青年文工团陪同苏联代表团到南京、上海、济南、天津等地访问演出。10 月 29 日苏联代表团启程回国，中国青年文工团也顺利完成了自己的使命。11 月 4 日，全国文联和文化部联合举行宴会，欢迎中国青年文工团。次日，毛泽东、刘少奇、周恩来、陈毅、贺龙等党和国家领导人也在中南海再一次接见了中国青年文工团。晚饭后还举办了晚会。此后，中国青年文工团解散，所有成员各自返回原单位。②

1951 年，中国又组织青年文工团参加在柏林举办的第三届世青节。这一次准备的时间比较充裕，又是新中国成立后第一次派遣大型文工团出访，所以比较重视，文化部从全国各地调集了一大批优秀的青年文艺工作者，组成了比上一次规模更大的中国青年文工团。在选拔优秀文艺节目和演员时，考虑到当时担任地方或部队文工团业务骨干的领导干部长期在农村战争环境中工作，缺乏学习提高的机会，同时新中国文化事业也需要借鉴苏联及东欧国家的文艺工作经验，还特意从各大行政区和各大军区调来大小文工团的团长及团级干部 50 多人，在充当业务骨干、演员的同

---

① 文化和旅游部离退休人员服务中心组编：《文艺先声：中国共产党第一次大型文艺代表团出访纪实》，第 141—142 页。
② 文化和旅游部离退休人员服务中心组编：《文艺先声：中国共产党第一次大型文艺代表团出访纪实》，第 143—144 页。

时,也肩负着观摩、学习,回来组建新中国自己各个专业文艺团体的重任。①

参加第三届世青节的中国青年文工团共有222人。② 6月20日组成,分为京剧队、歌剧队、舞蹈队、杂技队、演唱队、管弦乐队、民乐队、舞台美术队等,准备的节目也包括京剧、新歌剧、舞蹈、杂技、歌曲合唱和独唱、管弦乐合奏和独奏等。舞蹈队由胡果刚和陈锦清任队长,金明任支部书记。演出的舞蹈节目有《红绸舞》《阿细跳月》《鄂伦春》《牧马舞》《春游》《捕蝴蝶》等,以民族民间舞蹈为主,每个节目都具有浓郁的民族风格和鲜明的时代气息。《红绸舞》是1950年金明在秧歌舞的基础上,吸收了传统戏曲的表演技巧而编排的。在京剧《天女散花》和《嫦娥奔月》等传统剧目中,都有精彩的绸舞。京剧的绸舞还分为单绸舞和双绸舞两种。单绸舞使用一条一丈多长的绸带,舞动灵活;双绸舞则是用双手舞动两条绸带,动作更加丰富,但技巧难度更高。这种绸舞擅长表演仙女形象,舞动起绸带,使人有飘飘欲仙之感。金明他们经过一段时间的学习之后,就将京剧的绸舞与秧歌舞结合起来,用京剧的长绸代替秧歌的短绸,又用秧歌奔放有力的步伐代替京剧的圆场步,创作了《红绸舞》,用来表现青年男女高举火炬、挥舞红绸,在天安门前欢庆节日的情景。表演时,演员舞姿优美开朗,欢腾有力,既具有独特的民族风格,也抒发了朝气蓬勃的革命豪情。③《红绸舞》与观众见面后,其强烈的民族色彩和火热的情绪,立刻感染了广大观众,1951年春还到怀仁堂为毛泽东等党和国家领导人表演过,也因此被选为中国青年文工团参加第三届世界青年联欢节的节目之一。④ 在中国青年文工团中,《红绸舞》由金明、杨兆仲、刘海茹、张惠贤、彭清一及长春市文工团部分演员参加演出。在排练时,也不时加以改动,改动后又要重新合乐。为了更好地表达龙腾虎跃的火爆场

---

① 张小兰:《1951年中国青年文工团访欧纪事》,文化部党史资料征集工作委员会编:《当我们再次相聚》,北京:文化艺术出版社,2004年,第3页。
② 一说为216人,参见周巍峙:《我们受到了伟大的爱国主义与国家主义教育——记中国青年文工团在国外工作一年》,文化部党史资料征集工作委员会编:《当我们再次相聚》,第237页。
③ 金明编舞:《红绸舞》,上海:上海文艺出版社,1981年,内容提要。
④ 金明:《〈红绸舞〉介绍》,1980年3月25日,金明编舞:《红绸舞》,第1—3页。

景,《红绸舞》的音乐也多次换过。①

在北京先农坛经过为期约一个月的集中排练,中国青年文工团排练出三部歌剧和三套综合晚会的节目。7月12日正式预演,7月14日在中南海怀仁堂向中央汇报演出。7月15日中央在北京饭店为中国青年文工团举行欢送酒会后,7月16日乘专列离开北京,开始了前往柏林的旅程。7月26日中国青年文工团到达莫斯科后,在这里逗留了三天,又把所有节目都向苏联"老大哥"表演了一番,请他们提提意见。从掌声来看,京剧《三岔口》和杂技比较受欢迎,歌舞及歌剧节目只受到礼貌性掌声鼓励。② 7月31日下午,中国青年文工团抵达柏林,住在一所工程学院的学生宿舍楼里。

1951年8月5日,第三届世青节开幕。参加这届世青节文艺表演的队伍虽多,但真正有组织进行表演的只有各社会主义国家的歌舞团,中国青年文工团人数最多。舞蹈《红绸舞》的演出获得很大成功,被认为是"美的象征",是"诗",是"火的海"。③ 德意志民主共和国的马格锐次教授在1951年8月6日《新德意志报》上发表文章,称赞"中国的文艺节目无疑地是属于联欢节晚会中最精彩的艺术成就"。对于《红绸舞》,也说:"《红绸舞》受到狂热的喝彩,我们在中国的造型艺术上,已经惊羡他们那样熟练地掌握了艺术手段,那样高度的精通手工技巧,这些都是与软技硬功相关联的,也在颜色鲜艳的集体舞里看到轻捷的身材和巧妙的把红绸舞成各种形状,那实在是再好没有的一次观摩会。"④ 在文艺竞赛中,《红绸舞》不负众望,和藏族舞《春游》,以及京剧队表演的《三岔口》,以及杂技队的表演获得了集体优等奖。

在8月19日联欢节结束后,非艺术团的代表及少量文工团成员回

---

① 司徒志文:《我难忘的中国青年文工团》,文化部党史资料征集工作委员会编:《当我们再次相聚》,第137页。
② 郁庆五:《中国青年文工团——我的大学》,文化部党史资料征集工作委员会编:《当我们再次相聚》,第41页。
③ 周巍峙:《我们受到了伟大的爱国主义与国家主义教育——记中国青年文工团在国外工作一年》,文化部党史资料征集工作委员会编:《当我们再次相聚》,第242页。
④ 马格锐次:《新中国向世界青年发言》,王运堂译,文化部党史资料征集工作委员会编:《当我们再次相聚》,第259—260页。

国,绝大部分文工团成员留了下来,接受邀请,到民主德国、匈牙利、波兰、苏联、罗马尼亚、保加利亚、捷克斯洛伐克、奥地利、阿尔巴尼亚等9个东欧国家访问演出。在一年零一个月,399天的演出期间,在152个城市演出了437场,直接观众多达242万人次。① 在东欧各国演出时,《红绸舞》也颇受欢迎。1951年10月9日晚在匈牙利首都布达佩斯国家剧院演出时,《红绸舞》引起全场轰动。当身穿绿色和白色民族服装的男女青年,手执火炬、飘带上场,到火炬变成红绸在空中飞舞时,台下观众不时报以热烈的掌声。② 11月22日在波兰首都华沙希浪斯林国家剧院演出《红绸舞》时,观众也是从头到尾掌声不断。③ 12月27日在莫斯科柴可夫斯基音乐厅也演出了《红绸舞》等节目,演出取得很大成功。苏联莫捷耶夫国立民间舞蹈团也曾演出《红绸舞》,中国青年文工团在莫斯科观看了他们的演出,觉得也很成功。④ 1952年2月16日,周巍峙等人在给政务院文教委员会、外交部的汇报中也说,"苏联人民对我节目反映良佳,《白毛女》影响很大,对《三岔口》、《水帘洞》、《红绸舞》等尤感兴趣"。⑤ 5月26日,中国青年文工团从捷克斯洛伐克进入奥地利,5月28日晚在维也纳大音乐厅即金色大厅举行首场演出,《红绸舞》也是这次演出的压轴节目。木铁回忆说,演出最后,当大幕在《红绸舞》游龙火蛇般的欢乐高潮中垂落时,掌声、跺脚声、欢呼声交织在一起,经久不息,演员谢幕八次,这次演出获得巨大成功。⑥

---

① 张小兰:《1951年中国青年文工团访欧纪事》,文化部党史资料征集工作委员会编:《当我们再次相聚》,第3页。一说为去过156个城市,演出444场,观众达245万人次,参见周巍峙:《我们受到了伟大的爱国主义与国家主义教育——记中国青年文工团在国外工作一年》,文化部党史资料征集工作委员会编:《当我们再次相聚》,第237页。
② 罗昌遐:《出访八国追忆》,文化部党史资料征集工作委员会编:《当我们再次相聚》,第157页。
③ 罗昌遐:《出访八国追忆》,文化部党史资料征集工作委员会编:《当我们再次相聚》,第158页。
④ 梁伦:《值得怀念的日子》,文化部党史资料征集工作委员会编:《当我们再次相聚》,第79页。
⑤ 《周巍峙、欧阳山尊、任虹同志给政务院文教委员会、外交部的汇报》(1952年2月16日),文化部党史资料征集工作委员会编:《当我们再次相聚》,第324页。
⑥ 木铁:《周巍峙团长带领我们出访九国》,文化部党史资料征集工作委员会编:《当我们再次相聚》,第13页。

二、文工团整编与中央歌舞团的成立

中共接管了大中城市之后,文工团进入城市,文艺宣传的主要对象由农民变为城市各阶层人民,因此就需要适应新的和平环境和城市环境,搞剧场艺术,以便能用新文艺占领城市固定的文艺阵地。东北解放后,东北局宣传部就想让东北文工二团留在东北搞剧场艺术,专演戏剧。因东北文工二团是在原延安青年艺术剧院基础上发展来的,正在筹备中国新民主主义青年团的冯文彬经中共中央同意,将东北文工二团调到北平。1949年初,东北文工二团来到北平,随即被改组为中国青年艺术剧院。4月16日,青艺正式成立。①

两次派遣青年文工团参加世青节获得成功,也开阔了中国文艺工作者的眼界。在第一次青年文工团回国后,大家已经认识到中国青年文工团演出的都是一些小节目,以后不能再这样继续下去了。所以李伯钊等人回国后,即提出要搞自己的剧场艺术,并且要有自己的民族歌舞和音乐节目。于是在1950年初,以华北人民文工团为基础,成立了北京人民艺术剧院。北京人民艺术剧院成立后,一开始雄心勃勃,不仅要发展新歌剧和话剧,还要发掘民族舞剧和民族器乐。金紫光对发展民族歌舞倾注了极大的热情,不仅在北京人民艺术剧院内成立了一个民族歌舞团,还从北京、上海等地招收了一些音乐人才和民间艺人,组建了一个国乐队(后来改称民乐队),准备为民族歌剧和舞剧配乐。② 在这前后,在北京、上海、天津等大城市,相继建立了一些专业的话剧团、歌剧团、歌舞团、舞蹈团、音乐工作团及以上演话剧或歌剧为主的剧院。截至1950年底,据文化部初步估计,除部队的文工团(队)之外,当时全国文工团(队)的数量至少

---

① 吴雪:《对东北文工二团的回忆》,《黑龙江革命文化史料》第1集(佳木斯专集),黑龙江省文化厅,1989年,第32页。
② 孟建军:《从"红小鬼"到音乐家——访著名音乐家舒铁民先生》,《乐器》2011年第11期,第62页。

也在 200 个以上，专业的戏剧、音乐干部约 2 万人。① 到 1950 年 6 月，当时全国地方文工团共计 305 个，有团员近 2 万人，部队文工团还远超过此数。②

1951 年，文化部为加强全国文艺表演团体的正规性和专业性，将整顿和充实全国文工团、剧团作为该年度工作要点，规定中央、大行政区和大城市的文工团和剧团向剧院发展，以建设剧场艺术为主；省、中等城市的文工团和剧团是剧场演出与巡回演出相结合；专区文工队则以巡回演出为主。③ 经政务院批准后，6 月 16 日文化部在北京召开了全国文工团工作会议，讨论全国文工团今后的工作方针、任务与分工等问题。④ 这次会议初步总结了全国文工团工作的成绩和经验，并同意了文化部提出的全国文工团整编构想，根据新的情况，提出今后文工团的总任务是大力发展人民的新歌剧、新话剧、新音乐、新舞蹈，与戏曲改革工作分工合作，向着建设民族新艺术的总目标迈进。⑤

这次会议之后，即开始对全国文工团进行整编。周巍峙本来是全国文工团整编方案的主要设计者之一，但是在全国文工团工作会议召开时，周巍峙又奉命负责组建中国青年文工团参加第三届世青节，所以就将拟定具体全国文工团调整方案的工作交给了张光年。⑥ 方案拟出，经文化部审定后，公布实施。

在全国文工团调整过程中，1951 年 12 月，北京人民艺术剧院的歌剧团、民族歌舞团、管弦乐团和中央戏剧学校的歌剧团、舞蹈团合并，成立了中央戏剧学院附属歌舞剧院。

---

① 《文化部一九五〇年全国文化艺术工作报告与一九五一年计划要点（一九五一年四月二十日政务院第八十一次政务会议批准）》，《文化工作文件资料汇编（一）》（1949—1959），中华人民共和国文化部办公厅编印，1982 年，第 4 页。
② 《全国文工团工作会议闭幕》，《人民日报》1951 年 7 月 8 日，第 1 版。
③ 《文化部一九五〇年全国文化艺术工作报告与一九五一年计划要点（一九五一年四月二十日政务院第八十一次政务会议批准）》，《文化工作文件资料汇编（一）》（1949—1959），第 5 页。
④ 《全国文工团工作会议在北京开幕》，《人民日报》1951 年 6 月 17 日，第 1 版。
⑤ 《全国文工团工作会议闭幕》，《人民日报》1951 年 7 月 8 日，第 1 版。
⑥ 叶林：《耕耘不倦，永创辉煌》，《众口说老周》编辑组：《众口说老周——周巍峙八十岁纪念文集》，北京：大众文艺出版社，2001 年，第 149 页。

1952年2月16日，中国青年文工团在苏联演出结束后，抽调张鲁、鲁亚农、舒模等39人提前回国，留在国外的173人于次日前往罗马尼亚访问演出。1952年6月13日在奥地利维也纳又决定分出王地子、崔烈等39人组成一个小队前往阿尔巴尼亚访问演出，大队于6月18日离开奥地利，经匈牙利到苏联，而小队经匈牙利到阿尔巴尼亚，然后乘船到苏联，8月16日回到北京。中国青年文工团分两批回到北京后，根据安排要进行为期三周的工作总结。①

这次中国青年文工团参加第三届世青节和到苏联等9国访问演出，也深切感受到苏联非常尊重古典优秀艺术遗产，苏联各民族的文化艺术在党的关怀下都繁荣起来，分散在民间的歌唱及舞蹈也由艺术水平最高的歌舞团加以提高，成为崭新的节目。同时，苏联也在帮助东欧各社会主义国家发展自己的民族艺术，许多国家收集、整理、研究与创作民族歌舞的工作，已能有计划、有组织，而且毫不间断地进行，因此发展得很快。1951年看到的匈牙利歌舞和1949年所看到的相比，就提高了很多，进步很显著。②与苏联和其他东欧社会主义国家相比，中国在收集、整理、研究民间艺术及民族古典艺术工作方面，做得还很不够。有些艺术工作者对西欧艺术的知识倒不少，对中国民族艺术却一无所知。因此，周巍峙为各位团员进行艺术总结提供的参考提纲中，即提出了民族舞蹈（民间舞蹈）的发展问题，以及怎样接受古典舞剧的传统（包括我们的古典戏剧的舞蹈和外国的芭蕾舞剧）的问题，供大家思考。周巍峙等人认为，今后必须加强对发展民族民间艺术方面的领导，必须有专门的整理研究机关。③

当时各文工团或歌舞剧团大多以演剧为主，所以舞蹈及歌唱均处于边缘地位，许多舞蹈演员及合唱队员均兼演戏剧或做其他工作，舞蹈及声乐艺术的独立发展受到很大限制，不能经常得到提高，无法满足客观要求。

---

① 《中国青年文工团出访日志》，文化部党史资料征集工作委员会编：《当我们再次相聚》，第428—484页。
② 周巍峙：《中国青年文工团国外一年工作报告》，文化部党史资料征集工作委员会编：《当我们再次相聚》，第370页。
③ 周巍峙：《中国青年文工团国外一年工作报告》，文化部党史资料征集工作委员会编：《当我们再次相聚》，第371页。

在文工团整编过程中，各地也多将文工团改组为话剧院团，文工团内原有的音乐、舞蹈部分被精简掉了，大量音乐、舞蹈和美术干部未得到妥善安排。周巍峙回国后看到这种情况，急忙向文化部提出补充方案，要求在歌舞比较有基础的省市，可以在话剧院团内保留精干的歌舞组和乐队，为将来发展成为专业的歌舞、歌剧团作基础。同时，在各省市成立音乐工作组和美术工作组，作为创作、研究和辅导群众文艺活动的专业机构。①

本来，世界民主青年联盟在要求中国派遣青年文工团参加世界青年联欢节时，即希望中国青年文工团能够表演民族音乐，如民歌、民乐及舞蹈等。② 通过参加两届世界青年联欢节，以及在苏联和东欧九国的巡回演出，周巍峙等人也更加坚信，民族民间歌唱和舞蹈去国外演出更方便，将来仍会是国际文化交流的重要形式，在加强与外国人民的友谊方面有很大作用。为了更好地提高中国的舞蹈及歌唱水平，完成国家所交给的国际文化艺术交流任务，周巍峙经向刘少奇请示，建议以参加第三届世界青年联欢节的中国青年文工团为基础，建立一个专业的国家歌舞团。③

刘少奇也观看过中国青年文工团回国后的汇报演出，周恩来在同刘少奇一起观看节目时，也向刘少奇提出要在北京组建一个中央级的歌舞团来担任日后的国际文化交流任务，刘少奇表示同意。刘少奇对此事十分关心，并亲自批准成立。1952年9月11日政务院正式决定组建中央歌舞团。

在苏联、东欧各国参观学习期间，周巍峙对组建新的中央级歌舞团已经有了比较清晰而宏大的构想，所以这时他很快就提出了组建计划，拟将中国青年文工团的舞蹈、歌唱及乐队部分基本上保留下来，均不解散，以此为基础，与中央戏剧学院附属歌舞剧院之舞蹈团，以及中央音乐学院之音工团合并，组建一个较具规模的，包括民族乐队、合唱、民间舞蹈、管

---

① 叶林：《耕耘不倦，永创辉煌》，《众口说老周》编辑组：《众口说老周——周巍峙八十岁纪念文集》，第149页。
② 文化和旅游部离退休人员服务中心组编：《文艺先声：中国共产党第一次大型文艺代表团出访纪实》，第10页。
③ 周巍峙：《中国青年文工团国外一年工作报告》，文化部党史资料征集工作委员会编：《当我们再次相聚》，第373页。

弦乐等部门的文艺团体。① 周巍峙拿着计划去找李凌和戴爱莲商量,他们也均表赞同。经过筹备,1952年12月初,中央歌舞团召开成立大会,正式组建完成,文化部任命周巍峙为团长,李凌、戴爱莲、吴晓邦为副团长。②

中央歌舞团受中央文化部艺术事业管理局直接领导,以研究与发展民族舞蹈(包括民间舞蹈)、歌唱艺术为基本方针,并介绍苏联等国的优秀舞蹈及歌曲。在演出上,国内演出与国外演出并重。③

三、成立初期的民族民间舞蹈创作

中央歌舞团成立后,继承了参加第三届世青节的中国青年文工团的部分优秀舞蹈节目,如《红绸舞》《春游》《阿细跳月》等,并陆续创作了《孔雀舞》《荷花舞》《版纳月夜》《对花》《花伞舞》《采茶舞》《三月三》等许多优秀民族民间舞蹈节目。

在中央歌舞团成立后不久,文化部就要为参加1953年第四届世界青年联欢节准备歌舞节目,同时也想借机对中国民族民间艺术做一个调查,所以周巍峙说这项工作对"国外是救急,国内是打基础"。④ 为此,1953年2月,文化部从中央歌舞团和中央戏剧学院歌舞剧院、中央音乐学院、中央民族学院等单位抽调了179名音乐舞蹈方面的专家、干部,分成若干个工作小组,到全国各地参加春节民间艺术活动,调查和发掘民间音乐舞蹈。他们跑了28个省、自治区,发现了二三百种民间音乐

---

① 李凌:《巍峙同志,大家敬爱他》,《众口说老周》编辑组:《众口说老周——周巍峙八十岁纪念文集》,第117页。
② 《中央歌舞团三十年团史》,《中央歌舞团团史1952—1982》,中央歌舞团编印,第1页。
③ 周巍峙:《中国青年文工团国外一年工作报告》,文化部党史资料征集工作委员会编:《当我们再次相聚》,第373页。
④ 彭闪闪:《第一届全国民间音乐舞蹈会演的调查与研究》,中国艺术研究院2007年硕士学位论文,第5页。

舞蹈品种和很多天才民间艺人①,也从理论上纠正了一些地区对待民间艺术和艺人的错误态度。②

各工作小组返回北京,向文化部作了情况汇报后,文化部决定以各地层层汇演的方式,一方面提高各地文化主管部门对民间文艺的重视,另一方面选拔优秀的节目和艺人,为组建参加第四届世界青年联欢节的中国青年文工团做准备。最后通过层层汇演,从全国范围选出了上千个比较优秀的节目。

1953年4月1日至14日文化部在北京举行了"第一届全国民间音乐舞蹈会演"。参加这次全国会演的有华北、东北、华东、中南、西南、西北各大行政区和内蒙古自治区的汉、回、蒙、苗、维吾尔、哈萨克、乌兹别克、彝、侗、朝鲜等十个民族的民间艺人308人,大多数是业余从事艺术活动的劳动人民。他们中间有50岁以上老民间艺人33人,年纪最大的70岁,最小的只有13岁,带来了包括62种形式的86个优秀民间艺术节目,其中有各地区、各民族的民歌、山歌、民间器乐演奏、民间舞蹈,以及接近于戏剧的民间歌舞演唱等。③ 在4月1日的开幕典礼大会上,来自西北区的陕北著名民间艺人韩起祥说,今天我真正是瞎子睁了眼。我虽然看不到大家,但我能听到大家的音乐和大家的声音,我感到幸福。我一定要向大家学习,改进技艺,更好地为劳动人民演唱。④

在第一届全国民间音乐舞蹈会演期间,共演出27场,表演了260多个音乐舞蹈节目,还组织了一些观摩晚会。⑤ 一些民间音乐舞蹈艺术受到重视,闻名全国。1950年代,中国文艺界流传一句话:"南京到北京,采

---

① 彭闪闪:《第一届全国民间音乐舞蹈会演的调查与研究》,中国艺术研究院2007年硕士学位论文,第5页。
② 叶林:《耕耘不倦,永创辉煌》,《众口说老周》编辑组:《众口说老周——周巍峙八十岁纪念文集》,第151页。
③ 《首届全国民间音乐舞蹈会演大会在京开幕》,《人民日报》1953年4月3日,第3版。
④ 《首届全国民间音乐舞蹈会演大会在京开幕》,《人民日报》1953年4月3日,第3版。
⑤ 彭闪闪:《第一届全国民间音乐舞蹈会演的调查与研究》,中国艺术研究院2007年硕士学位论文,第13页。

茶、跑驴、荷花灯。"或者说："南京到北京，跑驴、荷花灯。"①采茶舞、跑驴、荷花灯等民间舞蹈都是第一届全国民间音乐舞蹈会演将其推向全国的。此后，全国各专业文艺团体在这些民间舞蹈基础上，创作了许多优秀作品。

这时期，文化部号召挖掘、整理和加工民族民间舞蹈。中央歌舞团也从参加这次会演的民间艺人中挑选了几位民间艺人作为团员，而且积极以民间舞蹈艺术为基础，加工创作节目。戴爱莲参加工作小组在安徽调查民间音乐舞蹈期间，在蚌埠发现了花鼓灯，于是对这种艺术形式产生了兴趣，向著名花鼓灯艺人冯国佩学了一些花鼓灯表演技术。在第一届全国民间音乐舞蹈会演期间，《花鼓灯》也受到欢迎，成为全国知名的舞蹈节目。

中央歌舞团在民间花鼓灯舞蹈基础上，创作了《花鼓灯》舞。不仅中央歌舞团如此，其他专业文艺团体也有这样做的。1957年1月在北京举办了全国专业团体音乐舞蹈会演，中央歌舞团和中央实验歌剧院，还有上海实验歌剧院都演出了《花鼓灯》。在民间，花鼓灯以锣鼓为伴奏，而这次三个团体都在音乐上作了大胆的尝试性创作。中央歌舞团的做法是保留了原来的锣鼓伴奏，而添加旋律乐器来充实它。来自安徽的观众王绎文观看了中央歌舞团的表演后，对中央歌舞团的做法提出了批评意见，认为这样做改变了花鼓灯舞蹈原来的节奏，也淡化了花鼓灯的地方色彩。②

中央歌舞团创作的民族民间舞蹈中，比较成功的是《孔雀舞》。该舞蹈节目自1956年首演以后，一直被周恩来总理作为重大外事活动的指定节目。

1956年，金明等人为了挖掘傣族民间舞蹈孔雀舞，来到了它的发源地——瑞丽江畔。在这里的傣族老乡中，流传着许多与孔雀有关的传说故事，其中最精彩的就是孔雀跳舞传说。说的是一群美丽的孔雀经常到一个地方跳舞，有一次跳完舞飞回山里的路上遇到了被称为"独脚大仙"的大猩猩，其中一只惊慌失措的孔雀被树枝刮伤落地，被独脚大仙咬伤，正在

---

① 徐明：《记群众文艺工作的开辟者》，《众口说老周》编辑组：《众口说老周——周巍峙八十岁纪念文集》，第77页。

② 王绎文：《谈谈中央歌舞团舞蹈〈花鼓灯〉的音乐》，《人民音乐》1957年第3期，第35页。

生命垂危之际，被一个仙人救了，于是孔雀变成了一个美丽的孔雀姑娘，从此孔雀姑娘和仙人就经常与这群孔雀一起跳舞。消息传到傣族国王那里，国王将孔雀姑娘和仙人接到王宫，让他们教傣族人民跳孔雀舞，孔雀舞就这样诞生了。① 金明就根据孔雀舞传说的情节，在傣族民间舞蹈的基础上改编出了一个作品《孔雀舞》。

过去傣族民间的孔雀舞是以模拟孔雀的生活动态为主创作的，在表现方法上比较朴素和简单。表演者头戴高冠面具，两臂装上大翅膀，身后系着扇形的孔雀尾，上面画着孔雀翎。而金明在改编过程中，为了将表演者从笨重的道具中解脱出来，去掉了面具、翅膀和尾翎等道具，用孔雀造型的服饰来代替，这样就摆脱了原来单纯外形模拟的表现方法，由写实手法变为写意手法，着重内在感情的刻画。所以，去掉面具以后，反而可以更细致地表达出孔雀的神情，特别是双手摆脱了道具翅膀的限制以后，动作和身段也可以更加丰富，这就大大增强了孔雀舞的表现能力，也使它更具有浪漫主义色彩。② 过去，傣族民间孔雀舞是男子单人舞，而金明还将其改为女子集体舞，由12名少女共同表演。③ 用少女来表现孔雀的美，把孔雀人格化。④

不过，改编后的《孔雀舞》也尽可能地保留了原来民间孔雀舞的风格和特点。在调查时，听到老乡们说，孔雀常在晴朗的早晨或雨后的傍晚下山，在小溪旁或草地上跳舞，先有一个雌孔雀在中间转，其他孔雀围成一圈也跟着转，然后雄孔雀跳进去，展开尾巴不停地跳动和旋转，周围的孔雀变换着简单的图形，宛如一群打扮得花枝招展的姑娘在跳舞。《孔雀舞》的结构基本上就是根据这个故事情节来构思的。⑤ 从"孔雀开屏"开端，然后是"孔雀吸水""孔雀洗澡""孔雀飞翔"等的组合，最后以"孔雀登枝"收场。⑥

---

① 金明：《〈孔雀舞〉的由来及其它》，《孔雀舞》，上海：上海文艺出版社，1982年，第1页。
② 金明：《写在前面》，中央歌舞团编：《孔雀舞》，上海：上海文艺出版社，1960年，第3页。
③ 金明：《写在前面》，中央歌舞团编：《孔雀舞》，1960年，内容提要。
④ 金明：《〈孔雀舞〉的由来及其它》，《孔雀舞》，1982年，第3页。
⑤ 金明：《写在前面》，中央歌舞团编：《孔雀舞》，上海：上海文艺出版社，1980年，第4页。
⑥ 金明：《写在前面》，中央歌舞团编：《孔雀舞》，1960年，内容提要。

《孔雀舞》最初由金明编舞，罗忠镕编曲，夏亚一负责舞台美术设计。1957年在第六届世界青年联欢节舞蹈比赛上，获得了金质奖章，"从此，《孔雀舞》就成为中国优秀的舞蹈艺术之一，并成为与各国人民进行文化交流和发展友好往来的光荣使者而飞翔在国际舞台上"。① 《孔雀舞》和《荷花舞》是公认的民间舞加工创作的成功之作。

　　在中央歌舞团的文艺作品创作上，周恩来总理十分强调民族化。1962年中央歌舞团创作了双人舞节目《弓舞》，改编自上海歌剧舞剧院创作的舞剧《小刀会》。这是一部历史剧，反映的是太平天国时期上海小刀会的斗争生活。舞剧《小刀会》1959年在上海首演，1960年在全国巡回演出。最初演出时，周恩来就在上海看过，当时剧中好像还没有芭蕾舞式的托举动作，而到中央歌舞团到上海去观摩学习时，已经加入了芭蕾舞式的托举动作。《小刀会》还拍成了电影，电影中也有这些动作。所以中央歌舞团在创作《弓舞》时，也保留了这些动作。②

　　《弓舞》创作完成后，最初由彭清一、姚雅男表演。周恩来总理看了后，认为其中穿插的几个芭蕾舞式的托举动作很不协调，而中央歌舞团一时没有改掉这几个动作。1962年12月26日为到访的蒙古人民共和国部长会议主席尤睦佳·泽登巴尔演出时，中央歌舞团又安排了这个节目。周恩来到场后看了节目单，才知道有这个节目，也没有要求临时更换。没想到在表演过程中，因为主角功夫不到家，不熟练，把弓掉在了台上，给周恩来总理留下了很不好的印象。

　　第二天，周恩来总理在紫光阁碰到了中央歌舞团的几位演员，在谈话中提到他对前一天中央歌舞团表演的《弓舞》的看法，再次提出《弓舞》中插入的几个芭蕾舞式的托举动作应该去掉，并认为这个问题的实质就是艺术上的民族化问题。周恩来总理指出，《弓舞》是以历史为题材创作的，那时男女习武，关系是很严格的，不能托来托去的，就是《铁弓缘》也只是扭了一下腰，怎么能硬把现代的西洋的东西塞到这时期中国人的生

---

① 金明：《〈孔雀舞〉的由来及其它》，《孔雀舞》，1982年，第5页。
② 本章所用资料，除注明者外，皆来自内部资料。

活中来呢？要求大家先巩固自己的民族基础，发展得很好了，然后再来兼容并收，不要那么着急学别人，不要妄自菲薄。周恩来总理认为《弓舞》不能代表中国舞，也不能代表东方舞、亚洲舞，反对将《弓舞》纳入当时正在筹拍的电影《东方舞集锦》之中。

得知周恩来总理对《弓舞》的意见后，文化部立即决定在电影《东方舞集锦》中暂不拍摄《弓舞》。中央歌舞团也更加注意在创作中保持民族民间的特色。1963年制定的《1963—1965年中央歌舞团各队业务规划（草案）》中，即提出要进一步树立起鲜明的民族民间的独特风格。舞蹈队要以表演中国汉族的民族民间舞蹈为重点，同时适当地表演各兄弟民族的民间舞蹈，并介绍一些优秀的外国民间舞蹈，以及表现现实生活的，具有战斗性的节目。在表演的风格上应做到既有地道的民族民间风格，又有刻画人物情感的表现能力；既能表演民间舞，也能表现革命英雄和建设社会主义的劳动者的形象；演出形式是小型多样的集体舞、独舞、双人舞和情节性的舞蹈小品，以及载歌载舞的节目。

1963年8月16日，周恩来总理在音乐舞蹈座谈会上发表讲话，进一步重申了文艺工作方针中的民族化与现代化等问题。[①] 1963年12月25日至1964年1月3日，中宣部召开音乐舞蹈工作座谈会，文化部及所属音乐舞蹈单位的负责人参加了这次座谈会。这次座谈会对过去工作加以评估，并探讨今后工作的出发点，进一步强调音乐舞蹈的革命性、民族性、群众性。

四、《红绸舞》与《飞天》舞的纠葛

中央歌舞团成立后，一直将《红绸舞》作为自己的保留节目，并不断加以修改。1953年，金明曾向抚顺京剧团的孟兰秋学了几个动作，尝试在

---

① 《六十年文艺大事记（1919—1979）》，第四次文代会筹备组起草组、文化部文学艺术研究院理论政策研究室，1979年10月，第207页。

《红绸舞》中加一段双绸舞,赴朝鲜慰问演出时,也曾由李淑子、李光淑试演过。由于当时对京剧的动作未作修改,原封不动地塞进舞蹈中,所以修改不成功。

"文化大革命"爆发后,中央歌舞团也受到冲击,文艺创作和演出陷入停顿状态。到1970年,上级决定文化部和北京市所属文艺团体只保留中央乐团、中央芭蕾舞团、中国京剧团和北京京剧团等4个样板团,其余文艺团体全部下放基层。5月,中央歌舞团除留下20人留守外,其余人员下放到怀来县沙城接受锻炼。到1973年,形势有所缓和,下放沙城的中央歌舞团舞蹈队、乐队和歌队成员开始恢复练功。1974年,下放人员从沙城回到北京,在工宣队领导下逐渐恢复业务工作。① 4月,中央歌舞团与东方歌舞团、中央民族乐团,以及中国歌剧舞剧院的舞蹈团和民乐队合并,成立了中国歌舞团。②

中国歌舞团成立后,因为要组织中国艺术团赴美演出,就选了三个舞蹈节目进行"重点加工",其中之一就是《红绸舞》。这个中国艺术团是在江青、刘庆棠的直接干预下组成的,在修改《红绸舞》过程中,刘庆棠等人对金明的修改不满意,硬要组成"加工班子",对《红绸舞》进行"革命化"的改造。此后在加工《红绸舞》过程中,江青、刘庆棠几乎三天两头有指示,他们认为《红绸舞》原来的秧歌舞太旧,要出新,还要增加高精尖的技巧。所以,加工后的《红绸舞》,虽然加了一些所谓"高难度"动作,如钻圈时加上翻筋斗,但破坏了原来协调、淳朴的民间舞蹈风格。音乐和服装也都改了,搞得音乐和舞蹈语汇都很混杂。不仅如此,为了提高难度,刘庆棠让原《飞天》演员徐杰也参加改编《红绸舞》,还让徐杰负责在《红绸舞》中加入一段女双绸舞。

舞蹈《飞天》是戴爱莲创作的,与《红绸舞》同样是中央歌舞团的获奖节目和保留节目。1950年代,戴爱莲在中央歌舞团工作期间,经常安排演员们到全国各地观摩学习,搜集舞蹈素材。1953年底,戴爱莲想给演

---

① 赵平等:《一路前行一路歌——孟于回忆录》,北京:北京回忆久久文化传媒有限公司,2012年,第104—109页。
② 《六十年文艺大事记(1919—1979)》,第238页。

员徐杰排一个古典《长绸舞》，但当时徐杰有别的演出任务，所以就派资华筠代替徐杰到东北去学习"长绸舞"，而金明也一直未放弃继续学习长绸舞的愿望，这次采风队就是由金明带队去的。到了东北后，大家兵分三路，金明带一队去学东北秧歌，还有一队去学单鼓，而资华筠和朴光淑单独去哈尔滨、佳木斯，向京剧演员吴蕊兰学习"长绸舞"。学习期间，资华筠也向徐杰和金明汇报过学习情况。回京后，资华筠和朴光淑举行汇报演出，戴爱莲和金明也都看了。资华筠后来回忆，因为艺人比较保守，她们只能在一旁偷学，加上当时年纪小，没经验，所以搜集到的素材不算丰富，但搜集到的一些绸花和素材还是为创作打下了一个很好的基础。

戴爱莲看了资华筠和朴光淑的表演后，又因很喜欢《天女散花》的故事情节，就想以此为素材创作一个舞蹈节目。在创作过程中，戴爱莲从"天女散花"联想到了敦煌莫高窟壁画中的飞天形象，于是就找来许多敦煌飞天的图片，贴在房间的墙壁上，随时研究舞姿。在敦煌飞天形象的启发下，戴爱莲仅仅用了一个小时，就排出架子来了，这是戴爱莲创作速度最快的一次，这个作品最初的名称也就叫做《飞天》。

戴爱莲当时有为徐杰创作一个独舞节目的想法，加上京剧《天女散花》本来也是由单人表演，所以一开始构想的《飞天》舞也是独舞。不过，戴爱莲在给徐杰排练时，又让资华筠当B角，参加学习排练。这样排练了大约两个月，刘行的音乐也写成了，就开始试排。试排的第一天，戴爱莲给徐杰排了一段，资华筠跟在后面学，戴爱莲看到她们两人同时做动作情景更美妙，突然灵机一动，觉得两个人表演比一个人更好，当场决定把独舞变成双人舞，并且十分顺利地利用一个晚上就把大致的轮廓排完了。

在创作排练过程中，戴爱莲请叶浅予来当艺术顾问，还带徐杰和资华筠去常书鸿、常沙娜家请教有关敦煌艺术的知识，又去欧阳予家拜师，观看梅兰芳的洛神，向他们求教，逐步地使《飞天》舞完善起来。敦煌飞天形象中也有绸子里撒花的造型，因此戴爱莲也想加入撒花，后来因受道具的限制，舞绸子时散不了花，没有能够实现这一构想。敦煌飞天的姿态是飘在空中的，腿在上面，身子在下面，可这在舞台上演员是很难做到的。虽然那时也有所谓钢丝飞人，但这是杂技而不是舞蹈。戴爱莲就要求演员舞起来，用飘然的舞姿来给人以天宫仙境的感觉。刘行为《飞天》谱写的音乐运用了九云锣，再加上一点人声，也使人听了宛若天籁。

演员的服装，戴爱莲认为最好是上衣、裤子，可是按照敦煌飞天的服装来设计，又太像印度服装，团里许多人认为裙子才能表现中国古典传统的特色，坚持认为演员应该穿裙子。可是，如果演员穿裙子，与飞天形象就相距甚远了，所以只得将这一舞蹈改名为《长绸舞》。1955年戴爱莲作为指导兼舞蹈队队长参加中国文化代表团赴印度尼西亚访问演出时，才将演员服装中的裙子改为裤子。回国后，夏亚一为这个舞蹈重新设计了服装，使这一作品实现了音乐、舞蹈、美术上的统一性与完整性，并且恢复了它原来的名字《飞天》。戴爱莲很喜欢这个作品，认为它的题材决定了它的方位很宽，想象力很丰富，动作和情感能够充分地发挥主题。

其实，在戴爱莲创作和排练《飞天》过程中，金明也曾邀请资华筠为他试排《长绸舞》，但资华筠因种种原因没有和他合作。在这过程中，金明很可能也为戴爱莲提供过一些素材。《飞天》排好后，第一次正式演出是1954年8月在怀仁堂，即招待英国前首相艾德礼及英国工党代表的晚会上。后来徐杰、资华筠表演的《飞天》还参加了1955年在波兰首都华沙举办的第五届世界青年联欢节，在舞蹈比赛中获铜质奖章。此后，中央歌舞团演出时，《红绸舞》和《飞天》经常同台演出，二者效果都很好，而且领舞的演员也是相同的。

但是在"文化大革命"爆发后，戴爱莲受到"四人帮"的残酷迫害，《飞天》舞也被否定了。当金明邀请徐杰负责在《红绸舞》加入一段女双绸时，徐杰想到《飞天》舞以后不会再演了，就把《飞天》的一段双绸移植到了《红绸舞》中，导致新版《红绸舞》增加的一段女双绸，从动作到舞台调度都与《飞天》相近，引起戴爱莲和其他有关人员的不满。大家都想不通，既然《飞天》是"黑"的，被打入冷宫，而塞进《红绸舞》怎么就变成了"红"的?

而且，在中央歌舞团内部，一直有不少人对新版《红绸舞》有意见，认为新版《红绸舞》不如原版效果好。1976年10月粉碎"四人帮"后，中国歌舞团解散。到1977年，中央歌舞团恢复了原来的建制，获得了新生。① 这时，中央歌舞团内一部分演员，尤其是一些老演员对新版《红绸舞》怀有一定的反感和义愤，反对继续上演新版《红绸舞》，所以团内对上演老版《红绸舞》还是新版《红绸舞》，一直存在着严重的意见分歧。而正在这时，《舞蹈》杂志上却发布了一篇文章，继续吹捧包括新版《红绸舞》在内的中国艺术团的三个舞蹈节目，将他们捧为"样板"，在中央歌舞团，甚至整个舞蹈界都引起了强烈反响。

当时中央歌舞团正面临着恢复保留节目和为出国演出准备节目的任务，是恢复原版《红绸舞》还是排练新版《红绸舞》，也成为摆在中央歌舞团领导班子面前的一个十分尖锐的问题。1977年至1978年间，在清查运动中，以程云为首的中央歌舞团领导小组经向上级请示汇报后，根据贺敬之的指示，责成中央歌舞团的资华筠、张奇、王元林等五人对新版《红绸舞》问题进行调查。调查报告逐级上报后，贺敬之和周巍峙都作过书面批示和口头批示，所以团里决定仍按原版恢复排练，1978年出国演出也用原版《红绸舞》，并得到文化部领导的肯定。

然而，金明对团里这样处理有不同意见，认为中央歌舞团为维护《飞天》而扼杀了《红绸舞》的创新，坚持上演新版《红绸舞》，所以此后团里仍一直存在争论。1979年金明还在舞协常务理事扩大会上公开表达了他对中央歌舞团决定不再上演新版《红绸舞》的不满。1979年，金明参加中央歌舞团第二演出队的领导工作之后，就在他所管辖的第二演出队排演新版《红绸舞》，而其他演出队都按原版演出，结果就出现了新版和原版在中央歌舞团内同时上演的局面。在金明成为团一级的领导后，中央歌舞团几次上演《红绸舞》，用的也都是新版，引起了很多议论。于是，原来负责调查此事的资华筠、张奇和王元林三人鉴于中央歌舞团领导班子有过变迁，文化部艺术二局也已成立，又于1981年8月20日再次向团领导反

---

① 赵平等：《一路前行一路歌——孟于回忆录》，第116页。

映了这一问题，希望在团内展开一定形式的调查，举办讨论会，以求妥善解决这一问题。此事也引起了文化部有关领导的重视。为了统一认识，1981年8、9月间，中央歌舞团团长边军先后召集了三次座谈会，文化部艺术二局音舞处的叶林也参加，专门讨论新旧版《红绸舞》的问题。

金明是《红绸舞》的原作者，也是新版修改工作的参与者，所以希望继续上演新版，而资华筠、张奇等人反对，所以在他们之间存在着较深的成见和意见分歧。第一次座谈会金明没有参加，主要是团领导和群众代表听取资华筠、张奇和王元林三人的意见，并就他们提出的问题在座谈会上展开了讨论。会后，团领导小组和叶林分析了座谈会上大家发言所涉及的问题，以及双方的思想情况，认为新版《红绸舞》所反映的问题比较复杂，有学术问题，也有运动中的是非问题和干部作风问题、艺术道德问题，还有历史遗留问题和"文化大革命"遗留下来的人事关系问题，其核心是运动是非问题和对金明的看法问题。这些问题纠缠在一起，不利于矛盾的解决。会后，团领导分别找到金明和资华筠等人，做了细致的思想工作。

8月29日下午举行了第二次座谈会。会上，首先由金明作了长篇发言，全面介绍了自己在《红绸舞》老版创作和新版修改过程中的想法和做法，但是在所谓"剽窃"《飞天》问题，"四人帮"插手修改工作等问题的看法上，双方在认识上仍有很大差距。在搞清了事实、明确了双方意见分歧之所在后，团领导和叶林再次分别找双方谈心，摸清了双方的思想脉络和座谈会交换意见后的思想变化。之后，陈若飞、边军、孟于和叶林共同研究了解决问题的方案，并再次作了深入细致的思想工作。到9月9日下午召开第三次座谈会时，气氛就比较和谐了，结果也比较理想。

通过这三次座谈会，化解了团员之间的成见和意见分歧，大家都认为应该将"四人帮"的做法与金明的工作区别开来，金明对"四人帮"有迁就、妥协的一面，但没有言听计从，改编后的《红绸舞》也不存在剽窃问题，而是"四人帮"插手干的。最后金明也表示愿意和同志们一起清除"四人帮"插手《红绸舞》造成的印记，重新加工完善这个节目，使之焕发新的光彩。边军也强调，《红绸舞》和《飞天》都是中央歌舞团的保留节目，不仅是该团的财富，也是国家的财富，希望金明今后要广泛听取意见，继续对《红绸舞》进行加工、修改，使它在原有的基础上更加"锦上添花"。

五、抢救民间舞蹈艺术

1977年中央歌舞团复员后，仍坚持发展民族民间艺术的方针，排练新老节目，培训演员，很快就取得了成绩。进入1980年代，社会上开始喜欢"洋"的东西，民族民间的方针受到冲击，中央歌舞团也遇到很大困难。

1980年8月，为繁荣舞蹈创作，加强艺术交流，选拔优秀人才和作品，丰富演出节目，文化部和中国舞蹈家协会在大连举办了第一届全国舞蹈比赛（包括独舞、双人舞、三人舞）。中央歌舞团派出代表队参加了这次比赛，出了不少节目，但是节目质量没有达到预期。大家都希望中央歌舞团能尽快恢复1955年到1957年那时的兴旺和荣光。为了加强新节目的创作，中央歌舞团设立了创作研究室，简称"创研室"。在创研室下，设立编导组、词曲组、舞美组、民研组和资料组。民研组，即民间舞蹈研究组，是吴晓邦在中央歌舞团举办舞蹈编导进修班时酝酿的，经张奇向文化部申请，1979年正式成立。民研组隶属于文化部艺术局，交给中央歌舞团领导，所以也是中央歌舞团的一个组成部分。民研组编制10人，最初只有张惠贤、李淑子、万文惠、邓必芬、姚燕毓、谷元盛、赵蕴如等7人。

民研组的主要任务就是抢救民族民间艺术。因为在"文化大革命"期间，许多民间艺人被当成"四旧""牛鬼蛇神"打倒，有的死了，有的老了，许多技艺还保留在他们身上，文化部艺术局希望民研组继承发扬以汉族为主的民间舞蹈艺术优秀传统，发掘、搜集、学习、研究、整理各民族民间舞蹈艺术，争取在两三年内做出成绩，能够出人才（出民族民间舞蹈教学研究人才）、出作品（出民族民间舞蹈研究著作），以及为中央歌舞团艺术创作和演员训练服务。

民研组成立后，即计划去各地调查、搜集民族民间舞蹈艺术。鉴于当时保留民间舞蹈艺术的有些艺人年事已高，学习与发掘是当务之急，必须抢时间争速度，抓紧学习、录像，只能先组织重点学习，再细致深入学习。学习方法是，每学一种民间舞蹈，记录地点、时间和艺人的年龄、性别、职业和简历，了解该艺术形式的源流、沿革，过去和现在的活动情况，详细记录该艺术形式的音乐、节奏、动作、姿态、步伐和形象。对当地的舞蹈形式，及时组织研究、讨论，明确它的特点、风格、主要动律和韵味，学习各种民间舞蹈也要学好、学像、学会，掌握不同流派的风格、特色、韵味、表现方法。

返团之后，凡参加学习的人员要先向团领导进行素材的表演和汇报，练熟后进行录像，所有文字资料和录像作为艺术档案收藏。他们打算在逐步积累资料后，再进行分门别类的整理，编排出由浅入深、由简到繁的系统的民间舞教材。为培训民间舞蹈演员，在研究整理民间舞蹈资料的基础上，进行教学实践，并为中央歌舞团的艺术生产服务，为民间舞蹈创作提供素材及文字资料，在可能的条件下参加创作实践。

但由于经费有限，民研组并不能大规模开展民间舞蹈艺术调查和搜集，只能按照先近后远，先汉族后少数民族的原则，采取走出去，请进来，先普遍再重点的办法，力所能及地开展调研工作。1981年，计划调查河北落子、撇扇、拉花、地秧歌、山东海洋秧歌、胶州秧歌、鼓子秧歌、福建彩球、莆仙戏、高山族舞蹈、江苏渔篮花鼓、黑扇、浙江畲族舞蹈等。这年9月，按照既定计划，民研组分成两个小组，第一组张惠贤、李淑子、葛文惠于9月1日前往山东青岛、胶县，然后折回济南。第二组赵蕴如、谷元盛、邓必芬于9月中旬出发去了烟台、海阳，10月中旬返回北京。姚燕毓先到胶县，然后到高河学棒舞，因为那里9月份要办训练班。然后，再到烟台或济南。姚燕毓此前还下去看过狮子大张口六个动作。两个小组成员皆回到北京后，11月份又派赵温茹、谷元盛、葛文惠到山西省去搜集、学习小花戏的舞蹈和崞县秧歌。

1982年，民研组计划继续调查山西小花戏、陕北秧歌、关中秧歌、青海花儿及藏族等少数民族舞，还要调查安徽花鼓灯和东北秧歌、二人转

（延边朝鲜族）。这年春天，因有陕西榆林地区文工团来京演出，所以第一季度大家留在北京学习陕北秧歌。第二季度，葛文惠去安徽学花鼓灯，张惠贤、赵蕴如去东北学秧歌和二人转，姚燕毓去广东学渔歌。1982年9月，在接待联合国教科文代表团到中央歌舞团参观座谈期间，民研组即为代表团表演了山东鼓子秧歌、海阳秧歌、胶州秧歌，河北秧歌和安徽花鼓灯。1982年第四季度，张惠贤、葛文惠和姚燕毓又去武汉学跳丧舞，还到石家庄和沧州学河北民间舞蹈。

1983年，民研组调查了云南花灯及傣族舞，贵州花灯及苗族舞，四川花灯、川剧及彝族、藏族舞，湖南花鼓戏及苗族、土家族舞，以及湖北和江西的民间舞蹈。1983年5月，胡耀邦对中国舞蹈艺术发展发表了重要意见，要求研究舞蹈艺术的特点和规律，大力发展中国的舞蹈艺术，注意保持民族特色。所以，1984年民研组主要调查少数民族地区的民间舞蹈，调查范围包括内蒙古、新疆、西藏和东北地区少数民族舞蹈。

1949年后，在中共领导的解放区和人民军队中发展起来的新文艺开始向正规性、专业性转变，文工团被改编为歌剧、话剧和歌舞等专业院团，发展剧场艺术。在这过程中，新文艺的民族民间基础不但不能削弱，反而从对苏联、东欧等社会主义国家文艺政策和文艺发展状况的了解中，深深感到应该加强。而且，参加世界青年联欢节文艺表演和文艺竞赛等国际文化艺术交流的需要，也进一步推动中国文艺，尤其是在音乐、舞蹈等领域要走民族民间的道路。中央歌舞团就是在这种背景下成立的，成立之后也以研究与发展民族民间舞蹈、歌唱艺术为方针，在表演上国内演出与国外演出并重。所以，中央歌舞团成立后，以汉族及各少数民族民间舞蹈艺术为基础，创作了《荷花舞》《孔雀舞》等许多优秀的民族民间舞蹈作品，而在世界青年联欢节文艺竞赛上获奖，也成为评判这些文艺作品创作成功与否的重要依据。

然而，民族民间舞蹈艺术形式一般很难直接搬上城市剧院舞台，须经过专业艺术家的加工和创作，使之成为适合舞台演出的舞蹈节目。在这方面，中央歌舞团取得了很大成就，很快进入了鼎盛时期。但是，芭蕾舞在中国的影响越来越大，民族民间舞蹈受到越来越大的冲击。"文化大革命"时期，包括民族民间舞蹈在内的各种传统舞蹈在"破四旧"的口号下被一扫而空，全国舞蹈表演成了以芭蕾舞为基础的千人一面的舞蹈模样，用消灭、批判、合并和三突出等方法，把各种舞蹈形式都统一在样板模式之内。

中央歌舞团复员后，仍坚持民族民间的方针，并成立民研组，抢救民族民间舞蹈艺术。但是，这一方针也遇到很大的时代挑战。中央歌舞团发展民族民间舞蹈的历史也表明，发展民族民间舞蹈是一个充满艰辛和曲折的道路。周恩来总理对《弓舞》的批评，中央歌舞团内部对新版《红绸舞》的意见分歧，以及胡耀邦对民族舞蹈的意见，都说明对民族民间舞蹈的加工创作也容易削弱其民族民间的特色。而且，自1953年文化部号召挖掘、整理和加工民族民间舞蹈后，对宫廷和庙堂舞蹈没有给予应有的重视，也导致这部分传统舞蹈没有能够完整地保存下来。此外，对少数民族舞蹈也重视不够，导致传统民族民间舞蹈遗产未能完整地继承下来。

第十二章
传统礼仪、现代意识与城乡融合*

——城乡二元结构下的中国殡葬改革

20世纪80年代以来，计划生育和殡葬改革成为民政部门面对的两大棘手的社会问题，引起了诸多社会矛盾，很长时间都是公开讨论的禁区，但只要对现实状况有稍微深入一点的调查，学者就可以发现其中的问题所在。① 笔者于2014年曾撰文《慎终追远：现代中国的一个童话》，对现代中国的丧礼问题做过一个总体讨论。② 在文章发表之后的七年之中，情况发生了很大变化。一方面，计划生育政策已经产生了重大调整；另一方面，殡葬问题长期掩盖的问题逐渐浮出水面，许多相关的争论引起

---

* 本章作者：吴飞，北京大学哲学系教授。

① 崔家田先生于2005年完成的硕士论文《从"无序"到"有规"》（苏州大学硕士学位论文，2005年）就已经开始对殡葬问题做了非常系统的研究，他后来的一系列文章，对殡葬改革之弊端都提出了深刻而尖锐的批评，如崔家田：《当前殡葬改革研究之反思》，《中共伊犁州委党校学报》2007年第1期；崔家田：《以罚代葬：一个变通行为的简略分析》，《河南科技大学学报》2008年第3期；崔家田：《关于当前农村殡葬改革的调查与反思：以河南为例》，《洛阳师范学院学报》2008年第1期；崔家田：《农村"土葬"之弊：事实抑或话语》，《武汉理工大学学报》2013年第1期。其中对"以罚代葬"和"土葬"的分析尤为精彩。

② 吴飞：《慎终追远：现代中国的一个童话》，《读书》2014年第4期。此文的扩充版收入吴飞：《现代生活的古代资源》，上海：华东师范大学出版社，2015年。

社会各方面的广泛关注。围绕殡葬问题的期刊论文和硕博士论文也越来越多，且不乏优秀之作，社会学、人类学、法学、经济学、历史学等领域的学者都贡献了不少扎实而客观的研究，尤其对周口平坟事件、江西砸棺事件、沂水殡葬改革、安庆殡葬改革等社会热点事件都有非常深入的个案研究，对于殡葬改革中比较集中的公墓使用问题、生态环保问题、节约土地问题、火葬土葬问题，也已经有了比较深入系统的理论研究。大多数研究著作已经不再只简单地重复现行殡葬政策的论调，学者中认真的田野调查、系统反思与理性讨论已经逐渐成为主流。民政部门也充分意识到了学者们的不同意见，愿意在不同场合听取学者们的讨论。但在2018年民政部草拟的《殡葬管理条例（征求意见稿）》，依然坚持了多年殡葬改革的基本论调，在广泛征求意见的过程中引起了多方面的激烈讨论和直率批评，以至于正式版迟迟未能发布。许多相关领域的学者期待殡葬问题能够像计划生育问题那样，有一个根本性的政策转变，但事实证明，殡葬问题比计划生育要复杂得多，困难得多。计划生育问题虽然引来各种争论，其核心问题仅仅是人口学的一个判断，是对人口预期与国家发展规划判断的分歧导致了不同的态度，问题较为简单。但殡葬问题牵涉到的，从现代学术看，是法学、经济学、社会学、人类学、民俗学、环境保护、生态规划、城乡规划等领域的诸多具体问题，而又有非常复杂的传统礼学、宗教学、哲学问题，其实质是，在现代中国的语境下，如何安顿人的生死问题。

笔者关注殡葬问题多年，对海峡两岸的城乡殡葬实践都曾做过田野研究，且与中国殡葬协会和民政部相关官员都有长期的深入交流。笔者坚持2014年的主要观点，对现行殡葬改革的指导精神和基本方向都是否定的，认为这既非理性的现代化建设之路，更在破坏中华优秀传统文化的基本精神。但较之前文，我也能够更深切地体会到政策制定者的良苦用心，甚至认为他们的考虑并非全无缘由。如何成功地走出殡葬改革的困境，是确立现代中国生活方式非常重要的标志。而这个问题，不是仅仅通过某项政策的简单改变就能实现的，需要我们全方位考虑各个方面，共同努力来解决。这里即试图从一个尽可能客观的角度，全方位地审视现代中国城乡殡葬问题所涉及的诸多方面,从而对现代殡葬所遭遇的核心困境做一个系统的解释。

一、中国现代化过程中的殡葬问题

有学者总结,中国当前殡葬改革的问题,可归纳为三个方面:一,运动式执法;二,公墓危机;三,二次土葬。① 这里准确概括了最明显、最急迫、最突出的三个问题,但殡葬改革中涉及的严重问题,还远远不止这些。至于这些问题背后的深层原因,更有待于我们进一步挖掘。笔者和前文的基本判断基本一致,即当前殡葬改革中面临的诸多问题,其核心是如何构建中国现代生活方式的问题。

在与西方现代文明全面接触以来,特别是经历了民国和共和国两次现代国家建设,中国的现代生活方式已经基本形成。其中有些方面是与大多数现代国家类似的,有些方面是中国独特的。成为现代国家最重要的标志,是建立一个强大的现代政治体,对全社会实行全面有效的理性控制,并以一个独立主权国家的身份,活跃于国际社会。1949 年建立的中华人民共和国,已经是这样一个强大的政治体,在军事上和政治上建立了现代中国,维护了其国际地位。20 世纪 80 年代以来,现代中国又通过市场的开放和经济的发展,大大丰富了中国人的现代生活。随着政治和经济上的建设,以及相应的科学技术上的发展,现代中国国家的社会治理能力也大大增强。当前中国国家的力量,可以有效地深入到全社会的每一个角落,触及每一个人。各级政府部门、法律部门和社会组织,就是国家治理的具体执行机构。那么,对于殡葬改革现代化,为什么它就几乎束手无策呢?

这就涉及现代生活的另一方面。一个强大、有力、富裕的政治体,为

---

① 王文晨:《法律如何移风易俗——我国殡葬执法的基本困境及解决路径》,西南政法大学硕士学位论文,2019 年,第 1 页。

现代生活方式提供了基本的保障，立下了一个基本的框架，但其中更具体的生活方式，却是一个更重要也更复杂的问题。毕竟，人才是现代生活的主体，一个现代中国人该如何安排他的日常生活，如何确立他的生活理想，如何与他人交往，如何建立和管理自己的家庭，乃至如何安顿他的生与死，才是现代生活中最核心的内容。一个现代人当然要遵纪守法，要在国家确立的政治制度、经济规则、法律规范之下来生活，但这些毕竟不是其生活的全部内容。计划生育和殡葬改革，一是关于生的，一是关于死的，都直接关系到现代中国人的生活方式，也关系到现代国家的总体规划和有效治理，都是非常根本的大问题，也是非常具有中国特色的问题。而在这两个问题上，国家政策都曾陷入困境。在计划生育问题上，我们经过相当长时间的曲折和徘徊，终于有了一个比较好的解决方式；在殡葬问题上，我们已经有了更长期、更困难、更复杂的曲折、博弈、徘徊，迫切需要一个理性的解决方式，安顿现代中国人的死亡。

从现象上来分析，中国殡葬问题大致可分为城乡两类，也是当代中国城乡二元结构的一种特定反映。我们首先分析矛盾最突出、最激烈、最容易引起社会关注的农村殡葬问题。

相对而言，农村地区比较多地保留了家族形态、传统礼仪、民间宗教和人际关系，但这并不意味着农民就不够现代。根据笔者长期对农村地区的田野调查，当代中国农民对于现代政治制度和法律规则、经济模式与市场规律等的接受，是非常彻底的，而且都已不是被动地接受，而是相当主动地运用，从而缔造了他们自己的现代生活。因而我们特别需要注意的是，农村地区经济发展与现代化的程度，与接受殡葬改革的程度，并不成正比。

从民政部门的政策和执法方式看，似乎认为传统的土葬方式和丧葬礼仪就是与现代化相对立的，因而，殡葬的现代化，首先是要尽力推广火化和追悼会，"移风易俗"，打击披麻戴孝、跪拜祭祀、僧道超度、收份子钱等种种礼俗，消灭家族墓地，建立公墓。而农村殡葬改革中的政策导向，以及由此导致的各种群体性冲突，都与这一观念有关。而之所以会出现如此多的事件，根本原因在于，这一系列现代殡葬制度，特别是火葬制度，没有得到农村居民心悦诚服的接受。现仅列举若干案例。

2003年秋季，贵州省清镇市开始大力推行火化政策，将某村偷偷埋葬的一位死者尸体强行挖出火化，导致死者家属和村民数百人的联合抵制，此后政策还以停发工资、限制子女入学、停发低保和养老保险的方式推行火化，当地村民虽勉强接受，但仍然采取各种方法规避政策。①

20世纪90年代，河北肃宁县民政部门强有力地推行火化，使广大农民普遍接受了火化，在周围若干县市中成为典范，但在2008年奥运会前夕，由于其火化炉环保指数不达标，对空气污染过重，为了保障北京奥运会召开时能有更清澈的蓝天，政府下令暂停火化，一时之间，土葬之风迅速恢复，奥运会结束后，火化也没能再恢复。②

2012年3月，河南省周口市为了增加粮食产量，展开了轰轰烈烈的平坟复耕运动，短短几个月就平掉了200多万个坟头，但也引发了激烈的社会矛盾和舆论批评，11月，国务院颁布第628号令，删除了《殡葬管理条例》第20条"拒不改正的，可以强制执行"的字样，平坟运动才宣告结束，而许多被平掉的坟头也迅速得到了恢复。③

国务院的这一举措虽然使得很多地方殡葬改革的强制执行模式得到缓解，但还是没能完全阻止此类事件的发生。2014年，安徽省安庆市强制推行火葬，强行收缴棺木，导致一些农村老人在火葬期限之前自杀，带来非常恶劣的影响④。

2017年，江西省多地为了推进殡葬改革，强行收缴农民棺木，造成了激烈的冲突，导致了非常恶劣的影响。⑤

---

① 曾顺岗：《清镇市丧礼仪式的历史、现状与传统宗教文化的关系》，中山大学博士学位论文，2014年，第2—3页。
② 来自笔者的田野调查。
③ 焦长权：《魂归何处："阴宅"的法律属性和社会功能初探》，《中国农业大学学报》第30卷第2期，2013年6月，第59—66页；于倩：《公序良俗原则下"平坟复耕"政策的法律思考》，天津商业大学硕士学位论文，2014年；宋子博：《周口"平坟复耕"事件中的法律问题研究》，重庆大学硕士学位论文，2015年；黄艳：《法律何以失效：以周口平坟事件为例》，《社会中的法理》第8卷，北京：法律出版社，2017年，第119—146页。
④ 详细过程可参考罗妞：《安庆市殡葬改革中的文化冲突研究——以"寿材回收"事件为例》，云南师范大学硕士学位论文，2017年。
⑤ 胡卫卫、于水：《策略行动、草根失语与乡村柔性治理》，《甘肃行政学院学报》2019年第1期。

这是近些年引起巨大社会关注的殡葬改革运动式执法事件，王文晨的研究中也列表统计了2005—2018年中若干起引起重大冲突的殡葬改革冲突。① 但其中统计的只是在公共媒体上披露出来的事件。在全国范围内，类似的，甚至更加激烈、更加恶劣的事件还有许多。笔者在田野调查中就遇到过很多强行挖坟火化，从而引起激烈冲突的事件，也知道很多人家为了规避这样的结果而不办丧礼、偷偷埋葬的事件。很多农村和小城市居民是不接受火化的。② 而且，根据笔者在田野调查中获得的第一手资料，在比较团结的农村，是很少有人举报的，而一旦有人举报，民政部门通常会帮他隐瞒身份，因为举报者的身份一经曝光，就会遭到全体村民的普遍排斥，成为该村的叛徒和边缘人。因而，农村中大部分规避政策的行为是成功的，因为举报了而引起的冲突是相当少的，而这些冲突中被诉诸媒体，引起广泛关注和激烈讨论的，又占少数。所以，这些"著名"的殡改事件，在全国范围内只是冰山的小小一角而已。由此可见，殡葬改革在农村地区的强制执行非常不得人心，严重恶化了政府和群众的关系，削弱了民政部门和政府的威信，也败坏了农村道德风气和礼俗秩序，可以说有百害而无一利。

各地政府花了这样的代价，殡葬改革又带来了多大的成效呢？很多地区轰轰烈烈的殡改运动过去之后，农村殡葬大多恢复了原状，即便在没有恢复、人们接受火化的地方，也往往是二次土葬，即将骨灰盒重新装棺埋葬，起坟头，费尽九牛二虎之力完成的火化完全成了形式，没有任何收益。焦长权的研究也显示，河南周口平坟事件，号称是要平坟复耕，但所平的200多万个坟头大多在不适宜耕种的地区，平坟之后得到的耕地也非常之少。以"平坟复耕"为口号的平坟运动的真实目的根本不是增加耕地，而是为了置换"新增城市建设用地指标"。③

---

① 王晨文：《法律如何移风易俗——我国殡葬执法的基本困境及解决路径》，第29页。
② 陈柏峰的研究显示，在有二次葬传统的地区，农民会更容易接受火化。参见陈柏峰：《火化政策的实施与丧葬仪式的变迁：基于江西安远县的调查》，《南京农业大学学报》第12卷第3期，2012年7月。
③ 焦长权：《魂归何处："阴宅"的法律属性和社会功能初探》，《中国农业大学学报》第30卷第2期，2013年6月，第59—66页。

从 2017 年以来，山东沂水反其道而行之，不再在殡葬问题上强行执法，而是通过民政福利的方式，推行"殡葬全免费"，即凡是持有沂水户籍者，均免除遗体运输费、火化费、骨灰盒费，并免费使用国家建设的公益性公墓，取得了很大的成功，被树为"全国殡葬综合改革试点地区"，沂水经验也被推广到全国各地。沂水的殡葬改革，在根本理念上不仅没有任何变化，甚至还有过之而无不及。在很多其他地区，农民虽然被动接受了火化，但还是能够保持传统礼俗，甚至可以二次土葬。沂水通过这样的柔性政策，诱导农民接受火化、追悼会和公墓，主动放弃披麻戴孝等传统丧俗。由于没有发生恶性冲突，农民还能得到福利，沂水殡葬改革的效果表面上看当然要好得多。但是，殡葬改革的症结并不仅仅是政策执行是否强硬，也不仅仅是殡葬花费（天价墓的问题主要出现在城市，对农村来说并不是最大的问题），这种方式究竟能在多大程度上解决问题，却还是大有疑问的。有研究指出，农民对殡葬改革的接受还是相当表面的，人们对这种柔性政策是并不认同的，只是碍于政策压力，不得不做做样子。比如对于公墓，很多人只是象征性地接受一个假公墓，真正的遗体还是埋葬在自家的地里。很多沂水农民的做法是，白天从火化到安葬，由于都有民政部门的人监督陪同，人们不敢不从，只能走完全部流程。但到了晚上没有人管的时候，他们又会去将骨灰挖出来，偷偷埋到自己的家族墓地中去，因而，公墓大部分都是空的。长远来看，广大农民并不接受这样一种安顿死亡的方式，它并不能够真正解决问题。①

无论是强行执法，还是福利引导，农村殡葬改革的基本思路有两点，首先是节省土地，其次是改变礼俗。节省土地，是从国家全面有效治理的角度考虑的，是现代国家治理技术的应有之义，通过推广火化以减少坟头，通过建立公墓以增加耕地，包括周口平坟复耕，都是出于这一目的。但从实际效果来看，二次葬使得节省土地的效果完全无法达到，建立公墓虽然暂时增加了土地，但由于公墓是类似城市公墓的硬壳构造，无法

---

① 李聪强：《山东省沂水县殡葬改革的问题研究》，山东大学硕士学位论文，2020 年，第 33—35 页；武玮：《山东省 H 县殡葬改革研究》，山东科技大学硕士学位论文，2019 年，第 36—38 页。两篇硕士论文都揭示了沂水县殡葬改革的问题，但没能深入研究。实际情况要比他们写的严重很多。

风化，长远来看势必造成新的土地占用，会是比私家墓地更严重的一个问题。以这样的殡葬改革来节省土地，是没有多大意义的。

而另一方面，则是所谓的移风易俗。这一思路自民国时期，就在全盘西化的观念下产生了，似乎中国的民间信仰就代表着落后，与现代化是对立的，披麻戴孝、上香祭奠、僧道超度就是应该被革除的陋俗，追悼会、敬献鲜花就代表着现代、进步和文明。在根本上，这既是对中国文明传统的一种自我否定，更是无视宗教信仰平等的狭隘之见。

面对现代殡葬改革，各地农民逐渐形成了自己的应对措施，产生出修正的民间礼俗。在土葬与火化之争非常激烈的地方，有些人为了避免强制火化，老人去世了也不声张，不举办任何丧礼仪式，连夜偷偷地把老人葬在墓里，哪怕不起坟头，也已经实现了入土为安的目的。有些地方将丧礼改到了晚上，举办完毕之后天才亮，也就避免了举报和追责。他们这里省去的很多仪式，本来是传统丧礼中非常看重的部分，而今为了入土为安就都顾不得那么多了。强制火化的殡葬改革政策，对传统文化、群众信任、村庄和谐等几个方面，可以说都带来了不可估量的损失，对农村文化的生态平衡，造成了严重的破坏。

在国家大力推广火葬制度的同时，历次殡葬法规，包括2018年版的《殡葬管理条例（征求意见稿）》中却又规定，尊重少数民族（主要是信仰伊斯兰教的各个民族的丧葬习俗），尊重伊斯兰教的丧葬习俗，穆斯林不必火葬，这本身没有问题，但为什么其他民族，特别是占人口大多数的汉族的儒家丧葬礼俗就不需要尊重，而要强制执行火化政策？无论从民族平等的角度还是从发扬优秀传统文化的角度，这都是极不合理的一条政策。[1] 早有宗教学者指出，建国以来汉族地区将民间宗教当做封建迷信打击的做法，严重破坏了各宗教之间的生态平衡，反而为西方宗教的广泛传播扫除了障碍。[2] 在殡葬问题上区别对待，固然出于向少数民族倾斜的宗教政策，但势必再次破坏宗教生态平衡，产生更加严重的后果。

---

[1] 参考汪俊英：《我国现行殡葬立法之反思》，《学习论坛》2018年第10期，第86—90页。
[2] 牟钟鉴：《宗教生态论》，《世界宗教文化》2012年第10期，第1—10页。

殡葬改革节省土地的做法，与敌视民间信仰的心态，是紧密相联的。如果能够尊重礼俗传统和宗教多元，就不会出现各种强行执法和打击民间信仰的做法，节省土地的目的未必就不能达成。

二、城市殡葬问题

沂水方式的思路，是将农村殡葬问题转化为城市殡葬问题。殊不知，在今天的中国，并不只是农村地区存在着严重的殡葬问题，城市地区同样存在着严重问题，只不过其问题的表现形式不同而已。沂水这一思路的结果，会将城市殡葬问题与农村殡葬问题叠加在一起，最终导致更加严重的后果。就此，我们来看看城市殡葬改革中出现的一系列问题。

城乡二元结构，是现代中国一个非常突出的特点，在殡葬问题上也有非常明确的体现。民国时期，城乡生活的方式虽略有不同，上海等大城市也出现了经营性的公墓和殡仪馆，但城乡差别还不是很大，因为中国全面的现代化和城市化还没有真正开始。1949年共和国建立以来，城乡之间在制度和经济上都开始拉大距离，也逐渐反映到殡葬政策和风气上。1956年，当毛泽东等国家领导人率先提倡火葬的时候，直接受到影响的就是城市，国家内务部拨出专款，在城市地区兴建火葬设施。1965年，内务部颁发了《关于殡葬改革工作的意见》，开始在全国范围内大力推行火葬。"文革"期间，伴随着"破四旧立四新"运动，很多殡仪馆和公墓被毁，只剩下非常简单的火葬功能。到80年代，原有的火葬场改名为殡仪馆，逐步增加了一些殡仪服务，而国家强制火化的时代也真正开始。① 随着改革开放的全面推开，中国大规模的城市化全面展开，主要体现在两个方面。其一，随着城市经济的发展，城市规划和管理变得越来越严格；其二，伴随市场经济的全面展开，城市愈益成为市场经济发展的基地。而这给殡葬改革带来了两方面的影响。

---

① 参考张丽丽：《中国殡葬制度演进的经济学研究》，第25页。

第一个方面，城市殡葬活动，会大大影响城市秩序，因而，为了推进城市化过程，国家对殡葬活动的全面管控越来越严格。在改革开放初期，城市人民并没有严格被强制火化，因而还有很多城市工作人员在去世之后，回乡土葬，或是即使在城市火化入公墓，也可以在家里摆设灵堂，接受吊唁，在城市街道上大规模出殡举丧。单位制虽然是中国城市化最初的重要标志，但它在现代城市构造了一种新的熟人社会，人们的交往方式与传统农村社会非常相似，这对传统丧礼反而是一种保护。在同一单位居住的大院里摆灵堂，同一单位的同事前来助丧和吊唁，这种丧礼模式和农村的丧礼模式非常相似。在城市街道没有拓宽、车辆还不是很多，甚至有很多胡同的时代，丧家可以按照传统的礼仪出殡，出殡队伍对城市生活不会造成太大的影响。笔者幼时，在城市街道上曾经常看到出殡哭丧的队伍，与农村没有大的差别。随着单位制被逐渐打破，商住小区越来越普及，城市居民也不再居住在熟人群体当中，在大院中搭设灵堂的方式越来越不为城市居民所接受，也遭到城市管理部门的禁止。面对这样的情况，城市居民大多只能在自己家中设置一个简单的灵堂。在灵堂守丧和吊唁，是传统丧礼中极为核心的部分。城市管理的要求，使城市居民不得不越来越缩小自己灵堂的范围，最后只能缩到室内。① 至于出殡，随着车辆的增加和城市马路的拓宽，城市街道上的出殡活动早已消失，但很多人对此仍然不是很甘心，最初改为灵车出殡，即，送殡的若干辆汽车形成出殡队伍，丧家从车内向外抛洒纸钱。但后来，这种抛撒纸钱的行为也被禁止，只是在殡仪馆或公墓附近，人烟稀少、管理较松的路段，还是被允许抛撒部分纸钱。还有与殡葬相关的一个方面，就是在重要的节日，如清明节、中元节、十月初一、死者忌日等，按照习俗，亲属应该到墓地祭奠死去的亲人，如果住得太远无法前往，就可以在十字路口烧纸钱。农村居民大多可以亲自到墓地祭奠，反而不存在这一问题；而较大的城市往往有很

---

① 城市灵堂带来的冲突，虽然没有多激烈，但至今仍然存在，特别是在一些城乡结合部。比如北京大学的肖家河小区，分为两部分，一部分是北京大学教师的居住区，另一部分是当地农民回迁户的居住区。回迁户保持着原有的习俗，遇到丧事时会在小区中搭设灵堂，而另一部分居住的北大老师对此就非常不满。类似的冲突时有发生。

多外来人口，他们不可能经常回乡祭奠，于是，在十字路口烧纸就成为现代中国城市非常独特的景观。每到清明节、中元节、寒衣节等重要的日子，不少城市的十字路口就会点起一堆一堆的纸钱，第二天早晨，环卫工人就不得不清扫这些纸钱堆。无疑，这样的事情对于城市街道管理、空气环保，乃至城市防火等，都会带来一定的问题。有些城市和社区采取了各种措施制止这样的行为，但这样的烧纸实践还是非常顽强地存活了下来。与此相关的一个问题是，在殡仪馆和公墓，人们都希望能有允许烧纸的地方。但在统一管理的公共区域和墓前烧纸，是非常危险的。多数殡葬单位采取的方式，是在划定的区域，允许人们统一烧纸，一般是根据属相，分成不同的烧纸区。但也有管理较严格的殡葬单位，完全禁止烧纸（如北京天寿园）。这给家属的祭奠带来了非常大的麻烦。烧纸钱是重构传统丧礼极为核心的部分，但大规模烧纸钱会造成空气污染，对城市管理非常不利。中国城市全面禁止春节放鞭炮，已经引起了很大争议，烧纸与之类似，城市管理部门虽然试图管理，但无法根本禁绝。可以说，灵堂、出殡、烧纸这几个方面，都是现代城市管理与传统丧礼相冲突的方面。数十年来，城市管理与城市的民间丧葬实践之间进行了非常有趣，也非常微妙的猫捉老鼠般的博弈。面对城市管理越来越严格的情况，民间丧礼实践虽不断退缩，却仍然非常顽强地存在着，甚至发明出不少适应城市居住环境的新礼俗，与农村二次土葬的新礼俗非常类似。

第二个方面，就在国家在城市大建公墓、推行殡葬改革的同时，殡葬行业的市场化时代也到来了。改革开放初期，殡葬行业的市场化就开始了。从20世纪80年代中期到90年代，民间私营公墓逐渐发展，特别是台商抓住机遇，在沿海、沿江，乃至内地城市进入殡葬市场。一段时间内，公办的殡仪馆和公墓处于亏损状态，但从90年代后期开始改变经营方式，逐渐转亏为盈。而民间兴建的殡葬相关各企业也迅速发展。2004年，民政部门取消了对殡葬用品和殡葬服务的各种限制，民营殡葬行业迅速发展，开始进入殡葬业的暴利时代。① 2009年之后，国家采取一系列措

---

① 张丽丽：《中国殡葬制度演进的经济学研究》，第27页。

施，将殡葬服务向福利化和生态化方向推进。但就目前而言，福利化方向与市场方向仍然是并存的。对于多数有一定经济基础的居民，市场化方向仍然是首要的选择。

殡葬行业的市场化，特别是台商进入大陆殡葬市场，向另一个方向推动了城市居民的殡葬观念。固然，市场化会引导消费者的产品选择，但市场的引导必须建立在满足消费者的基本需求上，因而殡葬市场中受到欢迎的，往往是消费者比较偏好的产品。在国家强制现代殡葬改革的同时，殡葬市场却给了人们更多的选择空间，不能不说是对殡葬文化一种非常有益的平衡。尽管国家强制的殡葬行为难以轻易改变，在市场化充分放开之后，却可以满足殡葬消费者的各种文化需求。墓地、礼仪服务、宗教超度服务、寿衣、冥币、骨灰盒等各种传统殡葬产品，像雨后春笋般出现在市场上，供消费者选择。特别值得一提的是，台商进入大陆殡葬市场后，给死气沉沉的大陆殡葬业带来了不小的影响。

台湾殡葬业也曾经历过艰难的现代化过程。[1] 在其现代化的初期，台湾丧葬政策也长期无法推行。后来在多方面影响之下，台湾殡葬政策在结合传统丧葬礼俗和现代精神的原则下，得以成功推开[2]，其间，傅伟勋先生提倡的生死学起到了重要作用。[3] 笔者于2010年访台期间，曾参观了台湾的金宝山、龙岩人本、慈济功德林，以及台北第二殡仪馆等殡葬单位，对于其殡葬状况有了一定了解。台湾并没有强行推进火化，而是以宗教组织、慈善组织、社会企业等各方力量，综合从事殡葬服务，殡葬收费高低不等，为不同收入的人群提供了各种选项，殡葬从业人员有非常专业系统的职业培训，素质较高。在殡仪馆中，由殡葬服务人员分别组织家祭和公祭，其实是将灵堂功能移到了殡仪馆中。笔者印象最深的是，每到台湾各级选举的时候，候选人常常会到殡仪馆来，与丧家交往服务，以此拉取选票，由此可见殡葬在台湾社会中的地位和影响。

台商进入大陆殡葬业，最直接的影响有两个：第一是将市场机制引入

---

[1] 详见李民峰：《台湾殡葬史》，台湾殡葬礼仪协会，2014年。
[2] 林幸颖：《台湾地区汉族殡葬礼俗管窥》，《人民论坛》2011年第7期。
[3] 傅伟勋：《死亡的尊严与生命的尊严》，北京：北京大学出版社，2006年。

了已经放开的大陆殡葬市场,第二是将台湾的一些殡葬服务引入大陆。大陆殡葬行业市场化初期,很多地区的公墓受到了台湾金宝山的影响,甚至有不少大陆公墓直接复制金宝山的建筑、公墓样式,乃至金宝山的名字。而更重要的是,大陆的许多殡仪馆,将台湾的殡仪模式也引入进来,这给大陆殡葬业带来了极大冲击。传统上,大陆追悼会模式被称为"一三一模式",即致一篇悼词,鞠三个躬,转一圈,相当简陋和程式化,没有多少实质的哀悼表达,为多方面所诟病。而在台商进入的城市,如重庆、上海、贵阳、昆明以及闽粤沿海各城市,殡仪馆中开始建立灵堂,并参照台湾模式,修正一三一模式,形成新式遗体告别仪式。城市居民不便在家搭设灵堂和守灵的,可以在殡仪馆中守灵,甚至可以在殡仪馆里安排超度等宗教活动。现在在很多地方殡仪馆,会兼有告别厅和灵堂。死者若有公职在身,则一般要使用告别厅,追悼会上要有单位领导致辞,按照一三一模式举行遗体告别仪式,然后火化,但在火化之前的停灵期间,则由家属在灵堂守灵;死者若没有公职,则主要使用灵堂,或是由家属决定租用哪种场地。在台商没有进入的时候,火葬场虽然早已改名为殡仪馆,但大陆居民还是习惯上把它当做火葬场,即,那是遗体火化的地方,虽然有个遗体告别仪式,但也是形式大于内容。一般的亲戚朋友非常看重守灵期间灵堂里的吊唁,随着城市管理对灵堂的压缩,守灵期间的吊唁已经无处可去,最后一天的遗体告别仪式变得越来越重要,但告别厅是公共场所,一场一场安排得极为紧凑,根本没有足够的时间表达哀情、告慰家属,使得丧礼变得越来越简陋。现在这种在殡仪馆设灵堂的方式,稍稍弥补了缺乏吊唁机会的遗憾,不过由于殡仪馆一般都在郊区,平时过去很不方便,亲戚朋友很难在守灵期间前往吊唁,但还是会有一些至亲会专程前去,包括陪同孝子守灵,因而许多灵堂旁边也安排了沙发、床,甚至麻将机等,供守灵人士使用。虽然像北京这样政治管理严格的城市,殡仪馆中的这类灵堂还没有推开,但在越来越多的南方城市,殡仪馆中的灵堂得到了普及和接受。应当说,在现代城市管理中,这种模式为保留传统丧礼开辟了一条难能可贵的途径。

20世纪90年代以来,大陆的公墓建设也越来越深入和精致。私营公墓力图将墓园打造成园林式建筑，尽可能解决死人与活人争地的问题，推出了各种价位、各种品质，包括按照各种宗教信仰设计的墓地，也尽可能满足客户的下葬要求。各墓园中比较常见的是二十四孝图、十二生肖像、十八罗汉造像，甚至李世民地府还魂图，等等，与传统丧葬、孝亲相关的装饰，"慎终追远、民德归厚"等字样也随处可见。各大墓园中一般会有佛教区、基督教区、红色文化区等。而风水师也开始活跃于各大墓园，传统宗教信仰与现代墓园联手，形成颇有门道可寻的选墓市场。① 有些天价墓地可以高达数百万人民币，一个家族墓地就是一个祠堂，有专门保安看护，其中有与家族相关的各种资料；也有被业内人士称为"集体宿舍"的骨灰寄存塔，一个塔位仅有几千元。随着民政部门对墓地大小的规定出台，此前的旧式墓地被囤积居奇，倒手后可以盈利数倍。而子女在父母生前就为其购置墓地，不仅成为一种孝心的表现，而且据说可以使父母延寿，就像旧时代生前选址和备棺木一样。可以说，围绕着当代殡葬业，已经渐渐形成了一种新的丧葬文化和孝亲思想。

不过，随着城市墓园的发展，一个必然面临的问题也让各方人士越来越头痛，那就是墓园的使用期问题。墓园中的墓地，干净整洁，每天有专人打扫，看上去确实非常漂亮，但是，这样的墓地，特别是地上的墓碑和雕塑，都是硬质构造，不会轻易风化，不刻意破坏的话，成百上千年都会屹立如初，但死亡人数会不断增加，公墓越来越多，早晚会有饱和的时候。比起农村土坟对土地的占用来，这是一个更加棘手的问题。土坟上面虽然不能再耕地，但毕竟主要是土，会随着时间而风化，即使不风化，也不会对环境造成实质的破坏。在如此重视丧葬文明的中国，数千年的文明留下了不知多少墓地，但我们并没有见到荒冢累累的景象，因为长期的风化在自然清理着古老的坟茔。

但大理石的石碑，却是实实在在的存在，成片的石碑连在一起，其间即使长出再多的绿色植物，也已经大大改变了土地的使用方式。如果不是

---

① 如有些商家会借助风水师的力量，推销某些墓地；但比较熟悉墓园伎俩的丧家则会另外找信得过的风水师，真正按照风水原理选墓。风水师、丧家与墓园之间的微妙平衡，在很多城市已经成为一个值得研究的现象。

人为地去破坏，大自然已经无法为我们的子孙后代清理现在这些墓地。城市公墓对土地使用的破坏，从长远来看要严重得多。而沂水县的农村公墓，如果真的长期广泛铺开，一定会带来同样的问题。这就是公墓制度的可怕之处。

为了解决这个问题，民政部门着手进行的，有两方面的措施。第一，是推广公墓租期制度，以便将来循环使用墓地；第二，是大力推广树葬、草坪葬，乃至海葬等所谓的生态葬法。但这两种做法都没能达到预期目的，无法真正解决问题。

对公墓采取租期制度，是为了能够循环使用墓地，或将墓地转为他用，解决墓地资源紧张的问题，但这里面涉及很多复杂的法律问题、社会问题和文化问题，不是很容易解决的。纵观世界各国对同类问题的法律规定，我们看到，德国勃兰登堡对墓地使用权的规定是20年，墓地使用者不能续期，经营者可以收回再次售卖或另作他用①；日本《公墓法》规定，只要不是无主坟墓，坟墓可以世世代代永久使用，只要继承人交付足够的费用②；美国判例法中对墓地没有明确规定，但各州的墓地基本可以永久使用，没有使用期限。③ 目前，虽然有些地方性政策倾向于规定期限，并推动公共墓地的循环使用，但国家并未出台相关的统一规定，那些地方性的规定并无上位法的法律根据。这里涉及的一个相当根本的法律问题是，墓地到底是属于谁的，是一种怎样的财产？在各国的法律规定中，墓地都被当做了物权法的范畴。但墓地又是一种非常特殊的财产。根据《精神损害赔偿解释》第三条规定，④ 尸体、骨灰等属于死者的人格利益，也关系到死者近亲属的精神利益。⑤ 对遗骸、骨灰和墓地的侵害，都

---

① 靳尔刚主编：《国外殡葬法规汇编》上册，北京：中国社会出版社，2003年，第70页。
② 靳尔刚主编：《国外殡葬法规汇编》上册，第108页。
③ 靳尔刚主编：《国外殡葬法规汇编》下册，第705、758页。
④ 这条原文如下："自然人死亡后，其近亲属因下列侵权行为遭受精神痛苦，向人民法院起诉请求赔偿精神损害的，人民法院应当依法予以受理：（一）以侮辱、诽谤、贬损、丑化或者违反社会公共利益、社会公德的其他方式，侵害死者姓名、肖像、名誉、荣誉；（二）非法披露、利用死者隐私，或者以违反社会公共利益、社会公德的其他方式侵害死者隐私；（三）非法利用、损害遗体、遗骨，或者以违反社会公共利益、社会公德的其他方式侵害遗体、遗骨。"
⑤ 参考黄艳：《我国经营性墓地使用权法律问题研究》，广东财经大学硕士学位论文，2016年，第28页。

构成了对死者人格尊严、人格利益的侵害①,也是对其近亲属的精神伤害。死者并不因其已死和不再具有行动能力而不再受到法律的保护,对死者尊严的保护也是对法律自身尊严的维护。因而,严格说来,只有日本和美国那种永久性的墓地使用权,才是最充分保障死者尊严的。但是因为土地资源有限等种种原因,很少有国家能做到日本和美国那样,因而才会有年限的规定,不过当我国媒体上针对墓地使用权展开讨论时,引起了人们的强烈反感。但如果没有期限的规定,墓地资源紧张的问题势必很难得到有效的解决。基于中国文化中对丧葬和墓地的重视,不仅死者亲属无法接受使用期限和循环使用的解决方式,新的购墓人也很难同意购买曾经被使用过的墓地。相信,在未来的相当长时间内,这会是一个非常棘手的问题。②

民政部等九部门2016年2月24日联合发布《关于推行节地生态安葬的指导意见》,鼓励人们进行海葬、树葬、草坪葬等生态葬法,不留骨灰,这就从根本上解决了墓地使用的问题。但是,大部分老人仍然很难接受生态葬。目前看,城市中文化较高、西化程度较高者比较愿意接受生态葬,大部分人仍然不能接受。即使老人愿意接受生态葬,其子女也很难接受以这种方式对待自己父母的遗骸。各种生态葬形态,虽然也会以特定的礼仪或纪念物,来表达生者对死者的纪念,但毕竟没有留下有形的坟墓,与长期流传的传统,以及被传统塑造的观念是背道而驰的。虽然有部分人不在乎死后遗存,但这毕竟难以成为最主流的殡葬方式,很难真正解决墓地紧张的问题。

事实上,像树葬、草坪葬、花葬等生态葬方式,将骨灰作为肥料葬入地下,其在生态环保意义上与传统土坟是类似的,只是没有留下有形的坟头而无法得到传统观念的接受,因为它不具有承载传统文化的功能。从土坟到大理石公墓,再到生态葬,殡葬改革的历史讽刺性地走了一个循环,似乎又回到了原点。本来,完全传统的土坟虽然从现代的角度看不够美观,不够整洁,但并不会对生态环境造成多大破坏;而且君子之泽,五

---

① 易继明、周琼:《论具有人格利益的财产》,《法学研究》2008年第1期,第3—15页。
② 陈耀东、王丹丹:《私法视域下的公墓及经营性公墓使用权》,《南开学报》2016年第4期,第38—52页。

世而斩,传统宗法向有小宗五世则迁的惯例,五代以上的祖坟,一般就不再培土,慢慢风化了。正是现代墓园制度造出了这么多无法自然风化的大理石公墓,才给后人们提出了如何处理的艰巨问题。目前提出的各种解决方案,都不尊重传统文化,也都在不同程度上无视死者的尊严,不可能真正解决问题。

当然,笔者也深切地知道,仅仅回到传统的土坟,是不可能解决问题的。正如我们在本章一开始就提到的,现代殡葬制度,虽然有不少荒唐、粗暴、不合理的实践,但我们毕竟身处现代世界,许多古人不必考虑的问题,现代人必须考虑。比如,古人可以任由五代以上的土坟慢慢风化,直至消失不见,但现代社会的法律原则不允许这样的自然风化,而必须将人们生活中的方方面面做出细致规定和管理,像古代那样自生自灭的事情,原则上是不能允许的。

但在另一方面,现代殡葬实践中的很多问题,又恰恰是因为我们没有将现代社会的真正原则贯彻到底。比如,对人格尊严的尊重,就是现代法律的一个基本原则,而对墓地租期的限制就不能彻底贯彻这一原则。而且,不得违背公序良俗,也是现代法律的应有之义,但中国目前关于殡葬的各种规定,在许多方面都在违背公序良俗。要充分考虑到中国殡葬分化的悠久传统,并不止是尊重中国自身的文化传统的需要,同样是完善现代殡葬制度,真正实现有价值、有尊严的现代生活方式的内在要求。

三、现代中国人的殡葬理想

全面总结一下,现代中国在殡葬方面的总体诉求和最终目标究竟是什么?简单来说,就是将殡葬的各个环节都尽可能纳入到理性、环保、平等的治理之下。以统一管理的公墓代替私家墓地,取消荒山野地乱埋乱葬①,禁

---

① 崔家田指出,民间土坟都是有规划的埋葬,根本不存在所谓"乱埋乱葬"的问题,见崔家田:《农村土葬之弊:事实抑或话语?》,第104页。

止在城市公共空间设灵堂、烧纸等，都是为了减少生活秩序中的混乱，建立干净、整洁、有序的现代生活环境；以火化取代土葬，以生态葬取代墓地葬，乃至建立公墓、平坟复耕，等等措施，都是出于环保节省的目的；简化丧葬礼俗，以追悼会取代守灵、服丧仪式，是为了"移风易俗"，其中一个基本的理念是，传统中国披麻戴孝、僧道超度、焚香祭奠等仪式是迷信的、落后的，应该被清除，而现代的追悼会、献鲜花、奏哀乐等模式，就是文明的、先进的、庄重的，值得被提倡；对穆斯林丧葬礼仪的尊重，则是出于民族平等政策，结果却造成了对汉族等民族的不公平对待。将混乱无序的丧葬活动，纳入理性有序的管理，这本来是没有问题的；但基于此的一系列丧葬政策，却在毫无分别地破坏和摧毁中国传统文化，引发了一系列冲突，结果在很多细枝末节上陷入矛盾，原本希望达成的目标反而无法实现。

研究法学的学者一再指出，民间习惯法也是法律规范的重要来源，中国殡葬改革之所以陷入巨大的困境，根本原因就在于，各种关于殡葬的条例法规，不仅未能充分尊重习惯法和公序良俗，甚至是与之完全违背的。但所谓的习惯法究竟是什么？各种研究殡葬的著作并没有完全说清楚。当代中国五里不同风，十里不同俗，丧葬礼仪各地有很大差异，但正如业师华琛教授（James Watson）那句著名的判断，丧礼上的正礼（othopraxis）乃是中国文化之统一性的重要标志。[①] 而要理解丧葬之正礼，则需要我们透过现象看本质，在已经五花八门的礼俗背后，去发掘其礼义，然后再看礼义与丧葬制度的现代化诉求之间，是否有求得和解的可能。现代殡葬改革，往往没有建立在认真研究礼学的基础上，所以才会有那么多的问题存在。

在各种关于殡葬改革的著作中，无论支持还是反对，大多有一个基本的误解，即认为民间坚持土葬、坚持起坟头、拒绝平坟或生态葬，以及丧礼仪式中的各种环节，其基础是"灵魂不死"观念。如果真的坚持灵魂不

[①] James Watson, "Introduction," James Watson eds, *Death Ritual in Late Imperial and Modern China*, University of California Press, 1988.

死观,农民就没有必要坚持拒绝火葬,因为火化的是身体,并非灵魂,如果灵魂是不死的,如何对待身体就是一个无关紧要的问题。这是基督教、佛教等宗教中的观念,并非中国殡葬传统的哲学基础。

若是认真研究中国传统礼学,特别是关于丧礼、丧服的庞大学术传统,我们就可以更同情地理解丧礼背后的道理。《礼记·檀弓》中,孔子说:"之死而致死之,不仁而不可为也;之死而致生之,不知而不可为也。"在笔者看来,孔子这句意味深长的话构成了丧礼学的真正基础,不理解它就会与中国传统丧葬的精神完全隔膜,也就不可能找到解决殡葬问题的钥匙。孔子的意思是:如果将死去的亲人真的当做死人来看待,那就是不仁;如果将他们当做仍然活着来对待,那就是不智。丧礼的基本原则,是在仁与智之间寻找一个平衡,这才是"事死如事生""事亡如事存"的真正含义。

再具体来讲,亲人虽然已经去世了,但他和孝子之间的父子、母子的那个亲属关系并未因此而中断,孝子仍然深切地意识到,没有父母就不可能有自己,没有父母对自己多年的养育和关爱也不可能有自己的现在,他不应该将父母仅仅当做一具尸体、需要清除的垃圾来对待,既然要有丧礼,就要给自己的父母最后的尊严之礼。但另一方面,理性告诉人们,已经去世的亲人毕竟不在了,他们已经没有感觉,不能再真正享用亲人的关爱与尊敬,不能再品尝亲人献上的祭祀果品。由于这样两方面的考虑,儒家丧礼一方面要让孝子亲人以某种方式继续其生前已有的孝敬之礼,就好像他们仍然在、仍然能感受一样来对待他们:好像他们仍然会感到寒冷一样,给他们穿衣服;好像他们仍然要住得舒服一样,给他们打造棺椁、建造坟茔;好像他们仍然能够品尝食物一样,给他们祭献各种干鲜果品;甚至进一步,会给他们准备各种吃的、用的、玩的东西,带到坟墓里去,甚至还有专门在冥界流通的钱币,好像那边仍然有一个社会,有一个市场,可以购买各种商品,可以交往各种各样的人;此外还有纸糊的房子、车马,乃至侍从,供死者在冥界使唤。但所有这些都不能太当真,孔子称之为"明器",所谓明器,"神明之也",大概像那个样子就可以了,不能真的和活人用的一样。宋襄公为其夫人准备了满满四十坛好酒,因为她生前就喜欢这些美酒，孔子批评宋襄公，认为他就是不知道明器之义的典型。至于那些制造逼真的俑，来服侍死者的，孔子非常严厉地批评他们："始作俑者，其无后乎！"今天的考古学家，从古墓中发掘出栩栩如生的俑来，认为是伟大的考古学成就，从而也认为古人的制俑工艺是伟大的艺术成就，但这些俑恰恰违背了孔子所讲的"明器"的原则。在孔子看来，造俑的下一步就是人殉了，因为它假设死者仍然真的能够享受到人一样的服侍，这就是"之死而致生之"的做法，是不智的。如果我们能理解孔子的这段话，就可以理解民间丧葬礼俗中的很多做法。如果真的相信灵魂永存，如果当真相信冥界中还有一个市场，亲属们岂不是应该送去真的钱币，为什么却要焚化纸钱呢？当我们问起那些坚持四时祭祀、焚化冥币的人们，他们有多少人是认真相信死者可以用到这些钱的？我们得到的解释大多是："这就是求一个心安。""就是孝心的一种表达，就是那个意思。"虽然民间不时流传着关于托梦之类的故事，但大多数人是在半信半疑的心态中来做这些事的。

孔子这种平衡仁与智的态度，与世界上其他任何一种宗教的态度都非常不一样，其核心原则是兼顾人类的理性与情感，它不建立在任何对死后世界的武断想象之上，而是根据人伦关系在死者身后的继续、通过对死者人格尊严的真正尊重，以及对活人世界尽可能理性的考虑而确立的。它是以对人情的恰当表达为其出发点的。就其对"不智"的批评而言，孔子的理性态度超过了那个时代（即所谓"轴心时代"）绝大部分的思想家；但就其对"不仁"的批评而言，他对人情委屈细密的体察，又曲尽日常生活的最细微之处。

我们需要在这样一个基本出发点，来理解与丧礼相关的几个被广泛谈及的传统命题：事死如事生、慎终追远和神道设教。

出自《论语》的"事死如事生"一语，现在为考古、文物、旅游、殡葬等行业所广泛使用，特别是在殡葬改革中，此语被当做现代殡葬业着重批评的观念，也是"厚养薄葬"论赖以成立的基础。在很多人看来，中国民间之所以流行丧事上的大操大办，就是出于"事死如事生"的原则，好像人们要以完全同于其生前的规格来对待死者，甚至丧礼上的奢华程度都超过了其生前的程度。但基于上述对丧礼原则的解读，我们看到，孔子是反对以完全相同的态度对待死者和生者的，"事死如事生"讲的是，虽然人死去后与其生前的存在状态发生了根本的变化，但生者不能因此就"之死而致死之"，而要在一定程度上延续其生时的态度；但这种延续并不是机械的、完全相同的延续，否则就又会堕入"之死而致生之"的错误。比如《檀弓》中谈到，为死者最初准备的祭品未必是最好、最美味的，而应该是他生前刚刚吃剩下的东西，这就是对其生前状态的一种延续。再如"三年无改于父之道"，不要因为人去世了，就完全忘记了他所做的事情，而要延续其生前的基本做法，所谓"善述人之志，善继人之事"，是也。

在《论语》中，以孝著称的曾子曾说："慎终追远，民德归厚矣。"这句话被刻在绝大多数殡仪馆和墓园中，成为人们理解丧祭礼义的核心。其中，"慎终"侧重讲丧礼，"追远"侧重讲祭礼，两方面合起来，是通过认真对待丧祭之礼，以培养人民厚重的道德情感。所以，在礼学体系中，丧、祭二礼最重，古人通过它们来整合宗法家族，培养对历史和自己的来处的强烈体认。这种观念，现代中国人是有清楚的认识的，比如我们对中华五千年文明的强调和赞美，对共和国历史的隆重纪念，对为伟大事业牺牲的革命志士的庄严祭奠，在根本上也是为了"民德归厚"。通过礼仪培育情感、敦化道德，这是中国礼学一个最基本的功能，所以相关的礼制一定要庄重、认真，不能敷衍了事，否则就不可能达到"民德归厚"的目的。而这也是丧祭之礼应从厚的道理所在。要隆重、认真地表达哀思和敬意，就不可能过于简陋，因而也就不可能刻意节省和草率。当我们听到要将某人"厚葬"的时候，我们就会想到此人一定是值得尊重的。而若是将某人草草薄葬，则他必然是为人所不耻的。对于自己所孝敬的父母，孝子当然是应该厚葬的，只是这种厚葬的目的并不是铺张浪费和奢侈炫耀，后者也是为传统礼学家所严厉批评的。在这个问题上，我们也应该仔细区分，不能为了避免铺张浪费，而否定任何意义上的厚葬，甚至将"薄葬"拿来宣传，这就陷入墨子的丧礼原则了。

数年前，彭林先生与赵法生先生之间，就传统儒家是否提倡厚葬问题展开了一番争论。① 彭林先生认为,儒家是并不提倡厚葬的;而赵法生先生则认为,彭林先生的解读完全是错误的。笔者认为,在丧葬问题上,儒家无疑是讲"厚"的,但这个"厚"的本义不完全是物品丰盛、仪式隆重的意思,最重要的是真实情感,是情感和品德的厚。由于情感和品德的厚,而有外在的表现,称家之有无,以完成体面的丧礼,表达对死者的哀思与孝敬,这当然是孔门弟子所大力提倡的;但若是仅有繁盛的礼文,而无相应的情感,还不如简简单单地表达出真挚的哀情。儒家从不提倡刻意的薄葬,但也并不主张夸张奢华的厚葬。彭林先生反对奢侈厚葬是有道理的,但《中国社会报》记者刻意用他的言论来支持殡葬改革中的薄葬,却是严重的误导。

儒家丧礼最看重的,一方面是丧礼之文与丧者之情之间的匹配;另一方面,是隆重的丧礼不应该过分影响生者的生活。所谓"送死有已,复生有节",孝子若因为送丧而毁伤了自己的身体,就是"毁瘠",也是不被允许的。孔门弟子曾子曾经提出更长的服丧时间,甚至服终身之丧,而为孔子所批评。这同样是要求在孝敬之仁和复生之知之间,达致一个平衡。历代都曾出现过的毁瘠的情况,被批评为"过礼",虽说观过知仁,也终究是不该提倡的。由此可见,儒家丧礼既讲究"厚",也讲究"节",既重视情感的深厚积累,也会非常理性地看待日常生活。这些基本原则都是有助于推动殡葬现代化的因素。

此外,虽然古人非常强调"慎终追远",但并不是一味地追溯自己的祖先。在与此相关的丧礼之礼中,还是有相当理性和节制的部分,我们由此需要特别注意"减杀"的原则。《礼记·丧服小记》中说:"以三为五,以五为九,上杀下杀旁杀而亲毕矣。"所谓"服止于五",根据小宗原则,同宗五世之内有服,五世之外就无服了,同样,小宗祭祀最多到高祖,再往上是不能祭祀的,大宗虽然可以祭及始祖,但高祖以上、始祖之

---

① 2019年3月12日,《殡葬周刊》微信公众号发表《中国社会报》记者对彭林先生的访谈,题目是《传统文化并不主张厚葬而是倡导简朴》,3月13日,《阙里书院》微信公众号发表赵法生先生的文章《与彭林先生论礼书》,3月14日,《嘉礼堂》微信公众号发表彭林先生的回复《简论礼的两个基本原则兼谈厚葬》。

下的各代祖先，天子、诸侯、大夫一般都是不必祭祀的。所以，天子四亲庙（父、祖、曾、高）以上，是要毁庙的，因为他们与自己的关系非常疏远，只要在特殊的场合祭奠就可以了。明代以后，因为各种原因，特别是嘉靖大礼议之后的礼制混乱，导致祭祀规制突破了高祖以上的限制，在很大程度上违背了《三礼》的基本精神。宗庙叠毁之制的背后，强调的是"亲亲为大"，生身父母是至尊，隔代的祖父母也有非常浓厚的情感，但曾祖、高祖就要疏远很多，不需要服太久的丧服，再往上基本上没有见面的可能，也就只有宗庙中的一个牌位来表达尊尊之情。明白了这个原则，我们就会知道，"慎终追远"并不要求无限追溯，更不要求完好地保留历代祖坟，只需要保留自己有特别情感的几代祖先，以及家族中的开山之祖、有大功绩值得纪念的祖先的纪念，就足够了。这就是为什么，时间久了之后，后人就不会去照顾太早的坟墓，因而我们就不会看到荒冢累累的状况。

我们再来看看"神道设教"。《易·观·》："圣人以神道设教，而天下服矣。"出自《易传》的"神道设教"一词的本义，并非在谈宗教，而是在讲以天道教化人民，但在后世的理解当中，"神道设教"渐渐被当做对待各种宗教以推行教化的一种方式。孔子"未知生，焉知死"的态度，与其对明器的讨论结合，对死后世界抱一个存而不论的态度，重要的是现实生活，而不是对死后世界武断的猜测。《荀子·天论》中也将各种祭祀、占卜、攘除之术当做"君子以为文，而百姓以为神"的仪文。在佛教传入、道教兴起之后，中国民间的丧礼变得更加多元化，总体上，都是以"神道设教"的方式来对待各种宗教元素的。即，《仪礼》丧礼诸篇中的丧葬流程，以及后来《朱子家礼》中的简化版，成为民间通行的丧礼模式，但在这一流程的各个环节，会放进各种宗教的元素，这并未破坏丧礼仪式本身的意义，但也能很好地与这些宗教元素相融合，从而共同起到敦化风俗、表达哀思的功能。比如，佛教的超度仪式中，很大一部分是在忏悔死者生前的各种罪孽，对于以表达孝敬为核心精神的儒家丧礼，其含义本来是并不协调的。所以，严格的儒家士大夫批评佛教超度法事中这些诋毁父母的字句，认为这与儒家的伦理道德格格不入。但信仰佛教的家庭，会将超度仪式放在丧礼当中，甚至占一个非常重要的位置。若孝子真的理解了经忏的本来含义，并且相信这些，超度仪式是帮助父母早日洗脱各种罪恶，渡一切苦厄，也算是为父母做的好事；大多数民间人士，并不真的理解经忏的真正含义，只是将隆重的超度仪式当做厚葬父母的一部分，却也无伤大雅。事实上，各种外来宗教中国化的一个重要方面，就是形成具有该宗教特点的中国式丧礼。后来基督教进入中国，也发生了同样的融合。中国基督徒的丧礼上不再打幡，而是高举一个大十字架；不再用传统的唢呐等音乐，而请教堂里的唱诗班；不再上坟烧纸，但是会过炼灵节，纪念炼狱中的亲人。严格来说，传统儒家的丧礼设置，并不太在意死后究竟是一个怎样的世界，不太关心死者的灵魂会处在一个什么状态，真正关心的，只是死者生前得到的孝敬之情是否以一种恰当的方式延续下去，使生者在充分表达其哀情的同时，又能有节制地、适时地回归到正常的生活中来。对于处理尸体的具体方式，以及坟墓是否真的会永久存在下去，儒家并不是特别在意的，而是秉持一种无可无不可的豁达态度。正是因为这种态度，各种宗教信仰、各种丧礼元素，才可能融入既有的丧礼流程当中，共同起到"神道设教"的作用。当然，无可无不可并不意味着完全随意，豁达并不意味着没有需要认真坚持的传统。儒家礼学可以接受外在形式上的许多调整，甚至对火化都不是执着地拒绝，但其孝敬父母、慎终追远的基本原则是不容挑战的。若是有谁要强行侮辱其先人的尸体，禁止其以适当的方式表达对逝者的敬意，他们也会坚决反抗，并以各种方式想出规避与对抗的方法。

以上非常概括地总结了儒家传统丧礼的基本原则，以及它与各种思想体系、宗教体系的相融可能性。比起各种对灵魂之本质、死后世界、末日景象有非常严格的理解的宗教而言，儒家从来不坚持"灵魂永存"，可以接受对其丧礼的各种合理调整。因而，在原则上，没有哪种文化更如此配合地接受现代性的调整与塑造，当然也可以配合现代都市建设与环保的各种要求。使中国殡葬改革走入如此尴尬的境地，实在是太不应该了。

与殡葬相关的现代原则，不过就是理性管理、整洁有序、不破坏生态、不过多占用土地等几个方面。这几个方面与儒家丧礼的几个原则并无冲突，现代殡葬改革完全可以与传统丧礼原则相融合，我们应该有可能既做到慎终追远、表达哀情，同时又整洁有序、不破坏生态。而现在的中国城乡居民，也已经在以自己的智慧，发展着适应时代的新礼俗，只是有些时候是对抗或规避式的礼俗，而非相融合的礼俗。倘若殡葬改革能够更积极地理解丧礼传统，更主动地与之相配合，也可以调整出彼此都满意、双赢的解决方案。

现代都市生活环境中，不能在公共区域搭设灵堂，那就应该允许居民在家中或殡仪馆设灵堂守灵，使人们有机会送亲人最后一程，而且尽可能做到"事死如事生"，在殡仪馆中尽可能多地建设灵堂设施，就应该是殡葬部门应该认真考虑的措施。焚烧冥币会破坏公共环境，造成空气污染，带来火灾隐患，很多殡葬单位已经能做到划定区域，集中焚化冥币，这也应当是予以鼓励的做法。

火化的方式，现在没有科学研究证明更环保、更合理①，而且农民坚持二次土葬，起不到节省土地的作用，就不应该强迫人们火化，而应该努力研究和适当引导，发展出更为人们接受的环保葬法。

城市大理石的墓地，不得不以租期的方式，允许人们三至四次续期，应该尽可能达到五世，五世以上的无主墓地，墓园可以以恰当的方式处理。由于事死如事生的观念，人们不愿意自己亲人的骨灰去做肥料，更不愿意抛撒骨灰，但是以方便管理的方式，将生态葬与文化纪念结合起来，创造出不那么硬化、又有一定文化纪念意义的坟茔模式，应该并非难事。如能朝着这个方向发展，中国的墓园应当可以创造出一种兼顾环保与丧礼传统的新模式，即可在根本上解决中国殡葬现代化的大问题。

守丧，是传统丧礼中的重要部分，丁忧制度是为了保证人们守丧，从而逐渐恢复正常生活而设置的。现代国家为了维护其正常运作，自然不必按照古代的模式丁忧，但应该保证一定时间的丧假。现行《劳动法》中有对丧假的规定，但许多单位没有认真执行。笔者以为，首先应该保证现有

---

① 参考 Thomas Laqueur, *The Work of the Dead: A Cultural History of Mortal Remains*, Princeton: Princeton University Press, 2015；此书的基本观点，拉奎尔教授曾在华东师范大学做过一个报告，其中文版见拉奎尔：《现代火葬的出现与亡者的作业》，《华东师范大学学报》2009 年第 3 期。

丧假制度的认真执行，若是能将丧假适当延长，比如延长到一个月，使人们能够从容料理丧事，并得到一定的情感恢复，应该是更合理的。城市居民大多已不能接受丧服，而代之以黑纱或孝牌；但农村地区大多还保留了丧服，虽不能如古制那样守丧三年，但穿到下葬之前总是应该的。

丧礼上的宗教仪式，都具有其合理性，强行禁止不仅有违发扬优秀传统文化的基本精神，更与当今世界宗教多元、宗教信仰自由的原则相违背。仅仅尊重伊斯兰教的丧葬习俗，其他宗教的习俗不必尊重，这是没有任何道理的。在这方面，国家力量应该尽可能退出，允许各种合理宗教仪式的存在，当然更应该允许民间丧葬礼俗的继续，甚至应该以非物质文化遗产的方式予以保护。在这方面，殡葬政策应该彻底改变"打击封建迷信"的错误思想。

丧礼上过度的铺张浪费，孔子以来的儒家都是反对的，但与情感和经济条件相配合的厚葬，却应该是允许的。对于民间适当的礼俗相交，国家不应该过多干涉。国家需要做的，只是提供最低的福利，使经济条件较差的家庭也能办比较体面的丧礼就可以，若是人们想要以自己的方式更好地表达哀思，只要不涉及官员腐败，或是脱衣舞等有伤风化的不雅行为，国家就没有必要强行禁止。对于墓地规格、价格的调控，则应该是对殡葬单位做出的限制和规定。丧礼中更多的细节，可以更多放开，让民间礼俗和市场规律来自行调整。

上述这些方面如果做好了，殡葬问题就不再会是恶化干群关系、不断引起争议的棘手问题，而会成为敦化风俗、维护道德的一个机会，而这正是儒家传统丧礼的功能。若是以现代国家的管理力量，以丧礼改革来促进孝亲爱老、慎终追远的传统文明，同时也促进更成熟合理的现代社会的构建，则是相关各方都更愿意看到的一个结果。

北京大学人文学科文库·北大中国史研究丛书

荣新江 张 帆 主编

古代北京与西方文明 / 欧阳哲生 著

重构契丹早期史 / 苗润博 著

江督易主与晚清政治 / 韩 策 著

货品易代：古丝路的衰落与新商道的开辟 / 郭卫东 著

抗战胜利后北平地区学生运动行为研究（1945—1949）/ 刘一皋 著

现当代中国的城市与乡村：对城乡关系的新探索 / 王元周 等著